杨天石先生九十寿诞纪念文集

YANG TIANSHI

《杨天石先生九十寿诞纪念文集》编委会 编

本书由中央文史研究馆资助

海南出版社
·海口·

团结出版社

图书在版编目（CIP）数据

杨天石先生九十寿诞纪念文集 /《杨天石先生九十寿诞纪念文集》编委会编 . -- 海口 : 海南出版社 ; 北京 : 团结出版社 , 2025. 2. -- ISBN 978-7-5730-1715-4

Ⅰ . K825.81-53

中国国家版本馆 CIP 数据核字第 2025LP2149 号

杨天石先生九十寿诞纪念文集
YANG TIANSHI XIANSHENG JIUSHI SHOUDAN JINIAN WENJI

作　　者：	《杨天石先生九十寿诞纪念文集》编委会
责任编辑：	闫　妮
执行编辑：	姜雪莹
装帧设计：	董茹嘉
责任印制：	郄亚喃
印刷装订：	天津联城印刷有限公司
读者服务：	张西贝佳
出版发行：	海南出版社
总社地址：	海口市金盘开发区建设三横路 2 号
邮　　编：	570216
北京地址：	北京市朝阳区黄厂路 3 号院 7 号楼 101 室
电　　话：	0898-66812392　010-87336670
电子邮箱：	hnbook@263.net
经　　销：	全国新华书店
版　　次：	2025 年 2 月第 1 版
印　　次：	2025 年 2 月第 1 次印刷
开　　本：	787 mm×1 092 mm　1/16
印　　张：	44
字　　数：	473 千字
书　　号：	ISBN 978-7-5730-1715-4
定　　价：	198.00 元

【版权所有，请勿翻印、转载，违者必究】

如有缺页、破损、倒装等印装质量问题，请寄回本社更换。

写在前面

杨天石先生出生于1936年2月15日。光阴迅速，暑去寒来，忽然之间，先生已近九十。

记得初识先生还是21世纪初2007年，那时我供职之团结出版社出版了某学者编辑的《蒋介石日记揭秘》一书，因大量抄袭早就出版的毛思诚《蒋介石年谱初稿》，受到先生严厉的批评。先生之批评有理有据，容不得我们反驳，我们对先生心悦诚服。也让我对先生严于治学之精神，尤感钦佩。

当是时，先生正值学术壮年，于民国史以及孙中山研究多有创见，对于《中华民国史》的编纂，发凡起例，贡献亦多。尤其对蒋介石之研究，成果斐然，为学界所瞩目。

吾古史、文献学出身，而尽心于中国近代历史、民国史之学术出版，或是先生一辈学人治学精神之感召，抑或是受先生著作之影响。

先生是近代史研究尤其是民国史研究最具代表性的人物。吾曾戏言，近代史研究，茅海建、张鸣、马勇、雷颐四先生，可称为学界当家"四大花旦"，而舵主或集大成者则非杨先生莫属，或可称之为"杨民国"了。

21世纪的一〇、二〇年代，应该是中国近代史研究之黄金时代，突破禁区，衡情论史，取材新史料，开拓新史学，一大批成就极高的学术著作影响巨大，深受学术界、读书界之热捧。又以先生之《找寻真实的蒋介石》五卷为代表，为学术界注入了活力与热情。

作为出版人，遇见先生是我的幸运。

后来与先生交往渐密，或请安问学，或陪先生出席会议，我也就有了为先生著作出版服务之强烈愿望。

2021年，先生南下长沙，讲学于岳麓书院，我亦专程赶回长沙，在岳麓山下之枫林宾馆，与先生签订了《杨天石文集》出版合约。不久我离职新星出版社，转入海南出版社，先生之作品亦由海南出版社出版。

2023年，我们出版了"文集"中之第一、第二部，第三、四、五部亦将在2025年上半年付梓。我之出版责任，先生之"文集"当是重中之重，期待"文集"之全十八卷，在2025年出齐。我充满信心。

先生曾在私信中谈道，自己"是党的统战对象"，"是国务院总理亲自聘任的中央文史研究馆资深馆员"，"其任务就是研究文史、出版相关著作"。"著书为文，一向以马克思主义为指导，以创新、守正为原则"。我相信，先生的著作出版，会让近代史研究得到延展和更上层楼，也一定会对学术繁荣大有裨益。

先生是我最尊敬的大学者，自有学术大家之风范，深邃而严密，审慎而博学。又兼赤子之心，朴素天真，望之俨然，即之温然。

"中国文化书院"曾有为已届八十五岁及以上之导师祝寿雅集之成例，学界亦有为八十、九十、百岁先生祝寿、纪念作文之佳话。恰逢先生九十大寿，如是也就有了这册纪念文集的结集与出版。

是集也，共收录文章近四十篇，分至友忆往、评论评价、同行文萃、桃李春风、序言集锦五部分，层层递进，一一分述。或辨章学术，或忆往谈昔，或述先生学术，或记师生情谊。皆由衷之论，精心结构。读后令人有字字珍重、篇篇妥洽之感，著作者皆大家名家，都极具学术文献价值。

子曰：知者不惑，仁者不忧，勇者不惧。愿以此奉先生，贺先生寿。

今怀赤诚心，期待先生百岁之雅集，届时亦会有文献之结集出版。

明哲谨识于共学社
甲辰冬月

中学时期

1950

1936年，杨天石先生出生于江苏泰州兴化戴家窑（今戴窑镇）。九岁入私塾，熟读《大学》《中庸》《论语》《孟子》。

十一岁入东台县（市）天霞镇中心国民小学五年级读书。

1948年，以第三名成绩考入东台县中学。入学未久，改入泰县荣汉中学。

1949年，随家人迁居无锡，先后就读于无锡市青年中学、无锡市惠山中学。

1951年十五岁时候，杨天石先生在无锡私立圣德中学读初中。1952年9月，他以全市前六名的好成绩考入无锡一中。

*右图为杨天石先生在私立圣德中学的成绩单，此时他开始注意保存自己的私人资料。

中学时期

1951

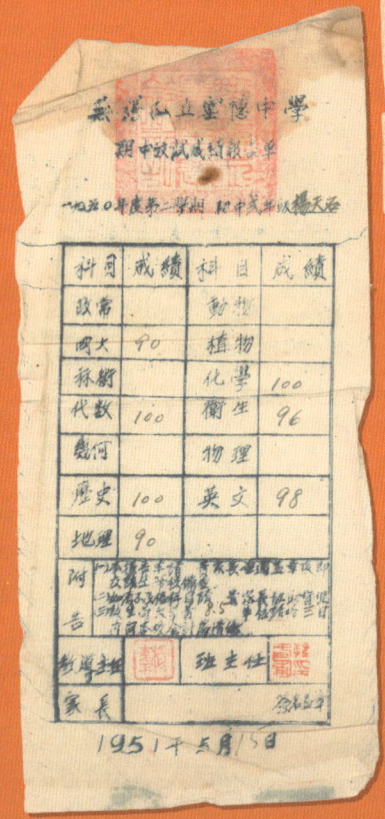

初中二年级成绩单

杨天石初中二年级在私立圣德中学的成绩单,杨退安为杨天石先生父亲。

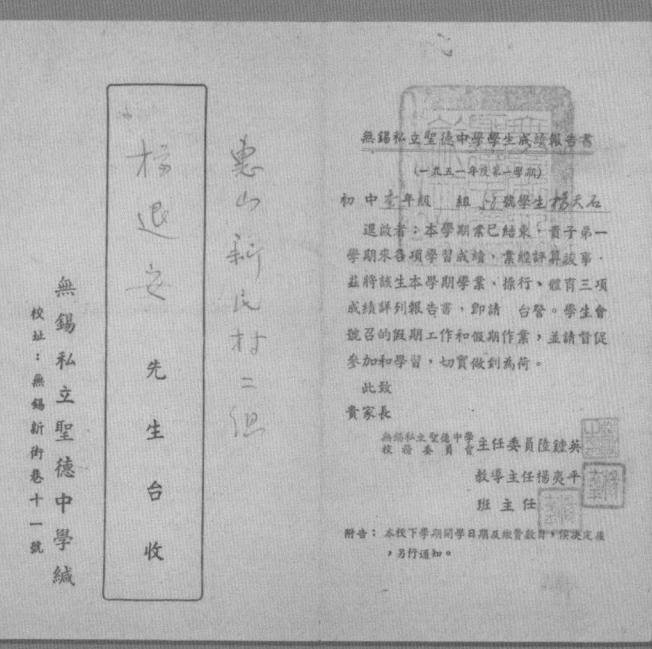

中学时期

1952

1952年杨天石先生考入无锡市名校无锡一中。无锡一中创建于1911年，历经百年沧桑，积累了丰富的办学经验，坚持文化传承的初心，为国家培养了众多杰出人才，如钱伟长、罗豪才等，培养出十位院士，各界名流更是数不胜数。

杨天石先生在无锡读书期间，各门功课都非常优秀，他也积极参与各项社会活动，要求进步。1955年，他以优异的成绩考入北京大学。

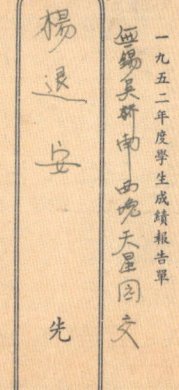

一九五二年度學生成績報告單

無錫吳橋南西浜天星圖交

楊退安 先生

無錫市第一中學

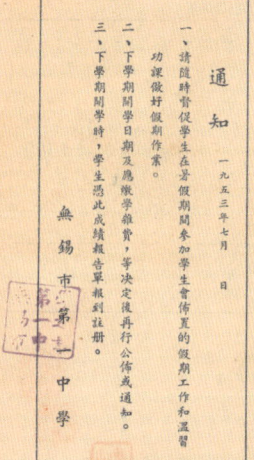

通知

一、請隨時督促學生在暑假期間參加學生會佈夏的假期工作和溫習功課做好假期作業。

二、下學期開學日期及應繳學雜費，等決定後再行公佈或通知。

三、下學期開學時，學生憑此成績報告單報到註冊。

無錫市第一中學

一九五三年七月 日

高一乙 班學生 楊天石 (60)號

一九五二年度兩學期的學業成績，及本學期的操行成績，已經評定。今報告如下：

(甲)學業成績：

科目	學時	第一學期	第二學期	學年成績
本國語文	6	92	92	92
外國語	4	97	96	96.5
解析				
物理	2,3,4	95	99	97
化學	2,3,4	99.5	96	97.75
歷史	2	99	100	99.5
地理	2	92	94	93
代數	2	95	87	91
平幾	2	92.8	92	92.4
達爾文主義	2	88	96	92
時事科學常識	2	99	98	98.5
體育	2	78	73	75.5
時事政策	1	93	93	93
共同綱領	1			
製圖	1	75	86	80.5
各科總平均		93.00	93.30	93.15

本學期上課總時數 570 小時
本學期缺課時數 請假 小時 曠課 小時
升留級 升級

(乙)操行成績：

評語：認識性弱，能做到初步的全面發展，工作積極負責，在班級中起骨幹作用。較主觀，不够虛心，自以為是問題，今後希能虛心穩步向進，更好將各方面能力准向

等第 甲 備註

校長 沈鏡夏
教學主任 辛谷邨
教學副主任 何 方
班主任

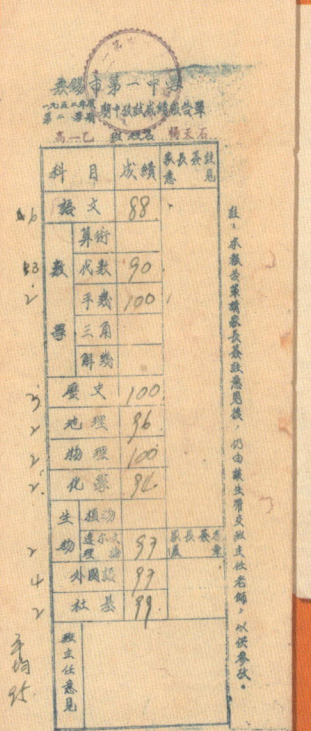

無錫市第一中學
第一學期學生成績報告單

高一乙 級 姓名 楊天石

科目	成績	家長意見
語文	88	
算術		
代數	90	
平幾	100	
三角		
解幾		
歷史	100	
地理	96	
物理	100	
化學	96	
植物		
達爾文	89	
外國語	97	
政基	99	

大学时期

1955

杨天石先生在中学求学阶段，各门功课都出类拔萃。彼时，社会上流行一种观念，即成绩优异的学生大多倾向于选择理工科。但杨天石先生认为：倘若好学生都一股脑地扎进理工科，那文科的未来又该何去何从？怀着对文科的热爱与担当，1955年，他毅然报考了北京大学中文系，并以优异的成绩被顺利录取。

当时报考北京大学的学生都需要自己在北京大学提供的信封上写上联系地址，如被录取，通知书将会装入写好的信封寄回，杨先生毫无意外的收到了这封信。

信封中除了有录取通知书（报道时交学校）外，还有一封北京大学团委写给新生的欢迎信。

十九岁的杨天石就这样进入了中国的最高学府北京大学。

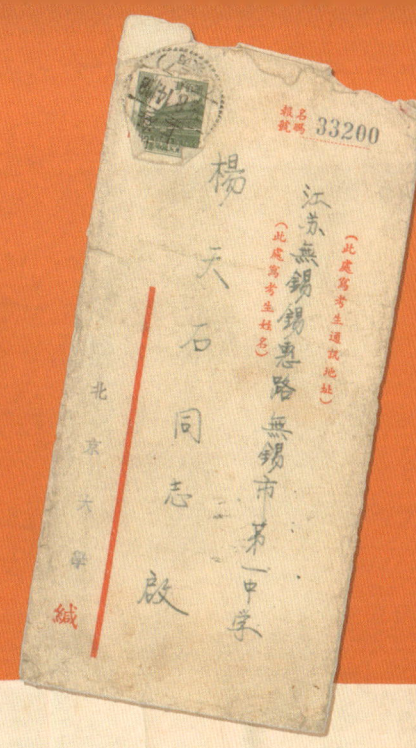

亲爱的新伙伴们:

当我们知道在我们的队伍中又将增加一支一千九百个人新生力军的时候,当我们知道你们就是我们日夜期待的新伙伴的时候,我们是多么高兴啊!

我们就要看看我们亲爱的新伙伴——北京大学,来满怀信心地,努力充沛地培育自己将变成祖国社会主义建设事业的得力助手而共同奋斗。

我们的家——北京大学是一所具有五十七年历史和具有光荣革命传统的国内闻名的大学。和其他的兄弟学校一样,她有着广阔的发展前途,她将发展成集结中国共产党和科学研究的中心,成为毛泽东时代的中国文化科学之宫。我们,正在努力向祖国争取成为北京大学学习,我们也正在向莫斯科大学的方向前进。莫斯科大学是我们北大的明天。

祖国人民为我们创造了良好的学习条件,我们有比较充实的物质生活设备,我们图书馆有一百八十万册图书,各示范有六十多间实验室,我们有二百多位敬爱的教授、副教授和助教,教授中很多都是全国著名的专家和学者。我们还有青年志愿者自新聘的专家,把他们先进的科学技术和先进的教学经验传授给我们。我们有希腊美的校园。彼此说校有山有水。我们可以在土山上朗读诗篇,也可以在绿荫的求名湖畔,散步在美丽的求名湖畔。

我们习惯把毛主席叫我们青年人要读好、学习好、工作好的教导,我们都紧张的努力学习。除了紧张的学习之外,她还有多彩的活动,我们有丰富多采的文化活动,我们还有百多个各种各样小组活跃在广潺的课余上。超过了西山远休、建校等义务劳动。会工作。最劳励劳励也是最欢迎劳劳动的习惯。

当你们初步感受着了热爱劳动的习惯。

当你们新来的时候,会使你们的家——北京大学觉得更可爱、更有生气。

虽然我们的"家"是美丽的、可爱的,但是仍留有不少缺点,但一定有一些地方使你们感到不习惯。在生活上也会遇到一些暂时的困难。比如宿舍会及得拥挤,食堂不够吃,这是等等,这是我们祖国在过渡时期所处生的暂时困难。学校党组织是,在党政会员同学部祖当一定的社会工作。我们希望亲爱的伙伴要以艰苦奋斗的光荣传统,我们但相信我们的新伙伴们一定会做到这样。

亲爱的新伙伴:让我们在光荣的毛主席领导下,高举建设社会主义旗帜携起手来,在建设社会主义事业中发出我们的光和热!

紧紧握住你们的手!祝你们一路平安!

青年团北京大学委员会
北京大学学生会
一九五五年八月

大学时期

1956

北京大学中文系在1954—1959年间学制为五年，当时中文系名师云集，有王力、周祖谟、游国恩、季镇淮、杨晦、俞平伯、林庚、吴小如、魏建功、阴法鲁、朱德熙、王瑶等，培养出一大批人才，1955级更是人才辈出，孙玉石、谢冕、张炯、张少康、吴泰昌、陈丹晨、孙钦善、费振刚、杨天石、张毓茂、孙绍振、黄修己、温小钰、陆俭明、李德身等均出自本年级。

杨天石先生保留了自己在北京大学的记分册，基本上也是门门五分的全优成绩。在校期间，杨天石先生参与了《中国文学史》和《近代诗选》等书的编写工作。

大学时期

1960

1960年，杨天石先生凭借优异成绩毕业，随后被分配至地处北京南苑郊区的一所拖拉机手短期培训学校。在那里度过两年时光后，他被调入北京师范大学第一附属中学，前后担任长达十八年的语文教员。

这十八年，教学任务繁重，环境诸多不易，可杨天石先生对学术研究的热忱从未有丝毫减退。寒来暑往，他笔耕不辍，多部颇具分量的学术著作相继问世。

苦心人，天不负。1978年，杨天石先生迎来人生的重大转折，他成功调入中国社会科学院近代史研究所，如愿以偿成为一名专业学者。此后数十年间，他潜心深耕于学术领域，凭借深厚的学识、独到的见解，逐渐在学界崭露头角，终成著名历史学家，为近代史研究作出了卓越贡献。

毕业文凭

学生 **杨天石** 于一九五**五**年九月入本校 **中国語言文学** 系 **汉語言文学** 专业 **文学** 专門化学习 **五** 年,现已学完全部課程,成績及格,准予毕业。

北京大学校长

一九六〇年 七 月　　日

中文凭登记册 60010 号

工作时期

1993

1988年，杨天石先生在《历史研究》发表了论文《"中山舰事件"之谜》，此文发表后引起学界巨大的关注。

胡乔木同志曾高度评价杨天石先生的论文，称"这是一篇具有世界水平的文章"。

当时，学术界对近现代历史事件的研究不断深入，中山舰事件作为国民革命时期的关键转折点，是重点热点。传统观点认定蒋介石蓄意谋划该事件，几成定论。但杨天石先生严谨治学，耗费心力钻研蒋介石日记、相关档案、珍稀文献等原始史料，力求还原真相。

论文问世，如巨石激浪，引发学界热烈关注，打破单一认知，为学界拨开迷雾，提供全面客观视角，推动人们更接近这一复杂事件的真实面貌。

*右图为时任中央党史研究室副主任的郑惠转达胡乔木同志关于《"中山舰事件"之谜》的评价文章。

胡乔木同志对《中山舰事件之谜》评价

杨天石同志的《中山舰事件之谜》发表后，我听胡乔木同志几次谈到对这篇文章的评价。乔木同志有次同我们几个作党史工作的同志说，杨天石的这篇文章运用大量翔实的历史材料，将中山舰事件的来龙去脉梳理得很清楚，作出了中肯的分析，近乎真正解开了这个历史之谜。这是中国现代史研究中不可多得的上乘之作。希望党史研究也能作出这样好的成果。另一次乔木同志单独与我谈话时，又提到这篇文章，说这是一篇具有世界水平的学术文章，要我转党史研究室的同志们批荐。我当将这篇文章复印许多份供我们单位的同志学习参考。

中央党史研究室　郑惠
1992年7月2日

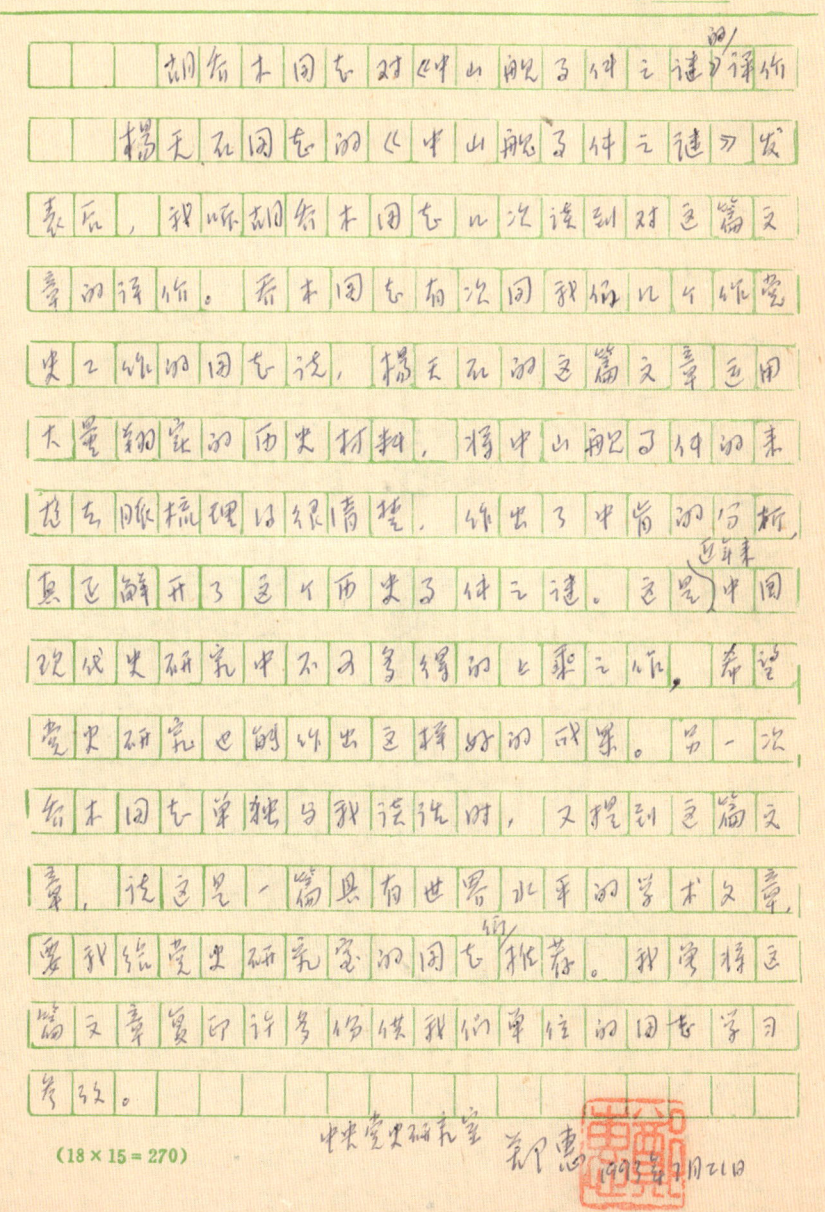

工作时期

1993

这篇文章是关于中山舰事件研究的一个重大突破，为民国史研究提供了一个实事求是的范例，也为中山舰事件研究立下了一个很高的起点。
本文被日本和美国学者分别翻译为日文、英文刊出。

证 书

杨天石的论文《中山舰事件之谜》荣获中国社会科学院1977年—1991年优秀科研成果奖,特颁发此证书。

中国社会科学院　　　　院　长　胡绳

1993年12月8日

工作时期

1996

《百年潮》是由中共中央党史和文献研究院主管，中国中共党史学会、中共党史出版社主办的大型期刊。1996年杨天石被聘为《百年潮》杂志创刊主编。曾与胡绳、郑惠被称为《百年潮》三君子。

杨天石先生1997年起担任百年潮主编，作为知名的近代史学者，他以其自身的研究成果和学术影响力吸引了众多高水平的作者投稿，为《百年潮》提供了丰富且高质量的稿件来源。他长期专注于中华民国史、中国国民党史和蒋介石的研究等领域，在其担任主编期间，使得《百年潮》在中共党史和中国近现代史等领域的内容更加深入和专业，同时也带动了对其他近现代史重要事件和人物的研究与报道，拓宽了杂志的研究视野和涵盖范围。

聘 书

兹聘请 杨天石 同志为本刊主编、本社编辑委员会委员。

《百年潮》杂志社
一九九七年十二月一日

工作时期

1998

中央文史研究馆是中华人民共和国的一个具有统战性和荣誉性的文史研究机构。受聘者通常是耆年硕学之士、社会名流和专家学者。

杨天石先生自 1998 年 9 月 8 日被聘任为中央文史研究馆馆员。

任命机关：中华人民共和国国务院
任命文号：国人字[1998]175 号

第0001300号

聘任杨天石为中央文史研究馆馆员。

国务院总理 朱镕基

1998年 9月 8日

工作时期

2000

戊戌政变时期，清政府指责康有为"谋围颐和园，劫制皇太后"，但由于此消息过于耸人听闻，康有为又一直矢口否认，多年来，历史学家们大都不予置信。杨天石先生在日本外务省档案中获得了可靠的证据，还参考了如王照逃亡日本后与犬养毅的笔谈、李提摩太的《留华四十五年记》、许世英的回忆录、梁启超的相关记载等多方面的史料，这些史料从不同角度相互印证了"谋围颐和园捕杀西太后"确有其事，从而得以证实这一历史事件。

原中共中央文献研究室常务副主任金冲及先生为杨天石所著《康有为谋围颐和园捕杀西太后确证》撰写了推荐意见。金冲及先生说："它很能显示作者从事史学研究的功力和水平"。

附件6

中国社会科学院优秀科研成果奖
专家推荐意见表

成果名称	康有为谋围颐和园捕杀西太后确证	主要完成人	杨天石
推荐人	金冲及	专业职务	研究员	年龄	69
研究专长	中国近现代史、中共党史		电话		
工作单位	中共中央文献研究室		邮编	100017

推荐意见

杨天石同志《康有为谋围颐和园捕杀西太后确证》一文，探讨的是戊戌变法运动史研究中一个重要而又长期无满意结论的问题。当西太后发动政变时，说以康有为等"谋围颐和园、劫制皇太后"作为维新派的重大罪状。但康有为多次坚决否认这件事，说这是袁世凯无端诬告造成的冤案。以后的史家也多对此事不予置信。事实的真相究竟如何，便成了戊戌变法运动史研究中一椿难以迴避的公案。

对这件长期扑朔迷离的难案，杨天石同志化了很大力气，不仅依据多种当事人的所写的笔记进行论证，并且从日本外务省档案抄件在毕永年日记内找到了谋杀后党的确证，作了周详的论证。以后，他又坚持继续研究，引用台湾出版的中的收集征集到康有为袁机残件，写了《补证》，说明康、梁利忘掩盖事实真相的缘由所在。这就使这椿公案得以水落石出。

考证史实，是史学研究中不可缺少的基础工作，但难度也很大。一篇

考证文章的价值如何，通常要看作者选择的课题是否重要，还要看作者 持有渊博的知识、严的发现问题的锐利眼光、细心搜据与鉴别原始资料的能力 和明确的判断力。它很能看出作者从事史学研究的功力和水平。杨天石同志的论文，在这些方面都写得上乘。因此，我愿推荐它参加中国社会科学院优秀科研成果奖的评选。

签章 金冲及

2000年4月24日

工作时期

2000

著名历史学家戴逸对《康有为谋围颐和园捕杀西太后确证》进行了推荐。他说:"此文澄清了围园密谋的真相,对戊戌变法研究具有重大意义"。

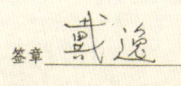

中国社会科学院优秀科研成果奖
专家推荐意见表

成果名称	康有为谋围颐和园捕杀西太后确证		主要完成人	杨天石
推荐人	戴逸	专业职务 教授	年龄	74
研究专长	中国近代史		电话	
工作单位	中国人民大学清史研究所		邮编	100007

推荐意见

杨天石同志《康有为谋围颐和园捕杀西太后确证》一文,对戊戌变法中这一重大历史之争作了结论。维新派多年有无包围颐和园刺杀西太后的密谋,说法不一,言人人殊。守旧党认为确有其事,以此为新党之罪证。维新党则否认此事,指为袁世凯之造谣诬陷。杨天石同志从日本外务省档案中发现了毕永年当时的日记《诡谋直纪》,解开了这一历史之谜,毕永年是诗僧八指头陀的学生,当年维新党请他到北京来,主持

实施围园杀后之计划,毕永年所言,无可辩驳地证实了这一点,铁证如山,不可动摇。维新党讳言围园密谋是由于当时的政治形势和各种要素。今天已事过百年,应还历史以本来面目,杨天石同志此文澄清了围园密谋的真相,对戊戌史的研究具有重大意义。

杨天石的文章举证确凿,分析深入,论辩几无懈可击,是一篇很精彩之作。

特此推荐

签章 戴逸

2000年4月24日

工作时期

2006

中国社会科学院荣誉学部委员是中国社会科学院授予的最高学术称号，它是终身荣誉，相当于中国科学院院士。2006年8月，经中国社会科学院院务会议审议批准，杨天石先生被授予首届"中国社会科学院荣誉学部委员称号"。

授予：杨天石 中国社会科学院荣誉学部委员称号。

特发此证

中国社会科学院荣誉学部委员，是中国社会科学院的最高学术称号，为终身荣誉。

中国社会科学院
二〇〇六年八月

编号：RX045号

01 | 03
02 | 04

01 杨天石在北京大学读书时期的照片
02 杨天石在中国社科院近代史所工作
　　时期的照片
03 杨夫人结婚前单人照
04 1964年杨天石与金祖芳结婚照

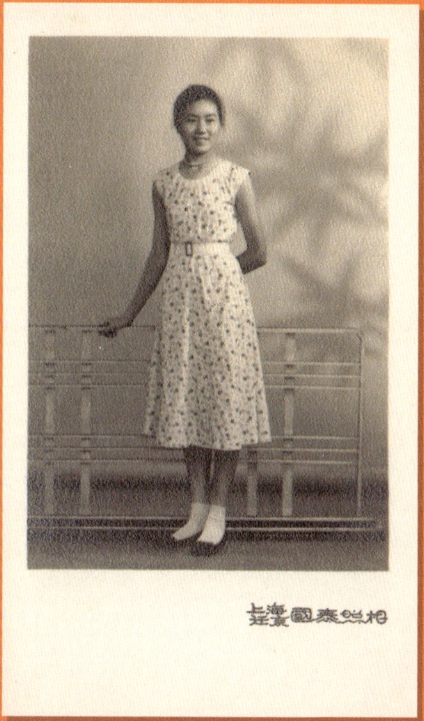
上海
國泰照相

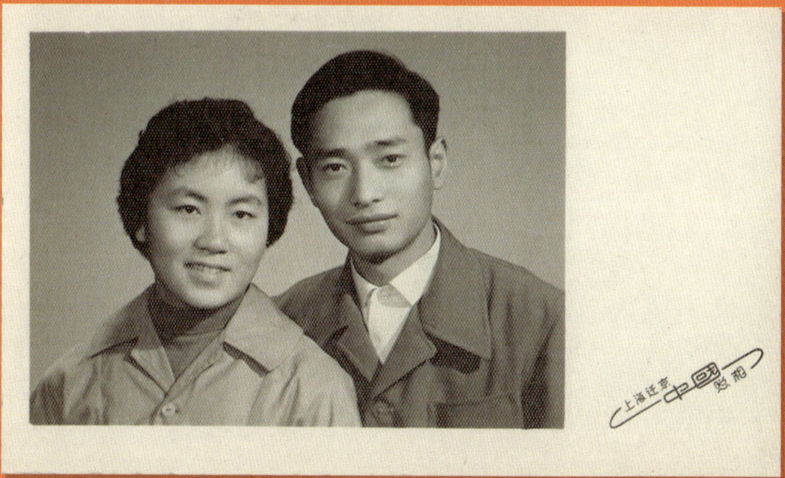
上海迁京
中国照相

目录

contents

壹 至友忆往

contents

为了寻找历史的真实 —— 敬贺杨公天石九秩华诞
陈方正 003

再说杨天石
陈丹晨 011

是金子总会发光：忆天石
李汉秋 021

九十开步，再创辉煌
钱文辉 025

我所知道的天石学长
曾景忠 031

杨天石：我人生旅途中的第一个贵人
周思源 041

"患难之交"杨天石 —— 兼谈他的鲁迅研究
陈漱渝　　049

锲而不舍，求实探新 —— 与杨天石老师四十年的交往回忆
郑会欣　　069

思想者的力量：贺杨天石老师九十华诞
雷颐　　081

老而弥坚　寿而愈奋 —— 为杨天石先生九十寿而作
汪朝光　　087

我所了解的杨天石老师
夏春涛　　099

贰 评论评价

contents

杨天石：书斋内外的"史"与"诗"
陈丹晨 109

杨天石的中国古典文学研究
陈铁民 121

意趣高远走华章
周思源 129

杨天石先生关于宋明理学的三种著作
陈来 137

南社研究的意义 ——杨天石先生及其《南社史三种》
夏晓虹 145

叁　同行文萃

全面抗战爆发前国民党的涉日危机应对：
以《新生》周刊事件为中心的研究
吴景平　　159

1927年国共关系破裂前后斯大林对
中共革命方针影响的几个问题
杨奎松　　199

国际关系视野下的中国抗日战争研究
陈谦平　　245

为马戛尔尼使华进一解
马勇　　273

试论抗战时期国民政府版图构想的演变
王建朗　　289

肆 桃李春风

我跟杨老师做博士研究生
臧运祜 331

重视大时代、大人物、大事件研究
——评"杨天石近代史研究六种"
王奇生 345

钱玄同与《章氏丛书续编》
刘贵福 359

蒋介石对农民、农村问题的认识与主张（1928—1949）
曹成建 399

高山仰止：杨天石先生与中华民国史研究
罗敏　孙贝贝 451

国家利益：苏俄对在华合作者的选择
杨雨青 487

天道酬勤，坚如磐石 —— 记我的父亲杨天石
杨雨青 517

伍 序言集锦

以文会友：天石与我
蒋永敬［中国台湾］ 531

《寻求历史的谜底》序
金冲及 545

拨开迷雾，解开疑问：民国史及蒋介石研究的突破
张玉法［中国台湾］ 553

《寻求历史的谜底》序
狭间直树［日］ 561

《杨天石近代史文存》序
山田辰雄［日］ 567

《海外访史录》序
李又宁［美］ 571

《杨天石文集》序
刘梦溪 575

超越封建传统的"成王败寇"史观
陈永发[中国台湾] 583

《找寻真实的蒋介石》序
吕芳上[中国台湾] 591

《孙中山新探》序
王杰 597

《晚清史要》序
黄克武[中国台湾] 607

皓首穷经著文章
陈红民 613

系年录 623

壹 至友忆往

PART
1

ZHIYOUYIWANG

为了寻找历史的真实
——敬贺杨公天石九秩华诞

陈方正

1939年生，哈佛大学物理学博士，物理学家，香港中文大学中国文化研究所原所长。

有幸认识杨天石先生，是2017年在中国文化研究所为庆祝成立五十周年而举办的研讨会上。此会以"民国人笔下的民国"为主题，由杨公和张公玉法两位前辈担任主讲，与会的还有黄克武、刘维开、欧阳哲生、王奇生、桑兵、朱英、马振犊、徐思彦等旧雨新知，规模不大而气氛热烈，是难忘的良聚。闲谈中我发现杨公和我多年老友陈丹晨不但是同学，而且分属至交，所以两年后访问北京时，就约他们小酌，并邀请杨公再度莅临，主持为纪念先父而设的"陈克文中国近代史讲座"，他爽快应诺了。不料天有不测之风云，数月后新冠疫病暴发，继而发展成全球危机，讲座遂被迫搁置。直至2023年疫情受控，我们方得践前约，安排杨公来港主持第四届"陈克文中国近代史讲座"。庆幸的是，岁月推移，他朗健如昔，此番演讲以"蒋介石的功过是非"为题，对香江学界产生了巨大吸引力和冲击力，会场内座无虚席，听众甚至有从台湾地区乃至北美赶过来的。此中原因当是，当今专家学者之中，浸淫于此题目最久最深的，非杨公莫属。

其实，杨公进入学界的经历异常曲折艰辛。他是北大高才生，仅由于在特殊年代中出言不慎，毕业后被分发到中学任教近十八年，后来由于发表有关南社及其与辛亥革命关系的文章，被邀以业余身份参加中国社会科学院近代史研究所的工作，直至1978年改革开放大潮来临，方得调入所内成为正式研究人员。幸运的是，此际国内外学术气氛蓬勃，而他犹在盛年，故此神思焕发，把握时机，累有创获。其中1988年发表于《历史研究》的《"中山舰事件"之谜》就是个引起关注的突破，也是刺激他转向蒋介石研究的契机。当然，那和史料的出现密切相关：他最初在南京第二历史档案馆发现了《蒋介石日记类抄》，后来在台北"国史馆"中找到多种蒋介石日记摘录，最后花了大工夫到斯坦福大学的胡佛图书馆，细读和摘录2006年才对外开放的全套《蒋介石日记》。自20世纪80年代开始，他的大量研究成果就陆续发表，并且不时结集，最后汇集成为2022年香港出版的五卷本论文集《找寻真实的蒋介石：蒋介石及其日记解读》。他毕生辛勤探索，出入于文史哲多个不同领域，真可谓著作等身，但心血结晶当在于这套论文集，无疑也就是他从容论列蒋介石那么一位风云人物的气魄之由来。

　　蒋介石在1943年发表《中国之命运》，宣称他领导下的党和政府是中国命运之所寄。这是空话，但反映了一个事实，即国民政府祚运虽短，却是中国政体从皇朝走向共和的转折点。此所以早在20世纪70年代初，社科院近代史所就已经遵照指示，启动中华民国史的编纂工作：那和历代皇朝"为前朝修史"的传统当不无关系。这传统所反映的，不仅是皇朝以"正统"自居的独占观念，而还有对于中国作为连续文化体的自觉。换而言之，政权可易，中国则一。因此前代人物、事迹不容抹杀，而须翔实记载——那当然也就意味，要尽可能客观评价。杨公以"找寻真实的蒋介石"作为其论文集的总题，当有深意存焉。

　　然而，这谈何容易。史实错综复杂，史料浩如烟海，皆需凭学养、毅力和机遇，长年累月悉心寻觅、发掘、整理，那尽人皆知。但在此之外，历史学家尤须面对更根本的困难，即到底何为"历史真实"。在过去两百年间，西方学者对此问题的态度就已经发生了翻天覆地的变化。19世纪的兰克（Leopold von Ranke）以大量实证工作为欧洲史学奠定基础,他认为历史必须像科学一样,建基于客观证据之上,不多也不少。但在20世纪中叶,柯林伍德(R. G. Collingwood)的"心灵史学"开始流传:他强调,一切历史都是过往人物的历史,因此不可能离开人的心灵和思虑,而那只能够由史学家通过文献及其他证据去想象和判断。到了六七十年代,"解构主义"风起云涌,"后现代史学"于焉诞生,它变本加厉,认为历史建基于文本诠释,故此必然受史学家的理念和思维架构影响,而不可能是客观的。换而言之,所谓"历史真实"根本就不存在!

如此激进观点令人惊讶,但必须承认,这个观点也具有现实意义,最近出现的一桩惊人翻案文章便是典型例子。英国的"光荣革命"本来早有定论:它一直被认定为温顺平,自然完美地连续演变,即根本不是一般意义的"革命",英国人也都以此自豪。然而,十多年前却出现了一部皇皇巨著,以大量事实和细密考据来证明,"光荣革命"本质上是群众性和暴力性的,是通过猛烈军事冲突而产生的政治、社会剧变,因此是不折不扣的"第一场现代革命";它甚至还指出,此前的偏见其实是由于18世纪英国的政治气候,以及当时英国学界对激进政治的反感、畏惧,而刻意造成的。历史判断经过了三百年犹可以被推翻,那么当它牵涉实际政治之时,成为无硝烟战争的工具自亦不足怪。例如在今日德国,极右翼政党急速冒起,它为了重建国人自信以发扬民族主义,而不断尝试重新诠释、改写20世纪上半叶历史,也就是甘冒违反宪法和刑法之大不韪,为早有定论的纳粹主义从侧面翻案。而在今日美国,民主党与特朗普派系掌控的共和党对垒,它们都奉英国和欧洲早期移民为新大陆开发者和国家缔造者，但理念迥然不同。前者强调早期移民所秉持的"山巅之城"理念，认为那就是他们所倡导的普世价值观，亦即激进自由主义（即世俗主义以及多元、平等、包容等所谓DEI意识形态）之根源。后者对此完全不予认同，他们激烈反对接纳非法入境人潮，以"美国优先"为口号——当然，那与"白人至上"主义的关系不言而喻。统而言之，政治离不开民族的自我认同，而那在很大程度上是由历史塑造的，此所以史实的诠释和书写具有重大现实意义，以致其客观性亦往往被质疑乃至从根本上否定。

在中国，这好像同样如此：毕竟，以古讽今、古为今用都是众所周知的政治操作。其实不然，我们不可忘记：史学家之力求独立、客观以赢得后世尊重、景仰正是中国史学的大传统。这就是"为前朝修史"何以具有意义，而历来无数激烈政治斗争和改朝换代都未尝动摇国人对历史的信心之缘故。在这个大传统下，我们相信"真实历史"的确存在，并且可以通过众多后代史家的努力而逐步发现和逼近，最后书写出来，成为历史长河的一部分。为何中国和西方对于历史的看法会有如此巨大差别？这恐怕并非中国人有特殊智慧，或者学者特别勤奋，而当是中华文明注重稳定、继承与延续，所以中国倾向于从长远来看历史，而西方文明则不断出现动荡、探索和创新，故此史实判断亦经常改变。也就是说，是由于两个文明的截然不同性格反映于其历史观念所致。

蒋介石逝去已经将近半个世纪，至今中外史学家为这位充满争议的关键政治人物所写传记也不下十数种了。然而，杨公在这方面下了数十载工夫，又经朋友一再催促，仍然坚持灌注精力于个别问题的深入研究，以迄完成这套庞大的五卷本论文集。如他自道，这是为了"清理史实，还原史实"，以确保其"科学性"，然后才考虑动笔写传，以免其流为"工具"。由此可见，他是无时或忘史学的力量和它所必须避免的陷阱，也就是发现历史真实之艰难的——这种自觉和警惕，当也就是中国史学精神之所寄。如今杨公年届耄耋，但精神矍铄，旺健如恒，我们祝愿他继续为中国当代史的研究和阐述作出卓越贡献，谨以此为先生九秩华诞寿。

再说杨天石

陈丹晨

Chen Danchen

1931年生,1960年毕业于北大中文系。
《文艺报》原副主编。
杨天石先生大学同学。

人生已是黄昏，还有同窗老友相往还，实是一桩幸事。我接二连三收到杨天石君厚厚的巨著《杨天石评说近代史》七卷、《找寻真实的蒋介石》五卷、《民国风云》《帝制的终结》……还有很多很多；我算是比较了解这位老友的，但每次都会感到惊喜，钦佩他的著作等身，想到他从年轻时起就立志献身于学术，终于如愿以偿了。

七十多年前，我们正在埋首读书期间，遇到"大风大浪"。先是阶级斗争反右派，接着是"大跃进"，批判个人主义，又红又专，再过一年零几个月就要进入共产主义社会了。我和杨天石君都是其中的落后分子。我的毕业鉴定里关于政治表现都是负面的，惹得我拒绝签字，这暂且不说。天石君被当作"白专"典型分配到北京远郊一个拖拉机手训练班的学校教书。原因为何？就是他太沉浸于读书和学术了。终于这个学校办了一年半下马了，他又被重新分配到北师大附中，情况略有改善。他在课余仍然孜孜不倦于学术研究，在艰难的条件下写出《南社》一书，篇幅虽然不大，却是研究南社的第一声。接着又撰写了关于朱熹、王阳明等的著作。这些当时比较冷门，属于哲学思想范畴的题目，且当时正在火热的阶级斗争岁月里，他却不改初衷，只顾在青灯黄卷的生活中寻觅无穷的乐趣。

1959年，我们还在大学五年级时，曾经一起参与过《近代诗选》的选注工作。这个选题有点开创性，有一定难度。季镇淮教授带领着一拨同学孙钦善、孙静、陈铁民、刘彦成、李坦然，再有天石和我，把北大图书馆藏的所有清人诗集都搬了出来，分工详读、评选、细注。遇到疑问时，还曾不止一次请教过吴小如先生。人民文学编辑部负责审稿的编辑是舒芜前辈,也是特别有学问的,他提出过许多具体意见,常在稿子边上贴满了小条。这部凝聚着许多人的心血之作,多少为后人的研究提供了一点基础。我那时交稿后完成任务,就不闻不问了。事后,却发现自己写的注释,有些有了改动,才知道是杨天石不声不响地做着修订统稿工作。譬如有的字词典故出处,我写得虽对,但非最早的。天石君却穷根究底找出其原始的作了修补,我暗暗赞叹,他这种学术功夫在学生时代就已显露。

这让我想起王瑶先生在课堂里特别强调过,做学问要扎扎实实,避免"硬伤"。所谓"硬伤",简单地说,就是事实性错误。那时突出政治,政治挂帅,做学问强调"以论带史",主张以正确的观点立场指导学术研究。殊不知理论观点正确与否是建立在事实基础上的。事实不准确,全盘都输。理论观点是主观的,可以讨论辩驳;事实是客观的,对错分明,不容虚假。所以在那个年代能够真正踏实承续王瑶等前辈们所说的做学问之本,也正是清代考据训诂学的遗风,做到"无一字无来历"是有一定压力的,而这又正是天石君所最重视和追求的。如他后来所说:

> 历史是已经发生过的历史。历史学家的任务是还原、重建、说明已经发生过的一切。
>
> 首先是"说"……历史学家要充分掌握资料,精细考辨,力争说得真实、准确、全面,尽最大可能符合历史本来面目……其次是"评"。"评"能表现历史学家的理解、议论

和价值判断。在"说"与"评"之间,"说"最重要。"说"是基础……

我曾在一篇文章中说过,研究历史,首先是尊重厘清"史实",即如他的"说"。然后再加以分析评论,表达自己的独特发现和见解,即谓之"史识"。从事历史研究绝不应任意伪饰胡编乱说,这有关历史学家的"史德"。不幸的是,现在有许多历史著作颇多"甄士隐""贾雨村"。正因为此,杨天石也常会遇到对他评说蒋介石功过横加指责,甚至上纲上线的人。他却仍坚定不移走自己的路,讲真话,说真事,显示了一个历史学家应有的原则和品德,也就特别可贵。

早在天石君有幸进入近代史所时,我很为他终于能回归到最适合他的旨趣和才华的环境而高兴。尽管由原来的文学专业转入历史研究,常言道文史相通不分家,只要是学术研究他都有浓厚兴趣并全身心投入。他从参与民国史研究写作开始,四十多年来得其所哉,充分施展自己的抱负,完全埋首学术,勤奋写作了大量厚重著作,如汩汩畅流引人瞩目。

有时我会感到他像一个"苦行僧"。他的住所与单位在同一条小胡同里,每天在家除了三餐饭和睡觉,其他上午下午晚上三段时间都坚守设在研究所里的书房或谓工作室里。这个十几平米大的书房满是一排排的藏书,绝大多数是各种资料类的书籍。在研究所的地下室还有他的一间书库。我不知道他有几千几万册的书。被他喻为"书满为患斋"。除了出门讲学,他就终日沉浸神游在浩瀚的历史书海里。他外出无论是在内地城市,还是到日本、美国、中国台湾或其他地方，他总是跑图书馆、档案馆或有关的各种资料藏所，寻寻觅觅，查找挖掘各种秘档。最厉害的当然是他得悉胡佛研究所开放蒋介石日记后，先后去美国四次，历时共十多个月，从早到晚手不停歇地摘抄。到过那里查看蒋的日记的人没有一个像他那么痴情狂热的。需知这也是很繁重的体力劳动，没有超强的毅力和精神也是不易做到的。

  皇天不负有心人，不仅在他的书房里满堆着各种书籍资料，手抄的笔记卡片，更由于他的天赋记忆力超强，脑子里也是装满着无数具体精细的史料，为了考订一件史实，他常常能从容广征博引许多细节。许多冷僻的少为人知的资料，他都信手拈来，如数家珍，并借此寻找和破解了许多历史之谜，使人们看了为之信服，如为人乐道的《"中山舰事件"之谜》。又如关于西安事变这段历史，他收集并引证了89通有关人士的电文，着重引述和辨正了陈立夫回忆录以及张学良等的回忆文字。我对此事件特别感兴趣的是，古有京戏《捉放曹》，今有张学良捉放蒋。究竟是怎么回事？据我以往读到的一些历史资料，事变前台固然是张杨，实际后面还有中共和苏联并共产国际。捉了蒋，怎么发落他？有主张杀了他，有主张"罢免蒋介石，交人民公审"。还有一说是共产国际认为中国抗日还需蒋介石才下令放了他。究竟如何？杨天石把这关键的情节考订得非常细致准确：

  （1936年12月）19日，中共中央再次召开政治局会议……会议产生了两个文件……明确提出和平解决的方针。中共中央随即指示周恩来和潘汉年，在和南京谈判时声明,在有关条件得到相当保证时"恢复蒋介石之自由"。

12月16日,共产国际执委会致电中共中央……电报要求中共中央"坚决主张和平解决这一冲突"。但是,由于电码错误,无法译出,中共中央不得不去电要求重发,20日共产国际才发来正确无误的电报。因此,将中共中央对蒋态度的转变说成是共产国际来电的结果是不确切的。

中共中央对蒋态度的转变有着多方面的因素。12月14日,苏联《真理报》发表社论……17日,再次发表国际述评,指责张学良,肯定南京政府。在政治局扩大会议上,毛泽东、张闻天都提到这两篇文章。他们虽然不赞成苏联对西安事变背景的分析和对张学良的指责,但在最终确定和平解决的方针时,显然考虑了苏联的态度。

我还以1948年蒋经国上海"打虎"为例。因为是我少年时代的亲历见闻,所以很有兴趣看天石君是怎么写的。那是孔祥熙儿子孔令侃囤积居奇遭蒋经国和监察院等查办一案,蒋介石竟直接干预调查。天石根据有关档案、电文、日记、报刊和回忆录等大量资讯,对各方有关的反应和过程作了详细的叙述,评点说:"蒋介石碍于宋美龄和孔令侃之间的关系,压制调查,窒息言论,徇私包庇,终于毁灭了国民党和政府拥戴者的最后一点希望,陷入人心尽失的严重局面。"这个评点是很严厉到位的。我不只同意,且认为从一个具体的案件却可以推论其一世功过中最大的过:即蒋从1927年起直到台湾先后执政专权四十八年,大权独揽,小权不放,权大于法,最后还传权于儿子,始终没有真正完成民主的转型。他之失败也正由于此。

2011年正值纪念辛亥革命一百周年时，我收到天石君的著作《帝制的终结》。这部三十五万字大作，对此重大的历史事件，从历史背景、起因、过程和各方动向和反应，都作了详细从容的评述，引述的材料之繁密丰富，是我读过的有关史书所罕见的。此书曾被新京报评为"2011年度好书奖（历史类）"，确是实至名归。正如评语所说，对辛亥革命"进行了全景式的展开，写作简明而不失其要，采择众说又发出自己的独立声音，显示出深厚的学术积累和叙述功力，是大家写'小书'的成功尝试"。其实何尝是"小书"，实是难得的扎扎实实的史著。

天石君在此著中提出一个新人耳目的观点，撰有专文论述孙中山是"平民知识分子革命家"此说是否成立可以再讨论。依现在已经约定俗成的看法，我国已经历了资产阶级革命和无产阶级革命，其内容、性质似成常识。但天石君不赞成在历史研究中任意"划阶级、定成分"，我认为是有道理的。其实马克思主义者对待历史和现实也不是随意动辄打上阶级烙印的。恩格斯在论述圣西门、傅立叶和欧文时曾经指出这三个人有一个共同点，"他们都不是作为当时已经历史地产生无产阶级的利益的代表出现的。他们和启蒙学者一样，并不是想解放某一个阶级，而是想解放全人类。"这就是说，曾经被我们看作资产阶级的某些思想家在创造一种学说，提出一种社会思想时，可能是非常真诚地为了解放全人类，为了创建一个人人平等幸福的合乎理性和正义的社会。他们是作为全社会的代表出现，是以社会全体群众的代言人的姿态反对旧社会的。这样，他们的思想将被赋予一种普遍性的形式。所以杨天石君对辛亥革命及其领导人性质的新论述是符合历史事实的。

天石君虽已年届耄耋，雄心不减。我知道他还有许多话想说，许多事要写，许多问题要研究。他的学术生命还正处在巅峰状态，那就好好地享受个中的乐趣吧！

是金子总会发光：忆天石

李汉秋

Li Hanqiu

1939年生，1960年毕业于北京大学中文系。
中国农工民主党中央宣传部原部长。
杨天石先生大学同学。

一个人成就的大小常离不开三大要素：天分、环境、自奋。

天石天赐天分之高，自不待言。学术环境难免有顺有逆，在顺境里，通过自个儿的奋发努力，可以获得大进展；遇到逆境，通过持续自奋，可以冲破逆境进入顺境，取得进展。作为老同学，我观天石就是这样成功的。

我们是1955年中学毕业考入北大中文系的，那时，在"向科学进军"的大环境里，北大的学术气氛非常浓，中文系语言文学专业的老师多是该门学术前沿的领军者，榜样的力量是无穷的，对未定型的年轻人尤其如是，耳濡目染，天石和我不约而同，都从原选择的新闻专业转而安心于语言文学专业，并且日益滋长起学术人生的志向，发奋攻读。天石是我班由中学直升大学的学生中我最心仪的三位之一。中国文学史是主课，贯穿二三年，重要作家我只能读其选集，而天石已经抱起一部部线装的全集在啃。有次晚自习后回到宿舍里，他翻开线装的《李太白全集》示我以诗句："安得倚天剑，跨海斩长鲸。"我明白这是他的高远立志。

1957年夏后，学术环境逆转，师生中开展"拔白旗"、批判"只专不红"的运动，接着竟停课搞运动，正常的学业被停止。1958年暑假前，我们三班的团支部书记黄衍伯先找我这个支委，后又获另一位支委同意，以团支部名义贴出大字报倡议：暑期留校集体编写中国文学史。此举立即获得天石等同学的响应，旋即成为我专业55级党支部的号召，有三十多位同学留校集体搞科研——回想起来，这无异另开辟了一条学习之路：同学们可以把读书与为公统一起来，"冠冕堂皇"地为集体事业发奋攻读，不用担心被称为"只专不红"。学校各方面也大开绿灯，文史楼图书馆开放到深夜,需要多少书都尽数提供,连平日见不到的书也开放。被压抑的求知欲一下子点燃点爆,同学们每每深更半夜才离开图书馆回到宿舍。学识储备较多的同学,在集体编书中发挥了更大的作用,收获也更大。杨天石就是其一。在编两卷的"红皮本《中国文学史》"时,他就是隋唐五代组副组长,继而又分担起撰写辛亥革命时期的重要文学社团南社的任务,2022年他回忆说:"这是我研究南社的起点,也是我后来调入(中国社会科学院)近代史研究所,研究中华民国史的起缘。"

红皮本《中国文学史》作为1958年国庆献礼书由人民文学出版社出版后,我们在增长学识的同时总结了教训,继续编写四卷的黄皮本《中国文学史》,他是近代部分的重要执笔人。与此同时他又进入《近代诗选》选录选注组并成为主力,一直负责到该书由人民文学出版社出版。在我与他同宿舍期间,他经常最晚回寝室,而且精神焕发不知疲倦,我称他为脑力劳动的劳动模范。

1960年夏毕业分配,出人意料他被分配到语文教学并不受重视的中专学校任教。我去探望他,他住在一个工厂的破旧仓库里,空荡荡的,他似不在意,从容地说,每晚九点以前备课、批改学生作业,九点以后搞研究直到夜深。持之以恒,咬定不放松。我想,正是这种处逆境而不馁的精神,矢志不渝的学术志向,奋发自强的惊人毅力,让这个文弱书生研发出一颗颗学术炮弹射向学术苍穹,终于被有识而爱才之士发现,从而冲出逆境而进入学术殿堂。

九十开步,再创辉煌

钱文辉

Qian Wenhui

1937年生,1960年毕业于北大中文系。
常熟著名的文史专家。
杨天石先生大学同学。

天石学兄九十生辰将到了，许多人士写文祝贺。我和他关系特别，1955年他十八岁进北大、我十七岁进北大，是中文系同班同学，一直到如今联系未曾断过。九十年中竟有七十多年交往不断、心心相印，同窗挚友中这种关系不多吧！

可回忆和说的事太多了，这里说两点：

一是我和天石学兄在北大命运与共、遭遇相同，我们都被批判为走"白专"道路、同情右派、丧失立场。

天石学兄比我成熟得多，我连团员都不是，他是团员，还当过留学生辅导员，他学习成绩超好，说过"进了北大，今后要通过学术为社会主义服务"之类的话，结果还是被当作"白专"典型在全年级受到批判；我则因为在购买的美国诗人惠特曼的《草叶集》空白处胡乱写了些批语，被视为资产阶级文艺思想，受到班上的规模批判。对我们两人的批判同时在宿舍走廊里进行，他还被罚站在凳子上受批，以特示他是主批对象。

天石学兄为我在2018年上海东方出版中心出版的文集之一《往事踪影》题签作序，在序中曾详细说到我俩挨"白专"批判这事。他还说我因下乡劳动回校曾表示"得赶快念外语，否则单词都快忘了"，被视为走"白专"道路的证据。这事我自己真忘了，天石学兄则记忆尤深。

1957年反右初期，我们两人都对班上一位以前参加闽中地下党、曾在闽中游击队控制区发动群众组织武装的陈姓学长被批判斗争表示不解和同情。记得当时突然有一天，陈学长被拉到宿舍内批斗，批斗者叫他脱帽、不许坐下要站着。我因为涉世太浅，不知何为阶级斗争，想不通我平日敬佩的、喜欢标点古籍的陈学长怎遭此等待遇,当时竟不识时务地发表可以让他坐着且不必脱帽的高论。杨学兄后来告诉我,在批陈学长之后他想不通,找班干部说:"陈是新中国成立前的地下党,怎么会是反党反社会主义的右派?"杨学兄和我毕业鉴定中为"同情右派、丧失立场",肯定与此事有关。

毕业分配时杨学兄和我遭遇亦很相同,形同被扫地出门。他被分配到北京郊区一所训练拖拉机手的学校教语文,我则被分配到郊区教育局后转至一所中学任教。杨学兄学习成绩这么好,竟如此遭遇!我听课抢第一排,夜里奔抢图书馆座席,成绩也算好的,也竟如此相同遭遇!

二是杨学兄是我调回家乡后接触最多的一位同窗挚友。

我毕业后在北京工作十年,1970年调回家乡江苏常熟。在京工作时期,被迫过得忙乱,但与杨学兄有些接触。记得"文革"初期,我去他工作的北师大附中看望他,校中红卫兵告诉我,他是反动学术权威,正在操场罚跑步转圈。见面后他说没什么,后来他告诉我,当时他属学校第三劳改队,校长、书记为第一队,教导主任等主任级的为第二队,教师为第三队。

杨学兄后来调到中国社会科学院近代史研究所。2000年我们1955级中文系毕业四十周年同学相聚,我从家乡到北京参会,晚上曾到杨学兄在所里的"书满为患斋"拜访。书房如围城,颇为壮观。那时杨学兄刚弄了台电脑打字,他兴致勃勃演示给我看。当年,杨学兄正在京主编《百年潮》杂志,此刊上刚发表了我的《听吴组缃先生谈曹禺》一文,他把此刊给了我。

我1970年调回家乡工作后,杨学兄不下四五次到过常熟,可以说他是我调回常熟后接触交往最多的一位北大同窗。我还有两位北大同班挚友也只来过一两次，杨学兄是来得次数最多的。杨学兄是国内南社研究领军人物，苏州南社研究会开国内、国际会议时，几乎每次都请他来。其中南社的几次会议在常熟召开，我和他见面的机会自然就多了。他来常熟，参谒文庙，还抱着一只我送给文庙的黑猫留影，文庙工作人员从此称此猫为"杨猫"；他游沙家浜芦苇荡，晚上在宋美龄姐妹就餐过的王四酒家吃饭，宴上做游沙家浜诗；他参观翁同龢纪念馆，亦作诗留念。这类诗在杨学兄几年前出版的旧体诗词集中可以找到。

杨学兄还应邀在常熟图书馆做有关"蒋介石的功与过"的学术报告，听众济济一堂，气氛热烈，反响极佳，会后持杨学兄各种著书求签名者排成长队。

2024年11月中旬，苏州南社研究会召开国际会议。杨学兄是大会主旨演讲人，他申请大会同意邀我参会，我甚高兴。2021年国家图书馆出版社出版我任主编的《常熟文库》（百卷），在北京开首发式，我因身体不适未赴京与杨学兄相聚，这次赖他之力补偿了。我们在会议期间的几个晚上有过深谈，他告诉我他老父九十三岁辞世，近代史所最年长学者九十七岁辞世，他有信心活过他们这个年纪。长谈中他还透露了他的打算：将六部书号尚未批下来的专著争取批准出版；将平生著目编录；还有几部书稿要完成。

他平日在微信中多次嘱我"争取多活"，还说"我最近也时感举步维艰，不过不想就此困住"。这次会议结束他返京后，给我微信发"相见甚欢，长命过百"。也祝我在海内外有崇高威望的大学者杨学兄"长命过百"。

我也将奔九十,常作宋人朱敦儒"剩活人间几岁"之叹,但看来虽迟暮苟活,也需学学杨学兄的坚强自信。

祝贺杨学兄九十开步,再创辉煌!

我所知道的天石学长

曾景忠

Zeng Jingzhong

1936年生,1960年毕业于北大中文系。
中国社会科学院近代史研究所编审。
杨天石先生大学同学。

一、同学中的"三杨"

杨天石是我的学长。他是我的大学同学。按理，我与天石早有认识早有了解，但事实不然。原因是在学校时，我与他同一年级但不同班：他是三班，我是一班。我活动能力弱，不会广为交友。在学校期间，我与他之间没有什么接触交往，只是相互知道名字而已。还有一个原因：1958年"大跃进"那年，学校上课少，继反右运动后，又搞"双反"（反浪费、反保守）运动，又是劳动，又是科研"大跃进"，同一年级的同学间接触交往比以往多得多。但偏偏那一年我因身体不好，休学回了老家。学校恢复正常教学秩序后，大家除上课外，各自紧张地安排学习生活，不同班之间交流仍然很少。我1959年回校复学，到了四班（语言专业班），这个班由原来三个班的同学中抽调而来。我到四班后知道，三班有"三杨"，即有三个同学姓杨：杨天石、杨东、杨建国。这三人中，相比之下我还知道天石的名字，可能因为他个子高，长得白净。杨东、杨建国二人，我连他们的名字都生疏。

三班"三杨"原来处境都不大好。那时他们被认为是"白专"。本来"专"就是重视专业学习，肯钻研，学习用功，应该是正面的好事。但是由于他们被认为政治表现不积极，或受到批评。至于他们各有什么具体情况，我一点也不了解。

等到毕业分配，这"三杨"吃了大亏。杨东分配到东北辽宁省，他在学校时已与一位北京姑娘结了婚，分配工作也没有照顾让他留在北京。杨建国被分配到遥远的新疆。杨天石虽然分配在北京，却先分配到北京市人事局，由北京市人事局分配到一个农业机械学校。所谓农业机械学校,原来是培养郊区拖拉机手的短期培训班。当年,分配工作得最好的是留校任教和读研究生,继则被分到中国科学院文学研究所、语言研究所,再则被分到其他高校和新闻出版单位。"三杨"都是学习好的,特别是杨天石,他在科研"大跃进"中是骨干,专业学习是强手,最后却分配到一个连普通中专水平都不如的中等技工学校去教语文课,他是最受委屈的了。

二、从同学到同事

我与天石开始有所接触了解,是在离开学校二十年之后。

我1979—1980年在中共中央党校进修。记得在那里学习期间,我有一次在校园里偶遇到了天石。他与近代史所的李宗一一起在党校参加什么活动(我不了解)。当时我们只打了一下招呼。他还向李宗一介绍,说我们原是同学,当时只是握手而已。

1980年9月,在京同学回到学校聚会,大概有四五十人吧。大家互相交流情况。这时,天石已从北京师范大学附中调入近代史研究所,而我当时在中央美术学院马列主义教研室。这次聚会时,他得知我正想更换单位。他介绍说,近代史研究所也正需要人,并具体说到所里的文化史研究室和《近代史研究》编辑部,都是新建部门。他告诉我,如有意,可找丁守和先生联系。当时,我正联系中共中央党史研究室,廖盖隆同志是党研室的具体负责人,他已经同意我去那里工作。那里条件好,但需每天坐班。我当时考虑:我住在城里,距离党研室远。而近代史所很近,故最后决定联系来近代史所。

我到了近代史所后,与天石的关系由同学变成同事,我们之间才有了接触了解的机会。

三、对天石的了解:为人

杨天石在中学时就很优秀,学习成绩好不用说,能考上北大就是一个证明。他社会工作也积极,表现好,还担任了共青团的团委委员。到大学后,他刻苦学习,表现也是很好的。

不料,他在反右运动中,却惹出了问题。那是什么事由呢?原来他所在的三班,有个调干同学叫陈玄荣,福建人。陈1949年前就加入共产党,1949年以后当了解放军。反右运动中,陈玄荣在班上被划为右派分子。

天石认为,陈玄荣在整风反右派运动中没有贴大字报,也没有什么不当言论,他早就参加革命,不应该划为右派。天石的看法还有一条有力证据,那就是1957年5月25日,毛主席接见青年团第三次全国代表大会全体代表时说:"一切离开社会主义的言论行动是完全错误的。"毛主席的讲话公开发表后,陈玄荣把这句话抄了下来,贴在自己床头。天石认为,这足以证明,陈玄荣不反党反社会主义,因此不应该划陈玄荣为右派分子。他把自己的看法向三班党小组、团支部书记反映了。没想到,杨天石却被定了一个"同情右派"的罪名。从这件事可以看出,杨天石具有正义感,他这是见义勇为,为受冤屈的同学辩护,这是正派无私的表现。然而,他却因此事倒了霉。他被视为"同情右派",

政治立场有问题。虽然他学习认真，努力钻研，却被看作走"白专"道路。这是影响他毕业时分配到很不好单位的原因。

另有一件事，好像是从媒体报道中得知。20世纪80年代，北大中文系季镇淮教授的一位研究生论文答辩，邀请天石参加评审。天石指出研究生论文中存在的问题。这次答辩，论文没有通过。天石是季先生的学生，他坚持原则，指出论文中存在的问题，结果那位研究生被推迟毕业。如果对此事做不正确的理解，或许会认为这也使季镇淮先生没有面子。而天石对论文评审严肃认真，不因为研究生的导师是自己的老师而马虎了事，让论文答辩评审流于走过场。

从上述两件事可以看出，天石是善良、正直、讲原则、明是非的。为人处世都能做到这样，方为正派正道。

天石身上还有一种优良品质，就是坚强的韧性。尽管他从学校毕业后，分配到的工作单位环境差，但他钻研学术的志趣没有稍减，劲头仍然很强。他对不利的环境不抱怨，不怨天尤人，不自弃，而靠自己不懈努力，继续奋进。他除努力完成教学任务外，抓紧一切时间读书，钻研学问。他告诉我，他在南苑教书时，星期六晚上就进城，住宿在一同学单位的传达室里，星期天进图书馆读书。夜晚回南苑，有时没赶上末班车，只好步行几十里。其艰苦非一般人所能承受的。

杨天石1949年后在党的教育下成长，政治上要求进步，在中学时就当过团委委员。他处事谨慎，服从纪律。

近些年来，社科院对科研人员要求，接受境外（包括已经回归中国的港澳地区）采访，在境外发表文章、出版著作，都要研究所审查批准，他都遵照规定办事。听说，几年前美国华人学者举办一次学术会议，邀请大陆学者参加，杨天石在被邀之列。因院所劝阻，他即未去参加。

四、对天石的了解：为学

在学术道路上，杨天石天资聪明，同时又非常勤奋。他吃苦耐劳，任何不利和艰苦的条件，他都不怕。

"文革"结束后，近代史研究所开展民国史研究，得知杨天石对南社和辛亥革命历史有研究，邀请他以业余时间参加"协作"。当时天石被借调到近代史所，一分钱没给，纯义务作贡献。后来近代史所要把杨天石正式调来时，原单位北师大附中爱惜人才，不肯放他，北京师范大学想将他留在师大。几经努力，最后才于1978年调来近代史所。由此，他进入专业学术机构，得以发挥他的学术研究才能。

杨天石学术研究领域宽阔，兼及文学、哲学、历史诸多学术领域。他知识积累丰厚，相互渗透贯通，因而学术见解较深。

天石在大学期间，学术专长是中国文学史，从古代文学到近代文学，最突出的为南社研究，他是南社研究的著名专家。"文革"期间，他研究中国古代哲学，朱熹、王阳明、泰州学派等。到近代史所后，他集中精力于中国近代史学术专业。他的研究兴趣，从晚清到民国时期的历史，多有涉猎。主要研究方向是民国史。凡辛亥革命史、大革命史，国民党史以及国共关系史，抗日战争史和孙中山、蒋介石，他都有深入研究。他对蒋介石的研究，全国闻名，引起海峡两岸的关注。

天石学风严谨扎实。他的信条是，一切凭资料说话。我观察他的治学特点：长于资料，慎于论断。他为南社研究和辛亥革命研究，查阅清末民初报纸，下过一番苦功。长期来，每逢到国内外参加学术活动，不忘到图书馆、档案馆搜寻史料，查阅图书档案。蒋介石日记在斯坦福大学胡佛研究所开放后，他被邀请去查阅研究，他几次远道赴美阅看，抄录。他严守中国文化传统，着力实学，不尚空论，故而他的著述立得住脚，站得稳当。

杨天石具有学术勇气。蒋介石研究，因为政治原因，一般人不大敢碰。他出版《找寻真实的蒋介石》一书后，曾有人控告，说他为蒋介石翻案，后来又加上"历史虚无主义"的帽子。他顶住了压力。对蒋介石的历史，他一个一个专题进行研究。他并非盲目相信蒋氏日记中的记载，而是旁征博引，参考了大量史料，进行对照，来检视蒋氏日记的内容。经过领导机关和专家审查，他所写论述蒋介石的文章书籍，都是学术性研究，没有政治性的错误。

杨天石的学术研究水平和学术成就，得到学术界和社会的认可。据说，他写的有关"中山舰事件"的论文，受到胡乔木的夸赞。他的学术研究，享誉国内外。他是全国闻名的民国史专家，是研究蒋介石的知名学者。

中共党史学会创办《百年潮》杂志，聘请他为主编，《炎黄春秋》杂志聘他为编委。中央文史研究馆聘他为馆员。他是中国社会科学院荣誉学部委员。人才难得，成长不易。杨天石曾经受到过歧视和艰苦磨折，但最终成为1949年后成长起来的一位具有真才实学的知名学者，也是我们同学中学术成就较为突出的佼佼者。

五、天石对我的帮助

前面我已说过，我与杨天石虽为同学，但相互接触了解是在进入近代史研究所之后。

天石对我有很大帮助。首先是调动工作。由于他的介绍，我才联系并于后来调入近代史研究所。这是我人生的一大转折，我从此进入学术专业岗位。

我到近代史所后，天石邀我一同编《宁调元集》。宁调元是南社诗人，天石研究南社多年，史料熟悉，他是引路者。后来，王晶垚找我参加南社与柳亚子研究会会刊的编辑工作。这样，我也与南社研究发生了关系。

我与天石同在一个所里，不在一个部门。但在编研工作方面，遇有疑难，我不时请教于他，有关学术动态多有交流。前几年，申报学术资料文集出版资助，也得到他的推荐。

我们之间交流思想，促膝谈心。难得他诚恳指出我的缺点，在学术研究方面存在下工夫不够，浅尝辄止的情况。我自省，多年来多随兴为文，未专力于某一专题深入研究。他的批评确实击中我的弱点。

天石学术著作接连出版，他赠我不少。我读后，获益良多。

前年，天石学术文集陆续出版，他送我两卷。我对他的学术成就深为敬服。曾凑句赞之：

祝贺天石学兄文学哲学文集出版

勤勉天资两发扬，燕园修炼胜同窗。

诗文鉴析通古近，哲理批评涉朱王（朱熹、王阳明）。

观点创新惟谨慎，史实查考最擅长。

贬恶扬善求真相，学海无涯闪光亮。

写天石，我联想起他的得力贤内助金祖芳女士。她是一位勤劳豁达能干的人，对天石佐助很大。可惜她几年前病逝，对天石打击很大。我曾撰一挽联："皇族支脉，人民园丁，授书育才尽心力；京城娇娘，学者伴侣，相夫教女茹苦辛。"天石自夫人去世后，幸得女儿和学术助手的帮助，其学术研究工作得以继续不辍。

天石现已年届九旬，每天从早到晚仍伏案写作。祝愿他健康长寿，学术事业取得更多成就。

杨天石：我人生旅途中的第一个贵人

周思源

1938年生，1962年毕业于复旦大学中文系。北京语言大学教授。

Zhou Siyuan

"歧路亡羊"典故中的"歧路"本指岔路，并无贬义。后来或许是受累于"误入歧途"一词，自己误入了歧途。其实人生岂有一直走到底的康庄大道，时不时地总会出现一些岔道，即歧路。某些歧路很可能并非坏事，也许正是这条歧路使你日后走上乐于终身为之奋斗之路。在我漫长曲折的人生路上，有幸得到许多贵人相助，而第一个并且伴随至今的非杨天石莫属。他是在事业上对我影响最大的人。

　　1953年春，因缘际会，正在无锡市一中读初二的我，与杨天石、符丐君等四个高一同学聊文学十分投机。当时学校很重视社团活动，各种社团林立，于是我们成立了鲁迅文学小组。杨天石的水平比我们明显高出一截，我们几乎每天下午课后都外出散步，漫无边际地闲聊。诸凡阅读心得、文坛新闻、作家轶事，不一而足。1954年《渡江侦察记》电影剧本发表，我们仔细品读后进行了认真讨论。最后由杨天石执笔，写了一封相当于文艺评论的长信给《文艺报》。不久收到编辑部回信，对我们的信十分赞赏，说提出的几个意见有道理，将会转达给作者。一年后小组吸收了两三个新成员，但他们只参加某些正式活动，如作品讨论会、朗诵会之类。而我们五人课余几乎形影不离，成为终身好友。

　　杨天石读过的名著我几乎都曾读过，但分析水平远不如他。这是因为他还读了不少文艺理论书籍和文章。这是我和他的主要差距。理论修养就像显微镜或解剖刀，可以将作品细致入微地分析归纳，见他人所未见、所不能见。在天石的推荐下，我读了一些苏联文艺理论家的著作，尤其是多宾的《论情节的典型化与提炼》，使我受益匪浅。1955年天石考上北大中文系，使我最终下决心弃理从文。

1957年我进入复旦中文系不久后，天石就应我之请寄来了北大内部出版的苏联专家毕达科夫的文学概论教材。天石曾发表的一篇文章中引用了西方美学家罗丹的论断，使文章生色不少，给我留下深刻印象。受他的影响，五年中我在文艺理论、中国古代文论和西方美学上下了很大功夫。后来我能做一点事情，就得益于此。

我与天石交往格外密切的一个有利条件是，有二十多年我俩住得非常近，两家距离不超过500米。1962年10月我分配到北京，在前门外的招待所报到后，天石就邀我住在他工作的北师大附中宿舍，足足一个多月。除了文学，自然也免不了聊其他话题。

北京市教育局人事干部与我谈话，问我对分配到中学有什么要求时，我强调自己就读六年的无锡一中是男校，我不习惯与女孩子打交道，希望分入男中。于是我被分到男校北京三十一中。我和天石各自成家后，天石夫人金祖芳成为我儿子的干妈，天石的女儿则成了我妻子的干女儿。

经过狂风暴雨的一再冲刷，虽已拨云见日，但我对未来从事文艺评论和学术研究已全无信心。有一次天石来我家，见我打算将劫后余生残缺不全的几十本书卖给旧书店，大惊道，"读书人只有买书的，哪有卖书的！你一定要卖就卖给我。"他鼓励我不要泄气，做自己喜欢的事，把它做好。面对逆境，天石比我坚强冷静得多。即使在培养拖拉机手的技工学校，有时候要替传达室工友值班，他也不忘读书研究。因此早在1965年他就已经在北大学习时积累的基础上，写出了关于朱熹、泰州学派和南社研究的几本书。他在文史哲打通方面的成功经验，深深影响了我。他后来在治史方面成就卓著，就与他深厚的文学功底、超强的阅读能力与精炼准确的文字功夫以及扎实的哲学修养形成的犀利眼光和深邃思考，有密切关系。

后来人事松动，许多师兄弟和朋友向我伸出援手。已经在近代史所站稳脚跟的天石介绍我进他们所。他已征得所领导李新同意，为我新开设一个分支，研究学生运动史。我虽从文学创作角度关注地下党领导的各地学运多年，但对调入一个都是历史系出身者的单位毫无信心。天石说，"放心！阁下去了一定是一把好手。"虽然由于其他原因我没有去近代史所专门从事历史研究，但天石对我的高度信任和鼓励，却促使我更加关注历史，还认真读了一本他推荐的外国专家写的有关历史哲学的专著。这些对我后来研究清史和北朝史都产生了积极影响。

1982年10月我调入北京语言大学时，高教教龄是0。连讲师都不是，只是教员。而职称直接与待遇和住房等挂钩，那时是绝对现实主义，一点浪漫主义都没有。因此我必须把丢了整整二十年的学术研究重新捡起来，吃力而且辛苦。我很羡慕天石发表了不少学术论文。他说，现在光有论文不行了，要有书，有专著。1987年在学校满五年了，我终于被评为讲师。而我的不少老同学早已是副教授，有的已经当上教授。幸亏几个月后我就晋升为副教授。这时我已年及天命。我必须在退休前的这十年中把教授拿下来！这就必须有书，有专著。而北语教授名额少，学校又没有评审权,要经过北京市高级职称评定委员会,谈何容易。我这几年虽然发表了一些学术性文字,但古的今的文学艺术的美学的都有。究竟写一本什么样的学术专著,我拿不准。我不能误入歧途,我耽误不起。经过反复考虑,我决定从比较文化的角度研究史书《三国志》到小说《三国演义》的变化。天石认为我的选题有价值,角度也不错。他建议我先做一个《三国演义》研究的长编,看看别人已经研究到什么程度了,再决定如何切入。我很受启发。不过我还没有下定决心,因为我从未发表过研究三国的论文。天石好客,他的一些同学也成了我的朋友。其中就有在中国社会科学院文学研究所工作的谭家健。我谈起准备花几年工夫研究却还没拿定主意时,谭家健说:"你既然已经发表了两篇关于《红楼梦》的论文,就不如继续研究下去。红学是显学,门槛高。你如果有所突破,对评职称应该很有利。"我接受天石关于了解别人研究到什么程度的忠告,大体上考察了一下红学研究的现状,决定从艺术浓度(即《红楼梦》为什么这么经得起读和研究)及其如何形成(即创造方法)这两个方面入手。我虽然没有选择做《三国演义》研究,不过当初略微花的一点时间倒也没有白费。十几年后,一个偶然机会我临时去中央电视台某频道救场,一连评点了八个《三国演义》人物,从此开启了我和央视多个频道十多年的合作。

天石对我的一大影响是他即使在任何逆境中都从不灰心气馁,总是兢兢业业踏踏实实地读书研究。这种为实现理想七十余年如一日坚持不懈的毅力,是他克服各种困难,不断取得学术成果,成为蜚声国内外一代史学大家的关键。从年轻时起,就听说"成功等于天赋加勤奋"。据说这是爱迪生的名言。后来我得知西方科学家研究认为，哲学家与樵夫的大脑之别，小于家犬与猎犬的区别，因此人的天赋相近。而人不可能几天几夜不睡觉地工作，显然人的勤奋是有限的。我认为，人的思维方法的先进与否，能否掌握事物的规律，是成功最重要的因素。但即使具备了以上三个条件，如若不能长期坚持不懈，那么也只能成功于一时，不能久远。所以毅力是成功的关键。如果用一个公式表示，就是：成功＝天赋＋勤奋＋方法＋毅力。

这不仅是我个人的切身体会，也是我总结了许多成功人士的经验，而杨天石就是最重要的样本。

"患难之交"杨天石
——兼谈他的鲁迅研究

陈漱渝

Chen Shuyu

1941年生，1962年毕业于南开大学中文系。
鲁迅博物馆原副馆长兼鲁迅研究室主任。

2019年2月15日上午10点来钟，天石兄突然来电，说当天中午朋友要为他做寿，假座华侨大厦玫瑰厅，希望我也能参加。我一时犹豫，答复得有些迟缓。我之所以犹豫片刻，因为我是一个连自己的生日都说不清的人，退休之后从没有参加过类似聚会；我又患腿疾，老伴当时瘫痪三年，不提前安排，出家门确有具体困难，但想到这些年故人云散，就下定决心赴宴。老朋友多聚一次就能多见一面，万不能因为疏懒而给自己造成终身遗憾。此前我曾有过两次这样的教训！

待我乘出租车赶到餐厅时，88岁的文学评论家陈丹晨已经到了。他是天石大学时代的同窗好友，一位既博学而又有革命资历的人，完全看不出在场人中他岁数最大。63岁的史学家雷颐也到了。他是我的湖南老乡，见面时总要先秀几句长沙话表达乡情。到得最晚的是国学家刘梦溪，他是活跃人物，上午刚参加了一个重要会议。梦溪跟我同年，但来时已经架拐，有一位助手照顾他，让我切身感到"岁月无情人有情"这句话。

因为餐桌上还有出版界人士和天石的粉丝，出于周到，天石便将来宾一一做了介绍。轮到介绍我时，天石说了一句："这是我的患难之交。"这句话让我感到十分准确，十分亲切，也十分荣幸，顿时心中倍感温暖。

1962年秋天，我刚从天津南开大学中文系毕业，分配到北京工作，虽然学习成绩还好，政治鉴定上也承认我"政治上一贯要求进步"，但由于抛弃我们母子的生父1947年已经带着一个越南舞女跑到我国台湾地区，让我成了一名备受歧视的"狗崽子"，等分配时间长达半年，竟没有一个单位愿意接收。最后收留我的是西城区第八女子中学，校长王季青是高干夫人，是"一二·九"时代的老党员，看重才华，敢于"招降纳叛"，便安排我教初中二年级一个班的语文课，终于领到了54元月薪，可以勉强养活自己和远在湖南老家的母亲。

女八中在石驸马大街，那位驸马爷叫石璟，娶的是明宣宗的长女顺德公主。校址即在鲁迅任过教的国立北京女子师范大学原址，学生中有人尽皆知的许广平、刘和珍、杨德群、张静淑……出校门东行，过一个有红绿灯的街口，就到了另一所中学，叫北京西城区第三十一中学。该校前身叫崇德，是北京建校最早的一所完全中学，邓稼先、杨振宁、梁思成、孙道临……都是该校的毕业生。我的一位南开室友杜学忠同年分配到该校任教。我在北京无亲无故，课余有时就溜达着到三十一中看望学忠。学忠在三十一中同宿舍的另一位老师叫周思源，复旦大学中文系毕业生。周思源有一位无锡同乡，又是中学校友，这就是杨天石。由命运牵线，我跟天石从此就成了"患难之交"。

天石是北京大学中文系"55级"出身。"55级"指1955年入学1960年毕业的这批学生，他们在1958年的"大跃进"运动中集体著书立说，在国内学界名声大噪。天石是55级的佼佼者，但学习成绩优秀给他带来的却只有一顶"白专"帽子。虽然理论上说的是"讲成分，不唯成分，重在表现"，但实际上判断一个人是"红"是"白"，当时主要还是取决于他的家庭出身和社会关系。就这样，这位北大高才生杨天石刚毕业就被分配到了位于北京南苑五爱屯的八一农机学校。当时南苑还是荒郊野地，农机学校号称职业专科学校，但是借附近小学的几排房子办起来的。天石绝对不懂农机,有一段时间就安排他去看守传达室。传达室的主要工作是收发报刊,闲下来的时间天石就用来通读侯外庐先生的《中国思想通史》。我想,天石对于中国哲学的初步了解,主要是由这部著作奠基的。然而这所农机学校命蹇时乖,匆匆上马,又忽而匆匆下马,留下了一批教职员等待重新分配。如今没有硕士学位大约很难到中学任教了,但20世纪60年代北京中学普遍缺少教师,连普通的师范生都一将难求,更何况北大的毕业生?于是,北京师范大学第一附属中学负责业务的副校长听到消息就赶到农机学校挑人,当然可以双向选择。这位副校长看上了天石的学识学历,天石看上了北师大附中位于和平门,离当时文津街的北京图书馆很近,方便查书,于是双方一拍即合。

北师大附中的前身是成立于1901年的五城学堂,是中国最早的公立中学,位于南新华街19号,跟原北京师范大学旧址遥遥相对,历届校友中仅中科院和工程院院士就有钱学森等30来位。1924年1月17日,鲁迅曾在该校校友会发表过题为《未有天才之前》的著名讲演,其教工宿舍在西城西拴胡同4号,是一个大杂院,但曾经住过石评梅女士等文化名人,可惜一般人并不知道。天石的宿舍最初就在进门的第一间,大约有8平方米。

我初见天石并非在他的宿舍,而是在周思源的宿舍,可能是1962年的初冬季节,天石穿的是一袭棉长袍。这种打扮让我立刻联想起电影《早春二月》中的萧涧秋,以及20世纪二三十年代的一批文人。我在感到天石打扮非常儒雅的同时,觉得他也有几分"迂",再加上他说话时好称对方为"阁下",口头禅是"不瞒你说",更觉得他未免太书生气了。

此后，我们见面的地点就固定在天石所住的西栓胡同的宿舍。因为那地方位于女八中与三十一中之间，离我单位大约只有公交车一站的距离。吃完晚饭溜达着就到了。他室内有一张床，一张书桌，一把靠椅；门口有一个蜂窝煤炉和一个铁簸箕。不记得他有什么藏书，也没有见过他备课或者批改作业。他写文章的特点，是一旦悟出一个观点或涌出几个得意的句子，就会断断续续写在稿纸上，最后才形成一篇首尾贯通的长文。不记得他一气呵成一挥而就撰写论文的样子。我们谈话的内容天马行空，但有"三不谈"：一，不谈时政；二，不涉是非；三，不传八卦。如果说专谈学术，那对我而言颇有自吹自擂之嫌，时至今日我仍然不认为自己懂什么学术。但常听天石谈南社，谈陈去病，谈泰州学派，谈王艮，谈李贽，谈他的老师季镇淮先生……我是似懂非懂，插不上嘴，多数时候是傻乎乎地听着。

有人说，追求光明的人，不会等到旭日东升才启程，而是在暗夜中就准备上路。还有人说，只有经受冬天考验的种子，才会有春天的希望。我跟天石、思源当年的确没有当"学者""权威"的野心，想的只是莫负青春，能够做一点自己喜好而又能发挥自身潜能的事情。当年《光明日报》的社址在石驸马大街女八中对面，离我的学校跟天石的宿舍都很近。进门悬挂一条幅，上书"光明在前"四个大字。我们都是该报《文化遗产》专刊的作者，而该刊的年轻编辑史梅（美？）圣被抽调下乡搞四清运动，只剩下一位叫章正续的资深编辑看摊守寨。老章有提携年轻人的热情，手下又缺乏打杂的帮手，就让天石和我帮他初审一些来稿，或核对一些拟刊稿的引文。这当然属于当义工的性质，不过老章也常掏自己的腰包买些西瓜之类的水果犒劳我们。我们当年在《光明日报》发表的那些文章今天看来当然稚气，但能证明我们在青年时代确曾挣扎过，拼搏过，奋斗过。

谈到"患难之交"，我印象最深的是"文化大革命"时期和唐山大地震时期。"文革"中最先落难的是周思源。有一天晚饭后我去三十一中看他。他闻声推开宿舍门主动迎我，门前正好有一个煤堆。思源表情沉重，用低沉的声音说："我是牛鬼蛇神！"这句话真正把我吓得摔了一个跟头！眼前一个这么老实憨厚的人怎么忽然变成了"牛鬼蛇神"呢？我不敢问，他也没法说，我只能心怀余悸地打道回府。不久杜学忠也荣任了三十一中教职工"劳改队"的队长，接着调回了天津老家，所以很长一段时期内我还一直称呼他为"杜队长"。在"文革"中受冲击最厉害的是我，其中确有我应该吸取的人生教训。挨整之前，我还是校革委会委员的候选人之一，曾被工宣队指派到北京工人体育场参加了"学习毛选积极分子"大会。由于出身不好，8月18日那天我就靠边站了。当时从广播里听到林彪声嘶力竭地喊道："要横扫一切牛鬼蛇神，把他们统统打翻在地，再踏上亿万只脚！"这句话我今日回想起来还浑身哆嗦，心有余悸。接着进驻北京市中小学的团中央工作组负责人在中山公园音乐堂的一次集会上明确宣布，学校的班主任也属于"当权派"，也是这次运动的斗争重点。于是学校的红卫兵就立即"挥舞皮鞭当刀枪"了。老师被剃阴阳头，涂上黑脸，可以随意被红卫兵往脸上吐唾沫。我那年25岁，从没见过这种大场面，内心脆弱；又好面子，忍受不了屈辱。有天晚上从天石宿舍回校，我就决定第二天用最极端的方式了结此生，完全没有想到这种"自戕"的方式属于"现行反革命"行为,会株连自己挚爱的亲友。由于命不该绝,我居然被学校一位厨工骑平板三轮送到宣内大街油坊胡同36号北京市第二医院救活了,事后在自己的宿舍内被拘禁了半个多月,又稀里糊涂被放了出来,侥幸没被戴上"现行反革命"的帽子。那一段时间我头脑基本上处于一种真空状态,什么也不去想,什么也想不起。过了若干时候才听说,"整"我的红卫兵也去过北师大附中找天石。但我们的确没在一起干过一件坏事,没有一起说过一句犯忌讳的话。有人至今仍把我划归为鲁迅研究界"马克思主义派"的代表人物之一,让我深感荣幸。不过我的荒唐行为让天石受惊,被株连,这是我至今都深感愧疚的事情。

我受冲击至今已经五十多年了。半个世纪之后,当年殴打辱骂我的那三四个红卫兵女将无一表达过丝毫歉意。我也无意追究此事,从未产生过给她们单位写投诉信的念头。因为那时她们毕竟还是十五六岁的初三学生。但让我刻骨铭心的是王蒙小说《青春万岁》中的一句话。这位于2019年获得"人民艺术家"国家荣誉称号的作家借人物之口说:"煽动年轻人廉价的政治热情是一种罪过。"我觉得,年轻人的错误是上帝都能原谅的,但是历史的教训任何时候都不能淡忘。"大灾难"如果能带来"大智慧""大觉醒",那坏事就能转化为好事。如果反其道而行之,那这个民族的前途就着实堪忧。有幸的是,当年我教过的那批学生大多仍跟我保持了友好联系。他们多次集体为我庆生,共同缅怀那一段"非常岁月"。当年的女八中如今易名为鲁迅中学,校史陈列室中也有我的照片,这就是历史的结论。有了这些,我感到十分满足。

天石在"文革"中所受的冲击虽然没有我跟思源那样厉害，也有很不愉快的经历。佛教把业报分为"共业"和"不共业"（即"别业"）。不过"共业"当中也有"不共业"，"不共业"之间也有"共业"。"文化大革命"就是中国一切善良人的"共业"。有一天晚上我亲眼看见了天石极度痛苦的表情，他两眼噙泪，说话时面肌有些抽搐。那种表情在一个大丈夫的脸上是不会轻易流露的。不过后来他还是冲出了心灵的阴影，在北师大附中被荣升为"连长"，相当于当今的年级组长，能指挥四五百名师生。可见他后来"改造"得差不多了，已经成为学校"团结""利用"的对象。

我跟天石共过的第二次患难是1976年。当年7月28日3时41分，发生了20世纪世界地震史上死亡人数排名第二的唐山大地震，造成了24万多人死亡，16万多人重伤。我的表弟在唐山值夜班时，大厅一根柱子倒下，把他活活砸死。姨父家房顶的预制板掉下，上面的钢筋砸断了他的腿。我们一家当时住在北京复兴门大街的居民区，是一栋四层的简易楼。为避震，我们全家第二天冒雨住进了用木棍和塑料布搭起的帐篷，但我的小儿子因此感冒，高烧不退，这对我而言无异于雪上加霜。当时天石已婚，刚得了一个千金，所以单位又在同一院落多分给他一间平房。为了帮我摆脱困境，我们一家三代五口就都搬到天石家来住，在屋里搭了一个上下双层的大床，床下还可以睡两个人，就这样解了我的燃眉之急。天石的宿舍虽然是旧平房，经不起摇晃，但即使天花板掉下来也不会像简易楼的预制板砸下来那么可怕。我当时住在天石家，有一种当下住五星级宾馆那样的舒适感，晚上能睡一个踏实觉。我还曾遐想，日后如能住在一根水泥管道里，那就会更安全了，即使发生了强震，水泥管子也只会滚来滚去，绝不会把人砸成肉酱。这种奇思妙想，没有身临其境的人是不可能编造出来的。所以，对于天石这次临危相助，我们一家老小至今也铭感不忘。天石在学术上还对我有许多具体帮助，在此不一一赘述。

经过这两次大灾大难，我跟天石的关系也因此发展成了两家的关系。在家庭生活中，天石给我的印象是当"甩手掌柜"，一切内政外交都由他夫人操持。天石结婚是经过朋友介绍的。天石从介绍人手中接过他夫人的照片，当时就惊为"仙人"。但他夫人的优点并不仅限于漂亮，而是大度、贤惠、乐观、友善。不管天石如今在学术上有多大成就，"军功章"上都应该有他夫人的一半。在不熟识的人眼中，天石显得多少有点"傲气"，但接触多了就会发现，他并不是"傲"，而是整天生活在他的"学术世界"，显得有些不食人间烟火。每年春节，给亲友寄赠贺年卡联络感情的并不是天石，而是他的夫人。天石有一个特点，我分不清是优点还是缺点，那就是两家或几家聚餐的时候，他经常是最后一个到场，因为他习惯于争分夺秒地在书房看书，不到饭点起不了身，迈不动腿。

说到聚餐，有一件事让我刻骨铭心。那是"文革"后期的一年春节，天石一家到我在复兴门的寒舍吃年夜饭。那时我家很穷，用老伴的话来说，就是穷得连背心裤衩都买不起。天石家相对宽裕一点，但也富不到哪儿去。我记不清那天团圆饭的主菜是什么，却记得天石夫人在我家阳台大叫一声："我弟弟骑车送好东西来了！"我连忙跑下楼去取，是一个铝制饭盒，里面装满了

"芥末墩"——芥末腌制的白菜。我是南方人，从未尝过这种又酸又甜又咸又呛鼻子的味道，只觉得这是那时穷人的佳肴。后来请教北京民俗专家才知道，地道的芥末墩制作方法复杂而讲究，是典型的老北京风味。天石夫人是爱新觉罗的后裔，家传的北京风味菜当然最为地道。后来我常去北京老字号饭馆"砂锅居"吃饭，大菜必点砂锅白肉，小菜必点芥末墩。但吃来吃去总觉得味道赶不上那个除夕之夜所吃的。

1967年之后，北京各大学是否继续办下去，领导还没有决断。但中小学都一边复课，一边继续"斗、批、改"。该"斗"的"斗"了，该"批"的"批"了，该"挂起来"的也都晾到一边了，学校的氛围跟1966年8月"红色风暴"相比宽松了一些。天石秉性难改，又想起了做学问的事情。像我们这种根不红苗不正的人能做点什么呢？天石首先想到的是参与编辑《佛学思想文选》。他听一位朋友说，这是当时上级交代的一项任务，想邀请我共襄盛举。但我不假思索就回绝了。首先，佛经上的那些字我大多不认得，又不懂梵文，哪有本事来整理呢？我还对他说，如果有人看到我们的书桌上摆着一摞佛经，是不会是会认为我们悲观厌世，不满现实呢？1975年号召评"水浒"，天石大约也动过撰写中国小说史的念头。鲁迅的《中国小说史略》虽属经典，但毕竟是四十多年前的开山之作，资料可以增补，观点可以发挥。后来我们并没有搞出什么大动静，但天石却留下了一批谈红楼、水浒和三国的文章。疫情期间，他还通过网络讲金圣叹为何腰斩《水浒传》，这应该是跟当年的研究有关。同一时期，最高领袖关于"读点鲁迅"的内部指示公开发表，"批林批孔""评法批儒""评水浒"都以鲁迅观点为圭臬,于是天石兄又邀请我跟思源和他一起研究鲁迅,并鼓励我把一部讲稿《鲁迅与女师大学生运动》整理成书出版。他率先执笔,写了十几篇文章,分别发表在《光明日报》《鲁迅研究资料》《南开大学学报》等报刊。《鲁迅研究资料》虽然早已停刊,但当年"横空出世"时,在学界的确获得了众口一词的好评,一时洛阳纸贵,在香港还出现了盗印本。《南开大学学报》目前虽然仍划归为"核心期刊",但影响已经今非昔比。当年它的发行量在全国高校学报中雄踞榜首,这里面当然也有包括天石在内的众多作者的功劳。天石的鲁迅研究应该在1976年至1978年之间。调入中国社会科学院近代史研究所之后,他的主要精力就转移到编撰《中华民国史》了。在赠送我的一本书上,天石题写了苏东坡的几句诗:"人生到处知何似,应似飞鸿踏雪泥;泥上偶然留指爪,鸿飞那复计东西。"在鲁迅研究这块雪地上,天石究竟留下了什么成果呢?

如果单以数量而论,天石关于鲁迅的文章并不算多,但几乎每篇都有新意,每篇都解决了一个具体问题:

一、南社与越社的关系问题。南社是辛亥革命时期的一个影响巨大的文学团体,发起于1907年,成立于1909年,1923年解体,成员多达千余人。长期以来,鲁迅研究界对南社与越社的关系并不清楚,甚至认为这是两个团体。对于越社成立的时间也有争议。天石在《越社和南社》《鲁迅和越社新考》中,根据南社发起人高旭的诗作,陈去病的《越社序》及《越社丛刊》等权威资料,首次明确了越社即南社的分社,并认为越社成立的时间当为1911年4月或5月。鲁迅是《越社》的指导者、支持者,也是编辑《越社丛刊》的参与者,对于南社的历史地位也有过经典性评价。所以,天石的考证对于编写鲁迅年谱,撰写鲁迅传记的意义是不言而喻的。如今,天石的发现已经成为鲁研界的共识。不过,南社的另一发起人柳亚子认为鲁迅对辛亥革命之后的南社评价不足。南社成员并非在中华民国成立之后都渐入颓唐,还参与了反对袁世凯复辟帝制的斗争,也不是所有人都感到写诗"索然无味,不想执笔"。

二、《斯巴达之魂》跟近代中国拒俄运动的关系。鲁迅1903年编译了一篇文言小说《斯巴达之魂》,后来不但自己未予结集出版,就连这篇小说的材源也忘得一干二净。小说描写了公元前480年斯巴达王率同盟军和市民跟侵入古希腊的波斯大军殊死战斗的事迹,歌颂了斯巴达人的尚武精神,以及"巾帼不让须眉"的爱国主义精神。天石在《〈斯巴达之魂〉和近代中国拒俄运动》一文中,首次把这篇小说跟1905年四五月发生的拒俄运动联系起来,无疑亦属创见。由于1903年3月沙俄政府不仅不履行分批从中国华北、东北地区撤军的协议,而且进一步向清政府提出了对东北的领土要求。当年5月留日中国学生成立了拒俄运动队。鲁迅挚友许寿裳参加了这一组织,而且为接编《浙江潮》杂志亲自向鲁迅约稿,所以鲁迅在《浙江潮》第五期发表《斯巴达之魂》绝不是偶然的。《斯巴达之魂》开头的小序跟《浙江潮》第四期刊登的拒俄义勇队致清政府函文字相类也绝不是偶然的。天石的考证,解决了《斯巴达之魂》写作的历史背景问题,对于正确理解这篇小说的主旨至关重要。不过不喜爱从事实际革命运动的鲁迅并没有参加拒俄义勇队,而且认为在日、俄两国争夺在东北利益的时刻,"持论不可袒日"。我还以为,鲁迅编译《斯巴达之魂》,也受到梁启超在《新民丛报》连载的《斯巴达小志》的影响。鲁迅十分欣赏梁启超"笔锋常带感情"的文风,梁启超此前发表的《斯巴达小志》也歌颂了鲁迅笔下那位斯巴达妇人的拳拳爱国之心。

三、《中国地质略论》跟中国近代史上的护矿斗争的关系。鲁迅留学日本时期,曾跟同学顾琅合编过一部《中国矿产志》,后来被清政府学部批准为"中学堂参考书"。1903年,鲁迅还撰写了一篇文言论文《中国地质略论》。这些著作长期被人们作为"鲁迅的科学论著"看待。不过这些著作当中的地质矿产资料今天看来均已陈旧,仅在中国近代矿业研究史上具有一席地位,属于鲁迅所说的那种"中间物"。天石在《〈中国地质略论〉的写作与中国近代史上的护矿斗争》一文中,联系1903年10月1日日本发行的《朝日新闻》上发表的消息,说明当时沙俄通过中国买办,先索取中国东北的矿山开采权,激起了中国民众——特别是浙江民众的护矿热情,成为中国近代反帝爱国运动的一个重要组成部分。了解了这一背景,读者就不难理解鲁迅为什么会在《中国地质略论》中提到"今者俄复索我金州复州海龙盖平诸矿地矣",就不难理解鲁迅为什么会在一篇科学论文中发出了爱国主义的最强音:"中国者,中国人之中国。可容外族之研究,不容外族之探检;可容外族之赞叹,不容外族之觊觎者也。"

四、关于《天义报》上署名"独应"的文章。"独应"是周作人在《天义报》撰稿时采用的笔名。天石查阅了《天义报》上"独应"的《论俄国革命与虚无主义之别》一文,认为这篇文章同时也"反映出鲁迅的某些思想和观点"。这一发现是符合历史实际的，不但推动了周作人研究，而且丰富了研究鲁迅早期文学活动的史料。天石的文章发表在1979年2月出版的《鲁迅研究资料》第3期，也就是《鲁迅研究资料》由内部印行到公开出版的这一期。受天石的启发，我又续写了《再谈〈天义报〉上署名"独应"的文章》，全面介绍了"独应"在天义报上发表的九篇文章，并推断鲁迅可能跟周作人共同使用过"独应"这个笔名。这不仅因为周氏兄弟当年进行创作和翻译经常是共同讨论，最后由鲁迅修订，而且我还发现1919年1月26日钱玄同致周氏兄弟的一张明信片就合称他们为"独应兄"，而这张明信片的内容主要是跟鲁迅有关。这起码进一步证实了"独应"的文章反映了周氏兄弟的共同观点。

五、天石对研究鲁迅书信和诗歌的贡献。我参加了1981年版《鲁迅全集》的编注工作，而且是2005年版《鲁迅全集》书信部分的定稿人，深知每一封信征集发现的不易，每一条注文撰写之不易。天石是1923年12月28日鲁迅致胡适信的提供者。这封信是他在海外发现的，内容不仅涉及鲁迅跟胡适交流研究中国白话小说的心得，而且证明当时他们保持了学者之间的正常关系。鲁迅问候在北京西山疗养的胡适，并告诉胡适，他已经从跟周作人合住的八道湾搬到了砖塔胡同，1924年春还要搬迁，这就近于说"私房话"了。

1901年12月21日，鲁迅致许寿裳信中回忆起他经历的两次学潮时写道："我辈之挤加纳于清风，责三矢于牛込，亦复如此。"这句话对初读者而言，简直是如读天书。天石查阅当年的

《浙江潮》《江苏》等杂志之后进行了注释：这是鲁迅在日本弘文学院经历的一次学潮，"加纳"指弘文学院院长"嘉（加）纳治五郎"。"清风"是地名，指"清风亭"，弘文学院学生聚会的地方。"三矢"是弘文学院的教务干事三矢重松。"牛込"是弘文学院所在地东京牛込区，位于现在的新宿区。一般研究文学的人，是缺乏这种历史地理知识的。天石的这一研究成果破解了解读鲁迅书信的一个密码。日本著名汉学家北冈正子教授在《日本异文化中的鲁迅》一书中就吸收了天石的研究成果。不过北冈先生还进一步查阅了日本的有关档案资料，但这是一个中国学者当时根本无法做到的。

俗话说"诗无达诂"。也就是说，对于诗歌，没有通达的、一成不变的解释，往往因人、因时而产生歧义。对于鲁迅诗歌的解释也是如此。比如鲁迅的七绝《自题小像》中，有"寄意寒星荃不察，我以我血荐轩辕"这两句。对于"荃"这个字，有人解释为"在黑暗的反动势力统治下的广大人民"，也就是说，鲁迅的爱国之情得不到民众的理解。还有人将"荃"解释为"守旧派"。但这些解释都得不到训诂学的支持。因为古籍中的"荃"指的是一种香草。东汉王逸在《楚辞章句》对《离骚》的注释是："荃，香草以喻君也。"这就是说，把"荃"理解为"国君"的象征是一种正解。天石在《〈自题小像〉新考》一文中，首先根据《清国留学生会馆第一次报告书》中鲁迅填写的简历，把《自题小像》的创作时间确定为1903年，而后征引了上海《苏报》发表的光绪皇帝《严拿留学生密谕》，证明清朝上层统治集团对当时参与拒俄运动志士们的爱国之心不但不予体察，反而要各地方督抚予以缉拿,"就地正法"。像天石这样把《自题小像》置于拒俄运动历史背景之下进行考察,在鲁迅诗歌研究史上也是首次。这就叫在求真的基础上求解。

天石研究近代史的文章中,还涉及章太炎、宋庆龄、刘师培、谭嗣同、柳亚子、段祺瑞、邹容、钱玄同等历史人物和"溥仪出宫""牛兰夫妇被捕"等历史事件,这些都对深入解读鲁迅作品很有裨益。

如果把天石鲁迅研究的成果局限于对几篇具体作品的解析,那就低估了他研究的学术价值。在我看来,天石在鲁迅研究领域的主要贡献,是在引进并激活了传统文化中"诗文证史,补正史乘""以史释诗,通解诗意"的方法。说得直白一点,要在学术领域取得成就,单靠勤奋是不够的。捷克作家米兰·昆德拉之所以说"人们一思考,上帝就发笑",并不是反对独立思考,而是说研究者的思想方法和研究方法一旦出现问题,那越思考就会距离真理越远,所以上帝才会发笑。我认为天石运用"以史证文"的方法研究鲁迅,其方法论的意义超过了他对鲁迅某些作品提出的那些新颖见解。

中国有句话,叫"文史不分家",所以鲁迅将《史记》评为"史家之绝唱",又誉其为"无韵之《离骚》"。《春秋》是历史著作,《诗经》是文学著作,然而读者既视《春秋》为"史诗",又通过《诗经·大雅》中的一些诗篇来了解周民族的发展史。不仅在中国文史相通,互为表里,国外的情况也与此相类。从荷马史诗《伊利亚特》中关于铁器、风箱、陶瓷、手磨、榨油等描写中,人们可以了解到古希腊社会如何由野蛮时代进入文明时代。从古希腊悲剧作家埃斯库罗斯的作品《奥列斯特》中，读者可以了解到由母权制向父权制逐步过渡的历史进程。至于马克思认为英国作家菲尔丁的小说《汤姆·琼斯》以独特的方式反映了自己的时代，恩格斯认为巴尔扎克的小说《人间喜剧》表现了1815年到1848年的历史，更是大家耳熟能详的事情。不过当下学科分工日趋细密，有别于文艺复兴时代。那时的著名人物往往精通数国语言，并能在几个不同专业上都发出异彩，而现在是专家多，通才少，很难再出现那种集一切值得称赞的才能于一身的人。因此有些综合性的学科亟须不同专业的学者介入，才能在不同学科的交叉地带擦出学术的火花。

鲁迅研究就是这样一种综合性的学科，它涉及古今中外的文学、历史、哲学、美术等诸多领域，需要方方面面的专家介入。因为鲁迅著作不仅仅是作家个人的心灵史，而且也是19世纪末至20世纪30年代中国社会的一部百科全书。研究鲁迅的文学创作离不开历史，比如鲁迅创作小说《狂人日记》就是受到了北宋司马光《资治通鉴》这部编年体史书的启发。不了解辛亥革命、张勋复辟这些重大历史事件，不可能读懂鲁迅的小说《药》《风波》《阿Q正传》《头发的故事》……

在鲁迅的文学宝库中还有一颗特别璀璨的明珠，那就是他创造和提倡的现代杂文。鲁迅的杂文中有不少是文艺性的政论，而更多的是兼具诗和散文这两种因素的时评；简而言之，就是文学中有历史，历史中有文学。鲁迅杂文绝非"深入山林，坐古树下，静观默想，得天眼通"的产物，而是感应的神经，攻守的手足，能在讳言时事的时代以"典型化""类型化"的手法抨击时弊，收到以小见大之效。如果读者不了解革命先行者孙中山的事迹，怎能读懂鲁迅的杂文《战士与苍蝇》，如果不了解发生于1927年的"四·一二政变"，怎能读懂鲁迅的《而已集·题词》。如果不了解清朝初年和民国初年的中国历史，怎能理解鲁迅为什么会提出要"痛打落水狗"的主张？

鲁迅曾经说过以下意思的话：他的经历是复杂的，他的社会关系也是复杂的，因此阅世不深的青年人未必能读懂他的作品。"知人论世"，成为打开鲁迅著作宝库的一把钥匙。"知人"，就是要了解跟鲁迅发生关系的同时代人，以及鲁迅作品中评骘的古今中外人物。"论世"，就是要正确了解鲁迅生活的时代和他作品反映的时代。这对于当代读者而言无疑是一件困难的事情，往往因此造成他们跟鲁迅著作之间的隔膜。这就说明，天石一类的历史学家介入鲁迅研究，是十分必要的，对鲁迅研究的科学水平必然有所提升。

当然，天石在文史哲研究的成果是多方面的，而且在其中任何一个领域他都不是浅尝辄止。天石的主要成就无疑体现在中国近代史研究领域。虽然有些论题引起了争议，但总体上讲有争议是件好事。任何创新成果出现都会产生不同意见，这应该是学术史上的一条铁律。如果一个学者潜心研究了许多年，其论著刊行之后却如泥牛入海，反响全无，那岂不是太寂寞了。不过批评和论争要成为学术发展的真正动力，动机必须是与人为善，即心存善念，而不要实施那种"骂倒名人借以成名"的文化谋略，不要使用那种有损对方人格的语言，更不能轻易上纲上线，破坏健康繁荣的文化生态。听说，有一年，天石就出版了14本书，累计

600万字，其中虽然囊括了此前的成果，但至少说明他在耄耋之年还在奋力拼搏。在人才匮乏的中国，在亟须振兴中华文化的当下，像天石这种愿意以身殉学术的知识分子，难道不应该得到进一步的爱护和尊重吗？

锲而不舍，求实探新
——与杨天石老师四十年的交往回忆

郑会欣

香港中文大学中国文化研究所高级研究员，香港中文大学历史系暨香港理工大学中国历史语文与文化学系教授（兼任），南京大学中华民国史研究中心客座教授。

Zheng Huixin

日前接到王奇生、罗敏二教授的来函，他们正在计划出版杨天石教授九十华诞庆贺文集，并向我约稿。杨老师是当今国内外研究民国史的大家，我与他相识已有四十多年，为老师祝寿自然义不容辞，于是就想回忆一下杨老师一直以来对我的关心和提携，撰此小文，予以庆贺。

1982年我自南京大学毕业后分配在中国第二历史档案馆，从事民国档案与民国史的编辑和研究工作。80年代初，民国史研究还是一块正待开垦的处女地，而二史馆珍藏的民国档案刚刚对外开放，立即就成为国内外学者最为关注的对象。中国社会科学院近代史研究所民国史研究室是该所研究人员最多的研究室，也是全国民国史研究的重心，正承担多卷本《中华民国史》的撰写任务，而二史馆的前身是近代史所的南京史料整理处，彼此之间一直有着极为密切的合作。杨老师那时刚刚正式调入近代史所，并参加《中华民国史》的编撰任务，因此经常到南京的二史馆来收集资料。我那时刚到馆工作，虽然时隔多年，现在已记不清第一次见到杨老师是什么时候了，但那时已经见面并曾向他求教应该是不会错的。

1984年春夏之际，由中国社会科学院近代史研究所、南京大学历史系和二史馆等多个单位在南京举办民国史研讨会，这是标志民国史正由"险学"向"显学"过渡的一次盛会，对于日后推动民国史研究发挥了积极作用，李新、孙思白、李宗一等近代史所的许多学者都莅临出席。我毕业于南大，又是二史馆的工作人员，因此也提交了论文参加，并负责一些会务工作，印象中杨老师也参加了这次会议，但已不记得他提交的论文题目了。

为了进一步推动民国史研究的发展,这次会议之后不久,几个发起单位便商议召开一次规模更大的国际会议,题目就叫"民国档案与民国史国际学术研讨会",并共同推举二史馆出面向上级申报。很快这个会议的申请就被国家档案局批准,而且国家还财政拨款20万元资助会议,要知道20万元在当年可是个天价的金额。消息传出,立刻得到欧美及日本等国外学者的积极响应,国内众多学者更是踊跃报名参加。

因为申报召开此次会议的单位是二史馆,所以发起单位就共同推选刚刚退居二线的施宣岑老馆长担任会议筹委会主任。会前的筹备工作很繁忙,我当时已担任史料编辑部的副主任,经施馆长点名,我成为筹委会的一员,主要负责与国内学者的联系(邀请国外学者由近史所李宗一和南大张宪文两位老师提名)。由于报名参加会议的学者实在太多,为了控制人数,并保证学术水平,筹委会决定所有报名参会的国内学者必须在规定时间内先行提交论文,并由筹委会组织专人对论文进行审查,通过者方发出正式邀请,这种方式在当时可能还是很前卫的。审稿小组成员由各发起单位提名,杨老师作为近史所的代表来南京参加审稿,我因负责与国内学者联系,所以也参加了这一工作,因此集中审稿的几天中与杨老师有了近距离的接触。我原来的印象是杨老师参加了1987年10月在南京金陵饭店举办的这次会议,但再翻阅会后出版的论文集(我也是编者之一),却没有发现他的名字,不知其中有什么原因。

此时杨老师正为撰写"北伐战争"这一卷四处收集史料,其中涉及的"中山舰事件"扑朔迷离,众说纷纭。据传蒋介石在事件发生后曾对人说，关于这一事件要等他死后看他的日记，才能得知真相，因此杨老师就特别关注蒋介石日记的收藏。当他偶然听说中国第二历史档案馆新近收藏了毛思诚编撰的《蒋介石日记类抄》之后，便立即前往南京查阅，结果发现蒋在中山舰事件前后所写的日记，极为珍贵。于是杨老师即根据蒋介石这段时期的日记，并参阅二史馆所藏有关该事件的档案，以及蒋介石与汪精卫来往函件等多种未刊资料，写出题为《"中山舰事件"之谜》的论文。该文在《历史研究》发表之后立即引起海内外学界的赞誉，时任中国社会科学院院长的胡乔木认为这篇论文是具有"世界水平"的好文章，并鼓励他说："你的路子是对的，要坚持这样走下去。"这篇论文的发表，也奠定了杨老师在民国史研究中的地位。

1988年我到香港探亲，其实此行还有一个更重要的任务，那就是受二史馆领导和南大老师的委托，询问可否与香港大学合作、共同举办民国史国际会议。结果会议因故未能进行，我却阴错阳差，移居来到香港求学，两年后又应聘到香港中文大学中国文化研究所任职。初到香港，要为学习和家人的生计而奋斗，一切从零开始，所以暂时与学界中断了联系。直到1994年12月，南大又要举办第三届民国史的会议，张宪文老师热情邀请我参加，我才又重新回到民国史研究的队伍之中，同时也与杨老师和其他学者再次相见。1995年，我又被张玉法先生邀请，参加在中国台湾地区召开的两岸学者庆祝抗日战争胜利五十周年的会议，内地有三十多位学者出席，杨老师也在其列。在这之后，我与杨老师在中国内地、中国台湾地区、香港地区和国外的学术会议几乎每年都会见上几面，能经常聆听他的教诲。

1996年，中国中共党史学会创办了一份《百年潮》的期刊，社会影响极大，杨老师就是刊物的创刊主编。承他关爱，每期都寄赠一份给我，我在心存感激的同时，也总是想写篇文字支持他的工作。正好那年年底我在台北收集资料，在"中研院"多次与正在撰写回忆的陆铿先生相遇，并与他多次访谈。陆铿1947年曾任《中央日报》副总编辑兼采访部主任，就是他决定在报纸上刊登那篇披露孔宋子弟经营的"官办商行"利用权势套购外汇、从而引起舆论大哗的报道。我曾向他询问真相，并向他提供了我所掌握的一些数据，回港后我便将听到的故事和我掌握的数据写了篇文字寄给杨老师。杨老师收到后很快就回信，说："尊稿拜读，很精彩，已决定刊用于1998年第1期。"他还希望我以后"时赐鸿文，以光篇幅"。但这之后却没有下文，时隔半年，我又收到杨老师来信，他说我这篇文章史料价值很高，业已打出清样，准备发排，"但突然在一个环节上被抽下来了，其理由和阁下及稿件质量均无关，是个意想不到的问题。"他还说曾力争无效，"但大文实在好，应有与内地读者见面的机会。"

不久之后杨老师到香港中文大学开会，见面时才将详情告诉我。因为《百年潮》挂靠在中共中央党史研究室，因此拙稿发排前要给室领导看一遍。领导认为作者是香港人，发表前最好请国务院港澳办和对台办审稿。结果他们提出，由于该文涉及陆铿，而凡是与他有关的文章均不宜刊发，拙文就因此受到他的牵连而不能发了。但杨老师还是坚持要将拙文发表，于是便代我决定，转交给他亦担任编委的《炎黄春秋》上顺利发表，这是因为《炎黄春秋》发文无需送审。这件小事反映出杨老师的古道热肠,我一直心存感激,无法忘怀。

进入21世纪不久,台北的"国史馆"先是公布了蒋介石的个人档案(过去称之为"大溪档案"),其后美国斯坦福大学胡佛研究所亦将其暂时保管的蒋介石日记对外开放,这对于研究民国史的学者无疑是一重大利好消息,杨老师是第一个前去查阅档案的学者,我亦步其后尘,多次前往台北和斯坦福大学去查阅档案。经过对多种史料的对比和鉴定,我撰写了一篇论文,对当年扬子、孚中公司套购外汇这一桩历史谜案予以考证,并提出个人意见。这篇论文刚刚在台北"中研院"近史所集刊上发表,我就收到杨老师发来的电邮予以鼓励,认为拙文为"解决这一多年疑案提供了无可辩驳的铁证"。其后,我又以《蒋介石日记》和二史馆典藏档案为线索,对抗战后期发行的美金公债舞弊一案进行深入分析,最终从蒋介石档案中发现孔祥熙涉嫌舞弊的证据,便撰文投给《历史研究》。不久就收到杂志寄给我匿名外审意见,对拙文称赞有加,因为以前杨老师也对这个问题发表过专文,所以便猜想这应该出自他的意见。拙文发表后不久,我向他求证,杨老师亦承认拙文使用的史料更翔实、更丰富,因此竭力予以推荐。从这几件小事中,即可以看出杨老师对后辈学者的关心与呵护。

十多年前,我不断收到诸多报刊编辑的约稿,要我写一些民国时期名人的趣事逸闻,我原本不是撰写此类文字的高手,但架不住朋友们的催促,便尝试以过往收集的档案、日记为依据,写了几篇较为通俗但均有史料依据的文字,没想到反应还不错,报刊和网络还不断有人转载,这又使得更多的出版界朋友向我约稿，几年下来倒也写出一二十篇这样的文字。香港中华书局遂建议我将这些文字结集出版，之后北京和台北的出版社又分别出版简体和繁体版，虽然题目略有不同，但内容没有变化，这也是我第一次在海峡两岸同时出版同一本书。北京中华书局准备出简体版前，我曾不揣冒昧给杨老师打电话，请求他为拙作赐序。他当时正在台北收集档案，闻讯后即刻应允，并让我先将书稿寄到北京，说他回京后立即阅读。未有多久，杨老师就将序言电邮寄我，文中不仅肯定拙作资料丰富、可信，故"既可供研究者采用，补充现有史料之不足；又可供历史爱好者知人论世，借以了解那个时代和那个时代的人物"，而且还鼓励我"沿着已经开辟的道路继续前行，在民国财政、经济史和民国人物研究上取得更多、更大的进步。"老师的肯定和鼓励让我深受鼓舞。

杨老师自1974年参与近代史所的工作开始，就着力于中华民国史的研究。他所关注的领域极为广泛，包括辛亥革命与孙中山、北伐战争与国共合作、抗日战争、国民党史、战后大陆和台湾地区史，以及蒋介石、宋子文、孔祥熙、胡汉民、胡适等众多民国时期重要人物的研究等，而其中最为学界称道的就是蒋介石研究。

研究民国史，蒋介石是一个绕不开的重要人物，然而长期以来，由于受到意识形态的影响，海峡两岸的学人对蒋介石的评价却截然不同。杨老师自进入民国史研究这一领域之后，即将蒋介石研究作为重要目标，而重点则在于对他日记的深入研究。他曾多次前往美国斯坦福大学胡佛研究所，先后历时10个多月，阅读了蒋介石的全部日记，并做了重点摘抄，这种求索的精神令人钦佩。

杨老师在深入阅读蒋介石日记的同时，还结合多年在美国、日本以及中国台北、香港和南京等地收集的大量资料，对其日记进行分析、对比和解读，在此基础上撰写了一系列学术论文。这些论文先后于2008年之后结集为多卷本的《找寻真实的蒋介石：蒋介石日记解读》，陆续在内地和香港出版，受到海内外学界和读书界的广泛好评，多次被评为年度好书，杨老师也因此被人誉为研究蒋介石第一人。

2014年杨老师《找寻真实的蒋介石》第三卷在香港出版，香港三联书店的侯明总编辑约我主持新书发布会，能为杨老师效力，我自欣然从命。在会上听到杨老师发言，我才知道不久前北京某高校有人攻击他对蒋介石的研究是"历史虚无主义"。然而杨老师却不畏那些流言蜚语，坚持他的治史态度，用他的话来讲，那就是"历史家笔下的史实要能经受不同立场、不同时期的读者的挑剔和检验，争取做到：你可以反对我的观点，但推翻不了我揭示的史实。历史学家可以有自己的爱憎，但是，要力求忠实于历史，不虚美，不掩恶，做到爱之不增其善，恶之不益其过。"我钦佩杨老师这种求实求真的治史态度，我以为他的这段话也应该是历史学者共同追求的目标。

2017年陈方正、梁元生两位所长为纪念中国文化研究所成立50周年，准备举办活动予以庆祝，问我有什么意见，我就说不如就以新近公布和出版的民国人物日记为依据，举办一个小型的研讨会。他们接受了我的建议，并委托我负责筹办这次会议，于是我就拟具了包括中国大陆、中国台湾和日本、韩国20多位学者的参会名单，他们大都是民国史研究的中生代及后起之秀，而前辈学者的代表则是台北"中研院"的张玉法院士和杨天石教授，并由他们分别发表主题演讲。这个会议的规模虽然不是很大，但在学界却产生了相当的影响，会后出版了论文集，这就是"民国人笔下的民国"国际学术研讨会召开的由来。

也就在这次会议召开前后，在章开沅先生的大力支持下，陈新林兄于香港注册成立了开源研究机构。成立这个非牟利机构的宗旨，就是希望利用香港这一学术平台，联络各地的民国史学者，出版历史档案和高水平著作，推动近代史的学术研究。我被新林兄拉入董事会，主要的任务就是联系海峡两岸的知名学者，成立学术委员会。当年10月，开源研究学术委员会在香港召开成立大会，张宪文、张玉法和杨天石三位学术前辈被选为学会顾问，我因此再次与杨老师在香港见面。

2020年初，一场突然而降的疫情席卷全球，而且先后持续了三年时间，一切生活都仿佛停摆了。由于新冠暴发，我只能宅在家中，哪儿也去不了，于是便开始书写家庭和个人的回忆。原本我就是想写点文字给自己、给家人留个记录，没想到香港中华书局的几位老总听说我在撰写回忆，嘱我完成初稿后先给他们看看，之后很快就决定出版。一个小人物的平凡回忆居然可以出版，这确实出乎我的意料。出版社提出邀请几位学者撰写推荐语，我首先就想到的就是张宪文、张玉法和杨天石三位老师，他们不仅是民国史研究的前辈，而且还都分别为我的三本书撰写过序言，因此对我比较了解。他们欣然同意我的请求，很快就写下推荐语。杨老师的推荐词是这样写的："一粒米可见大千世界，一个人、一个家庭的历史,可见大时代的沧桑和烙印。本书作者经历丰富,成绩卓越,人们从他的回忆里可以发现很多,得到许多,领悟很多。年轻人、文化人必定如此。"老师的鼓励,令我受益,让我感恩。

为纪念陈克文先生辞世30周年,其哲嗣陈方正博士及外孙女梁其姿教授联同明远文化教育基金,在香港中文大学中国文化研究所成立"陈克文纪念基金",并自2017年开始每年举办"陈克文中国近代史讲座",聘请海内外研究中国近代史的著名教授前来演讲。鉴于杨天石老师在学界的卓越影响,他被聘为第四届访问教授。讲座原本定于2020年4月在香港举行,邀请亦已发出,当年年初我收到杨老师发来夫人不幸辞世的讣告,我即发唁函悼念,希望杨老师节哀顺变,保重身体,并期望与他4月份在香港相见。没想到数天后新冠疫情突然暴发,更没想到竟然延续三年之久,所以讲座只好宣布暂缓。直到2023年疫情基本受控后,讲座方告继续进行。我受陈方正所长之嘱,要为杨老师撰写一篇5000字左右的小传,经与杨老师多方联系,索要相关资料,写下《杨天石教授的学术人生》这篇小文,并得其审阅首肯。此次杨老师来港的访问十分成功,那几天我几乎每天都陪伴他报告,会友赴宴,与有荣焉。

杨天石老师未及弱冠便致力学术,初涉文学,再治哲学,最后专研史学,70年来锲而不舍,刻苦钻研,求实求真,不断创新,著作等身,成为大家。如今虽已鲐背之龄,但仍笔耕不辍,令人钦佩。值兹杨天石老师90华诞之日,谨撰此文,祝贺老师永葆学术青春,再创辉煌!

思想者的力量：贺杨天石老师九十华诞

雷颐

1956年生，中国社会科学院近代史研究所研究员。

1985年，我研究生毕业，来到中国社会科学院近代史研究所工作，套用"入所教育"的一句俗话，我已正式成为中国近代史研究领域的一员"新兵"。这时，杨天石老师早就是中国近代史研究领域的一员"健将"了。从年龄到学问，杨先生都是我的师辈。但没想到入所不久，就被杨老师赏识有加，以友相待。作为"新兵"的我，端的是受宠若惊。相识相交四十年，从杨老师处获益多多，一直以老师相待。我敬他为师，他视我为友，近四十年亦师亦友，从学问到人生，举凡个人私事，家国时政，无拘束，畅快深入。当然，还是没想到，前几年有出版社将杨老师著述结集出版，杨老师竟然点名邀我为其中《思潮与人物》卷冠序，一时间感惶并至，备感荣幸。

杨老师的学术成就，巨著皇皇，毋庸细说。"考证确凿，堪称杰作"，是日本著名中国近代史专家狭间直树教授对杨老师著作的评论。日本学者向以资料搜求仔细全面、考据认真著称，狭间先生都承认他"考证确凿"，这也是对杨老师治史方法、风格的总结概括。

杨老师认为，追求历史真相是历史学最基本，也是最重要的功能，这是他对自己治学态度、方法的要求。杨老师治史总是从细读史料入手，于不疑处发现可疑之处，一点点寻找、发现。他对史料的追寻，着实到了"上穷碧落下黄泉"的地步，海内外到处搜寻史料，对史料几近"竭泽而渔"。对找寻到的史料，他认真研读，细心分析。不预设立场，不为既有观念束缚，注重史料的爬梳考证。尊重史实，杨老师堪称典范，为学界公认。他总是强调，无论这种真相多么"不如人意"，也必须面对。

然而，并非所有人都愿意面对"不如人意"的史实，所以杨老师又屡因研究、揭示"不如人意"的史实为丛镝所射。面对这些，杨老师有愤怒，更有不解，为什么会这样？实事求是，追求历史真相，不是历史学家的天职吗？当然，在这类攻讦面前他毫不退缩，仍然全神贯注自己的研究，继续挖掘历史的真相。

"考证确凿"的盛名，却无形中掩盖了杨老师学术研究的另一重要方面，中国近代思想史研究。其实，杨老师的学术研究恰是从思想史研究起步、开始跨入学术大门的。杨老师是北京大学中文系1955级学生，毕业后到中学当老师。这时他写的明代泰州学派传人韩贞、泰州学派创始人王艮的研究文章，就先后发表在权威的《光明日报》哲学专刊和《新建设》杂志。他的研究，引起了史学大家侯外庐先生的注意，曾想将他引入中国社会科学院的前身——"中国科学院哲学社会科学部"历史研究所，但由于"文革"随后爆发而未成。"文革"结束，杨老师1978年从中学调入中国社会科学院近代史研究所，成为专业研究者。恰恰是思想史研究，使他成为专业历史研究者。

思想史研究向有两种传统，一是"六经注我"，一是"我注六经"；用现代学术语言来说，一种强调研究者主观观念的主体性投射，一种强调对研究对象的客观性实证分析。前者高屋建瓴，自成体系，但易失之于空泛，根据不足形成"无据之理"，牵强附会甚至沦为荒诞。后者踏实细密，言皆有本，但易失之于琐屑，缺乏概括综合而"不成体统"，沦为无法把握大局、看不到整体的细琐繁屑。"六经注我"而不荒诞，"我注六经"而不琐碎，至为不易。思想史研究者多是"六经注我"，强调研究者的主体性,为研究者提供了大显身手的舞台,所以屡有宏大体系建构者。然而,正是由于"六经注我",不少体系建构者摆脱史实史料的束缚,洋洋洒洒、大言炎炎、巨著皇皇、体系宏大,但夷考其实,这些所谓体系皆是游谈无根、郢书燕说,剪裁涂抹史实以符合某种理论框架的荒谬荒诞之论。杨老师的思想史研究秉承的是"论从史出"的传统,他提出的论点是逐步地、一点点抽丝剥茧地织就、建构起来的,甚至是自然而然"生长"出来的,细密而不琐屑,有观点而毫不牵强。值得思想史研究者借鉴。

杨老师的历史研究,既保有自己的主体性,同时又充分尊重史料,绝不歪曲妄解,在"我"与"他"之间建立、保持了一种难得的张力。他在一层层探讨历史事件、历史人物和时代思潮时,扩展了我们对历史进程的观察,加深了我们对历史与现实的理解。

多数人不知道,杨老师还具有深深的"以天下为己任"的社会关切和强烈的忧国忧民情怀,在本职工作之外,曾兼任以实事求是、秉笔直书著称的《百年潮》创刊主编,著名理论家、中共党史专家龚育之先生将他与胡绳、郑惠并誉为《百年潮》创业"三君子"。他曾有几次"直言上书",事先都征求了我的意见,士人风骨,令人敬佩,而对我的信任,更令我深深感动。

恭贺杨老师进入"九〇后"!我们相信,进入"九〇后"的杨老师文思一定更加"泉涌",创造力更加旺盛。期盼读到杨老师更多的精品。

老而弥坚 寿而愈奋
——为杨天石先生九十寿而作

汪朝光

1958年生，中国社会科学院大学历史学院教授、中国社会科学院世界历史研究所原所长、研究员，四川大学文科讲席教授。

杨天石先生今年年届八八，正为习称米寿之年。他的学生为老师编辑九十祝寿文集，嘱我为文。我不是杨先生带的学生，没有直接的师承关系。但是，作为在杨先生供职的近代史所就读的研究生，读书期间也曾受教于杨先生，那么也可以算是杨先生的学生辈之一吧。研究生毕业以后，我在近代史研究所工作了32年，办公室与杨先生同在一层楼，长期共事，学问人生得杨先生指教处甚多，或者亦可自诩为杨先生的晚辈好友。故此，既有杨先生的学生之嘱，为文祝杨先生之寿，亦为至当。

作为历史研究者，本该在意时间与空间。然就时空而论，与杨天石先生第一次相见的时间，随着记忆的流逝，已然有些模糊，大约应在1982年春我到近代史所读研之后的某个春光之日吧。至于相见的空间，自然在京城东厂胡同一号的近代史所大楼无疑。记得那时近代史所新大楼刚刚于上年秋落成后不久，楼内还散发着装修留下的油漆味，更洋溢着搬家之后空间陡然扩大而使史学研究者的大量藏书有了去处的欢快气氛。那时的北京，高楼远不及后来那样多，近代史所所在的东厂胡同又地处京城的核心区域，周边为胡同和四合院所围，其高度虽不算是鹤立鸡群，但其地处美术馆路口西南角，正可与东北角的民航局大楼、东南角的华侨大厦、西北角的中国美术馆互相守望，四足鼎立，很是气派。在近代史所大楼的高处西望，便可见著名的帝都标志——一片金黄色屋顶的紫禁城所在！

杨天石先生时在近代史所民国史研究室工作，位于新大楼的六层（后来搬到了五层）。他和研究合作者王学庄先生共用一个办公室，但王先生住处离研究所较远，而杨先生就住在研究所大楼的楼旁（当时还是旧式平房，几年后才搬进在原址新建的高层住宅），所谓近水楼台，方便出入，兼以王先生有些传统文人的散漫潇洒，不常来研究所，所以在这间办公室里天天见到的便只有杨先生的身影。

在我踏进近代史研究所的大门前，已经读过杨先生写的书（他是1981年出版的民国史研究的奠基作《中华民国史》第一卷的主要作者，这本书则是我当年报考近代史所硕士研究生的主要参考书）。1982年春到近代史所读研后（时为中国社科院研究生院的一个系），因为当时的学生人数甚少（近代史所当届就我一人），所以专业课也无所谓正规的开班授课，也就是每周一两次从研究生院借住的玉泉路北京市十一学校（当时研究生院尚无自己的永久校舍），坐一个多小时的地铁转公交到东厂胡同的近代史所，与各位老师见面，听他们说课，包括王学庄先生为我上的近代史专业课。上这样的课，其实也就是聊天，现在习惯于正规授课方式的大学生和研究生们，大概再也想不到当年还有这样聊天式的授课方式，多少有趣的也是有用的历史知识和认识便由此而知，特别有利于启发学生的思考。

也就是在这时，有了许多和杨天石先生单独聊天聆教的机会。每次到所，最主要的事是去藏书甚丰的所图书馆借书看书，工作之余，便是去研究室各位老师的办公室，和他们聊天，向他们求教。那时研究所的办公室，没有那么多清规戒律，大家的交往自然亲切，多半都是轻叩之下推门而入，哪怕是所长刘大年先生等领导和知名学者的办公室亦然。或许是在那年春天的某日，第一次见到杨天石先生，跨入他的办公室，先是惊讶于其中的书之多，天地之间，仿佛只剩下了书，于此提示历史学的基础所在，广为搜罗史料的重要性。其次是杨先生很能聊，掌握的史料又很丰富，对诸多历史事实信手拈来，娓娓道来，辅以必要的剖析佐证，可以帮助学生知晓历史的多面相。说起来也很有趣，当时我常见的近代史研究所的诸位先生，似乎大都能聊，并不如外界想象中的学者的古板或木讷，也许这也有近代史与古代史之别吧，治近代史毕竟史料更丰富，离当下更近，所谓拾之可得的趣闻轶事也更多。再次是有感于杨先生挺平易，并不以我这样的年轻学生的讨教而为叨扰，总是耐心地解答我的疑问，有时也聊些家常话题。说起来也很令人感慨，近代史所当年大家云集，但我见过的这些大家，对人都是彬彬有礼，平易近人，并无所谓高高在上的官僚气和学阀气，平时见面，大家互称的都是某某同志，或老张老李、小张小李，包括时任所长刘大年先生、副所长李新先生，大家的称呼也都是，大年同志、李新同志，听着就让我们这些年轻人放松，这也是那个年代特有的风气吧！

研究生毕业后，我留在近代史所工作，一晃便是32年，其间与杨天石先生往还更多，因为他只要不外出都在办公室工作，基本是每天必到，而且大概是到得最早、走得最晚的几位之一，与他相谈，只要敲敲就在我办公室隔壁的他的办公室的门便可。如此一来，便对他的研究有了更多的了解。我调到世界历史研究所工作后，也还在一栋楼里，楼上楼下，往来仍然挺方便。

杨天石先生其实并非史学专科出身，当年他在北京大学求学，学的是中文，如果正常发展，他更可能成为文学家或文学研究家。不过，如同历史发展的多面相一般，杨先生毕业后的发展路径，却由文而史，最终走上了史学研究之路，这倒也合乎传统所谓文史不分家之说。还在大学期间，他就参加了《中国文学史》的写作，毕业后因为种种原因，他去了中学教书，但课余仍致力研究事业，初期集中于思想史相关人物传记写作，如王阳明、朱熹、黄遵宪、南社人物等。他的这些人物研究多半都是文史兼通，也或多或少都受到中文系出身的影响，文字写得漂亮可读，隐隐间有文学的底色，因此，他的著作一般而言都挺好读好看，也为坊间所传。

正因为杨天石先生的研究起步早，功底扎实，有了一定的社会影响，还在1972年，还是中学老师的杨先生，就在中华书局出版了《王阳明》，从而引起了当年在近代史所主持刚刚开始的中华民国史研究工作的李新先生的注意，通过友好的介绍引荐，吸纳杨天石先生进入民国史研究组工作（其后正式调入近代史所），参加《中华民国史》第一编的撰著。从此，杨先生开始转型研究历史，并以民国政治史为研究中心。

众所周知，民国史研究作为一门学科之发端在中国社会科学院近代史研究所，以李新先生领衔的研究团队，筚路蓝缕，殚精竭虑，严谨为学，平实以论，使民国史研究从无到有，自小而大，不长时间内，便蔚然而成为引领历史学研究风潮的一门新兴学科。1981年，《中华民国史》第一卷出版，杨天石先生为其撰写了多个章节，其后又领衔主持反映国民革命和北伐战争的第五卷写作，可以说，民国史研究能有今日之成就，包括杨天石先生在内的第一代研究者的开路之功实不可没！

史学研究的基础在史料，这是所有史家的共识。杨天石先生在研究实践中，对史料的重视较不少史家更为在意，他的民国史研究特点之一，便是史料运用的丰富，尤其注重运用那些基础性的档案文献史料。与当下民国史研究史料之宏富有别的是，当民国史研究起步之时，研究者每每苦于史料不足，尤其是档案文献等核心史料的不足。而杨先生当为发掘民国史料的开拓者，从最初的报刊史料，到后来的档案史料，从中国大陆所藏的史料，到中国台湾所藏的史料，再到日本、美国等处所藏的史料，可谓尽力搜罗，发掘无遗，大大充实了他的民国史研究基础，也为起步时期的民国史学科建设多所贡献。在他的民国史论著中，每每综合运用各处所藏史料，如南京中国第二历史档案馆、台北中国国民党党史馆、日本国立国会图书馆、美国哈佛燕京学社、哥伦比亚大学图书馆、斯坦福大学胡佛研究所档案馆等处所藏的民国史料。正是这些档案文献史料的运用，使杨先生的研究建立在扎实的史料基础之上，解决了不少过去的研究所未解决的问题，也可拓宽读者对历史的认知，他关于"中山舰事件"的研究堪为其中的范例。

史料运用并非单纯的文字收录，其中还存在对史料的考订和辨析，体现着研究者的功力。在这方面，杨天石先生用功甚勤，成果亦丰。例如，哈佛燕京学社所藏胡汉民档案，对了解和认识国民党内部关系和派系政治都大有助益，但由于胡汉民及通信者当时所处的特殊环境，这批档案中凡涉及人名处，出现了大量的隐语、密语、暗号等，如果不加解读，读者完全不知，其中的"不""不孤"指的是李宗仁。杨先生在利用这批档案从事相关研究时，下了大工夫去解读这些文字的所指究为何人，而这需要深厚的功力及对史实的谙熟，他的解读又大有利于后人的研究。

历史是对过往发生的一切事物之探寻，凡过往发生之一切无不在历史研究的范围中。历史的时间和空间无限广阔，历史研究的主题亦然，可谓多彩多姿、无所不在，举凡政治、经济、军事、外交、文化、教育、思想、社会、人物等，甚或自然、气候、环境、疾病等，都在研究范围之中。当然，具体到每个历史研究者的研究而言，总是有所限制，有所强调，有所重点，但又不能太过局限。杨天石先生从事的是民国史研究，而民国的存在不过38年，但民国由何而来，为什么民国取代了清朝，帝制变换为共和，革命胜过了改良，是需要从晚清论起的；再就民国而言，又为什么共和民主徒有虚名，军阀当道，社会纷乱，又需要从北洋时代论起；再接续而观，为什么中华民族复兴是近代中国人的梦想，中华民族为何能够经由抗战而浴火重生，重新确立世界大国地位，则不仅需要关注民国史，更需要关注中国共产党的成立及其奋斗和两次国共合作的历史意义所在。这些方面的内容和研究，都不能仅仅局限在某个特定阶段或特定人物，而需要前后上下广为勾连，从历史纵向的时间面和横向的空间面综合考察，方可得出更贴近历史本来面目的论断。杨天石先生的研究，就时间而言，从晚清时期开始，中经北洋时期，再到国民党统治时期，具有前后连贯性；就空间而言，从中央到地方，从中心到边缘，既有对民国时期中央政权（如北京的北洋政府、南京的国民党政府）的研究，也有对地方当政者（如两广当局和阎锡山晋系）的讨论，还有对共产党推动国共合作、联合抗战及宋庆龄等国民党左派坚持抗战的关注，乃至对一些跨界群体（如跨学界和政界的傅斯年、跨金融界和政界的陈光甫）的关注。正是从这样广阔的时空和多样化的主题中，读者可以更多地体认民国历史的复杂性和多样性。

历史属于人文学科，史著的特质首先在叙事，将历史事实说清楚；其次在论述，发抒个人的分析判断；再次为讲求文字，平实可读，所谓文史不分家也。"二十四史"之源头《史记》是这几方面结合的最佳范例。能够将这些结合好的史著，方为受读者欢迎也受学界认可的史著。杨天石先生的史著一向重视叙事和文字的结合，而且因为他的叙事前后关照，文字又写得漂亮可读，更使他的研究好看耐看，这大大得益于他当年所受的文学基础教育。他的论著中有不少篇章都是很好的历史叙事读本，例如，他写过一篇名为《潘佩珠与中国》的文章，篇幅长不到一万字，用了简洁而畅快的笔墨，勾画出越南革命志士潘佩珠的一生及其与中国的关系，读之如见其人，如见其事。一本好的史书，从来都是好看的史书，也是能将事实说清楚的史书。杨天石先生做到了这一点。

当然，注重叙事和文字，并不妨碍杨天石先生的论著对历史作出必要的分析和评判，只是这种分析和评判，是植根于历史叙事之中，而以合宜得当的文字表达，所谓文以载道也。例如，杨先生在新近出版的《民国风云》中，论及袁世凯当政时代的外交，用了"袁世凯政府一向搞的是奴才外交"的表述，一个"奴才"字样，便将袁世凯时代外交的软弱无力非常形象地形诸文字之中。同时，书中还用了另一句话表达袁世凯的外交态度，"袁世凯政府所指望的中日'互助'"。"指望"，也就是说，这不过是袁世凯的自说自话、一厢情愿而已，实际上，他哪里能"指望"得到日本的"互助"呢？当然，流畅可读的文字运用，不等于是纯文学色彩的文字运用，作为一门科学，历史写作中文字运用的准确性仍然是论者的必备之技。书中论及五四时期的北洋外交时这样写道："在人民群众和列强的天平之间，北京政府是倾向于列强的。"这里的"倾向"用得就很准确。当时的北京政府确实不敢得罪列强，不敢在巴黎和会上坚定地为中国争取应有的权益，所以其内心可能是准备"倒向"列强的，但由于国内民众的抗议呼声高涨，直至发生了五四运动和"六三"运动，北京政府又不能不顾及民意，而不能完全"倒向"列强。所以，用"倾向"定义北京政府当时对列强"犹抱琵琶半遮面"的态度是相当准确的。于此亦可知，杨天石先生的历史写作虽然讲求文字流畅可读，但也注意文字的准确，从而避免以文害意。

《民国风云》书中有这样一段话："历史和历史人物的性格都极为丰富多彩，它所衍生的各种情节、细节、人物的语言和行为方式常常既有其普遍性，又有其独特性；既有规律可循，而又出人意表。"确实如此，历史是复杂的，也是多面相的，历史的评价往往也不是非此即彼、非白即黑的判然两分。杨天石先生的民国史研究，便在不同层面反映了这种历史的普遍性、独特性、复杂性、多样性。在《民国风云》中，杨先生批判国民党的对日妥协，肯定国民党的联共抗战，国民党如此前后转变，反映的就是这样的复杂性和多样性。书中在论及国民党内部因对日妥协而造成的派系矛盾危机时这样写道，"蒋介石对外忍让，对内强硬，企图首先以武力削平其他政治、军事派别，这样，反蒋抗日便成为国民党内外爱国民主派和若干实力集团的共同要求。"无疑这是历史的事实，但作者的论述并未及于此，而是进一步论道，这"也就酝酿着新的分裂和新的内战以及给予日寇以可乘之机的巨大危险"，最终"在卢沟桥事变，南京国民政府确定抗日方针之后，国民党才实现了全党的团结，中华民族也才实现了前所未有的团结"。于此读者才可以深切理解，国家的统一，民族的团结，对于中华民族复兴的重要意义。而从书中所述张学良于全国抗战爆发后三次请缨参加抗战而未成的悲剧性经历，我们还可以体认国民党当政者当年的偏执与狭隘，以及其最终失败的必然性。

杨天石先生是在1949年以后接受的高等教育，也是在人民共和国的青春年代成长起来的新一代史家。与晚清时期受教的第一代史家和民国时期受教的第二代史家相比，杨先生这一代或可称第三代史家。他们受过完整的高等教育，具备娴熟的专业技能，持有学以致用的抱负，尤其是他们深受那个成长年代的影响，具有理想情怀，注重文以载道，以史为鉴，希望以自己的研究贡献社会。这些都在杨先生的研究中得以反映，并可为后辈学习者。杨先生的研究，反映了民国年代历史的风云变幻和跌宕起伏，不少篇章发表多年，但至今读来，仍不违历史的真实，仍不失研究的价值，这也足见杨天石先生研究之成功所在——以史料为本，以史实为基，从实际出发，为求实之论。

2019年，中国历史研究院成立。我后来工作所在的世界历史研究所和杨天石先生所在的近代史研究所，都搬入位于北京奥运中心区"鸟巢"附近的新处所，与早先两所所在的东厂胡同，有了近一个小时的交通行程。住在东厂胡同的杨先生，因已退休而不必再迁往新处所，还可每天去原先所在的办公室工作，但我们毕竟因不在一处而不能常见了。又因疫情影响，外出不便，见面机会更少。这些年间，只在2022年8月民国史研究室成立50周年纪念会上又见到杨天石先生，又听到他对民国史研究的真知灼见。

好在疫情散去，一切如常。今年6月，黄埔军校建校百年学术讨论会在首都宾馆召开。杨天石先生的学生罗敏教授特意在此设宴为老师暖寿，请杨先生的学生王奇生教授、研究助理闫妮以及我作陪。杨先生虽不似过去那般玉树临风般的飘洒自如，但也还精神矍铄，侃侃而谈，又使我们晚生后辈学习多多！

杨天石先生一直是我的师长，在我和杨先生交往的40年中，随时请益聆教，受益良多！如今杨天石先生届米寿之年，惟仍孜孜以求，勤为笔耕，而不有丝毫松懈，此诚可为我等晚生后辈所学习者。

衷心祝愿杨天石先生健康长寿！为学界和读者奉上更多的精品佳作！

我所了解的杨天石老师

夏春涛

1963年生,中国社会科学院近代史研究所所长。

Xia Chuntao

首先，恭祝杨天石老师福寿绵长，岁岁平安。

第一次见到杨天石老师，是近40年以前的事。1986年，我在扬州随祁龙威先生攻读硕士学位。是年夏，祁先生带我和某师兄来北京查阅清宫档案，住在清华园。某日，我们如约来东厂胡同近代史研究所拜访王庆成先生，中午在楼下食堂就餐。用餐的人很多，在饭厅邂逅杨天石老师。杨老师称年长14岁的祁师为"祁先生"。一阵寒暄后，祁先生很郑重地向我们介绍说："这是杨天石老师，研究泰州学派、研究南社的，学问做得很好。"我由此记住了杨老师，对杨老师怀有敬意。

1988年，我来北京随王庆成先生攻读博士学位，后又留所工作，不时会见到杨天石老师。杨老师祖籍江苏东台，出生在泰州兴化，我是扬州江都人，乡音很近。因此，听杨老师讲话，有种亲切感。在近代史研究所同年龄段的学者中，杨老师注意仪表、儒雅洒脱。而更引人关注的，是其治学。杨老师在治学上有点传奇色彩。杨老师1955年进入北京大学中文系就读，读书时参与编写2卷红色《中国文学史》，负责唐代文学；众人一个暑假写出77万字的书稿。后来改写成4卷本，杨老师写近代文学，涉及南社。这成为他研究南社的缘起。大体说来，杨老师治学有两大转变：其一，原先是文学专业，后来改为治史，生动诠释了"文史不分家"一说。借用时下的说法，这属于打破学科壁垒、促进学科融合。其二，完成从一名中学教师到专业研究人员的转变。1960年大学毕业后，杨老师被分配到北京南苑培养拖拉机手的学校教书两年，后来在北京师范大学附中教书16年。教书之余坚持研究，陆续出版《王阳明》《黄遵宪》《泰州学派》等书。《王阳明》一书5万余字，中华书局1972年出版，印了30.2万册，成为批判唯心主义先验论的畅销书。杨老师收到全国各地的大量读者来信，声名鹊起。但当时取消稿费，他并没有拿到一分钱稿费。再后来，李新先生在近代史研究所主持编写《中华民国史》，正在组建队伍。以应邀对"南社资料"编辑提纲提意见为契机，杨老师先是以"编外"身份无报酬地义务参与研究，后于1978年春正式调入近代史研究所，十年后晋升研究员。

回想起来，我平时与杨天石老师接触不算多，但总会感到温馨。印象较深的一件事是，1992年我申报副研究员职称，杨老师是评委，某日他主动笑吟吟地对我说："听说你的成果不少，在这些人当中比较突出。"我听了颇有些惶恐，同时也感到一丝暖意：杨老师是在鼓励我。

2003年春，我调到社科院理论部门工作，与杨天石老师见面机会少了。院部开会时偶遇，我都会上前问候，聊几句。和在所里一样，我断续会收到杨老师签名赠送的新书，十分欣慰，同时惊讶于他旺盛的研究与写作活力。2006年是孙中山先生140周年诞辰，我约请杨老师写篇纪念文章。杨老师慨然应允，写出《孙中山思想的现代价值》一文，从民生史观、开放政策、调和与互助等几个方面进行阐释，指出："孙中山是活动于19世纪末叶至20世纪初叶的中国伟大的革命家、思想家，他的一生都在为中国的振兴而奋斗。他的思想既领航了中国近代资产阶级的民主革命，成为那个时期中国人民为之奋斗的纲领，同时，他的许多思想也具有超越那个时代的意义，在今天仍然具有重要价值。"该文以"中国社会科学院邓小平理论和'三个代表'重要思想研究中心"

名义，于是年11月13日在《光明日报》发表，反响甚好。后来，杨老师将之收入文集，还特意在题注中谈到撰写此文的原委。

2017年秋，我调回近代史研究所。十余天后，我看望所里多位老领导、老先生，属礼节性拜访，其中包括杨天石老师。交谈中，年过八旬的杨老师谈起他近两年的研究与写作计划，兴致勃勃，眼里闪烁着光芒。我大受感染。

随着民国史研究逐渐成为热点，关于相关历史事件和人物的争议增多，以致社会上兴起"民国范儿"一说。同年12月初，由中国社会科学院、中国史学会主办，近代史研究所承办的"唯物史观与民国学术及社会发展"研讨会在京召开。我在闭幕式上作会议总结，着重就民国史研究谈了两点认识。其一，研究民国史，必须坚持正确的政治方向、学术导向和价值取向。反帝反封建是中国近代史的主线。如果有意无意美化民国，把民国说得那么好，那我们党领导革命、建立新中国乃至带领人民走上社会主义道路的依据和意义何在？其二，李新先生说过，中华民国覆灭的过程和中国新民主主义革命胜利的过程，是同一个历史过程的两个方面。因此，研究民国史不能画地为牢，不能与中共党史、中国革命史的研究切割，而应当结合起来研究。我想，杨老师一定会赞同我的说法。

2018年8月，我与杨天石老师有过一次约90分钟的长谈。在杨老师办公室，他送我新出版的4本书。话题主要围绕他研究蒋介石所引发的论争而展开。"你是所党委书记，我觉得有必要把这个事的来龙去脉和你讲清楚。"杨老师开门见山地对我说。他很健谈，思路清晰，常说的一句话是"不瞒你说"。我静静地听,绝少插话。可惜,当时没有录音,我也不懂速记,好多细节现在已经记不清了。美国某研究机构与国内某民间组织拟在同年11月联合举办中国改革开放40周年"反思"研讨会,邀杨老师参加。末了,我谈及此事,婉转地劝他不要参会。杨老师表示认真考虑后再回复,接着又说:"我即使去,也不会说出格的话,会守住底线。这也是我的一贯做法,否则我的那么多书就不可能出版。"很快,杨老师告诉我他不去参会。

2019年1月,我牵头组建历史理论研究所,再次调离近代史研究所。近代史研究所随后整体搬迁至北四环外,搬离已盘桓近70年的东厂胡同。几年前在东厂胡同上班时,多次看到杨天石老师与夫人一同来办公楼或一起在附近散步。伉俪情深,这一幕很温馨、很美。再后来,近代史研究所搬了,杨夫人走了,两人款款漫步的背影从此成为记忆。行笔至此,陡然掠过一丝落寞和伤感。

2023年5月,即再次调回近代史研究所40天后,我专程到东厂胡同附近的杨天石老师寓所拜访。见面的气氛欢快轻松,杨老师的第一句话是:"你回来,我是支持和欢迎的!"他介绍说,最近主要着手整理、改写一些旧著。话题还涉及本所梯队建设、年轻人培养等。谈得兴起,杨老师说待会儿要送新书给我。当我们告辞时,他没有再提。我不忍再打扰,也没有提这事。后来,收到杨老师托人转来的两部签名赠书:《中国古典文学论衡》《中国思想:朱熹与王阳明》。我不禁窃喜:杨老师没忘记送书给我这事。

细节见人性、见真情。王学庄老师当年向李新先生大力举荐杨天石老师，遂有杨老师参加民国史研究乃至调入近代史研究所等故事，二人共事几十年，彼此惺惺相惜。2018年8月，我到北京医院看望病危的王学庄老师。后来我听说，杨天石老师也专门来医院探望，知道这是见最后一面，他与王学庄老师抱头痛哭，闻者动容。2024年8月初，耿云志老师不幸病逝。杨天石老师坐轮椅、拄拐杖，参加在八宝山殡仪馆举行的送别仪式，是当天参加仪式的最年长者。从这两个细节可以窥见杨天石老师的性情或情怀：杨老师重情重义，有人文情怀。

贰 评论评价

PART
2
PINGLUN
PINGJIA

杨天石：书斋内外的『史』与『诗』

陈丹晨

1931年生，1960年毕业于北大中文系。
《文艺报》原副主编。
杨天石先生大学同学。

Chen Danchen

这个题目的全文应该是"杨天石的历史研究和诗歌创作"。题目很大，本文无意也无力来论述这两个方面，不过，我和杨天石君的同窗情谊已过一个甲子，彼此比较了解，所以我姑且勉为其难知人论"史""诗"了。

莫谓当年时命蹇 文章千古有知音

我与天石君相识订交在1950年代中期的燕园。刚进校园时，恰逢党中央号召向科学进军，重视知识分子，但是对青年思想动向仍非常关注。我最早听说关于天石的是，他曾在同学中说："希望将来能在图书馆的卡片盒里留下自己的名字。"这在当时是被当作个人主义名利思想传告的。我暗暗觉得此人颇有点抱负，不像我那样平庸无大志，能有机会在大学多读点书，做自己喜爱的文学工作就很满足了。现在从他写的诗歌中可以看出，很多是抒发他长期以来的宏愿和曾有过的压抑情绪："何必踟蹰误路程，功夫练就好长征。鲲鹏须展垂天翅，一望穷苍万里澄。"（《勉友人》）"南来拟借江山气，助我胸中笔墨情。"（《南来》）"莫谓当年时命蹇，文章千古有知音。"（《游东湖》）这大概就是"诗言志"了。杨天石侥幸躲过了1957年的风暴，但在1958年"大跃进"中就没有那么幸运了。学校里停课闹革命，批判知识分子，谁想多读点书都像犯了什么弥天大罪似的，更不必说"成名成家"了。平日埋头读书、刻苦钻研的天石到那时就难逃一劫，被当作"白专"典型来批判。可以想象天石的年轻心灵所受到的压抑和打击是多么沉重。

有人说，我们这个年级在1958年发起的学生写"红色文学史"的豪举是"使独立的学术精神在集体性的协作中不仅被激发而且被保护"。事实是，这本红色的书恰恰是用僵化的政治教条和当时的主流意识形态来否定老知识分子的学术积累和成果，是对独立的学术精神和自由思想的扼杀。但其影响所及，各地高校学生都群起效仿就是例证。这种把学术研究当作政治运动的搞法，当然使某些学生在政治上和后来的前程中受了益，有的学生却在喧哗的缝隙中，争取一点读书研究思考的机会。杨天石就是后者中的一个。但是，他的"白专"典型形象已经被固化，这在几乎整个大学期间一直压在他的头上。

我和天石接触较多的时期是在1959年，我们一起从事《近代诗选》选注工作。这个课题是在季镇淮先生带领下进行的。季先生出身西南联大，受业于闻一多先生，当时是北大中文系副教授。选注小组前后有六七个同学参加。因为前人对这个时期诗歌的研究很少，几乎是从头收集资料并梳理出一条线索来。幸好北大图书馆所藏清人诗集甚为丰富，我们从读原始资料着手，先选出350多位诗人，经反复讨论斟酌，最后选定了50位左右诗人，再加注释。这项工作进行了半年多时间，完成以后，我们也就各做别的事去了。我发现，只有杨天石还在那里反复琢磨，不仅琢磨自己那个部分，还琢磨别人的注释并进行修改。他把许多典故的出处和没有注上的字词的解释补注了，有些已经有了但却不是最早的，他又花工夫寻找出来补上。所以他与季先生的关系也愈来愈密切，季先生对他也愈来愈赏识，这部书稿直到我们毕业离校时还在不断修订，实际的通稿者就是季先生和天石。我从这些事情开始深感他对学术的痴迷。只要有书读，他就会孜孜不倦全身心投入其中，对每一个问题都要弄得清清楚楚才罢休。就如他后来所说，有一种"上穷碧落下黄泉"的精神。他曾对班上的团支书说过，自己是诚心诚意想"通过学术为社会主义服务"。这么美好的愿望不仅没有得到鼓励，反被当作"拒绝思想改造"的罪证，后来被写入毕业鉴定。

毕业分配对他是一个很大的打击。他多么渴望被分配到高校、科研单位或文化学术单位，结果被打发到永定门外远郊地区的一个农业机械学校，除了一个星期教20个课时的语文，还要帮着管传达室、管上下课打铃等杂务。他在那里教了一年半书，直到那个学校实在维持不了，他才有幸被分配到和平门的北师大附中，在那里教了近16年书。他是那个学校出色的老师。

在漫长的教学生涯中，杨天石无论多么繁忙，生活如何清苦，查阅文献资料条件多么困难，却始终不能忘情于学术研究。他一年到头，利用有限的业余时间孜孜矻矻，读书思考，研究写作，访问搜求，真可谓废寝忘食。一个无名作者在当时要发表一篇学术论文是相当艰难的。"文革"时，在是非颠倒、社会动乱的环境下，他照样偷闲著书立说。1973年初，我从河南干校回来，他就送了一本刚刚出版的《王阳明》给我。他和另一位同学刘彦成合作写的《南社》也已经在中华书局准备付梓，因故中断，直到"文革"后才得以出版。1980年代初出版的《朱熹及其哲学》主要的写作也是在这个时期进行的。

他照着自己坚韧不拔的性子读书、研究、写作。他从《近代诗选》的选注工作中得到启发，对很少有人涉足的南社研究做了深入的挖掘和梳理，写了《南社》后，还编了《南社史长编》。以柳亚子、陈去病、高旭等为代表的南社是辛亥革命前成立的一个有影响的文学团体，其活动实际上是跨政治、文化、诗歌好几个领域，天石也由此渐渐把视野扩展到哲学、历史方面。这些都算是天石的早期著作，尽管观点不可避免受到当时主流意识形态的影响，但对史料的收集、钩沉、考订、研究都十分严谨，显示了他的学术功力，他受到了中华书局老总金灿然和近代史所朋友们的重视和赏识。但他所在学校的领导却是另一种反应，到"文革"前夕，即"四清"运动在全国展开之际，他被内定为"新生资产阶级知识分子"。这就是他曾感叹的："莫谓当年时命蹇，文章千古有知音。"

就这样，他度过了18年业余学术生涯。1974年，因为近代史所成立民国史组，朋友们就邀他帮着工作。他一边照常在中学教书，一边为近代史所做了3年义工。对他来说，有机会大量查阅近代史所丰富的馆藏资料，还有机会被派到外地的高校省市图书馆深入访求考察，结识学术界的饱学之士，可谓如虎添翼。他陆续发表的文章渐渐受到学术界关注。早在1960年代，他根据新发现的资料，就明代泰州学派问题对当时权威哲学史家侯外庐、嵇文甫、杨荣国提出过不同意见。侯外庐不同意他的看法，却从杨天石文章看出此人"将来一定会有成就"，还曾想调他到历史所工作。

鲲鹏须展垂天翅　一望穹苍万里澄

　　1978年，杨天石正式进中国社会科学院近代史研究所，成为一位专业研究人员。他从文学专业科班出身转为历史学者；从研究南社进而研究民国史，以后又从民国史进而研究蒋介石；从政治上一直受歧视的"白专"典型"新生资产阶级知识分子"终于成为享有盛名的历史学专家。这真是一个华丽的转身，这和他几十年心无旁骛、视学术研究如生命是分不开的。哪怕到国内外访学观光，他也是潜心搜求资料，尤其对那些未刊的信函、电文、日记、档案、手稿特别有兴趣。以他机敏的学术眼光，常常能有所发现，许多历史谜团常就此得到破解。我们同班学弟孙绍振是一位才子，平日较少高看他人，唯独对杨天石评价甚高，认为我们班级近百位同学中，能真正称得上学者的，第一个就是杨天石。

　　以我对他的了解，他还异常勤奋。一天中的上午、下午、晚上三部分，他都用来工作。从学生时代到现在，坚持不懈。我们只看到他一本又一本有关蒋介石、辛亥革命、民国史等的著作问世，却不太知道背后的辛勤和汗水。仅去斯坦福大学胡佛研究所就多达4次，每次两三个月，从早到晚都待在阅览室，尽量摘抄材料。他在日本时也天天泡在图书馆和外务省的大量尘封档案里，在情报人员的摘抄件中发现了康有为确曾企图通过袁世凯密谋捕杀西太后的证据，破解了长久以来聚讼不决的重大疑案。有关蒋介石的研究，他从一个一个专题入手，有分歧的、或流传已久似成铁案但又证据材料不足的问题，往往是他着力的地方，经他抽丝剥茧，揭开了不少谜底。这里只举一例：关于"九一八"

事变,几乎被异口同声认为是蒋介石的"不抵抗主义"使东北落入日本之手。杨天石广征博引了20多件资料,包括张学良的自述,多次对访谈者的答问,有关的电报、记述、回忆、证词、文献、当时的新闻报道等,证明当夜下令"不抵抗"的是张学良,而不是蒋介石。但他并不到此为止,又进一步查到蒋早在1928年就提出过对日"不抵抗主义"的史料,"九一八"后蒋事实上也默认和肯定了张学良的命令。他还分析了蒋和张的"不抵抗主义"思路的来龙去脉,这样就厘清了历史的面貌。

我读他的著作《帝制的终结》,这本2011年为纪念辛亥革命百年而出版的历史著作,对19世纪末到20世纪间十几年的历史作了详尽而又简洁的叙述和论证,几乎每个历史事件参与者、每个大小事件,以及有关的大大小小的报刊、团体,他都作了不同程度的介绍和交代,有时看似寥寥数语,却都是建立在大量历史资料和可靠考证的基础之上。他自称是"简明版",而我认为这部36万字的著作更像一部关于辛亥革命的"百科全书"。

当然,在中国大陆从事民国史研究本身就有许多政治和历史的局限。司马迁曾说,《春秋》是"礼义之大宗也"。历史著作就是要"别嫌疑,明是非,定犹豫,善善恶恶,贤贤贱不肖……"说真话,讲事实,实事求是,才能起到拨乱反正的作用。真正做到这点是要有很大的勇气的。中国历来尊敬那些有史识、还要有史德的、敢于秉笔直书的历史学家。但是在近代中国这却是有风险的。"文革"浩劫中,从吴晗受难始,历史学家几乎少有幸免的。近代历史中大量史实至今仍然混沌不清,真相被屏蔽,是非被颠倒,常常是"甄士隐"去,"贾雨村"言敷衍流传,曲学阿世,成了一笔糊涂账。如今，杨天石竟然对已被铁板钉钉的"人民公敌""独夫民贼""千古罪人"的蒋介石有兴趣，进行独立自由的思考、探讨、研究，想寻找一个不同于已有历史书中有了"定论"的蒋介石真面目，其勇气可嘉。他不是在既定的主流意识形态框框里学舌，也不是宏观地空泛地说长论短，而是选其重大的具有历史性意义的特定事件，或有争议历来迷惑不解的疑题，作为专题细加考察，发掘大量史实文献为依据，解惑除魅，言之凿凿，使人信服地看到了另一个曾被遮蔽已久的蒋介石。原来此人在20世纪历史风云变幻中，对国家民族有过重大贡献，也有这样那样的罪错和过失。无论是北伐、统一军阀混战割据的局面，领导全国抗战到最后的胜利，以及内战失败，经营台湾二十多年……其中所经历的种种是非功过，都有独到的论述；甚至其人的个性特点、私生活也常常在这些叙事论述中得到生动的显现。读者根据其所提供的材料很自然地会得出自己的结论，而非作者硬塞强加的。所以他写的书名，就叫《找寻真实的蒋介石》，寓意要把"迷失"了的蒋介石找回来，共七、八十万字。

今天的中国社会环境已与几十年前有所不同，杨天石的科学研究得到了各方人士的认同和赞誉。但也引起某些人群的不解和愤怒，对他施以辱骂和诽谤，加以种种严重的罪状，甚至匿名状告到最高领导那里。这一方面说明，在一个多元的社会里有不同声音完全是正常现象，另一方面也是过去先入的成见太深，一时不易接受，同样也是可以理解的。即使如我与他数十年之交，对他的某些论述也不尽同意，常常有所交流和探讨。可见人们的思想认识不可能要求绝对一致。正如民谚所说："一母生九子，连娘十条心。"当然，对杨天石来说，这类谩骂攻击性的上纲上线的言行，有时也会引起烦恼和不快，但他对自己的研究一直充满信心，认为："研究者必须要有彻底的、实事求是的科学精神和冷静、细致、客观的治学态度……"他主张：叙述真实可靠的史实，"是历史著作的根本任务，史实讲清楚了，而且讲的可信可靠，当代、后代以至千秋万代的读者从中自会得出自己的结论。"其实这种情况也并非今日才有，连太史公当年不是也深受打击和迫害吗？他说：他的著作将"藏之名山，传之其人，通邑大都，则仆尝前辱之责、虽万被戮、岂有悔哉。然此可为智者道，难为俗人言也。且负下未易居，下流多谤议，仆以口语，遇遭此祸，重为乡党所戮笑……虽累百世，垢弥甚耳。"而今，《史记》不已成为不朽之作，那些谤议戮笑又在哪里呢？杨天石的诗篇里也常传达出这样复杂的心情，人们从中可略窥一二："荣枯得失总尘轻，尔自滔滔我自行；直笔难能千载贵，文章留与后人评。"（《有感》）"下笔常逢掷笔时，个中滋味几人知；平生最苦难言语，阻断春蚕肚里丝。"（《下笔》）尽管如此，他的壮志不会因此坠失："又渡重洋作远游，老来尚似少年侪；穷搜秘档求真相，不到河源兴未休。"（《三访胡佛研究所》）"因风立言世人轻，下笔何须看市情；但企真知传宇内，宁甘俯首竞浮名。"（《重有感》）

杨天石是一位坚守书斋的学者，在当今许多知识分子志在轩冕，竞相争入仕途充当一个角色，寻觅一点"残杯与冷炙"时，他始终痴迷学术不懈。但是，他却热心关注书斋外的社会变革，有时会为现实生活中某些不合理的现象愤愤然。我常能听到他评论一件社会事件说："这怎么能不讲道理呢？""这怎么能不守法律呢？"我总是觉得他好笑，说："如果都能讲道理，都能守法，中国就不会是现在这个样子了嘛！也就不需要改革开放了嘛？"他听了，还是悻悻然地想不通。有一次，他告诉我，在一次社会事件中，他一直骑着车通宵奔走在现场，他并非参与者，只是观察、思考、感受、体验……我完全没有想到他会这样，因此惊讶地问："真的！为什么？"他答称："因为我是一个历史学家！"我立时对他充满敬意，显然他绝不是一个读死书的书呆子：历史学家不仅研究过去的历史，还应是正在发生的历史的在场者、见证者，往往从现实风雨中能更好读解以往的历史，使历史成为应有的有血有肉的鲜活的生命。他平日的愤愤然、悻悻然，常常就是属于这类性质的反应。

杨天石的民国史和蒋介石研究已成一家言，是有创意新意且还厚重的；他那些"意有所郁结"而发的诗和对旧体诗写作的主张，有助对他的了解。另一些在海内外游访时即兴吟咏的诗作，恰是他走出书斋后抒发的轻快而闲适的心情，相比他的历史作品毕竟不是发力着意之处。旧体诗传流至今已经式微，讲究韵律、用典、对仗、平仄、句式等等，太难为今人了；新诗也已走过近百年，至今还是没有一定之规，都走得很辛苦很艰难。杨天石吟诗有雅兴，且有所得，实属不易。

行文至此，这篇文字已经说得过于冗长，也该收场姑且聊以塞责吧！

杨天石的中国古典文学研究

陈铁民

Chen Tiemin

1938年生，1960年毕业于北京大学中文系。
中国社会科学院荣誉学部委员、文学研究所研究员。
杨天石先生大学同学。

十一月初，忽然收到天石兄发来微信，云："学界朋友拟为我出版杨天石九十生辰纪念文集，其中缺一篇《杨天石的中国古典文学研究》，想来想去，只有你写最合适。"我与天石是北大中文系1955级3班的同学（55级共有3个文学班、1个语言班），曾是北大32楼的"同舍"生，彼此相知，"想来想去"，真是不大好推辞，也就应允了下来。

长达800万言的《杨天石文集》已于2023年底出版了前两卷，其中首卷为《中国古典文学论衡》，收录了作者已刊、未刊的论文、读书札记等凡44篇，最早的发表于1958年，晚的撰写于20世纪90年代，相距约40年。书中《孕育了陈子昂的是上升发展的时代高潮吗？——与林庚先生商榷》篇末注云："初载学生自办的油印刊物《革新》，录自《光明日报》1958年8月24日。"这勾起了我的记忆，当时北大正开展"拔白旗"、批判资产阶级学术思想的运动（矛头所向是本系的学术权威），55级3班同学响应号召，写了一些批判文章，我受班级指派，负责搜集和编辑这些文章，这就是《革新》（只出了一期）的由来。《革新》编成后，经班级领导（党小组、团支部）审阅通过，决定油印发行。记得刻蜡版是由已故3班同学刘季林自告奋勇担负制成的，印刷和装订，则是由我和另一个同学（似乎是张少康）跑到文史楼2楼的系办公室完成的。后来《光明日报》从中选载了两2篇文章，其中一篇即天石此文。此文当是作者第一次正式发表的学术文章，它对林庚师的"盛唐气象"说提出了质疑。今日再读此文，我感到它的批评是讲道理的，质疑也并非没有根据（"盛唐气象"说学界至今仍存在争议）。

书中收录了作者为55级红皮本《中国文学史》撰写的文章8篇，此书1959年1月出版，撰写的时间，则在"大跃进"的1958年。现在看来，此书将一部中国文学史，简单地归纳为现实主义和反现实主义斗争的历史，缺陷很明显；曾有一个55级同学回忆说，他写"文学史"时，只是将他人的意见加以重组，并没有自己的见解，这说的大抵是实情：30多个学生，用了不到40天的时间，就写出一部77万字的"文学史"，难免存在东拼西凑的情况，但是也不能一概而论，自1956年开设中国文学史课程始，年级里就有一些喜好古典文学的同学，开始通读古代作家全集，自《诗经》《楚辞》以下，一部接一部地往下读，并作笔记，如果承担某章节编写任务的同学，在编写前已仔细读过本章节作家的全集，那么他写作时，就不大可能犯东拼西凑的毛病，如天石为此书撰写元结、顾况、白居易、张籍、王建等章节前，已读过不少唐人别集，就是一个例子。由天石撰写的这些章节不难看出，作者掌握的资料较丰富、全面，且有自己的见解，文笔亦流畅，所以对红皮本，也不能一笔抹杀。

1959年上半年，55级同学又对"文学史"进行修订，篇幅扩展到了120万字。这次修订摈弃了现实主义和反现实主义斗争的公式，3个文学班70多个同学全力以赴，时间也较红皮本编写时充裕，且请本系教师参与审稿，所以学术质量有所提高。此书于1959年10月出版，被称为黄皮本《中国文学史》。天石为这个黄皮本撰写了4篇文章，都属于"近代文学"范畴。大家知道，近代文学是中国文学史研究的薄弱环节，此前的多种文学史都只写到鸦片战争以前，天石结合《近代诗选》的编注（此项工作在"文学史"修订前即已开始，天石是55级《近代诗选》小组中自始至终参加工作、用力最多的一人），阅读了大量的近代作家的诗文别集和清末民初的报刊，因而写出来的几篇稿子，资料丰富，较之前人有不少新的开掘和发现，具有开创的意义。我个人觉得，两度编写文学史的主要意义，在于科研人才的培养和锻炼，而不在于文学史的编写本身，在55级70多个文学班的毕业生中，产出了10多个全国知名的学者，这在"文革"前十多届北大中文系的毕业生中很少见，它与曾编写文学史不能说毫无关系。

本书中收录了13篇作者的未刊手稿，其中有5篇研究古典小说《水浒传》《西游记》《封神演义》《金瓶梅》等的论文，文中对作品的思想倾向、人物形象、艺术价值、语言特色等的评析，都颇到位，可供读者参考。还有1篇研究晚清小说的文章，以翔实的资料，揭示了晚清小说中复古思潮的泛滥，值得注意。其他如读枚乘《七发》的文章，强调《七发》对今人的警示作用；论谢朓的文章，对谢朓的生平、思想、山水诗的艺术成就，作了细密的分析；《关于宣南诗社》，纠正了学界关于龚自珍、魏源、黄爵滋曾参加过宣南诗社的错误说法；还有对近代著名启蒙思想家和文学家龚自珍和"诗界革命"的代表人物黄遵宪的研究论文，也很有价值，值得研究者参考。据本书《自序》，《略论袁中郎的诗》一文，是给红皮本"文学史"提修改意见的，思想起来，当年我也写了一篇这样的文章，内容是关于《儒林外史》的，但早已不知丢哪儿去了，天石真是有心人。

自1965年9月至1966年5月，天石在《光明日报》副刊《文学遗产》上，先后发表了4篇文章。本书《自序》说："《文学遗产》……那时已改为《光明日报》自办。主持人章正续是老报人，承他邀约，我曾连续写过几篇文章。"据中国社会科学院文学所刘世德先生回忆，文学所主办的《文学遗产》于1963年9月休刊，改为《光明日报》自办在1964年6月，"文革"开始时再次停刊。我因自1964年至"文革"开始，接连下乡参加了2期"四清"，所以既不知《文学遗产》改由《光明日报》自办之事，也没有看过天石当时发表的4篇文章(《文学遗产》发表的文章本人一般是要看的)，现在我读这几篇论文，觉得其中的《晚明文学理论中的"情真"说》，对"情真"说的历史功过，作了透辟的剖析，有现实意义；其他《论晚清"谴责小说"的揭露和谴责》《歪曲晚清现实的〈文明小史〉》《从〈庚子国变弹词〉看李伯元作品的思想倾向》三文，是针对有学者提出的李伯元等人的谴责小说，是反帝反封建的"爱国主义作品"、代表"进步思想倾向的启蒙主义作品"这种观点而发的。三文指出，李伯元等人的谴责小说都作于1900年义和团运动失败后、武昌起义爆发前，这时社会处在大动荡中，人民群众的反封建运动风起云涌，资产阶级民主革命蓬勃发展，在急遽的社会变乱中，立宪维新派已由进步转向反动；三文中，作者紧扣社会历史背景进行分析，指出晚清谴责小说，揭露官场黑暗而不反对封建制度，诋毁人民群众，反对资产阶级革命，对外崇洋、恐洋，鼓吹妥协求和，都露出了立宪维新派的本色。这些分析符合历史实际，富有说服力。

  书中收录了原载于作者《横生斜长集》中有关于文学的文章16篇，长的最多3000来字，短的只有六七百字，内容或诗歌名篇、名句鉴赏、解析，或诗歌作者归属考证，或唐诗人爱情诗探秘，还有朱熹的山水诗遭诬构、金圣叹腰斩《水浒传》、《西游记》无主题、《水浒传》人物宋江与儒学、晚清民初的陈范与《红楼梦》研究等之论议，皆短小精悍，挥洒自在，时有精彩之笔，具有很强的可读性。

很高兴拙文得以编入天石兄的"九十纪念文集"。天石兄长我两岁，年届九十，还能搞学术研究，令人钦羡！最后，谨祝天石兄身体康健，长命过百！

意趣高远走华章

周思源

Zhou Siyuan

1938年生,1962年毕业于复旦大学中文系。
北京语言大学教授。

在新一轮传统文化热中，越来越多的人，尤其是青年学子，对研读与习作旧体诗兴趣空前。

学习旧体诗，不但可以令人品味传统文化之美，潜移默化地陶冶情操，而且能够在格律的跳动中使思维方式变得严谨，注意节奏与平衡。现在许多人少年时旧学功底普遍欠缺，对于写旧体诗尤其缺乏训练，即使大学中文系学生也绝大多数不谙此道。杨天石是一个突出的例外。

杨天石北京大学中文系毕业后，教过十八年技校与中学，出版过文学、哲学研究著作，后来以治史名世。而他始终不变的是诵诗、学诗、作诗不辍，一生与诗为伴。早在1952年无锡市考高中的统一试卷上，杨天石就以一首长诗获得语文高分，在全市六个600分以上考生中占了一席。他以爱写诗、朗诵诗，闻名于无锡中学界"文坛"。爱朗诵诗者容易深入体味诗歌的情感意趣，把握诗的节奏韵律，从意境与音乐性角度理解文字。尽管杨天石早年阅读和朗诵的大都是新诗，但是追求诗歌的意趣、韵律、隽永却新旧皆然。所以杨天石的旧体诗富于音乐性，节奏感强，读起来朗朗上口。他写于1955年的《勉友人》："何必踟蹰误路程，功夫练就好长征。鲲鹏须展垂天翅，一望苍穹万里澄。"不但表现出他的远大志向，而且已经见出他在旧体诗修养上有了相当基础。

在北京大学中文系的五年攻读中，杨天石深受王力、林庚、季镇淮等先生影响，对中国古典诗词下了很大工夫，尤其精研唐诗与近代诗词，在旧体诗写作上登堂入室，窥其壶奥。讲究格律是新旧体诗歌的基本区别，是旧体诗词音乐性凝练性的主要构成元素,杨天石很注意在诗词中运用格律对仗来写景抒情。《黄鹤楼》:"帘卷潇湘迎两粤,窗开众岳似观棋。"对得整齐恰当,写得景象宏大,气势磅礴,胸襟开阔。杨天石特别注重中国古典诗歌基本特征之一意境的营造,注意炼字,力求章有诗眼。因此他的诗词情景交融,富于诗情画意。千余年来登鹳雀楼诗词何止百千,但杨天石却写出了自己的个性化感受与特色。"远道来登鹳雀楼,中州气象眼前收。长河似带飘原野,山势如龙卧绿洲。"一个"飘"字不但使楼外黄河,也使眼前整个景物活动了起来,连"卧"着的山势都仿佛在跟着移动。富春江素以移步换景美不胜收著称,千百年来写景诗车载斗量。杨天石的《富春江舟行》却别具一格:"惭无彩笔绘花枝,幸有灵明铸小词。七里春江扬帆路,归来载得半船诗。"诗中,杨天石以退为进,先"惭"后"幸"而"小",以"半船诗"让读者想象富春江之美,难以用区区文字表述,诗潮滚滚,多达"半船",不禁令人称绝。

咏史历来为文人入诗所常用,何况杨天石专业治史,到处访学、讲学,因此多有所发。他的旧体诗中颇多忧国忧民之作。杨天石每每能从独特角度写出更能拨动人们心弦的感受。《题海瑞墓》没有着眼于海瑞事迹,而是标注"墓在海口,'文革'中曾毁于红卫兵"。然后感叹"……拜墓忆往事,'左祸'猛于虎。浩劫虽已逝,殷鉴不可捂。"《严子陵钓台》没有赞美如诗如画的桐江美景,而是感慨"伴食君王最可忧,朝为贵客暮成囚。何如归饮桐庐水,执钓江干任自由。"史家自然也有难言之处,犹豫踟蹰,反复斟酌,此中甘苦,化作诗句,这些往往成为杨天石笔下最能引起读者共鸣之作:"下笔常逢掷笔时,个中滋味几人知?平生最苦难言语,阻断春蚕肚里丝。"(《下笔》)"阻断"二字难为他想得出来,这样就把前面"掷笔、滋味、最苦"等等重新勾将起来。

大气是杨天石诗词的一个重要特色。他的诗词景大、情大、气象大,无论写景、状物、论事、咏史、评人、抒情,都洋溢着一种蓬勃之气。为了编撰《中华民国史》,他无数次去南京中国第二历史档案馆查阅文献,寻访民国人物旧踪,考订史料。1977年他在《金陵访旧》中写道:"古院秦淮小拱桥,白门巷陌柳潇潇。为编一代春秋史,踏遍金陵认旧朝。""南来拟借江山气,助我胸中笔墨情。"(《南来》)这种大气既是志向性格的流露,也与他治史密切相关。"盈胸正气浩然在,任尔长天起暴风。"虽然是《贺杜导正八十大寿》,其实也是他自勉与立身的写照。2004年,台湾选举后陈水扁上台,多年来一直为祖国统一大业奔走两岸的杨天石感慨万千,但他并不灰心丧气,与台湾友人相互鼓励,坚信来日方长,终有佳期。"公理宁甘唤不回?岂能民意尽成灰!相期众志成城日,买醉长街听鼓擂。"杨天石诗中有史,诗中有论:"武战何如文战好,鹅湖辩难为求真。"(《参加中日战争研讨会有感》)作为南方人的杨天石在诗词中自然少不了细腻情长之作,但在情意缠绵中也透出一脉大气:"多情最是漓江水,朝朝暮暮绕碧山。"(《漓江水》)写的是漓江水,流露的却是自己矢志不渝之心。虽然年近耄耋,但初衷仍然不改:"已是斜阳晚景身,梦中依旧少年人。"(《梦旧事》)

作为史学家自然少不了咏史之作,杨天石咏史诗的独特之处在于不掉书袋，不就事论事，不夸夸其谈，而是形象熠熠，情景交融，发人联想，颇多余味。《参观阎锡山旧居》："往日繁华转瞬空，唯余院落尚重重。民国多少刀兵劫，酿在堂前密晤中。"前两句乍一看似乎平常，待到"堂前密晤"四字跃出，不禁令人拍案叫绝。原来"繁华""重重"大有讲究，而"唯余""尚""酿"数字皆堪称诗眼，经得起反复品味，轻轻吟诵时，有如闻其声如见其人之感。

旧体诗词对于格律的要求有助于锻炼思维方式的严谨性。杨天石治史以材料翔实富瞻，有思想，论证严谨著称，特别是对一些重要事件的研究，简直到了穷尽史料的地步。这和他写作旧体诗词搜尽奇峰式的炼字习惯与功夫有关。写诗的功力、训练，使杨天石的史学著作文采飞扬，毫无说教之感。

杨天石诗词不但情景交融，而且有思想深度。读其旧体诗，会发现其中有唐人意趣，宋人哲理，这与他的经历有密切关系。1958年他大学三年级时在季镇淮等先生指导下编选《近代诗选》，接触到龚自珍、柳亚子等人的众多佳作。他虽然在读中文系，但对哲学和中国思想史一直有浓厚兴趣，若干年后中华书局出版了他当中学教师时期写的《南社》和《朱熹及其哲学》。他从文、入史、入哲，文史哲始终没有分家。

在史学研究上独树一帜的杨天石与他独立思考、特立独行分不开。他每每借景抒怀："坦荡真如砥，方直恰有棱……所愿效此山，立德永不更。"（《题隐屏峰》）"荣枯得失总尘轻，尔自滔滔我自行。"（《有感》）他批评"因风立论世人轻，下笔何须看市情。"（《重有感》）主张"穷搜秘档求真相，不到河源兴未休。"这些体悟独到的诗句已经具备了警句品格。

虽然杨天石旧学功底比较扎实,但他不囿于陈规,他的那篇自序,就是一篇对中国诗歌走向的精彩论文。他"特别提出写作'半新半旧'的解放诗词"的观点,很有见地。

杨天石先生关于宋明理学的三种著作

陈来

1952年生,中央文史馆馆员、清华大学国学研究院院长,清华大学哲学系教授、博士生导师。

杨天石先生有几种关于宋明理学的旧著,这几部书写于20世纪70年代初至80年代初,距今已有四、五十年了。20世纪70年代末他即转向中华民国史的研究,成就卓著,至今笔耕不止。杨先生那几种宋明理学的旧著,我当年都读过,现在回过头去看50年前那个时代的论著之得与失,需要重新加以认识。

1979年,《中国哲学》这一著名的辑刊开始编印出版,不久杨先生便被增聘为编委,与庞朴、孔繁、李泽厚、楼宇烈等先生并列为编委,可见他在当时是被视为中国哲学领域的中年精英、有成就的专家。当时杨先生初届中年,他已经出版了两种明代哲学的书,即《王阳明》与《泰州学派》。虽然这两部书的篇幅不大,但与当时同龄学者相比,在1980年代便已经出版了两部书的学者,在那时是极为少见的,多数人那时还未出版过一本书。所以当时侯外庐先生对李泽厚、杨天石两位加入编委会表示"很高兴,很欢迎",这的确显示出杨先生当时在中国思想史学界中,是已经成名且受到老先生关注的中年学者了。

杨天石先生北大中文系毕业,毕业后长期从事中学语文教学,但他研究中国哲学思想起步很早。早在1960年代前期他就在《光明日报》上发表《韩贞的保守思想》,引起侯外庐、任继愈和学界的注意。他对泰州学派韩贞的关注首先得益于杨先生的父亲从乡邻韩贞后人借得的韩贞的《韩乐吾诗集》。在研究韩贞之后他进而研究韩贞的老师王艮,而王艮是王阳明晚年的重要弟子,也是泰州学派的创始人。杨先生研究王艮的文章《关于王艮思想的评价》在1963年发表于当时的权威刊物《新建设》。此文一反流行的以泰州学派为异端的论断,也因此,青年杨天石被视为明代阳明学的研究学者而受到关注。反对把泰州学派看作异端的观点在1990年代以来已经成为学界的共识，但最开始是由杨先生首先提出来的。可见杨先生从一开始就显露出独立思考的学术性格。

"文革"中，1970年九届二中全会后毛主席提倡反对先验论，于是中华书局找到杨先生约写一本关于王阳明的书。他以很快的速度写了5万余字的《王阳明》，于1972年12月出版，当时颇受到社会关注和读者欢迎。因为那时学者研究与学术出版一片荒芜，如北京大学与学部各研究所的学者全部下放五七干校，根本无法进行学术研究和写作。从这一点来说，杨先生当时在北京中学教书，不用下放五七干校，也算是幸运了。不管怎么说，这本小书在当时是颇受注意的，杨先生也就开始广为人知了。

王阳明的书出版之后，杨先生即以以前的研究为基础，在1973年写成了《泰州学派》一书，8万余字，而其出版则在"文革"结束后的1980年10月。打倒"四人帮"之后，为了适应时代环境的变化，此书作了部分修改，但主要观点未变。《泰州学派》出版后中华书局又约杨先生写一本朱熹的书，这时杨先生已经调入近代史所，但仍坚持完成此书的写作。1982年3月《朱熹及其哲学》出版，全书15万字。从写法上说，此书与杨先生的前两部书相近，但比前两书更具有学术性了。这样，杨先生既写过心学大师王阳明，又写了理学大师朱熹，他自己也说"关于宋明道学的两大流派，我都写到"。在从发表韩贞的论文到此时《朱熹及其哲学》出版，近20年的时间里，杨先生在"业余"的状态下"专业地"完成了上述理学三本书（他在这期间还写了不少晚清民国史的书稿），那真是不容易，由此可见杨先生的才气过人。应该指出，这三本书的写作，虽然都有中华书局编辑约稿的外在因素，但更重要的是，表现出杨先生对哲学思想史领域的一种发自内心的眷注。

就这三本书而言，关于明代心学的两本，受到写作时代历史的限制，缺陷是明显的。《王阳明》以阶级斗争、农民革命为主导基调，以牧师和刽子手双重职能来分析王阳明其人其学，在今天已经过时。但尽管如此，在对王阳明心外无物、心外无理、知与行等问题的分析上，此书应该说也达到了当时主流意识形态的代表性水平。而《泰州学派》一书表达了他的不少独到的见解。如此前侯外庐主编的《中国思想通史》中对泰州学派只讲王艮的万物一体和何心隐的叛逆，而杨书在叙述王艮、何心隐之外，又叙述了王襞、韩贞、颜钧、耿定向，较《中国思想通史》全面很多。对泰州学派的"百姓日用即是道"和在生活中以行为指点良知，此书指出王阳明已经开始用日常事例说明百姓日用即是道，开启了王艮的指点良知和王襞讲自然之谓道的先河。在叙述泰州学派思想上，与《中国思想通史》不同，杨书注重"制欲非体仁"论，强调"不着意"的分析，强调"心之本体"，强调"性体活泼"论，这就进入到泰州学派思想的内在分析。杨书能关注到这些问题加以哲学分析，虽然分析还可更加深入，但已超过了《中国思想通史》对泰州学派的理解把握，也超过《王阳明》对阳明思想的把握，是很难得的。

关于杨先生《朱熹及其哲学》一书，此书的写作在改革开放的初期，此时杨先生已在中国社会科学院近代史研究所工作，故此书的学术性较前二书大为增强。杨先生此书哲学分析的特点是以规律释理，这与30年代张岱年先生的解释分析相近，这就使得此书在基本点上站住了脚。此书出版时我已研究生毕业，在北大哲学系教书，这也使我想起与杨先生此书差不多同时出版的另一本朱熹研究的专著，即张立文先生1981年9月出版的《朱熹思想研究》。张书52万字，自然比杨书内容广阔，但就80年代初的学界评价来看，张书受到的批评不少，而杨书并未受到类似的批评。从这一点来说，可以看出杨先生此书在当时是受到学术界肯定的。总之，对杨先生的理学三书，我们须要从学术史发展演变的角度来评价它们在当时的地位和作用。

那么，通观以上所说杨天石先生理学三书，如何掌握其特点呢？杨天石先生晚年在《中国思想：朱熹与王阳明》（二）的自序中说："我原来学文学，善于用浅显明白的语言表达和分析艰难深奥的哲学命题，例如我在叙述'理学'和'心学'这两大道学流派的不同时，从思维途径和论证方式入手，指出朱熹是从火之必向上与水之必向下，四条腿的椅子抽去一条腿必定坐不稳等自然现象出发，以此论证为子尽孝、为臣尽忠等道德伦理概念的必然性。而王阳明则是以目自明、耳自聪等人的生理本能的天赋性，论证子孝臣忠等道德伦理观念同样具有天赋性。这样的叙述分析就将理学和心学两大流派的区别及其致误原因讲得清楚明白。似乎前人还没有这样讲过。"这个介绍很平实，讲明了他的研究特点。而且，用"必然性"和"天赋性"来区别理学、心学论"理"思维的不同，在此书之前确实并没有人做过这样的分析，可见这一看法绝非人云亦云，而是他自己认真研究思考体会得来的。

对于这几部书的缺陷,杨天石先生晚年也承认,在当时的历史条件下,着眼于批判,故"对于宋明理学中思想的积极因素缺少叙述分析,可以说是大缺陷"。特别是后来,在他晚年几次再写朱熹时,已经比较注意发掘其思想中合理的内核。2019年他在为《朱熹:孔子之后第一儒》写的序中,特别注意发掘传统文化中的积极成分和今后仍可为世所用的部分,显示出他的学术思想在其晚年的重要改变。针对宋明理学的理欲观,他指出,物质欲望和精神欲望具有合理性和正当性,是推动社会进步发展的力量。但人的欲望又是危险的,不可任其发展膨胀,必须加以约束限制。他说:"理和欲的矛盾是人类和人类社会的永恒矛盾,认识和发现这一矛盾是宋儒的贡献、中国思想家的贡献。因此要提倡以理制欲,或以理控欲,这是人类社会的永恒道德要求,谓之普世价值,谁曰不宜?"这些话充分肯定了儒家哲学、宋明理学以理制欲的思想,尤其是将之视为"普世价值",显示出杨先生晚年在学术思想上的深刻变化,也说明他对宋明理学思想的认识上升到了一个新的更高的境界。

杨天石先生已届九十大寿,最近他要我对他关于宋明理学的旧著作一点评论,我就不避浅陋,写了以上的感想,向杨先生请教。

南社研究的意义
——杨天石先生及其《南社史三种》

夏晓虹

北京大学教授、河南大学特聘教授。

Xia Xiaohong

对我而言，杨天石先生属于老师辈的学长。他是著名的北京大学中文系1955级的学生，那个班级当年以编写《中国文学史》（人民文学出版社1958年版）而青史留名。无论怎样评价这部"大跃进"中诞生的史著，参与其事的学子们较之往届更早具有了学术研究的兴趣，则为事实。故此，55级留系人数之多为历届之冠，即使毕业后，未能进入高校或科研机构者如杨天石，最终也书归正传，做成了大学问。

杨天石先生学业一向优秀，在读期间，又先后参加了《中国文学史》的编写与《近代诗选》（人民文学出版社1963年版）的选注。照常理推想，他的留校或到社科院文学研究所工作应该都不成问题。不料，1960年毕业分配，杨先生竟得到了去北京郊区南苑一所培养拖拉机手的技术学校报到的通知。难怪六十年后，他还能够清晰、完整地向我们复述那份为他带来厄运的组织鉴定。

尽管初入社会即遭受如此重大的打击，但杨天石先生性格坚毅，故能不改初衷，继续读书、写作不辍。同时，他也得到了季镇淮先生的鼓励。作为《中国文学史》与近代诗研究小组的指导教师，季先生早已认定他是读书种子，将来必有所成，于是经常在家中招待他，平等地讨论问题，也曾与他一起踏勘近代文人在北京的活动场所（参见杨天石《回忆季镇淮师》）。

而我之获闻杨先生大名，亦是缘于导师季镇淮先生的称扬，虽未曾见面，已可用"如雷贯耳"来形容。其实，敬佩之外，我那时对杨天石先生也不无敬畏。原因在于我的师兄张中的硕士论文被杨先生否定了，这对才学兼优的师兄是很大打击。我曾询问过季先生个中原因,季师坦言,因张中的论文以《南社与柳亚子》为题,观点恰与杨先生相左。以季师的为人耿直,认为张文既与杨有商榷,故需要当面讨论,于是坚邀杨天石参与答辩。而杨先生也是有个性的学者,明知师兄的论文在导师那里已经通过,仍然对季先生表示:"我如果投赞成票,就意味着我的论点错了。"应该说,这种硕士论文答辩时被否决的情况现在几乎已不可能出现,但在学位制度刚刚恢复之际,倒也不是孤例。并且,杨先生过后也因未料到此举带来的影响而心生懊悔,我则于其中看到了两位先生各行其是又相互理解的学人品格。

我的硕士论文完成后,季师照例请杨天石先生参与评议。那时各项考核规定尚未完善,为答辩委员递送论文这类应当回避的事也由研究生本人承担了。我于是按照季先生给我的地址,惴惴不安地来到西单绒线胡同附近的杨宅。时当1984年夏季,杨先生早已由后来任教的北京师范大学附中调入社科院近代史所,不过居处仍然狭窄。杨先生当时不在家,由夫人收下了我的论文。后来因为工作繁忙,他并未出席论文答辩,着实让我松了一口气。当然,探询季师,得知天石先生对我的学位论文还是赞许的,心里不由暗暗高兴。

而杨天石先生为何如此在意他的南社研究,我后来多少也有了些体认。依照其自述:"1958年至1960年期间,我在北京大学读书,两次参与撰写《中国文学史》,均负责执笔南社的有关章节。""其后,大学毕业了,分配到了一个没有任何研究条件的单位,但我仍然对研究南社有兴趣。这下子可苦了,多次想洗手不干,但又积习难改。后来由中华书局出版的《南社》一书就是在这种情况下和刘彦成同志一起完成的。1974年，近代史研究所的王晶垚、王学庄同志正在研究南社，邀我协作。我欣然同意。不想因此成了近代史研究所的正式成员，并从此决定了我后半生的治学道路。"（《〈南社大辞典〉序》《〈南社史长编〉1995年版序》）据此可知，南社研究对于杨天石的人生转变至关重要，他日后从文学进入史学，由业余转向专业，进而成为中国近代史研究大家，都是从此生发而来。何况，在如此艰困的环境中辛苦作出的学问，杨先生倍加珍惜，也在情理中。而我更看重的是，南社不仅为杨先生研究中国近代史的起点，更是他不断返回的精神原乡。

列入多卷本《杨天石文集》的《南社史三种》（东方出版社、广东人民出版社2020年版），收录了杨先生截至2019年关于南社的几乎所有论述。其中《南社》一书，1964年已由中华书局排出清样，但受其时政治气候影响，出版社要求作者重新审查，加强批判，一耽搁就是十几年。中经"文革"的停顿，直到1980年，修订本方才编入"中国文学史知识丛书"印行。《南社史长编》则是从与王学庄合作的《南社志》独立出来，1983年也已完稿，延至1995年，才纳入国际南社学会的"南社丛书"出版。现在作为《南社史三种》之一，已是经过不断添加的增订本。而题名《新编南社论丛》的第三种著作，此前并未成书，乃是集合杨先生有关南社散见的长文短论新编而来。如果说，《南社史长编》是"以时间为经，用长编体的形式反映南社的历史"（《〈南社史长编〉1995年版序》），那么《南社》就是在历史的顺时叙述中，更多横向的展开。二书由此形成了经纬交织的结构，呈现了杨天石先生南社研究的气魄，也为后来者了解和研究南社奠定了坚实基础。

而在杨先生出手之前，南社因其研究难度之大，少有学者涉足。可资参考且有价值的论述屈指可数，不过是曹聚仁的《纪念南社》、徐蔚南的《南社在中国文学上的地位》等寥寥数篇。当事人中先有胡怀琛1935年发表了《南社的始末》，尚嫌简略；柳亚子1940年撰写的《南社史略》（开华书局1940年版）倒是后出转精，虽说是"以我自己为本位"，"并不是纯粹客观的"，但以柳氏在南社中的核心地位，该著已然提供了有关南社历史叙述的大体框架与诸多细节，故最为包括杨先生在内的研究者倚重。

而曹聚仁先生的《纪念南社》文章虽短，分量却綦重。其中的名言，"近十年来的中国政治，不妨说是陈英士派的武治，南社派的文治"，又经柳亚子先生回应，修正为"近十年来的中国政治，可说是文经武纬，都在南社笼罩之下了"，因陈英士"也是南社的老社友"，柳氏更进而笑言："请看今日之域中，竟是南社之天下。"（《关于〈纪念南社〉——给曹聚仁先生的公开信》）如此来看南社研究的意义，不仅从文学史扩展到政治史实为必然，而且，拥有一千多名会员的南社史与中国近代史高度重合，我相信，这也是杨天石先生之所以处境艰难，依然坚持在此拓荒的重要原因。

尽管柳亚子以创办人的身份，已经勾勒出南社发展壮大的线索，不过，《南社纪略》的主体毕竟题为"我和南社的关系"，个人视野之外的叙述难免不够周全。杨天石先生的《南社》于此正可以大有作为。以柳氏《成立以前的南社》与《虎丘雅集前后的南社》前半所述，与杨氏《在反清斗争中逐渐结合》相比较，后者的史家优势分明可见。亚子先生乃是从个人诗集中向前追溯南社创立的踪迹,并说明他与陈去病、高旭三位发起人的家世、经历及彼此的交往。杨著则眼界宏阔,除了关注柳、陈、高三人的活动,更经由早期社员的身份辨析,认定新式学堂师生、留学生、华侨、报刊编辑等新兴知识者构成了南社的主体,从而留意这些日后的南社成员1902年以来的动向,包括他们参与的社团与所办的报刊。而单是报章,在柳氏提到的《警钟日报》《二十世纪大舞台》《国粹学报》与《中华日报》之外,杨氏又补叙了邓实创办的《政艺通报》,高旭主持的《觉民》与《醒狮》,柳亚子等编辑的《复报》(初名《自治报》),以及宁调元等刊行的《洞庭湖》(后改名《汉帜》)。各家报刊大抵都具有反清革命倾向,作者亦多声气相通。故读此节文字,可真切感受到革命力量正在汇聚,南社的出现实属水到渠成。

说到报刊,由于笔者也在中国近代文学与文化这块领域中耕耘,对杨天石先生谈论"研究中国近代文学,在某些方面比研究中国古代文学难"的话题深有同感。杨先生认为:

> 其主要难点就在于资料。古代作家,大都有完备的全集,而近代作家,大都没有全集。其作品分散于许多地区的不同报刊上,需要研究者逐一去检索、发现、辑录。……此外,全面了解作家生平也是件难事。古代作家一般在正史或野史、笔记中都有相关记载,而近代作家呢,有完整传记的人很少。近代流行笔名、化名,一个作家在不同时期、不同情况下可以使用多种笔名。要把一个作家的笔名收集齐全,考证准确,也并非易事。(《〈陈去病全集〉序》)

而笔名、化名的使用，仍与报刊发表有关。杨先生的感叹是因《陈去病全集》的编辑、出版而起，连南社三巨头之一的陈氏此前尚只有一部《浩歌堂诗钞》传世，那么可想而知，汇集庞杂的南社资料以供研究之用，将是怎样一项浩大的工程！何况，杨先生开始南社研究的年代，没有复印机，更没有数据库，一切全靠手抄。

我读《新编南社论丛》中的长文，于是每每为其注释所吸引。实则此编中的各篇，凡有脚注，引文出处几乎一律来自近代报刊。如《陈去病评传》有七条注文，分别采自《苏报》《太平洋报》《中国公报》《国粹学报》《帝国日报》《大汉报》《民国日报》，并且，除《国粹学报》为杂志外，其余都是报纸。杨先生曾自述："记得当时革命党人在中国和日本等地创办的许多杂志，可以说我都看过，报纸则是一张张翻过的。"（《〈陈去病全集〉序》）确系饱尝甘苦的写实。

而其以丰厚的第一手史料做出的研究，无论长短，便多有未经人道处。堪称经典的是《鲁迅与越社新考》。这则札记首先引用了初刊北京《帝国日报》的陈去病撰《越社成立叙》（即《越社序》），篇末注明了写作日期，再佐以其他资料，杨先生因此判定，"越社成立的时间当为1911年4月或5月"。其次，由陈文所附《越社简章》第一条即写明："本社由南社分设于越，故以越名。"说明"越社一开始就明确地自认为南社的分社"。再次，根据越社创办人宋琳投书上海《民声日报》，称周豫才为"社友"，以此证明鲁迅确曾加入过越社。最后，再征引《民声日报》刊发的柳亚子对《越社丛刊》的短评，以之为"对鲁迅文学活动的最早评论"。这篇总共不足一千字的短文，引用了近代报纸上的四条资料，解决了鲁迅与越社相关的四个问题，就本人阅读所及，行文的经济、高效莫过于此。

杨天石先生又不仅以研究所得示人，更连带授人以渔，我这里主要指的是他编辑和整理了大量南社资料，供研究者采择。这项工作尤以《南社史长编》的编著与增订最为持久，也最见功力。与1995年初版本相比，收入《南社史三种》的修订版除去散见的增补，比较显眼的改动，一是将编年起始时间从原先的1902年提前至1897年，即以陈去病与金天羽、柳念曾（柳亚子之父）等四十余人组织雪耻学会为开端，为日后革命文学团体南社的诞生钩稽出一条内在的政治与社团脉络；二是在《例言》中，把原先含混表述的"南社成员达1000余人"，精确修正为："南社成员有籍可查者1183人，其分支机构越社26人，辽社12人，淮南社17人，南社广东分社53人，南社湘集280人，闽社12人，其后身新南社216人。"足见南社声势之大，影响之广。由此就应当说到最值得称道的五种附录的添加了。

出于均衡上、下册页码的考虑，编在上册最后、篇幅近半的附录，实为下册《南社史长编》新增的部分，包括了《南社入社书总录》《神交社及南社各分支机构社员名录》《南社成员地域分布表》《南社出版物及其主要成员著作》与《1949年以来出版的研究南社及其主要成员著作》。此五种附录虽然制作者另有其人，但均经过了杨天石先生的修改、增补与审定，其设计思路应该也来自杨氏。列在前面的两个名录，显然即为《例言》中社员数字精准到个位的依据。第四、五两个书目，则为研究者了解南社研究的基本资料与已有研究开了方便法门。

应当单独一表的是《南社入社书总录》。在《新编南社论丛》中，收录了杨天石先生为郭建鹏、陈颖编著的《南社社友录》(上海大学出版社2017年版)所撰《序》，其中提到，珍藏于国家图书馆善本部的11巨册《南社入社书》已全部影印，构成了该书的主体。较之《南社纪略》附录的柳亚子编《南社社友姓氏录》的只列姓名、字、号、籍贯、性别、存殁、入社号，根据《南社入社书》编制的《总录》，更多出了入社年龄、居址、通讯处、介绍人与填写入社书时间诸项，加以"备注"中人物关系等简要说明，自然对研究者更有价值。杨先生已从"观赏书法手迹，考知入社时间、人际关系、职业、教育、社务发展等情况"做了研究提示，附录中的《南社成员地域分布表》，也可视为杨先生据《总录》再加推衍而成的示范之作，故其期待学者"能根据《南社社友录》一类资料，写出具有启人智慧的佳作"，正是寄望遥深。

而从南社出发，凭借一贯的刻苦勤奋与才思敏捷，杨天石先生的中国近代史研究格局日益宏大，终以源源不断的丰厚著述享誉国内外。而追本溯源，我始终认为，他在学术研究的起步阶段上手南社，且坚持不懈，积累了史料，操练了方法，开阔了眼界，这才有了日后挥洒自如的精彩人生。

叁 同行文萃

PART
3

TONGHANG
WENCUI

全面抗战爆发前国民党的涉日危机应对：以《新生》周刊事件为中心的研究

吴景平

1950年生，复旦大学历史系教授。

Wu Jingping

内容提要 1935年华北事变期间,日本方面以上海发行的《新生》周刊所载《闲话皇帝》一文有"大不敬"文句为由,挑起事端,威逼中方接受种种无理要求。在持续一个多月的交涉过程中,不仅天津和上海地方当局疲于应对,相继接受日方的各项条件,而且国民政府外交部乃至国民党中央党部都成为日本驻华使领官员的直接交涉对象,最后以全盘接受日方要求并由国民党中央党部的代表公开多次道歉而收场。围绕《新生》周刊事件的对日交涉和结局表明,在日益严峻的民族存亡危机之下,国民党对日妥协让步政策必然导致误国害民的恶果,国民党中央决策体制也无法正常运作。

关键词 《新生》周刊 中日关系 国民党 对日政策

1935年的华北事变是抗日战争研究中学界关注的重点之一,无论是革命史、抗战史和民国史相关的通史性著作,还是研究抗战时期中日关系的专著,一般都有专章和相当篇幅予以述评。[1]但是,对于发生在华北事变交涉期间并引起朝野高度关注的《新生》周刊事件[2],仅有同时代人的回忆文章和为数不多的研究论文提及。[3]在已刊关于近代中日关系史和中华民国史的大事汇编中,对该事件的记载主要为在日方的高压下国民党当局对《新生》周刊和该刊编辑兼发行人杜重远的处置,关于中日之间各次交涉和国民党当局的应对情况,则十分简略;至于国民党中央决策机构是否有过议决,蒋介石等人对该案的知晓情况等,则完全阙如。[4]本文通过梳理两岸及海外档案机构所藏相关史料,着重分析上海市政府和国民政府外交部、国民党中央党部对日方的应对情况,进而探究国民党中央决策机构的有关运作和高层人士的态度，以求深化全面抗战爆发前国民党当局涉日危机应对问题的研究，揭示国民党对日政策重大调整和决策体制转变的必要性与复杂性。

一

从日本方面公布的资料来看，虽然《新生》周刊是在上海编辑发行，但起初无论是上海的日本侨民，还是京沪的日本使领官员、在沪日本军人，都没有注意到该刊登载的《闲话皇帝》一文。该文在上海刊出之时，日方正在通过武力威胁推行"华北自治运动"，在河北、察哈尔等地频频挑衅，向中国方面提出了包括军事、政治等多方面的条件，迫使中方做出让步。而在有关交涉处于关键的时刻，1935年6月11日至13日，天津法租界出版发行的一份名为《大报》的中文小型报纸，分三天连续转载了《闲话皇帝》一文。平津是日本侵略势力策动"华北自治运动"过程中对华交涉折冲的主要地区，日本密切关注着中国方面的一举一动，随时借机发难，迫使中方做出更大让步。6月15日，日本驻天津总领事川越茂即派员面见天津市代市长兼警备司令商震，称在天津刊行该文章是一重大事件，要求中方立即予以处置。商震向日方再三表示道歉，称因涉及法租界，承诺将于次日做出正式答复。经过连夜安排，16日上午，商震派出天津市政府顾问孙润宇前往日本驻天津总领事馆，向日方说明：转载《闲话皇帝》一文的《大报》，系天津人刘云若经营的小型日报，主要刊登政治记事和娱乐新闻，该报在记事栏目转载了上海《新生》周刊当年5月4日刊登的同名文章，天津市政府也将承担相关责任；虽然《大报》是经法租界当局许可发行的，但商震已于15日当夜训令天津警备司令部对该报纸予以查封。日方则提出，很难确保《大报》不会更换名称后重新出版，因此要求中方采取充分措施，保证将来当地发行的中文报纸不会刊登此类文章。19日，川越将与天津当局交涉的情况电告日本外相广田弘毅，次日又去电报告了《闲话皇帝》一文的主要内容。[5]收到有关电文和报告后，21日广田训令川越向中方提出，必须确保对相关报社社长和责任记者的处罚，且保证将来不得发生类似事件。[6]根据这一训令，川越再度与天津当局交涉。结果6月27日商震当面向川越承诺，将对有关报纸的经营者予以处罚，保证今后不发生类似事件。[7]

由于天津的这份报纸并无政治或官方背景，且只是转载了《闲话皇帝》一文，而日方在华北策划的是整个地区的"自治运动"，该事件在天津和华北其他地区没有直接引发中日之间更多的交涉。但在上海和国民政府首都所在地南京，由于日本驻华使领馆和在华日本军方的直接介入，以及在上海的日本居留民不断闹事，情况变得非常严重。

6月21日，广田弘毅向日本驻上海总领事石射猪太郎发出训令，要求根据既定方针，对《新生》周刊采取"严厉措施"。[8]此前，日本驻上海总领事馆已经收到川越茂6月19日致广田电和20日别电的抄件，对相关情况有所了解。收到广田6月21日训令后，石射当即复电广田，报告该事件的基本情况：《新生》周刊社位于上海公共租界福州路复兴里，编辑兼发行人为杜重远，该"不敬"记事的执笔人为易水（化名），《新生》为小型周刊，每份售价4分。

与天津日本总领馆是在与中国方面进行初步交涉之后再向日本外务省报告不同,石射则是在与上海市政府交涉之前,先向外务省请示拟向上海市市长吴铁城提出各项善后要求。[9]

上海市政府于6月22日便已获悉:因天津中国报纸转载上海《新生》周刊文章"有侮辱日本皇室之处",日本驻天津总领事馆向天津市当局进行了交涉,日本驻上海总领事馆亦准备向上海市政府做同样之交涉。为此,吴铁城即对《新生》周刊的情况进行了调查,并为应对日方可能提出的要求决定:1.令《新生》周刊停刊;2.没收该期刊物;3.禁止转载。6月24日石射猪太郎前来交涉时,上海市政府以市长吴铁城生病为由,令市政府秘书长俞鸿钧出面接待。石射要求上海市政府做到:1.各书店尚有之该杂志一律回收,禁止出售和转载;2.该杂志停刊;3.处罚该杂志责任者和文章作者;4.市长谢罪;5.保证将来不发生类似事件。俞鸿钧称市长于6月22日闻悉此事后,即下达书面令要求从严办理,现已要求公安局和警备司令部:1.没收刊印相关文字的该期《新生》;2.该杂志停刊两个月,另外由新闻检查所命令不准向外埠邮寄该杂志。石射则指出,与历来发生的"不敬"事件相比,此次事件的"罪行"要严重得多,仅仅停刊两个月是不够的,应考虑完全停刊;还应通过刑法或行政手段对事件的责任者、执笔者进行惩罚;另外,考虑到中国各地屡屡发生有损两国国交的事件,市政府应向国民政府建议,今后禁止全国报纸杂志刊登关于日本皇室的文字。俞鸿钧答称,如果日方认为停刊两个月不够,可以考虑取消该刊;除停刊、没收及禁止转载等项业已办理外,惩办处罚该刊负责人一点,当移请法院依法检举;道歉一点,本人现在即可代表吴市长向总领事表示遗憾；此案如此办理，将来总可保证不致再有同样事件发生。他还进一步表示：市政府充分认识到对于发生这一事件的责任，故将在二三日内以公文正式答复对日方要求的落实情况；国民政府此前业已命令全国禁止刊发妨碍两国国交的报道，现在根据总领事的要求，将提议国民政府转知各地。[10]鉴于《新生》周刊社设立在公共租界，该周刊亦在公共租界出版，上海市政府命令公安局将惩办该刊负责人部分，移请位于公共租界的江苏高等法院第二分院审理。（以下简称"特区高二分院"）

在上海市政府看来，已经在第一时间尽可能满足了日方的各项要求。但日方认为，在惩办《新生》周刊负责人这一点上，上海市政府仍然有其责任。6月28日，江苏高等法院第二分院对《新生》周刊事件当事人提起诉讼，进行了第一次审理。当时杜重远和《闲话皇帝》的作者易水均未出庭，仅《新生》周刊社事务所的房东艾逖生出庭做陈述说明：杜重远目下在江西，执笔者系匿名，不明身份；该杂志通过了国民党党部的审查，现在要进行查究是没有道理的。这次庭审只进行了20分钟左右便告结束。[11]日方对该日庭审结果十分不满，6月29日，石射猪太郎再次前往上海市政府，指责法院的取证审理过于迟缓，为何仅出传票而不出拘票；公安局未能采用充分手段对犯人进行搜查逮捕，认为上海市政府办案缺乏诚意，要求迅速予以处置。这次上海市政府依然由俞鸿钧出面答复："查新生周刊社及该刊之发行，均在公共租界之福州路，其侦查之责任在于特区法院与工部局，自非公安局权力之所能及；行政处分之部分，如令该周刊停止发行及没收该期刊物并禁止转载等事,市政府业已次第办竣,在行政机关,办理本案之经过如此敏捷,亦足以为诚意之表示;至于惩办该刊负责人一点,系属司法范围,案移法院后应出传票或出拘票,此乃法院根据法律办理之事,非行政机关所能干涉与过问也。"[12]俞鸿钧明确界定了上海市政府作为行政机关对于《新生》周刊案的责任与职权,实际上拒绝接受日方新的责难。

至于日方指名须加以惩办的《新生》周刊编辑兼发行人杜重远没有出席第一次庭审,市长吴铁城起初不知其下落,非常担心上海会因此"大难临头",于是通过杜重远的留日同学、曾任国民党中央政治委员会(以下简称"中政会")秘书的齐世英,劝说杜重远主动到案,出席庭审,吴还通过齐向杜承诺最多判2个月。[13] 7月1日,杜重远出席了特区高二分院第二次庭审。庭上宣布将根据《刑法》第122条"妨害国交罪"对杜进行起诉,令杜交付500元保金并对其进行简单询问之后休庭。[14]日方对此次庭审情况非常不满,7月2日,石射猪太郎再次赴上海市政府交涉,吴铁城出面接待。石射称:"此次上海所发生之新生周刊'不敬'之事,不但本人及上海日本居留民全体愤慨,此项消息传到日本,日本全国人民亦异常愤慨,现在本事件应办之事,仅剩惩办罪人问题。居留民对此问题非常重视,要求从严惩办,否则不特认为敷衍,且不足以平息居留民之气愤。"石射还提出,能否适用国民政府同年6月10日刚颁行的《敦睦邦交令》进行"行政处分"。吴铁城表示"此事件发生殊属不幸,市政府办理此事亦甚注重",并称"此案如此办理,将来自可保障不致再有发生同样事件"。至于惩办负责人,已由特区高二分院依法办理,当事人杜重远亦已由法院传讯，法院当然依照法律办理，"且新生周刊社及该周刊出版，均在公共租界，更须由该管特区法院依法办理。特区法院系依据司法协定而设立者，贵国亦为签此协定之一国，故凡签此协定之国家，均应维持特区法院之尊严，法院对于承办案件，自亦须依法办理，决不能任意出入轻重……本人系行政官，不能指导法院，尤不能干涉司法。至于贵总领事及居留民之意思，当代为转达政府，并非正式转告法院，同时希望本事件早日了结以免扩大，而维上海中日双方友好"。[15]吴铁城实际上驳回了日方试图通过上海市政府对租界法院施加影响乃至迫使中方直接以"行政处分"来惩罚该案当事人的企图。

在这次会谈中，石射又提出中央图书杂志审查委员会在《新生》周刊事件中的责任问题，称"当由中央党部负责"，并向吴铁城了解中央图书杂志审查委员会负责人及委员的具体组成情况。对此，吴铁城一方面回复称"对于该会之组织如何，委员何人，不十分清楚"，另一方面对《新生》周刊是否经中央图书杂志审查委员会审查予以解释："该期新生周刊（第二卷第十五期）有文两篇未经审查，一即此篇（闲话皇帝），其他一篇题目不知……该会审查刊物经验而言往往有经审查免登或删除之件，而出版时竟有仍旧照登者，此为一例，又有未送审查之文件而径行出版者，又为一例，其完全不送审查者亦有。"吴铁城进而指出："有审查委员会虽不能完全统制取缔一切刊物，但在可能范围之中，亦可尽力办理，较之无此审查委员会，自觉稍好。在此种困难情形之下，此次事件之发生亦应予以相当谅解。"[16]可见，虽然日方在交涉中并没有把对《新生》周刊的审查责任归之于上海市政府，但吴铁城仍不回避这一问题,甚至试图让石射理解国民党设立中央图书杂志审查委员会的必要性。

至于石射提出的对于《新生》周刊案"上海日本居留民全体愤慨"一事,吴铁城予以说明:"自此事件发生后,上海日本居留民之激昂在所不免,但连日上海日本报纸言论与记载,含有煽动挑拨之意,若不使之改正,恐本事件未了又发生其他事件,其结果必至事态扩大,此绝非贵我两方及全上海人士所希望者……希望劝导日本报界,言论记载,务须加以慎重。"吴铁城甚至提出:"贵国近年加诸中国之一切举动,无不刺激中国国民情感者,而上海中国报纸凡含有激动中国国民之言论,及有伤邦交之文字,无不于可能范围内,使其尽量删除,设法避免之;凡有足以促进中日友好者,无不设法办理,因此上海一般人虽谓余软弱及压迫舆论,但尚能谅解余体念时艰之苦心,故改善中日关系之努力,卒不因困难而少懈,以至灰心。"[17]由于上海市政府方面已经在职责范围内尽可能按照日方的要求进行处置,吴铁城的上述说明遂为石射所接受。

7月9日,江苏高等法院第二分院对《新生》周刊案迳行判决,判杜重远处刑一年两个月,声明不准缓刑或改罚金,并宣布按新刑事诉讼法第368条,不得上诉。同日,石射再度赴上海市政府,当面向吴铁城提出:"本事件迄至今日止,已告一段落。……今希望国民党务必履行其诺言,改善一向对日之态度,否则随时有发生重大事件之危险。吾人此后一方面固应防止重大事件之发生,一方面应努力中日真正之亲善,此则不能不特别希望于中国国民党。贵市长为国民党有力之党员,想能为此努力也。"吴铁城答称:"国民党为国民政府一般政策之源,及政令之所由出者,断无国民政府对日亲善而决定政策之国民党不讲亲善之理……本人系国民党党员,同时为地方行政长官,对于中国国民党及国民政府之命令,是绝对地服从,此后上海地方在本人权力所及之范围,当努力增进中日之亲善,希望贵方亦抱此旨。"石射要求上海市政府速将易水拿获归案,依法办理。吴市长答称:"易水因系笔名,未知其真姓名,故一时颇难查得其所在,现在设法侦查,如再无眉目,法院自必通缉。"石射还说,公共租界书店现仍有售卖《新生》周刊者,要求上海市政府把查禁命令送达各书店,并通知公共租界和法租界巡捕房协助查禁。吴铁城答复:本府前日得贵馆中田秘书电话云四马路书店仍有《新生》周刊出售,经即派人前往审查,并无此项刊物。但上海书店林立,间或尚有余存,亦未可知。一经发现,即当请求法院转饬捕房没收,决不宽贷。不过如系秘密出售者,则无从查禁。本府关于此项查禁之命令,除公布外,向不送达各书店,须知办理查禁此项刊物,在本市区内公安局可以直接执行,而在租界内,则必须通知捕房,但捕房得到市府通知,亦须依法请求法院发给搜查令或查禁令,始能执行。本案移送法院办理,捕房既已深知,自应随时注意与本案有关事件发生时,纵未得法院或市府通知,亦应自动办理。[18]吴铁城为国民党对日政策的辩解,以及区分上海市政府与租界当局和法院职责的说明,日方虽然不甚满意,但仍予以接受。

总之,在《新生》周刊事件交涉中,吴铁城所代表的上海市政府虽然全盘接受了日方的要求,做出相应的让步,但也委婉地驳复了日方的某些责难。当然,《新生》周刊事件之所以没有在上海地区引起更大的风波,与杜重远挺身而出接受法院庭审并最终承受不公的判罚直接相关。在维护国民正当权益和对日方无理要求妥协以求平息危机之间,吴铁城选择的是后者。不过,吴铁城数度为国民党对日政策的辩解以及关于设立中央图书杂志审查机构必要性的说明,也未能阻止日本方面直接向国民政府中央进行交涉和施压。

二

由于日方蓄意扩大事态,国民政府外交部和国民党中央党部很快都被卷入其中,《新生》周刊事件的风波迅速扩大。如前所述,在6月28日江苏高等法院第二分院举行《新生》周刊案第一次审理时,《新生》周刊社事务所的房东艾逊生在陈述时就强调过,该杂志通过了国民党党部的审查。29日,石射猪太郎再次前往上海市政府,在交涉中俞鸿钧答称,日报之外的出版品归中央图书杂志审查委员会负责审查,该委员会系由国民党中央党部宣传委员会、上海市政府社会局、国民党上海特别党部宣传委员会三方派员共同组成,不属市政府管辖。另外,《新生》周刊各期目录页注明有"中宣会图书杂志审查委员会"的审查证号,更为日方把威逼施压的矛头直接指向国民党中央党部提供了依据。石射向日本驻华大使有吉明建议直接与国民政府交涉。6月30日,有吉向日本外务省请示,主张向南京当局提出三项要求:1.处分对审查负有直接责任者;2.审查委员会的直接上司应出面"谢罪";3.中央党部应当命令各地方审查机关，今后绝对禁止刊登对日方"不敬"的文章。此外，可提出一项条款，即要求国民政府声明，中央党部将支持政府的对日政策。日本外务省同意有吉向国民政府进行严正交涉。[19]于是，《新生》周刊事件在上海的交涉尚在进行之际，也成为南京国民政府中央不得不直接应对的交涉案。

根据日本外务省的训示，有吉明原计划赴南京向国民政府外交部进行交涉。但因行政院院长兼外交部部长汪精卫在养病，交由外交部政务次长唐有壬来沪与日方交涉。7月2日，有吉在上海寓邸[20]会见了专程来访的唐有壬。有吉称，事件直接责任者吴铁城对此事的处置，日方予以谅解，但对国民党党部之责任，作严重之抗议。[21]有吉要求中方立即做到三点：1.处分对审查负有责任者；2.审查委员会的上司出面"谢罪"；3.中央党部命令各地方审查机关今后绝对不能刊载类似的"不敬"文章。有吉还提出，国民党中央党部对此次事件负有重大责任，要求其必须声明支持政府的对日政策，并与政府一致合作。唐有壬则表示，该案事关重大，他已经向日本驻南京总领事馆和陆军武官表示遗憾，并称当日将赶回南京与有关人士进行商谈。[22]结束与唐有壬会谈的当日，有吉即在与日本记者会面时表示："关于《新生》的'不敬'事件，我们已经判明国民党党部负有重大责任。我们认为，有必要对国民政府采取适当而有效的措施。6月29日，我们向政府请示后，政府方面的批示已经下达。我们也已要求唐政务次长来官邸，开始进行交涉。……至于交涉的具体内容，恕我无法向大家具体说明。但是，我个人也充分认识到此事为帝国的重大事件，所以现在决心要追究党部的责任，并为保证将来不再发生此类事件采取适当措施。请国民们相信我所做的一切,并暂时保持克制。"[23]可见,围绕《新生》周刊事件,不仅国民政府外交部成为直接的交涉方,而且日方已明确把国民党中央党部作为直接追责对象,所持态度非常强硬。

另一方面,唐有壬在上海会见有吉明之后,即向时在上海养病的汪精卫报告并请示,并于7月2日当夜赶回南京。7月3日,唐有壬在南京国民党中央党部与国民党中央组织委员会主任陈立夫、中央宣传委员会主任兼中央党部秘书长叶楚伧共商《新生》周刊事件。[24]当日,国民党中政会会议也讨论了此案,与会者纷纷发言。如中央宣传委员会主任副主任委员罗家伦在会上提出,上海《新生》周刊事,外间谣传甚盛,拟请报告真相如何。对此,叶楚伧只是简要答称:《新生》周刊事,已派员赴沪调查,俟报告到后,拟于明日中常会会议提出报告。但与会的行政院副院长兼财政部长孔祥熙做了如下介绍:闻上海《新生》周刊中所载一文,内有以傀儡比拟日本天皇之语,天津某报转载此文,日人见而以为侮辱其天皇,问题因此发生。上海特区法院现已受理此事,《新生》周刊社人员,初欲委其责于审查机构,日人在法院旁听,乃更扩大其词,谓此事为我中央所指示,足以证明国民党之反对日本。其后该杂志负责人声明未经审查,或可易于解决。如牵涉到中央党部问题,就不大好了。何应钦则表示:《新生》周刊事,将来如由有吉大使提出交涉,尚易解决,倘由陆军或海军人员提出,结果更难预料,现日方正在请示中。罗家伦接着提出:如为求亲善,而使中央委员也无保障,那就无异甘为奴隶,人民怨恨日深,也是不可忽略的。现在可以说已到生死关头，大家是否可以开诚布公的来谈一谈？而中央宣传委员会委员、立法院秘书长梁寒操的观点更为直截了当：这事要各常务委员和蒋先生商量一下，要怎样做就怎样做。因为只有两条路，一条是抵抗，但须从统一国内入手；一条是亲善，公开与日本谈判，谋根本解决。现在我们在这里讨论，是没有什么结果的。[25] 可见，南京国民党高层颇为担心《新生》周刊案交涉失控，至于究竟如何回应日方提出的要求，这次中政会会议没有通过任何相关的决定。

7月4日，在南京举行的国民党中央执行委员会常务委员会（以下简称"中常会"）会议上，就是否答应日方最后通牒式的要求——由中央党部出面道歉，发生了很大的争执。被日方点名的叶楚伧主张对日本让步，认为"事态严重，日本驻沪之第三舰队本当回国，因此停止，似有欲扩大事端之倾向"；而"道歉一事，由其个人向有吉为之"。参加会议的南京市市长马超俊表示异议，称"果有道歉之必要，可由外交部为之，本党不能对外"。而梁寒操、孙科更是强烈反对，指出："日人之目的在摧残本党，故遇事向本党挑拨，此次如竟上其当，应其要求，是自认为责任者，彼第二步即要求取消中央党部，又将如何？故此层无论如何不能应允。"最后，会议通过了唐有壬提出的修正办法，"即由叶先生函外部，再由外部向有吉表示歉意"。虽有不同意见，但这次会议最终还是决定接受日方的要求。[26]

另外，7月3日，日本外务省、陆军省、海军省专门围绕《新生》周刊案的对华交涉方针进行会商，决定在已经向国民政府提出的三点要求之外，再增加一项：中央党部应明令各地方党部，停止一切排日活动。[27] 7月4日，日本驻南京总领事须磨弥吉郎向唐有壬正式提出该项要求。唐有壬向须磨介绍了当日国民党中常委会议的概况，表示中方充分理解日方的要求。[28] 7月5日，须磨向唐有壬提出，国民党中央党部须尽快主动对日方的要求表明态度，并逼问将以何种方式表达。当唐答称中央党部尚需开会弄清日方的旨趣，因此会稍迟一些时，须磨强硬指责中方不重视日方的要求，明确提出必须由国民党中央党部发表声明。[29] 7月6日，须磨再度催问唐有壬，是否业已决定由国民党中央党部发出声明书。唐答复称，经过与叶楚伧长时间商议，决定由叶以秘书长身份代表中央党部发表谈话，阐明禁止排日并支持政府对日方针的态度。[30] 这意味着国民党当局将屈服于日方的威逼高压。

7月7日，唐有壬前往日本驻南京总领事馆，向须磨弥吉郎面交叶楚伧致有吉明的致歉函，以及国民党中央党部致各地方党部要求停止排日活动、防止发生同样事件的训令稿，并代表外交部就《新生》周刊事件表示深感遗憾。唐告知日方：中方将对图书审查委员会秘书及其社会科学组成员全部予以免职，并于近期改组该委员会；中央党部将命令各地方今后绝对不能刊登类似的"不敬"文章，停止一切排日活动；8日的报纸将刊登上述消息，另外叶楚伧将以秘书长身份代表中央党部重申取缔排日令；重申蒋介石、汪精卫有关函电的内容，表明中央党部全力支持国民政府的对日政策；至于上海党部停止活动，将由叶楚伧和陈立夫共同予以确认。[31] 7月8日，有吉发表声明，称国民党中央党部大体按照日方的要求采取了各种措置，因而有关党部责任与国民政府的交涉告一段落，但日方将严重关注中国方面采取措施的效果。[32]

据时任国民党中央党部秘书的王子壮日记所载，在《新生》周刊事件发生之初，国民党中央宣传委员会主任秘书方希孔等前往上海与吴铁城接洽，提出"一方面使新生负责人自承责任，一方面由市政府就地解决，绝不能课中央以责任"。但是，"此事正在进行之际，有吉竟向唐有壬提出并加以恫吓，唐亦遽提出中央。中央自承责任殊属不可，盖此事为地方事件，当未调查明确以前，中央自可稍缓，以待大白"。所以，当时方希孔等人"对唐异常不满"。而王子壮只能在日记中发出如下感慨："呜呼！国虽弱，如用一般恐日病者主持其事，尤易偾事。此事今又在日人虚声恫吓之下已实行矣！但日人是否满足，犹不敢必也。"[33]很难设想，中方在对日交涉中的妥协退让会有助于缓解日方对于解决《新生》周刊事件的强硬立场和无理要求。

当时任军事委员会委员长的蒋介石长驻成都行营，忙于部署"剿共"和应对动荡的华北局势。行政院院长兼外交部长汪精卫虽然出席了6月中下旬举行的国民党中政会各次会议[34]，但因病于6月30日告假，先后赴上海和青岛治养，由孔祥熙和唐有壬分别代理院务、部务。[35]另一位国民党中常会和中政会主要成员胡汉民在欧洲游历。而作为国民党中央党部秘书长、中央宣传委员会主任的叶楚伧"以牙病及新生案痛苦非常，已有一星期未到秘书处办公，不过尚时常开会出席而已"。国民党内的情况也使他不禁感慨道："党部近态易感零落气象极衰，以此现状如何能振作士气，以领导悲愤之民众耶？"[36]事实上，面对日方利用《新生》周刊事件频频施压，在南京处理日常事务的国民党中央党部和行政院有关人士,除了妥协退让外拿不出任何应对之策。

于是,1935年7月7日,除了外交部向日本道歉外,国民党中央宣传委员会发表致各省市党部电,要求严防对日本皇室"不敬"之言论,并切实取缔排日运动:"各省市党部鉴:本年五月上海新生周刊刊载对日本皇室'不敬'文字,引起反感。按日本国体以万世一系,著称于世。其国民对于元首皇室之尊崇,有非世人所能想象者,记载评论,稍有不慎,动足伤日本国民之感情。一年以来,本会迭次告诫,所幸尚能恪守,不意该新生周刊,有此意外之记载。除业经另案处分外,并为防止将来再有同样事件发生起见,兹特再行切实告诫,着即转饬当地出版界及各报社通讯社,嗣后对于此类记载或评论,务须厉行防止。再关于取缔排日运动,中央迭经告诫,应遵照本年六月十日国府明令,转告各级党部同志,并随时劝导人民,切实遵守,是为至要。中央宣传委员会印。"同日,叶楚伧对中央社记者发表谈话,宣称:"自蒋委员长、汪院长于二月一日及二十日,次第发表谈话及报告以后,对日主张为全党所一致赞助,中央于当时且曾分别召集各省市党部负责人员,予以充分之说明,各省市党部亦具有深切之领会,间有少数地点未及尽喻,其言动偶有出入者,亦已由地方党部秉承中央意旨,逐渐纠正矣。"[37]同时,国民党中央宣传委员会以上海图书杂志审查委员会对《新生》周刊事件未能检查,殊属疏忽为由,将该会负责审查人员项德言、朱子爽、张增益、戴鹏天、刘民皋、陈文煊、王修德等撤职,以示惩处。同日,上海市公安局再发通告,此后各书店不准再代售《新生》周刊。[38]此外,就在中日之间为处理《新生》周刊进行交涉的时候,应日本驻华大使馆的要求,南京警察厅曾命令南洋、大东两家书局停止出售"五彩国难挂图"及其他"排日挂画";并通饬南京各书店,"对于陈列容易刺激情感之此类图画,随时注意改善"。[39]可见,国民党中央已经全盘接受了日方提出的各种无理要求。

日本大使有吉明则在上海再次召集陆海军武官和石射猪太郎进行商议,同意将事件告一段落,并将交涉经过以及中方特别是国民党中央党部与中央宣传委员会采取的措施,以大使馆公告的方式予以公布,称"国民党中央党部大体上实施了我方的各项要求,因此围绕党部责任而开展的对南京政府的交涉,已告一段落,今后我们将严密监视中国方面采取措施是否有效"。[40]对日方如此盛气凌人的声明,无论国民党中央党部还是上海市政府,都未有公开的评论。

就在《新生》周刊案宣判当日的7月9日,叶楚伧在南京迫不及待地向记者表示:"今日上海法院对该周刊负责者已予以严厉之判决,在事理上此案已可告结束。"叶并"郑重负责声明,国民党对中日关系所取之态度,与蒋汪两先生之政策,完全一致,对于中日间任何问题,均愿以诚恳和平之态度,谋圆满之解决"。[41]叶楚伧这番谈话的另一背景是:日方认为报纸上所刊登的叶楚伧的谈话,没有明确表述出日方的意见,要求叶重新发表一次。[42]因此叶楚伧发表这番谈话后,7月11日,唐有壬再度向报界谈道:"此案已告一段落,所余者惟易水尚未到案,现正由法院极力侦缉中,务期待早日归案。"他特别强调:"中央党部常务委员、中央党部秘书长、中央宣传委员会主任委员叶楚伧先生,对于本案之解决,煞费苦心,其所发表之谈话,顷据叶先生向本人谈,各委员均无异议,自可得有效之结果。"[43]无论是叶楚伧代表中央党部的再次声明,还是唐有壬强调叶楚伧的身份及其声明的代表性,显然都是在日方高压之下,刻意表白国民党中央党部与国民政府在对日妥协退让政策上的完全一致。

另一方面,为避免嗣后中央党部再度成为日方以类似借口发难的对象,国民党中央调整了图书杂志审查制度。在7月4日的中常会会议上,已经讨论到"对于各种检查事宜(如电影、新闻、图书、杂志、报纸、邮电等)由党部负责主持异常表示不满,应谋改正之法,故于决议案中力主纠正此事。盖以党部应为后台老板,指挥前台,不宜直接负责,首当其冲也"。[44]7月11日,国民党中常会会议通过决议:1.上海图书杂志审查委员会由内政部负责主持。2.图书杂志审查取缔标准,仍以呈准中央备案者为准则。3.中央宣传委员会为谋取工作上之联系,并为协助内政部起见,得调派人员参加该会工作。在该会未改组以前,除定期刊物外,其余书籍刊物暂缓处理。4.今后各地小报之管理与取缔事宜,由行政院通饬各地方政府负责办理。[45]另一方面,由国民政府内政部拟订了修正的《出版法》及原则草案,经教育部审议和国民党中政会通过,提交立法院审议。[46]7月12日,立法院通过修正的《出版法》,规定新闻纸或杂志之发行者,应呈发行所之地方主管官署核准后,始得发行,内政部有权禁止出版品之出售或散布并加以扣压。[47]这意味着国民党中央党部不再直接负责图书杂志审查事宜,因《新生》周刊事件而引发的国民党中央与日方之间的交涉也大致得以解决。

三

评析国民党中央关于《新生》周刊事件的应对，不可不梳理蒋介石的态度。在整个事件交涉期间，蒋介石并不在南京，没有参加国民党中常会、中政会的相关会议，为此曾引起部分与会人士的极度不满。业已开放刊行的史料文献和研究成果表明，1935年春夏，蒋介石虽然常驻成都，但通过往来电函与国民党中央和地方有关方面保持着密切联系，得以较及时地获悉各方面重大事项，并做出相应的处理。[48] 那么，从《新生》周刊事件的应对来看，如下问题值得关注：蒋是否知悉中日间关于事件的交涉情况？如果知悉，是如何知悉的？蒋对于相关交涉进展是否有过指示？如果有，是如何指示的？

蒋介石较早获悉关于《新生》周刊事件交涉的讯息，来自戴笠的情报系统。1935年7月1日，就在上海市政府与石射猪太郎总领事的交涉开始不久，戴笠于南京向蒋介石发出特急电：

> 查上海新生周刊登载闲话皇帝一文日领认为"不敬"一案，兹据艳日上海日文报载日使馆发表声明，谓新生事件虽已由石射总领事敦促上海市府迅速处办，然闻该刊发行曾经中央党部检查许可，则责在中央党部，如确当与中国方面严重交涉。又矶谷武官谈话，谓此次事件显然起因于中国之对日二重政策，仅与表面之当局交涉，断难解决，欲求真正解决，最少希望将在中活动之党部一律解散各等语。[49]

戴笠这份电报显示，日方在与上海市政府交涉的同时，已考虑追查国民党中央党部的责任，向中方进行"严重交涉"，并可能提出诸如解散党部等中方难以接受的条件。

随着《新生》周刊事件的发展，戴笠还曾向蒋介石电告相关情况。如戴笠在7月9日致蒋介石的特急电中，报告了在华日本使领馆和武官等对《新生》周刊事件的严厉态度。[50] 又如，杜重远被上海租界法院判处徒刑一年两个月之后，7月17日，戴笠向蒋介石报告立法委员董其政等对法院判决深为不满，已赴沪延聘两律师，拟代表杜重远向法院申请上诉，如不准即向最高法院提起非常上诉等情况。[51] 戴笠的各次急电均为向蒋报告《新生》周刊事件进展尤其是日本方面的情报，有助于蒋把握有关动向，但并非中日交涉的具体情况，也没有待蒋介石批示的事项。对于这些来电，蒋介石均批示"存"而不直接予以复电。

蒋介石对《新生》周刊事件具体交涉情况的了解，主要是来自上海市市长吴铁城的电报。如1935年7月2日吴铁城与石射总领事首次面谈之后，即于7月3日致电蒋介石：

> 在上海租界内刊行之《新生》周刊，近因发表闲话皇帝一文，批评日本及英意政治制度，内中句语有侮辱日本皇室之处，天津大报转载该文，津日领提出交涉，已经解决，职据报后，以际此时艰，非从速处理，恐引起纠纷，故即自动令伤公安局禁止刊行及将该期刊物搜集销毁，同时电请中央通伤禁止转载。未几，日总领事到府交涉，职当告以自动处理经过，彼更求除上述各项外，应惩治该刊及该文负责人、

市长道歉及保障将来，同时以书面通知办理情形，职均已接受，日方亦认为满意。但惩办负责人一项，事关司法，已移请租界法院将该刊负责人杜重远及著作人易水依法起诉，日方表示，苟不从严究办，日侨将大起奋激，现正依法办理中。又据报日第三舰队本定本日开往华北，因此案未完全解决，故日大使有吉请百武司令长官暂缓离沪，以便协同维持，以免发生事端等语。又查该期刊物，因当事人供称曾经中宣会图书杂志审委会审查，日大使已向外部提出下列条件：（1）叶秘书长楚伧道歉。（2）惩办该审委会。（3）保障将来。职现正会同各方慎重处理。[52]

吴铁城的电文向蒋报告了几方面的情况：《新生》周刊案的缘起、与日方交涉之前上海市政府的处置措施、吴铁城本人与石射猪太郎的首次会谈内容、日方要求租界法院严办杜重远等人、日本驻华大使向国民政府外交部提出的追责条件。蒋介石于7月4日收到该电，并于5日复电吴铁城："上海吴市长：江西电悉。"[53]蒋介石的复电，可以理解为对上海市政府所做应对处置的认可，但对于法院对杜重远的起诉审判、南京中央当局如何应对日方的要求，蒋介石未作任何表态。

7月9日，吴铁城致电蒋介石，报告该日上海租界特区高二分院开庭审讯杜重远和判决结果："关于《新生》周刊案办理经过，迭经呈报在案。本日特区高二分院开庭审讯，判决该周刊负责人杜重远处徒刑一年零两个月，当即执行。"这份电报于7月10日送达成都行营，12日蒋介石复电吴铁城："上海吴市长：青电悉。"[54]

除7月3日和9日两电之外，蒋介石还收到了吴铁城关于《新生》周刊事件对日交涉记录稿等文件，主要有：7月5日，吴铁城寄出7月2日与石射总领事谈话记录稿（共11页），并附寄上海日本人散发的传单译文，内中鼓吹"帝国陆海军人"和"上海全体日侨""速起"，"打倒暴戾的南京政府""扫灭恶虐之国民党"。[55] 7月6日，吴铁城寄出《新生周刊案始末纪录》（共10页），共收入6月22日至7月1日的大事10件。7月11日，这两份文件由行营秘书长杨永泰呈报蒋介石。[56] 同日，吴铁城寄出7月9日与石射总领事谈话记录稿（共6页），该稿于7月15日呈报蒋介石。[57]

总体来看，蒋介石通过吴铁城发来的电报和数份记录稿等文件，不仅得以较及时地获知《新生》周刊事件的演变情况，而且较全面地掌握了日方提出的种种要求，尤其是日方对国民党中央的施压情况。蒋介石对吴铁城的复电虽然文句简短，但体现了对上海市政府应对措施的肯定。

继戴笠和吴铁城先后发来关于日本方面正向国民党中央进行交涉的报告之后，蒋介石几乎同时收到了叶楚伧和孔祥熙的急电。这些电文使蒋介石进一步意识到《新生》周刊事件的严重性和处置的急迫性。

7月6日，蒋介石收到了当日叶楚伧自南京发来的急电：

> 沪新生周刊载日皇等于傀儡一文，引起严重交涉，且强谓中宣会失察责任，几经往还，结果如由楚以个人名义向有吉直接书面道歉，事即可了，而中央同志意志不一致，楚不敢径行。惟默察事状，如再拖延一二日，势必扩大，楚愿

对日委屈，对党引咎，实不敢因是使整个党部受更严重之压迫。拟即函有吉，以免滋生后患。临电惶迫，敬乞鉴及后即刻电示可否。再此事季宽亦知大概，可备垂询。[58]

与上述戴笠、吴铁城的来电只是报告事态状况不同，叶楚伧的这份电文不仅证实日方向中方施压的矛头正集中于国民党中央，且表明因在南京的"中央同志意志不一致"，以至于无法做出决断，从而使整个事件的发展可能失控，需要蒋就是否由叶本人出面向日方道歉一事，立即做出明确指示。对此，蒋介石当日即复电："中央党部叶秘书长：鱼申电悉。以个人名义书面道歉，只可委屈了事，不必拖延为是。"[59]

这是整个《新生》周刊事件期间，蒋介石就应如何对日交涉做出的唯一的明确表态，而且是在收到叶楚伧的告急电文之后。当时"何梅协定"交涉进入最后时刻，国民党当局无法承受《新生》周刊案继续延宕可能带来的严重后果。加上此前在收到汪精卫因病告假的电文之后，蒋介石于1935年7月1日曾电慰汪精卫，称"医治情形盼随时电示"[60]，所以于情于理，蒋都必须立即给叶楚伧一个确定的回复。进而言之，蒋对叶楚伧的这一表态并非偶然。就在一周前的6月29日，蒋介石曾致电叶楚伧并转何应钦，于中政会及国防会议开会时传示对日决策三原则："（一）为保持我国家民族人格于最后，宁在事实上为不得已之退却，但绝不可以中枢或代表中枢之名义，有任何之书面承诺。（二）在不妨碍我国家独立之范围内，如以正常方式与我讲求国交之解决，我故不妨与之折冲；但如损及我历来根本之立场，断绝我他日复兴之命脉,则任令如何威胁,不能退让丝毫。(三)以上述两点为因应事变之限度,逾此限度以上,即勿辞最后之牺牲;在此限度以下,务当尽力斡旋,始终忍耐,以减少一切之枝节。"[61]在蒋看来,叶楚伧就《新生》周刊事件"以个人名义"向日方"道歉",显然不涉及违背以上原则,而是属于"不得已之退却",应"尽力斡旋,始终忍耐,以减少一切之枝节"。值得注意的是,尽管7月4日国民党中常会会议已经同意由叶楚伧代表中央党部向日方道歉,但叶仍然认为必须明确知悉蒋介石的态度。正是在收到蒋的回复电文后,叶楚伧才回复日方,包括7月7日通过唐有壬向日方提交道歉函及嗣后叶对报界发表的相应谈话,均表明国民党中央当局接受了日方围绕《新生》周刊事件正式提出的要求。

此外,7月7日,蒋介石收到了时在上海的孔祥熙于7月6日发来的急电:

> 新生周刊事件,有吉大使已向外部提出说帖,顷据岳军、铁城言,沪市日侨对其当局主张尚表不满,今日日方报纸亦载日使领馆虽向侨民声明,主张保持稳健态度,而日民团及各路联合会开会,主张极为激烈,竟拟以兄及精卫出面道歉及解散中央党部为条件。又载武官室所发谈话,谓正用外交手段解决,深信能达圆满目的等语。似此情形久延不决,必致夜长梦多,另起纠纷。除已电告楚伧兄及外部徐、唐两次长对日使说帖迅为办理外,特电密陈。[62]

对于孔祥熙的这份来电,蒋介石也只是于次日简单回复:

"孔部长庸之兄勋鉴：鱼一沪处电敬悉。"[63]孔祥熙报告了日方可能以蒋介石、汪精卫出面道歉和解散国民党中央党部为解决事件的条件，认为叶楚伧和外交部当局应当"迅为办理"，表达了对于《新生》周刊案交涉"久延不决"的深切担忧。在蒋介石看来，这些要求虽然激烈，还只是停留于日侨和在华日本武官的层面，而不是已向国民政府正式提出，且叶楚伧将代表国民党中央向日方致歉，中方可以静观其变。

孔祥熙在电文中所体现的担忧，虽然是由《新生》周刊事件而发，但实际上隐含了其对多时以来国民党当局在中日关系危机应对处置中屡屡被动失措的不满。而有这种担忧和不满者，在国民党上层不乏其人。7月25日，就在中日围绕《新生》周刊事件的交涉告一段落之后，蒋介石收到了时任江苏省政府主席陈果夫转来的齐世英的电文。齐世英向蒋报告了受吴铁城邀请赴沪说服杜重远出庭受审并接受判决的大致经过，接着指出："职默察此案，彼方虽有要求，而我外交及地方当局委曲求全，为图速了，以我让步愈多，彼要求愈烈。近来每有交涉，外交当局为息事计，则委诸地方，地方为自了计，则尽量让步，此后交涉之事，随时可有，不可不预筹改计，否则每有零碎要求，损伤纪重，必致以外交之压迫，益增内政之窘迫，我方有不胜其用者心。所谓危不敢不据实以陈，应否趋蓉面谒，伫候复示。"陈果夫在转述齐世英上述电文之后，向蒋介石提议："齐同志对日外交颇有许多意见要求，如钧座有暇最好约其来蓉一谈。"而蒋介石在收到该电稿的次日回复陈果夫："现无暇，请暂勿约齐君。"[64]

虽然蒋介石可以推却齐世英当面陈述有关对日外交意见的请

求,但却无法阻止决策体制内诸多人士就国民党中央当局对《新生》周刊事件的处置表达强烈不满。7月17日,在中政会会议讨论业经中常会会议通过的图书杂志审查取缔标准时,虽然叶楚伧表示该标准稿可以直接交法制组审查,但随后的发言大多持异议。如有人提出:"本案因对日问题而请另订标准,须根本考虑一下。譬如新生周刊事,要找同样足资借口之点,是随处都有的,取缔也取缔不了。""什么是排日、反日、抗日?最好请外交部去向日本总领事问个清白,否则我们是没有办法的。""日本人所提出的,都是说有伤情感或所谓有刺激性的图书文字,要求取缔。但是我们知道,这种情形是随处都有的。"与会者尤其严厉批评当政者对日一味妥协退让的政策,并进行了反思。如马超俊表示:"我们如为求中国复兴,而任人家要求取缔出版品,国家非亡不可。"中央民众训练部委员纪亮指出:"日本教科书上排华的话,报纸上攻我们领袖的话,外交部为什么不提交涉?华北形势严重,请了一班汉奸来缓和空气,但能敷衍到几时?国民党不能救国,不能救自己,试问到底是做什么的?"立法委员、立法院军事委员会委员长陈肇英认为:"现在日本向外交部提出种种要求,但日本报纸诋毁我政府领袖之言论,为什么不向日本提出抗议?本党负国家重任,各委员应对此事研究一下,根本想一办法。"中央组织委员会副主任委员谷正纲说得更明确:"现在一切事情不能适当解决,就因为根本态度没有解决,所以见到日本人就叩头叫祖宗,但究竟退让到什么地步?最低限度、图存的条件总须保存的。所以希望中央确立根本态度,决定根本办法,否则执行者为图苟安一时,什么要求都照办了,民族精神丧失了,将来一切便都完了。"与会者甚至指名提到蒋介石等高层的失职所在："前数星期，大家曾请各中央常务委员和蒋先生一起商定国策，但到现在没有下文，我们以后又怎样办？""五院院长都不在京，主席在庐山避暑，成了无政府状态，大家逍遥事外。我们为子孙计，似乎也应该请中央负责领袖注意目前的时局"。[65]可能是因为此次会议没有或无法通过相应的决议，一周后的中政会会议上，批评矛头直指国民党的决策层。如与会者借杜月笙等电请蒋介石回京坐镇和上海外报关于南京为空城计的批评，指出实际情况更糟，是"空城无计"，"局面实在太危险了，政治会议为最高决议机关，大家对于此种情况，应加以研究。若长此以往，良心上也说不过去"。"中央要是能够负责，就要有一个办法，否则宁可自己滚蛋！现在大家都在期待着办法的决定了，到了无法可想时，恐怕我们的同志，也压不住了"。"汪先生任行政院长后，谓为责任内阁，但现在究竟有没有人负责任？数年以来，国难日重，中央到底有没有计划挽救？"甚至指出："中央常务委员，于开会时不到，须另选委员递补，党才有办法。政治会议不行使职权，就没有权，要行使职权就有权了。"[66]值得注意的是，正是在日方就《新生》周刊事件不断向国民党中央当局威逼施压的时候，汪精卫称病告假，蒋介石更是已离开南京数月且返期无定。[67]这次会议不仅对不在南京的蒋介石、汪精卫点名批评，更明确提出中常会、中政会议而不决和无人担责，导致延误了对日关系上"国策"与"根本办法"的制定。至此，围绕《新生》周刊事件的中日交涉虽得以解决，但在步步进逼的日本侵略势力面前，不仅国民党高层在对日政策上的分歧愈加外化，而且国民党中央决策体制也无法正常运作了。

结语

应当指出，自1935年初以来，国民党中央在涉日问题上颇为谨慎，为了避免发生全局性重大危机，一方面在有关交涉中"始终忍耐"，不惜做出"不得已之退却"，以冀把风险限制在地方和局部领域，另一方面则严控和打压所谓"排日运动"，营造所谓的"敦睦"氛围。如蒋介石在1月31日的日记中写道："排倭之言行应设法自动取缔，毋使其借口。"[68] 2月1日，蒋介石更公开向中央社记者谈道："中国人民因迭受刺激，发生一部分反日运动，政府曾不断予以合理的弭止。""中国过去反日之感情，与日本对华激烈之态度，皆应共同改正，方为敦友睦邻之道。我全国同胞亦当以堂堂正正之态度，与理智道义之指示，制裁一时冲动及反日行为，以示信谊"。[69] 2月6日，国民党中央政治会议经过"激烈之辩论"，通过了"对于抵制日货及反日团体应停止其活动"之提案。[70] 2月20日，汪精卫在国民党中央政治会议上报告外交，宣称："中国愿意与任何友邦保持友谊与和平，中日两国所发生的纠纷，可用诚意来解决。"[71] 从5月初起，日本挑起轰动中外的华北危机，国民党当局在相关交涉中接连妥协让步，另于6月10日由国民政府发布"睦邻敦交令"，称"凡我国民，对于友邦，务敦睦谊，不得有排斥及挑拨恶感之言论行为，尤不得以此目的组织任何团体以妨国交。……如有违背，定予严惩"。[72] 在国民党当局看来，《新生》周刊事件缘起于一份并不起眼的刊物上的一篇短文，与1933年的塘沽停战谈判和当年正在进行中的华北事变交涉相比，其对中日关系带来的冲击，理应会小得多。但在日方的不断威逼之下，不仅天津、上海等地方当局疲于应对，更使得国民政府外交部乃至国民党中央党部都不得不成为日本驻华使领官员的直接交涉对象，反复承受无理责难却应对失据。尤其应当指出，该事件在日方的高压之下，由国民党中央党部的代表公开道歉并重申对日"敦睦"政策而收场。这也是自1931年九一八事变爆发之后历次涉日危机所仅见，表明中日矛盾已从局部和具体领域，延烧至国民党统治的合法性与中央党部的存废。这不仅是国民党涉日危机应对的一次重大失败，而且在对日关系的折冲交涉中，国民党中央已然失去了特定区域、领域和地方层级等方面的屏护，必须直面日本侵略者变本加厉的压力，对日关系中的全面性危机随时可能爆发。

《新生》周刊事件不仅加剧了民族生存危机，在更大范围内加速了民族觉醒，促成抗日救亡共识的集聚，也进一步暴露了国民党对日妥协让步政策误国害民，终将危及其自身统治。国民党的对日决策体制运作低效甚至一度停摆，这引起国民党高层的普遍拷问与深层次反思，从而预示着即将到来的国民党对日政策的重大调整，以及中央决策体制向战时体制的转变，虽然这方面的调整和转变还有一个过程，存在着曲折性和复杂性。

注释

1 李义彬主编:《中国新民主主义革命史长编 从内战到抗战（1935—1937）》,上海人民出版社1995年版,第一章"华北事变";周天度等:《中华民国史》第8卷（1932—1937）,中华书局2011年版,第五章"华北事变和国民政府的对策";杨奎松:《中国近代通史》第8卷,"内战与危机"（1927—1937）,江苏人民出版社2007年版,第八章"华北事变与救亡运动的兴起";黄道炫、王希亮:《中国抗日战争史》第1卷,"局部抗战",社会科学文献出版社2019年版,第五章"华北事变与中日关系的变化";李君山:《全面抗战前的中日关系（1931—1936）》,台北,文津出版社有限公司2010年版,第八章"华北自治运动"。

2 1935年5月4日,东北籍实业家杜重远在上海创办发行的《新生》周刊刊登署名"易水"的文章《闲话皇帝》。日本方面因其中有"日本的天皇,是一个生物学家,对于做皇帝,因为世袭的关系,他不得不做。一切的事,虽也奉天皇的名义而行,其实早做不得主"等文字,迫使中方做出处罚和惩办当事者及其他重大让步,有关交涉和处置持续至当年7月中旬。

3 钱俊瑞:《新生事件与卓越民主战士杜重远》,《人民日报》,1985年6月16日,第5版;金冲及:《杜重远与〈新生〉周刊》,《历史研究》2000年第5期;冯春龙:《略论杜重远与新生周刊》,《求索》2004年第11期;《杜重远》,中国中共党史人物研究会编:《中共党史人物传》第38卷,中国人民大学出版社2017年版。

4 参见韩信夫、姜克夫主编:《中华民国史大事记》第7卷（1934—1936）,中华书局2011年版;张篷舟主编:《近五十年中国与日本》第2卷（1935—1937）,四川人民出版社1985年版。

5 《在天津川越总领事より広田外务大臣宛（电报）》（1935年6月19日）、《别电六月二十日发在天津川越总领事より広田外务大臣宛第164号》（1935年6月20日）、外务省编纂《日本外交文书》（昭和期Ⅱ第1部）第4卷上、外务省、2006年、264页。

6 《広田外务大臣より在天津川越总领事宛（电报）》（1935年6月21

日)、《日本外交文书》(昭和期Ⅱ第1部)第4卷上、264页。

7　《在天津川越总领事より広田外务大臣宛(电报)》(1935年6月28日)、《日本外交文书》(昭和期Ⅱ第1部)第4卷上、266页。据当年在华的日本记者松本重治回忆:"经川越(茂)总领事与天津市长商震十余日的交涉,最后中方答应日方条件,责令《大报》停刊,对社长及负责人进行处罚,并且对将来作出了保证。整个事件基本上算是得到了解决。"参见松本重治著,曹振威等译:《上海时代》,上海书店出版社2005年版,第223—224页。

8　《広田外务大臣より在上海石射总领事宛(电报)》(1935年6月21日)、《日本外交文书》(昭和期Ⅱ第1部)第4卷上、263—264页。

9　《在上海石射总领事より広田外务大臣宛(电报)》(1935年6月21日)、《日本外交文书》(昭和期Ⅱ第1部)第4卷上、264—265页;松本重治:《上海时代》,第324页。

10　《在上海石射总领事より広田外务大臣宛(电报)》(1935年6月24日)、《日本外交文书》(昭和期Ⅱ第1部)第4卷上、265—266页;《上海新生周刊不敬记事事件》、军令部《支那特报》第14号、1935年7月17日、4—5页、日本防卫厅防卫研究所藏;《吴铁城函杨永泰转呈蒋中正新生周刊案始末纪录》(1935年7月6日),台北,"国史馆"藏,"蒋中正总统"文物档案,002-080200-00236-061,第3—5页。

11　松本重治:《上海时代》,第324页;《上海新生周刊不敬记事事件》、军令部《支那特报》第14号、1935年7月17日、5页、日本防卫厅防卫研究所藏。

12　《吴铁城函杨永泰转呈蒋中正新生周刊案始末纪录》(1935年7月6日),台北,"国史馆"藏,"蒋中正总统"文物档案,002-080200-00236-061,第8—9页。

13　沈云龙、林泉、林忠胜访问,林忠胜记录:《齐世英先生访问记录》,台北,"中研院"近代史研究所1990年版,第198页。

14　《上海新生周刊不敬记事事件》、军令部《支那特报》第14号、1935年7月17日、第14页、日本防卫厅防卫研究所藏。

15　《吴铁城函杨永泰检送接见石射猪太郎对新生周刊案谈话纪录》

(1935年7月3日),台北,"国史馆"藏,"蒋中正总统"文物档案,002-080200-00235-062,第3—13页。

16 《吴铁城函杨永泰转呈蒋中正新生周刊案始末纪录》(1935年7月6日),台北,"国史馆"藏,"蒋中正总统"文物档案,002-080200-00236-061,第8—10、13页。

17 《吴铁城函杨永泰检送接见石射猪太郎对新生周刊案谈话纪录》(1935年7月3日),台北,"国史馆"藏,"蒋中正总统"文物档案,002-080200-00235-062,第3—13页。

18 《吴铁城函杨永泰抄呈与日本总领事石射猪太郎接洽新生周刊事谈话纪录》(1935年7月11日),台北,"国史馆"藏,"蒋中正总统"文物档案,002-080200-00237-069,第2—7页。

19 《上海新生周刊不敬记事事件》、军令部《支那特报》第14号、1935年7月17日、6—8页、日本防卫厅防卫研究所藏;《编注》《日本外交文书》(昭和期Ⅱ第 1 部)第4卷上、267—268页。

20 日本自承认南京国民政府之后,其公使便常驻于上海,公使馆与上海总领事馆位于虹口的同一栋建筑。有吉明公使任内中日关系升格为大使级,有吉为第一任驻华大使,其寓邸仍在上海。参见石射猪太郎《外交官の一生——对中国外交の回想》、太平出版社、1973年、185页。

21 韩信夫、姜克夫主编:《中华民国史大事记》第7卷(1934—1936),1935年7月2日条,第4921页。

22 《在中国有吉大使より广田外务大臣宛(电报)》(1935年7月2日)、《日本外交文书》(昭和期Ⅱ第 1 部)第4卷上、266—268页。

23 朱汇森主编:《中华民国史事纪要》(1935年7至10月),台北,"国史馆"1990年版,第63页;《上海新生周刊不敬记事事件》、军令部《支那特报》第14号、1935年7月17日、8页、日本防卫厅防卫研究所藏。

24 朱汇森主编:《中华民国史事纪要》(1935年7至10月),第63—64页。

25 《中国国民党中央执行委员会政治会议第464次会议速纪录》(1935年7月3日),台北,中国国民党文化传播委员会党史馆藏,中央政治会议速纪录，00.1－144。

26 《王子壮日记》第2册，1935年7月4日，台北，中研院近代史研究所2001年版，第374－375页。

27 《编注》《日本外交文书》（昭和期Ⅱ第1部）第4卷上、267－268页。

28 《上海新生周刊不敬记事事件》、军令部《支那特报》第14号、1935年7月17日、9页、日本防卫厅防卫研究所藏。

29 《在南京须磨総領事より広田外务大臣宛（电报）》（1935年7月5日）、《日本外交文书》（昭和期Ⅱ第1部）第4卷上、268页。

30 《在南京须磨総領事より広田外务大臣宛（电报）》（1935年7月6日）、《日本外交文书》（昭和期Ⅱ第1部）第4卷上、269－270页。

31 《在南京须磨総領事より広田外务大臣宛（电报）》（1935年7月7日）、《日本外交文书》（昭和期Ⅱ第1部）第4卷上、270－271页；《上海新生周刊不敬记事事件》、军令部《支那特报》第14号、1935年7月17日、9－10页、日本防卫厅防卫研究所藏。叶楚伧致有吉函大意为：发生上海《新生》周刊对贵国天皇的"不敬"事件，与此相关，上海图书杂志审查委员会审查主任朱子爽、秘书项德言、审查委员张增益等将免职，该委员会将改组，另将通知各级党部，以后严防发生同样事件，特此致歉。

32 《上海新生周刊不敬记事事件》、军令部《支那特报》第14号、1935年7月17日、9页、日本防卫厅防卫研究所藏。

33 《王子壮日记》第2册，1935年7月7日，第376－377页。

34 参见《中国国民党中央执行委员会政治会议第461次会议速纪录》（1935年6月12日）、《中国国民党中央执行委员会政治会议第37次临时会议速纪录》（1935年6月13日）、《中国国民党中央执行委员会政治会议第462次会议速纪录》（1935年6月19日）、《中国国民党中央执行委员会政治会议第463次会议速纪录》（1935年6月26日），台北，中国国民党文化传播委员会党史馆藏，中央政治会议速纪录，00.1－144。

35 《汪兆铭致蒋中正卅电》（1935年7月1日到），《文电登记表》（1935年7—8月），台北，"国史馆"藏，总统府机要室档案,002-110601-00078;《汪兆铭致孔祥熙卅电》(1935年6月30日),美国斯坦福大学胡佛研究院档案馆藏,孔祥熙档案,BOX4.9,REEL5。

36　《王子壮日记》第2册,1935年7月8日,第377页。

37　《中宣会电令注意言论 叶楚伧谈新生周刊案处理经过》,《申报》,1935年7月8日,第3版。

38　韩信夫、姜克夫主编:《中华民国史大事记》第7卷(1934—1936),1935年7月12日条,第4924页。

39　《内政部应驻华日使要求停售〈国难挂图〉致行政院呈》(1935年7月8日),中国第二历史档案馆编:《中华民国史档案资料汇编》第5辑第1编,"文化"(1),江苏古籍出版社1994年版,第245-246页。

40　《上海新生周刊不敬记事事件》、军令部《支那特报》第14号、1935年7月17日、12页、日本防卫厅防卫研究所藏;松本重治:《上海时代》,第227页。

41　《叶楚伧谈话 新生周刊案可告结束》,《申报》,1935年7月10日,第10版。

42　《上海新生周刊不敬记事事件》、军令部《支那特报》第14号、1935年7月17日、11页、日本防卫厅防卫研究所藏。

43　《唐有壬谈新生案》,南京《中央日报》,1935年7月12日,第3版。

44　《王子壮日记》第2册,1935年7月4日,第375页。

45　《中国国民党中央执行委员会第179次常务会议速纪录》(1935年7月11日),台北,中国国民党文化传播委员会党史馆藏,第四届中央常务委员会第172次至第187次会议速纪录,4.3-15。

46　《中国国民党中央执行委员会政治会议函国民政府为内政部呈拟修正出版法及原则草案经本会决议通过交立法院审议函达查照转饬遵照办理》(1935年7月11日),台北,"国史馆"藏,国民政府档案,001-012162-00001-008,第1-2页。

47　《立法院长孙科呈国民政府主席林森为本院通过修正出版法请鉴核公布施行》(1935年8月1日),台北,"国史馆"藏,国民政府档案,001-012162-00001-015,第9、17页。

48　例如，1935年7月1—2日，委员长行营共收到93份各方来电。参见《文电登记表》(1935年7月—8月)，台北，"国史馆"藏，总统府机要室档案，002-110601-00078。

49　《戴笠电呈军事委员会委员长蒋中正为上海新生周刊登载闲话皇帝一文后日方反应与要求》(1935年7月2日)，台北，"国史馆"藏，国民政府档案，001-070550-00007-009，第2页。

50　《戴笠电蒋中正日方对袁殊案采不侵态度并取缔馆员再发表意见及新生事件有吉明谅解叶楚伧意见军部希望解散上海市党部要求不再坚持等情》(1935年7月9日)，台北，"国史馆"藏，"蒋中正总统"文物档案，002-080200-00237-086，第2-3页。

51　《戴笠电蒋中正立委董其政等对新生事件法院判决主编杜重远徒刑不满聘律师向法院声请上诉等》(1935年7月17日)，台北，"国史馆"藏，"蒋中正总统"文物档案，002-080200-00239-035，第2页。

52　《吴铁城电蒋中正新生周刊发表闲话皇帝一文自动处理经过情形及蒋中正复电知悉》(1935年7月4日)，台北，"国史馆"藏，"蒋中正总统"文物档案，002-080200-00235-094，第2-3页。

53　《吴铁城电蒋中正新生周刊发表闲话皇帝一文自动处理经过情形及蒋中正复电知悉》(1935年7月4日)，台北，"国史馆"藏，"蒋中正总统"文物档案，002-080200-00235-094，第4页。

54　《蔡劲军电杨永泰呈蒋中正特区法院开新生周刊事件第二次庭讯杜重远被判处十四个月后有少数中国青年当庭散发反动传单当经制止及蒋中正复电知悉》(1935年7月9日)，台北，"国史馆"藏，"蒋中正总统"文物档案，002-080200-00237-017，第4-5页。

55　《吴铁城等呈蒋中正与日本驻上海总领事石射猪太郎会谈新生周刊案谈话纪录并附日传单译文等文电日报表等二则》(1935年7月11日)，台北，"国史馆"藏，"蒋中正总统"文物档案，002-080200-00455-144，第1-2页。

56　《吴铁城函杨永泰转呈蒋中正新生周刊案始末纪录》(1935年7月6日)，台北，"国史馆"藏，"蒋中正总统"文物档案，002-080200-00236-061，第3-12页。

57 《吴铁城函杨永泰抄呈与日本总领事石射猪太郎接洽新生周刊事谈话纪录》(1935年7月11日)，台北，"国史馆"藏，"蒋中正总统"文物档案，002-080200-00237-069，第1-2页。

58 《叶楚伧电蒋中正沪新生周刊载日皇等于傀儡一文如以个人名义向日道歉可了事但中央同志意志不一不敢迳行及蒋中正复电只可委曲了事不必拖延》(1935年7月6日)，台北，"国史馆"藏，"蒋中正总统"文物档案，002-080200-00236-048，第2页。

59 《叶楚伧电蒋中正沪新生周刊载日皇等于傀儡一文如以个人名义向日道歉可了事但中央同志意志不一不敢迳行及蒋中正复电只可委曲了事不必拖延》(1935年7月6日)，台北，"国史馆"藏，"蒋中正总统"文物档案，002-080200-00236-048，第1页。

60 《蒋中正复汪兆铭东申秘蓉电》(1935年7月1日)，《文电登记表》(1935年7月—8月)，台北，"国史馆"藏，总统府机要室档案，002-110601-00078。

61 吕芳上主编：《蒋中正先生年谱长编》第4册，台北，"国史馆"2014年版，第645页。

62 《孔祥熙电蒋中正新生周刊事件有吉明向外交部提出说帖日民团等主张由蒋中正汪兆铭道歉已饬叶楚伧徐谟唐有壬速办理及蒋中正复电知悉》(1935年7月6日)，台北，"国史馆"藏，"蒋中正总统"文物档案，002-080200-00236-082，第1页。

63 《孔祥熙电蒋中正新生周刊事件有吉明向外交部提出说帖日民团等主张由蒋中正汪兆铭道歉已饬叶楚伧徐谟唐有壬速办理及蒋中正复电知悉》(1935年7月6日)，台北，"国史馆"藏，"蒋中正总统"文物档案，002-080200-00236-082，第3页。

64 《陈果夫电蒋中正与日交涉新生周刊事件请可否准齐世英趋成都面谒请示对日外交意见及蒋中正复电现无暇请暂勿约》(1935年7月18日)，台北，"国史馆"藏，"蒋中正总统"文物档案，002-080200-00240-029，第2-4页。

65 《中国国民党中政会第465次会议速纪录》(1935年7月10日)，台北，中国国民党文化传播委员会党史馆藏，中央政治会议速纪录，00.1-144。

66　《中国国民党中政会第467次会议速纪录》(1935年7月24日),台北,中国国民党文化传播委员会党史馆藏,中央政治会议速纪录,00.1-144。

67　蒋介石于1935年2月2日离开南京,先在九江、武汉等地逗留,于3月2日抵达重庆,以后长驻成都行营,期间曾短暂访视贵州、云南,直到8月19日才回到南京。

68　《蒋介石日记》(手稿),1935年1月31日,美国斯坦福大学胡佛研究院档案馆藏。

69　韩信夫、姜克夫主编:《中华民国史大事记》第7卷(1934—1936),1935年2月1日条,第4831页。

70　《王子壮日记》第2册,1935年2月7日,第226-227页。

71　韩信夫、姜克夫主编:《中华民国史大事记》第7卷(1934—1936),1935年2月20日条,第4841页。

72　韩信夫、姜克夫主编:《中华民国史大事记》第7卷(1934—1936),1935年6月10日条,第4906页。

1927年国共关系破裂前后斯大林对中共革命方针影响的几个问题

杨奎松

1953年生,中国社会科学院近代史研究所学术委员、北京大学历史学系兼职教授、华东师范大学教授及终身教授、中共党史研究会常务理事、华东师范大学国际冷战史研究中心副主任。

Yang Kuisong

斯大林在20世纪人类历史上无疑是一个极具争议的人物，对于中国现代历史来说就更是如此。对在国共斗争中败走台湾的国民党就不用说了，蒋介石1950年代那本《苏俄在中国》道尽了国民党及其统治被斯大林"渗透和颠覆"阴谋所害的点点滴滴。而按照《苏俄在中国》里的说法，完全是在斯大林支持下才夺取了大陆政权的中共，对斯大林当年的作用，也是肯定的少，批评、指责的多。其中就包括了中共在第一次国共合作中的失败和之后一系列武装暴动的失败。用传统中共党史的说法，这一切都和斯大林用于指导中国革命的"三阶段论"有关。

所谓"三阶段论"，就是斯大林依照俄国社会民主工党多数派在1905年革命、1917年二月革命和十月革命三次革命过程中，先后破裂了与资产阶级、小资产阶级党派的合作关系，最终通过工（农）兵苏维埃夺取政权的经验，认定当年的中国革命也经历着同样的过程。即先是与民族资产阶级合作，直至破裂关系；然后是与上层小资产阶级合作，直至破裂关系；最后则转入到工农"苏维埃"革命，亦即类似俄国1917年十月革命的阶段。

值得注意的是，传统中共党史虽然批评斯大林的"三阶段论"因为简单地拿俄国三次革命做类比，把中国民族资产阶级和上层小资产阶级等同于俄国革命的阶段性敌人，"是不符合中国革命实际的"，却它并不认为国民革命期间受莫斯科左右的中共对民族资产阶级和上层小资产阶级革命性的基本判断及其策略方针，是不符合中国革命实际的；认为莫斯科总是对代表民族资产阶级的蒋介石和代表上层小资产阶级的汪精卫"抱有不切实际的期望"，使得中共党内出现了"以陈独秀为代表的右倾机会主义"。正是它们共同的"妥协退让"政策,最终导致了整个大革命的失败。与此相反,传统中共党史认为,1927年国共关系破裂后,斯大林的"三阶段论"才变成了"'左'倾错误理论",催生出了以共产国际代表罗明纳兹和中共临时中央为代表的,严重脱离中国革命实际的"左"倾盲动主义的暴动政策,使中国革命再度遭受了惨重的损失。

然而,仅就形式逻辑而言,这个"左"得不能再"左"的"三阶段论",从第一颗纽扣起就系错了,怎么能说只是系错了第三颗纽扣呢?更不用说,如果其理论指导下前两个阶段都导致了右倾,何以第三阶段却会导致"左"倾呢?实际上,不少共产国际与中共关系史的研究者都能注意到,斯大林1927年4月初步提出其"三阶段论"前后,就接连犯"妥协退让"的错误,不仅对蒋或汪会"抱有不切实际的期望",还严令中共"务必千方百计避免与上海国民军及其长官发生冲突","暂不进行公开作战","万不得已时将武器藏起来"。再进一步联系到国共两党关系全面破裂,按照"三阶段论",理应迈入第三阶段,开始实行俄国十月革命式的苏维埃夺权革命时,斯大林却反对揭旗"苏维埃",下令要先打出"左派国民党"的旗号。包括对苏联驻华军事总顾问加伦和共产国际代表罗明纳兹提议的,策动国民党左派军队在南昌起义的计划,他也表现得犹豫不决。同样,对于之后的广州暴动,斯大林的态度也同样是耐人寻味,且前后反复的。

这种种情况都说明,我们恐怕很难简单地根据斯大林的这个"三阶段论",就认定国共关系破裂后,罗明纳兹和中共中央就是秉承斯大林的这一"错误理论",提出并制定"左"倾盲动主义暴动政策的，更不能武断地认为斯大林本人就是这一时期罗明纳兹和中共中央"左"倾盲动主义的幕后推手。

为了能够弄清楚斯大林在中共南昌起义到广州暴动期间，究竟多大程度上左右了中共的形势判断和暴动政策的制定，本文不能不在前人研究的基础上，略就几个具体的史实问题再做一些辨析和考证。

斯大林为什么坚持要打国民党的旗号？

还在1926年，联共（布）党内围绕着共产党应不应该退出国民党的问题，就发生了严重分歧。1927年随着北伐战争的进展，工农运动兴起，和军队之间频发冲突，以托洛茨基、拉狄克和季诺维也夫为代表的党内反对派，就已经断言国民党急剧右转不可避免了。当1927年3月下旬苏联舆论对蒋介石的军队占领上海一事欣欣鼓舞之际，托洛茨基不仅再度提出共产党必须马上退出国民党，"一天也不应该再拖延"，而且直接写信给联共（布）中央政治局，提出：在现阶段，必须马上在占领区域内建立无产者、士兵、贫民代表苏维埃，以保证共产党的充分独立性并准备应对"中国波拿巴主义的危险"。[1]

对此，斯大林和联共（布）中央政治局委员，也是共产国际总书记的布哈林等，不仅无视，而且公开嘲笑了托洛茨基和拉狄克等人发出的危险警告。最著名的说法，就是斯大林在收到托洛茨基信后，于4月5日用公开讲话的方式所做的回应。他一再指名道姓地嘲笑在场的拉狄克，说他不明白国民党只是一个各阶级的联盟,类似一种革命议会,"事实上是共产党人在那里起领导作用","有人居然建议我们离开它"!国民党里确实有右派,"它不怎么好,可是毕竟有点用,也还听主人使唤",我们为什么不利用他们,"从他们身上能榨多少就榨多少,然后才将他们像榨干了的柠檬一样扔掉"呢?[2]

仅仅过了一周时间,蒋介石发动的"四一二"事变就打了斯大林的脸。斯大林马上将讲话稿和速记录稿封存起来了[3],但他并不认为之前的策略是错的。因为他并非不想在中国复制"苏维埃",问题在于,一旦中共退出国民党,揭旗"苏维埃",只会使国民党彻底摆脱共产党的影响,更容易全面右转,从而使苏联苦心经营多年的与国民政府的关系也全面破裂。

实际上,自苏俄建国后,列宁及其俄共(布)就大力输出成就了俄国十月革命的苏维埃革命模式。按照这一模式在德国和匈牙利发动的革命很快失败了,在波斯、土耳其等落后国家的尝试也无一成功。但列宁在1920年对此十分坚持,他宣称:"建立苏维埃组织这一思想,不仅可以应用于无产阶级的关系,而且可以应用农民的封建和半封建关系。"[4]因为相信苏维埃革命模式不仅适用于无产阶级革命,而且也适用于一切附属的和弱小的谋求独立的民族,因此凡加入共产国际的各国共产党,不论其所在社会发展程度如何,都必须要把实现苏维埃制度设定为党的革命目标之一。[5]1921年新成立的中国共产党自然也不例外,其第一次代表大会的党纲就明确规定:"本党承认苏维埃管理制度,把工人、农民和士兵组织起来""实行社会革命"。[6]

但是,"苏维埃革命"或"苏维埃运动",无论是俄国的"工人苏维埃",还是列宁认为可以应用于殖民地和落后国家的"农民苏维埃""劳动者苏维埃",都是指被压迫阶级的革命运动。而在与波斯和土耳其民族解放运动合作过程中两国共产党轻易被镇压的情况,使列宁清楚地了解到,在这些几乎不存在无产阶级的殖民地半殖民地国家,要"实行使一切民族解放运动和一切殖民地解放运动同苏维埃俄国结成最密切的联盟的政策",苏俄不仅难以向这些国家输出苏维埃革命形式,就连在这些国家扶植新生的共产党都需要十分的灵活和谨慎。因此,1923年1月在谋求与孙中山国民党结盟时,苏联全权特使越飞就不得不受命接受了孙中山的要求,公开承诺:"共产组织,甚至苏维埃制度,事实均不能引用于中国。"[7]正是在此基础上,苏联实现了与孙中山国民党的合作,而代价则是:中共只能以个人身份加入国民党并以国民党员的身份,为国民党做工作,并不能在中国宣传和组织任何形式的"苏维埃"。

从1922年底1923年初起,斯大林已经手或主管苏联与国民党合作事务,包括通过联共(布)中央政治局会议,干预共产国际在中国的工作了。越飞代表苏联政府向孙中山的承诺给国民党及其广州政府提供相应援助,以及苏联选派鲍罗廷出任孙中山顾问,乃至于给鲍罗廷"不要迷恋于在中国培植共产主义"的指令,都直接与斯大林的态度有关。因此,在斯大林之后主导苏联中国政策期间,亦即从苏联与国民党结盟、通过作为国民党人的中共党员在中国推动孙中山的国民革命的进程中,虽几经波澜,莫斯科都没有触碰过"苏维埃"这一话题。直到蒋介石领导的北伐军占领了上海,准备与受到苏联顾问鲍罗廷和中共控制的武汉国民党中央分道扬镳，托洛茨基等党内反对派公开斯大林的既定策略时，斯大林才不得不开始面对这一被搁置了几年的话题。

斯大林很清楚向外输出俄国式的"苏维埃革命"是列宁的"遗愿"之一，也相信"苏维埃革命"是俄国革命成功的经验所在。但即使是基于列宁主义的意识形态逻辑，他也坚持恪守列宁的革命阶段论。[8]从革命阶段论的观点出发，他突出强调俄国和中国处在完全不同的社会发展水平上，俄国的苏维埃之所以能够形成并发挥革命作用，根本原因是它是建立在相对强大且有组织的产业无产阶级的基础上；中国的无产阶级本身则还只是处于萌芽状态，中国革命的首要任务还是反对帝国主义和统一中国，资产阶级还起着更为重要的历史作用。在他看来，列宁之所以力主苏俄与孙中山国民党结盟，并坚持让处于萌芽状态的中共加入国民党，全力从事孙中山领导下的民族解放运动，根本原因也正在于中国革命与俄国革命所处革命阶段的这种不同性。当中国还处于"全民族联合战线的革命"阶段，资产阶级及其知识分子还是革命"最主要的动力之一"[9]的情况下，纵使代表着民族资产阶级的蒋介石背叛了革命，成了苏联支持的代表着小资产阶级的武汉左派政府的敌人，对照俄国革命的历史进程，斯大林依然相信中国革命的基本任务未变，至多也只是应该"把大部分大资产阶级排除在外"，但仍应努力让"中、小资产阶级，甚至在资产阶级的某些力量，也还能在一定时期内成为革命的同路人"。只要能够推动反蒋的武汉左派国民党人大力支持农民的土地革命，这个反蒋的武汉政府就一定会成为民主专政，不愁中国革命下一步不向更高阶段，也就是兼具土地革命和社会革命性质的苏维埃革命的阶段发展。[10]

从斯大林1927年5月间的几度讲话和文章中可以看出，他和托洛茨基的基本分歧，是对苏维埃革命适用性的认定。两人都相信苏维埃革命就其性质而言，应该是无产阶级领导的将资产阶级民主革命过渡到无产阶级社会革命的一种阶级斗争的组织方式。只是托洛茨基相信中国当下已经可以并且必须要在共产党领导下开始实行这种过渡了；斯大林则坚持中国革命的发展阶段还处在民族联合战线的反帝革命的阶段，还达不到要把整个资产阶级，特别是把小资产阶级上层及其知识分子都当成敌人的工农苏维埃革命阶段。[11]更何况，在斯大林看来，共产党退出国民党，就将失去对国民党及其政权的影响力，组建违反《孙文越飞宣言》并不受国民党控制的"苏维埃"，更会促使蒋介石走到与苏联关系破裂的方向去。这也正是为什么，注意到从蒋介石统率的北伐军不数月就推进到长江沿岸，大有统一中国的趋向后，斯大林便接二连三地告诫鲍罗廷、加仑等苏联顾问和中共中央：务必要注意缓和与蒋介石的关系，不要把事情发展到与蒋介石决裂的地步；务必要设法使工人的斗争具有组织性，避免过火行为和冒进行动，以便使中国的中小资产阶级尽可能留在统一战线内反对共同的敌人。即使在得知蒋介石已经在上海"发动政变"的消息后，联共（布）中央政治局的决定也是："在军队中进行拥护国民政府和上海政府、反对个人独裁和与帝国主义结盟的宣传"，"在群众中开始反对政变的运动"，但"暂不进行公开作战"，"万不得已将武器藏起来"，等等。[12]

当然，一边是来自党内反对派的激烈批评与指责，一边是国民党右翼和中派反对激进的工农运动的态度和做法越来越激烈，斯大林也不能不开始谈论如何把中国革命引向下一阶段革命的问题了。但开始时，比如1926年11月底谈论中国未来政权及前途问题，他只是笼统地强调：在中国"大体上将（形成）类似我们所说的1905年的那种政权"，并因此会走向"非资本主义前途"，小心地避免提到"苏维埃"这一概念。[13]等到托洛茨基把苏维埃问题提到每个政治局委员面前来后，他才不得不去直面这一问题："什么时候需要在中国成立工农代表苏维埃呢？"他的回答是：那是将来的事，需要"进一步展开工农革命运动和巩固工农群众组织"，需要"胜利的土地革命全面展开"。要等到"作为中国革命民粹派（国民党左派）和共产党的联盟的国民党开始衰落的时候"，要等到"资产阶级民主革命开始显露其坏的一面的时候"。他断言："这样的时机还没有来到。"[14]

值得注意的是，斯大林在公开场合看似气定神闲，实际上已经越来越沉不住气了。众所周知的"五月紧急指示"就是在这种心态下发出的。指示要求中共立即提出"没收土地的口号"，并强调要马上从广东（和湖南）开始发动农民实际没收土地，和实行"一切权力归农会和村委会"的革命措施，称"舍此便不可能开展土地革命"。它同时还要求"不得拖延"地"组建8个或10个由革命的农民和工人组成的、拥有绝对可靠的指挥人员的师团"，使之成为武汉政府"在前线和后方用来解除不可靠部队武装的近卫军"，等等。[15]

然而，蒋介石在南京另立中央后，形势恶化的速度还是大大超出了莫斯科领导层的想象。从来对中共不抱太多幻想的斯大林，不能不开始担心反蒋的武汉国民政府一旦瓦解甚至叛变了该怎么办？他颇为沮丧地表示："丧失武汉这个独立的中心就是丧失某个革命运动的中心，丧失工人自由集会的可能，丧失共产党公开存在的可能，丧失公开出版革命刊物的可能。一句话，丧失公开组织无产阶级和革命的可能"，这件事未必不会发生。为了尽可能延缓武汉国民党人背叛的时间，他甚至要求联共（布）中央政治局马上部分地满足武汉政府之前要求的贷款，因为他抱有一线希望，即："只要有所依靠，武汉就不会向南京无条件投降，钱就不会白花。"[16]

就在斯大林想出上述办法几天后，武汉政府所属第三十五军军长何键就公开发布了反共训令，其部下马上就开始在长沙、汉口等中心城市捣毁总工会机关并收缴工人纠察队武器了。消息传到莫斯科，斯大林终于明白一切已经来不及了。

7月8日，联共（布）中央政治局召集紧急会议，通过决议，要求中国共产党人退出武汉国民政府。但即便如此，斯大林还是不想立即就放弃争取左派国民党人中的大多数，特别是左派国民党的基层组织的可能性。因为只要还能存在一个"革命的国民党"，就能够继续维系"国共合作"，乃至"国（民党）苏（联）合作"的形式，从而使中共和莫斯科还能够在中国公开活动并发挥革命的领导作用。正是基于这一点，联共（布）中央政治局的指令一面要求共产党人退出政府，一面要求"共产党人必须留在国民党内，并在国民党的一切组织中和拥护它的群众中，为改变国民党的政策和改组其领导机关人员进行坚决的斗争。"[17]

斯大林对此一策略的解释是：虽然"武汉国民党领导集团转

入了反革命阵营,小资产阶级知识分子脱离了革命",但是"革命却把广大农民和城市贫民群众更紧密地团结在无产阶级的周围,从而奠定了无产阶级领导权的基础。"他以1917年4月布尔什维克内部曾经发生过的争论为例,指出:只是小资产阶级知识分子退出了革命阵营还不足以把建立苏维埃政权的口号变成直接行动的口号,因为"还必须有一个决定性的条件,就是使群众自己深信这个口号的正确性并给党以某种支持来实现这个口号。"[18]

而在7月9日私下给莫洛托夫和布哈林的信中,斯大林则表达了他这样做的另一层担心所在。他写道:现在退出国民政府和国民党并不能改善共产党的处境并使他们站稳脚跟,只会便于国民党屠杀共产党人,并造成党的分裂。"目前的中国共产党能否体面地摆脱这个新的时期(地下工作、逮捕、屠杀、枪决、自己队伍中的变节、挑拨离间等等),成为坚强的、经受过锻炼的党,而没有分化瓦解"呢?他认为这是不可能的。因为,第一,"在中国没有真正的共产党";第二,"(中共)中央没有一个能理解所发生的事件的内情(社会内情)的马克思主义头脑";第三,中共只经历过几年在联合战线掩护下半合法的斗争历练,"完全不适应新的土地革命阶段"。[19]

不难看出,莫斯科这时让中共退出国民政府而不得退出国民党,也是担心太过稚嫩和弱小的中共,无力承受这一严重的政治打击。一下子与过去所依靠的,拥有政权和军队的同盟者全面撕破脸,难免不会被对方打塌,长时间难以复起。因此,斯大林寄希望于保持与过去同盟者中间那些确有革命思想的左派国民党人的合作关系,特别是保持对国民党基层组织的影响力,不仅可以为共产党人争取到一些应变的时间,也能够为下一步迈上工农"苏维埃"革命阶段积聚起一定的实力。

正是基于上述种种复杂的考量,联共(布)中央政治局批准了共产国际新派驻中共中央的代表罗明纳兹和时任苏联军事总顾问的加仑联名提出的,以"中国国民党革命委员会"的名义发动南昌起义,然后南下广东创建革命根据地的计划。[20]斯大林并亲自致电新派到中国去的共产国际代表罗明纳兹,专门告诫说:目前在任何地方都不要组织苏维埃,"我们的具体口号是与共产党人一起重建革命的国民党和在这样的国民党周围组建可靠的军队,要尽一切努力使国民党革命化和民主化。只有当重建革命国民党的尝试明显无望和明显失败,而随着这种失败出现新的革命高潮时,只有在这种情况下才(可以)走上建立苏维埃的道路。"[21]

斯大林何时批准中共揭旗"苏维埃"?

有关斯大林批准中共放弃国民党的旗子,在中国实行工农兵苏维埃革命的时间问题,说法甚多,但有三种说法似乎各有史料上的依据。以下按时间排序略作介绍:

(1)1927年8月8日或8月9日[22]说。根据是斯大林8月8日给罗明纳兹和加仑两人的指示中有这样一句话:"如果不能争得国民党,而革命将走向高潮,那就必须提出苏维埃的口号并着手建立苏维埃。"[23]8月9日说还有另一种依据,即是说联共(布)和共产国际就批准中共放弃国民党的旗号,改揭苏维埃革命的旗帜,有一个"八月指示"。具体内容据说是布哈林8月9日在联共(布)中央委员会和中央监察委员会联席会议上的报告中的相关内容和会议8月10日就其报告通过的相关决议。[24]

（2）8月中旬说。根据是1927年8月20日毛泽东以中共湖南省委名义给中共中央信。内称："某同志（指共产国际代表马也尔）来湘,道及国际新训令,主张在中国立即实行工农兵苏维埃,闻之距跃三百。"毛表示："国民党旗子已成军阀的旗子……真不能打了,再打则必会再失败。""工农兵苏维埃完全与客观环境适合,我们此刻应有决心立即在粤、湘、鄂、赣四省建立工农兵政权。此政权既建设,必且迅速地取得全国的胜利。"[25]

（3）1927年9月中旬说。根据是中共中央临时政治局会议1927年9月19日通过的《关于"左派国民党"及苏维埃口号问题决议案》。内称："最近几月的经验（包括南昌军队中的暴动与两湖广东革命的农民暴动的爆发）指示出中央以前复兴左派国民党的估计不能实现……中央根据此点,所以认为八月决议案中关于左派国民党运动与在其旗帜下执行暴动的一条必须取消。"现在的任务,不仅要宣传苏维埃的思想,并且"在革命斗争新的高潮中","在那些中心的地方如广州、长沙等,当我们有决定的巩固的胜利的时候",就"应成立苏维埃"。[26]

但是,上述说法就具体史实而言,都有值得商榷之处。

说法（1）的误读是比较明显的。斯大林8月8日指示电、布哈林8月9日报告,以及联共(布)中央委员会和中央监察委员会联席会议8月10日的决议,都用的是虚拟语气："如果不能争得国民党"……"如果……不能把它变为工人和农民的最广泛的群众性组织……""如果共产党使国民党革命化的尝试不能成功……""那么就必须把建立苏维埃这个口号由宣传性的口号变成直接斗争的口号,并着手组织工人、农民和手工业者苏维埃"。而斯大林8月8日指示电中最关键的一句话,恰恰就是告诉罗明纳兹和加仑:"现在就开始宣传苏维埃"吧!"如果不能争得国民党,而革命将走向高潮,那就必须提出苏维埃的口号,并着手建立苏维埃"了。尤为明显的一点是,8月12日,因为注意到罗明纳兹"没有理解(8月8日)指示的意思",如前文已经提到过的那样,斯大林还再度去电叮嘱说:"我们没有建议成立苏维埃,我们只是讲宣传苏维埃的思想。我们的具体口号是与共产党人一起重建革命的国民党和在这样的国民党周围组建可靠的军队,要尽一切努力使国民党革命化和民主化。只有当重建革命国民党的尝试明显无望和明显失败,而随着这种失败出现新的革命高潮时,只有在这种情况下才走上建立苏维埃的道路。""现在无论在叶挺的军队里还是在农村,都不要建立苏维埃。"[27]

说法(2)只是毛泽东从共产国际巡视员马也尔那里听到的一种说法,既非共产国际的"新训令",更不是中共中央的新决定。有关这一点,中共中央8月23日给湖南省委的复信中讲得很清楚。信称:"中国现代仍然没有完成民权革命,仍然还在民权革命第二阶段。此时我们仍然要以国民党名义来赞助农工的民主政权……到了第三阶段才是消灭国民党实现苏维埃的时候,你们以为目前中国革命已进到第三阶段,可以抛去国民党的旗帜实现苏维埃的政权,以为中国客观上早已到了一九一七年了,这是不对的。"在这一点上,"国际电令也是如此的。"[28]

说法(3)应该是各种中共史书引用最多,也是普遍被认为是中共中央临时政治局依照共产国际来电指示,决议通过的揭旗苏维埃的正式文件。但令人奇怪的是,1927年9月29日斯大林曾专门致电罗明纳兹,询问他9月20日发去的"关于必须建立苏维埃的指示","为何没有告知收到该指示?"[29]此电透露出两个让人不解的问题:一是斯大林是在9月20日以共产国际执委会名义发出现在应该将"苏维埃"由宣传口号改变为行动方针的指示电的,算上5个小时时差,罗明纳兹和中共中央无论如何都不可能在19日就接到斯大林的电报,这也就意味着,罗明纳兹和中共中央19日的决定是自行做出的。二是罗明纳兹和中共中央9月19日自行做出改变革命方针的决定后,竟然在斯大林去电询问的29日之前,长达10天的时间都没有报告莫斯科!之后也没有看到罗明纳兹或中共中央有过这方面的回应和解释。这对于当时频繁地通过电报向莫斯科请示汇报的共产国际代表罗明纳兹和中共中央临时政治局来说,显然是不正常的。

为了弄清楚中共中央9月19日决议和斯大林9月20日指示电之间的关系问题,我们必须先对这两个文件略做一点字面上的比较对照。

先看斯大林9月20日指示电:"根据共产国际执委会指示和中央最近一次全会的决议可以得出,在左派国民党的思想确实遭到失败和存在新的革命高潮的情况下,有必要建立苏维埃。显然,在具备这些条件的情况下应当着手建立苏维埃。建立苏维埃和扩大苏维埃地区的时机,由共产国际执委会执行局和中共中央来决定,我们不清楚您的建立各省政府的计划,请告知这些政府将在什么旗帜下建立:是苏维埃还是国民党。"[30]

中共中央临时政治局9月19日会议"通过"的决议要点如下:(1)"最近几个月的经验……指示出中央以前复兴左派国民党的估计不能实现";(2)"土地革命的急剧的发展,已经使一切动摇犹豫的上层小资产阶级脱离革命的战线;彻底的民权革命——扫除封建制度的土地革命,已经不用国民党做自己的旗帜"了。(3)"中央根据此点,所以认为八月决议案中关于左派国民党运动与在其旗帜下执行暴动的一条必须取消。""现在的任务不仅宣传苏维埃的思想,并且在革命斗争新的高潮中应成立苏维埃"。(4)但"苏维埃的组织,首先应当在那些中心的地方,如广州、长沙等,当我们有决定的巩固的胜利的时候",才能成立;(5)"当这些中心地点还没有被革命暴动占据以前,在小县城里面要坚决地拒绝组织苏维埃","在小城市里的政权仍旧必须照中央原来的决议去组织(除去对国民党的左派问题),在农村中最近期间'一切政权属于农民协会'仍完全有效。"[31]

比较上面两个文件可以确定,以"最近几个月的经验"为依据,提出有必要转变策略方针的这个中共中央19日决议的拟定,和斯大林20日指示电,没有直接的因果关系。不仅如此,从中共中央当年的会议记录亦可知,说中共中央政治局9月19日"通过了"该决议,也是不准确的。实际上19日当天罗明纳兹只是提交了他个人起草提交会议讨论用的俄文草稿,当天还没有译成中文,故对罗明纳兹草稿的讨论已经是4天后,即9月23日会议的事情了。同样,由于与会者这一天都是第一次读到罗文的中译稿，更不知道斯大林这时还发来过一个所有人都不知道的具体的指示电，因此讨论中自然存在不同意见，比如对要不要一刀切地放弃使用国民党的旗号和排斥国民党人，就有分歧。故会议决定交瞿秋白去作进一步的修改，再来讨论。然而，之后的会议却并未再讨论，更不要说"通过"该文件了。查相关文献可知，瞿秋白压缩修改后的文稿一周后已经在《中央政治通讯》（1927年）第六期向党内公布了。[32]

之所以会出现这种情况，一个重要原因是按照之前会议所做的决定，中共中央这时正在分批离开汉口，秘密转去上海的过程中。[33]罗明纳兹19日会后即先行去了上海，他自然也没有读到斯大林第二天发到汉口苏联领事馆去的指示电。尚未离开汉口的中共中央政治局常委及其他成员，一周后也陆续前往上海，10月10日才在上海继续举行例会。而且到上海租界后，身为外国人的罗明纳兹，按照莫斯科的要求，出于安全考虑，再没有参加过中共中央政治局和常委的例会。二是9月29日斯大林询问罗明纳兹是否收到9月20日电报，是同时发给中共中央的，因此不排除瞿秋白在汉口最后几天从苏联驻汉口领事馆的相关人员处读到了斯大林的这封指示电，并将他修改过的"决议案"也发给了莫斯科。在得到了斯大林肯定的答复后，再加上中共中央领导人正动身前往上海，例会暂停，故瞿秋白就将定稿用"决议案"的名义直接交《中央政治通讯》第六期发布了。

当然，最后还需要澄清的一点是，上述三种说法之所以很容易被一些研究者误认为是中共获准揭旗苏维埃的起始点，也是有原因的。比如，罗明纳兹9月19日起草的那个文件，虽然不是接获斯大林指示电的结果,但两者的基本精神却是一致的。那就是:"在存在新的革命高潮的"(或曰在有"革命斗争新的高潮"的)中心城市,如广州、长沙等(或曰"各个省政府"所在地),"应当着手建立苏维埃"。这说明,两人其实是有所本的。而这个"本",斯大林在电报中不止一次地提到过,那就是"中央最近一次全会的决议"。[34]也就是前文提到过的,1927年8月10日《联共(布)中央委员会和中央监察委员会联席会议关于〈国际局势〉的决议》。该决议一方面肯定"共产党应该采取一切办法发动国民党左派的下层反对其上层""同时应该大力宣传苏维埃的思想。"另一方面提出"必须尽一切努力来开展土地运动,采取一切可能的办法武装工人和农民,为真正革命的工农军队奠定基础"。"如果共产党使国民党革命化的尝试不能成功;如果不能使这个组织民主化,不能把它变成为工人和农民的最广泛的群众性组织";"如果革命将进入高潮,那么就必须把建立苏维埃这个口号,由宣传性的口号,变成直接斗争的口号,并着手组织工人、农民和手工业者苏维埃。"[35]

正是联共(布)中央联席会议决议的这个说法,不仅让后世一些中国研究者发生误读,当年也曾让在中国的共产国际代表发生过"误读"。前述毛泽东的消息就是共产国际巡视员马也尔误读了联共(布)联席会议决议的说法的结果。在"八七"会议上还在贯彻莫斯科"现在不应退出国民党"[36]的策略方针的罗明纳兹,8月8日接到斯大林"现在就开始宣传苏维埃"的指示电,也是以为现在就应该开始着手建立苏维埃了。直到斯大林8月12日再电予以纠正后,他才根据他的理解,在中共中央临时政治局会议上又做了长篇解读。其要点是：（1）苏维埃是无产阶级社会主义专政的，中国"现在最主要的任务还是资产阶级德谟克拉西革命"；（2）"现在中国革命已到危机的时期"，有急转直下的危险，民众还对国民党有迷信，我们不能让反革命势力轻易地把国民党的旗子扯了去；（3）我们现在要制造的国民党不是一个简单的政党，"是一个鸡蛋壳子"，我们要"由此蛋壳造成苏维埃的儿子出生"；（4）共产国际要求我们试着去造此蛋壳，如果"不能，则实行苏维埃"。因此，我们现在就要大力宣传苏维埃思想，利用国民党的旗子，但不受此物束缚，要准备"无论何时马上要转到苏维埃去"。[37]

比较9月19日他完成的那个"决议"稿中的说法，不难看出，正是一个多月时间各地此起彼伏的工农暴动和组建"左派国民党"过程严重受挫的这种强烈对比，使罗明纳兹确信："使国民党革命化的尝试"已完全失败，而工农革命的高潮正在到来，因而中共理当可以开始争取在广州等大城市建立苏维埃，踏上自己的苏维埃革命的进程了。从斯大林9月19日就罗明纳兹9月13日来电的复电问题征询政治局委员意见的说明可知，罗明纳兹13日已经把他的这种看法和接下来的行动计划报告给了斯大林。而斯大林显然赞同了他的意见。故不论中共中央后来是否收到了，或是哪天收到了斯大林9月20日的指示电的，也不论罗明纳兹的文稿和斯大林的指示电对在中心城市建立苏维埃的问题还存在着怎样的不确定性[38]，经过瞿秋白修改的这份"决议案"已然具有了合法性，因而也就成了中共发动苏维埃革命的正式号令了。

斯大林为何对南昌起义和"广州暴动"态度摇摆？

在传统的中共史研究中，南昌起义、广州起义，和秋收起义一样，从来都是各自独立地研究叙述课题。尽管考察南昌起义部队南下问题时，人们多少都会提到该计划中曾有过推动广东（或广州）暴动的意图，认定后来广州起义的发动与南昌起义不无关系，但很少有人注意到，这里其实有两个"广州起义"：一个是准备配合起义部队军事占领行动的计划中的"广州暴动"；一个是模仿俄国十月革命，纯粹依靠广州内外工、兵、农暴动夺权的"广州起义"。有研究者敏感地注意到，斯大林对条件相对有利的南昌起义，态度有点模棱两可，以至于当年让张国焘等人，今天让有些研究者，都觉得斯大林实际上是反对举行南昌起义的。[39] 而对军事准备和群众准备都严重不足的广州起义，斯大林的态度又表现得异乎寻常的坚决，即使起义惨败，损失了包括苏方人员在内的数千条中共党团群众的生命后，仍大力称颂其精神和意义，这也让一些研究者怀疑斯大林和共产国际是否只是为了证明其路线方针之正确而有意为之。[40]

在这里必须要了解的一点是，苏俄共产党从来都是反对用军事占领的方式，特别是借助旧将领和旧军队的帮助来革命夺权的。因此，对加仑和罗明纳兹提出的，准备推动一心想回广州去的粤系将领张发奎率部南下，以便将中共控制下的几千军队一同带回广东去的计划，斯大林不能不讲得"模棱两可"。其回电说的是："如果有成功的把握，我们认为你们的计划是可行的。否则，我们认为更合适的是让共产党人辞去相应的军事工作并利用他们来做政治工作"[41]。斯大林对加仑"计划"的用语,明显是抱有怀疑态度的。也因此,电报接下来才会特别强调说:"我们认为更合适的是让共产党人辞去相应的军事工作并利用他们来做政治工作"。换言之,这才是斯大林已经在考虑有意付诸实施的方案。如果据此反而认定,莫斯科在国共关系破裂后指导中共革命的基本思路是"广东'速胜论'",打算借助南昌起义,"通过革命军队和工农武装起义,迅速占领广州,建立苏维埃政权,汇合广东各地的农民暴动,首先取得革命在广东一省的胜利"[42],这恐怕就与历史事实相差太远了。

斯大林为什么想要把中共在国民党军队中的工作人员撤出来,转去做组织、发动工农运动和争取国民党基层群众的政治工作呢?除了深知国民党这时"清党"运动相当残酷,与国民党争夺基层群众的工作需要大批干部外,也和他对中共能否在国共关系破裂,工作环境巨变的情况下生存下来的担心密切相关。读7月9日他给莫洛托夫等人的信,即可知他对中共缺少信心的原因所在。他写道:中共"中央没有一个能理解所发生的事件的内情(社会内情)的马克思主义头脑",党只经历过几年在联合战线掩护下半合法的斗争历练,"完全不适应新的土地革命阶段"。因此,他这时虽然选择了一个在他看来是相对容易些的过渡性策略,即暂时维系与左派国民党人的合作关系,以求得中共在一些地区仍可以半合法的身份进行活动,但因为要夺取国民党的基本群众并使共产党成为"左派国民党"的领导力量,对中共而言依旧困难重重,因此他丝毫没有形成过让中共在国民党将军们统率下打回广东,或用军事力量夺取广州的想法。[43]他所以不反对加仑的计划,甚至还表示了某种肯定的态度,很大程度上是因为这个南下夺取广东出海口,再创广东根据地的设想,正是苏联成功与孙中山合作过,可以充分利用之前的经验,并且也是非常符合他对中共未来革命发展前景的期望的。问题在于,他既不了解,也无法想象这个张发奎将军真的能够像加仑讲的那样,为我所用。

在这里也需要介绍一下斯大林这类讨论式的指示方式。其实,斯大林在处理一些和他原先设想不大相符,他不太能够确定来自一线工作人员的意见是否完全可靠,同时又很希望事情能够按照来电所提计划实现的时候,他每每就会采用这种两面说的讨论的语气来表达自己的意见。比如前面提及的斯大林8月8日关于苏维埃问题的最近指示,罗明纳兹就发生了误读。又比如罗明纳兹没有收到的斯大林9月20日的那封指示电,其电文同样给人以"模棱两可"的印象。斯大林首先肯定地说:"在左派国民党的思想确实遭到失败和存在新的革命高潮的情况下有必要建立苏维埃。"接着却又给出了两个限制性的前提,即(1)"建立苏维埃和扩大苏维埃地区的时机由共产国际执委会执行和中共中央来决定";(2)"我们不清楚您的建立各省政府的计划。请告知,这些政府将在什么旗帜下建立,是苏维埃还是国民党"?[44]换言之,斯大林同意现在就有必要建立苏维埃,但强调具体的时机应该由中共中央和它的主管机关共产国际执委会来决定。虽然他对罗明纳兹9月13日电报中提到的中共中央准备建立自己的省政府的计划很感兴趣,但他显然认为罗明纳兹提到的这个计划,应该还是在之前"左派国民党"方案下的计划。不过即便如此,他也不表示反对，反而委婉地提出：你们准备建立哪几个省的省政府和准备使用哪种旗帜：左派国民党的，还是苏维埃的？在这里，他并没有因为他已经决定转向苏维埃革命方针，就给出必须怎样的意见。因为，如果计划能够成功，处在两种旗号取舍的转换期，斯大林明显希望知道罗明纳兹和中共中央认为目前情况下使用哪种旗帜才是有利的。

仍回到南昌起义计划上来。因为对张发奎等将军们不信任，对南昌起义结果不放心，都让斯大林最初采取了暂时观望的态度，但他依然迅速批准拨款30万美元用于起义。[45]然而8月初得知起义最后是由共产党人主导的叶挺、贺龙两支部队独立举行，并成功率将近2万兵力向南挺进，逼近广东后，联共（布）中央政治局即做出了一项有条件的援助计划。即在不容许加仑等苏方军事人员参加行动的前提下，按加仑的要求，批准拨给1.5万支步枪、1000万发子弹、30挺机关枪、4门山炮及2000发炮弹，并安排政治局委员米高扬等着手在广东汕头设立经济机构，以便开通接运物资的货运码头，为经海路向叶、贺部队运送军事物资做准备。[46]

8月10日，中共中央决定派张太雷去广东，"准备全省，特别是东江的暴动"，接应以南下夺取潮汕并占领广州为目标的叶、贺两部。眼看起义部队进展顺利，广东方面亦开始准备暴动，斯大林亦于13日去电表示肯定。电报还特别提出："广东的暴动应在成立真正革命的国民党政府、切实实行土地革命并同共产党结成紧密联盟的口号下进行。"[47]

按照中共中央的安排，被任命为广东省委书记的张太雷19

日抵达了香港，20日召集广东省委会议，初步决定了广州暴动的计划。[48] 8月底9月初进抵汀州、瑞金、会昌一带的叶、贺两部，亦明确表示会在潮、汕、海陆丰建立工农政权，稍做休整补充后即开动，以便"早取广州"。[49]

形势发展如此顺利，而"左派国民党"计划却不见任何成功推进的案例，这才有了罗明纳兹9月13日发给斯大林，询问建立各省政府和苏维埃问题的请示电，和斯大林关于"在左派国民党的思想确实遭到失败和存在新的革命高潮的情况下有必要建立苏维埃"的复电。而实际上，从9月15日开始，斯大林就已经在转变他之前提出用"左派国民党"的名义争夺国民党基层组织的方针了。原本不容许苏联军事人员参加南昌起义的联共（布）中央政治局，这时接连下达了旨在派遣苏方人员和在苏联已学有所成的中共党员去广东支持罗明纳兹实现夺取诸如广州等中心城市，建立革命政权的指令。其中包括：（1）"在三周内准备好向中国派遣两名高级军事人员和十名中级军事人员"，要既能做军事顾问，也能做政治顾问；（2）"将待在库伦的41名中国人分成几个小组派往广东"，听候叶、贺部队革命委员会的调遣；（3）从中山大学学生中选出10名最坚强、最忠实可靠的共产党员派回广州；（4）向广州汇去必要的经费，以便分别出版中文和英文的共产主义日报。（5）"有必要在广东的工业城市里建立工人、士兵和手工业者代表苏维埃"。[50]

据此，莫斯科彻底放弃了过去的统一战线策略，包括争取和利用国民党左派的策略。斯大林代表联共（布）政治局致电罗明纳兹，要他"警告中共防止过去的国民党员纷纷加入中国共产党",责成俄国报刊上不要突出叶挺和贺龙这些前国民党将领的名字,并特别指示准备在广州发动起义的中共中央说:"目前广东最大的敌人是张发奎,斗争应主要集中反对他,同时与武汉派的拥护者们绝对不应有任何协议。"[51]

由上可知,对中共酝酿中的,以配合南昌起义部队夺取广州的"广州暴动",斯大林在8月还是认同借助南昌起义部队,并相信这是实践"左派国民党",亦即"革命的国民党"政策的一个关键案例。进到9月中下旬,决定揭旗苏维埃后,他已经不大看重叶、贺两位旧将领的作用,并且决心要彻底摒弃过去统一战线的策略手法,要将一切资产阶级和上层小资产阶级排除在外,就连报纸报道中提及叶挺、贺龙的名字,都明令要有所限制了。[52]

最能反映斯大林这时对开辟广东根据地信心满满的心态的,就是9月27日他在共产国际执委会和联委会联席会议上的讲话了。他宣称,叶、贺军向广东挺进,同农民革命运动相结合等等,和"左派国民党"没有什么关系,"整个事件都是根据共产国际的倡导发动的"。中国革命的所有进展,都是按照共产国际的指导,有步骤地在进行着。"如果中国革命新的高涨成为事实,那么,谁来领导这个运动呢?当然是苏维埃。""谁来领导苏维埃呢?当然是共产党人。""共产国际已经给我们中国同志发出了相应的指示。""就让我们的中国同志自己去进行把苏维埃移植到中国的工作吧!"[53]

基于这样一种心态,斯大林于9月29日进一步致电罗明纳兹和中共中央,详尽地提出了一整套暴动夺权的斗争原则和策略。包括:在广东现在的形势下,要"尽快着手在所有大大小小工业化城市里建立工人、手工业者和士兵代表苏维埃";首先有必要在各地"将农会改变成苏维埃";要"在广州立即恢复工人纠察队,把尽量多的可靠工人和省港罢工者武装起来";要"把更多的工农暴动者吸收到叶挺和贺龙的军队里来,在所有部队里成立坚强的党支部",把军事委员会置于党组织领导下;在夺取广州"成立广东政府时要考虑到国际上的情况做必要的伪装",但"政府的构成要共产党员占优势,实际权力集中在广州代表苏维埃手里",特别重要的是"总司令部内要有坚强的政治领导,要由绝对可靠的和坚定的共产党员组成"。指示电还特别强调,即使对可能出现的"革命的国民党",也只能结成外部联盟,"丝毫不能束缚中共的领导权";在吸收过去的国民党员入党时"要最大限度地警惕";"张发奎现在是主要敌人","反对武汉和南京的斗争,一分钟也不能停止";"在国民党部队投诚你们时,要把将领和指挥人员逮捕起来,接收士兵时要经过一定的挑选"。[54]

然而,就在斯大林发出上述指示后一两天,叶、贺部队就被围堵而来的国民党武装打散了。收到张太雷的报告,罗明纳兹和刚到上海的瞿秋白马上回信,直言难以理解。因此,他们依旧要求叶、贺余部应"直奔广州","沿途武装农民,扩大军队,一直杀去"。"广州城内,即须准备暴动,勇猛的号召工人、手工工人、一般贫民起来,夺取驻军、警察武装";要求"以围攻广州为主要目标"的各路农民暴动,"即使贺、叶完全败退……也须积极进行"。[55]

几天后,当中央常委们齐集上海,于10月10日在上海举行首次常委会时,与会者已经了解到叶、贺成建制的部队,只剩下两三千人，且分为两股，一支在闽赣边，一支在海陆丰，进攻广州已无可能。会议据此做出决定："从前于短期间暴动夺取广州政权的希望暂时已经不可能"，"广州暴动计划应暂时停止"，"重要同志回沪"。叶、贺残余部队应转去积极拥护农民暴动；在广州则应号召工人群众起来示威，要求自由、改善经济条件。[56]

莫斯科得知叶、贺部队失败的消息，已经是在中共中央10月12日发出停止广州起义的指示信之后了。共产国际总书记布哈林对此似乎并不十分意外。他在10月14日的会议上宣布说："军事因素在革命发展中起重大作用的时期已经过去了……以前巧妙地利用个别一些将领的策略完全不必要了。"之前谈论的"军事占领广州的问题，要么为时已晚，要么当时尚早"。现在，"作为暴动的直接中心"和"规模相当巨大的革命力量"，应该是"湖南和湖北大规模农民暴动的开展"。[57]

斯大林这时的看法明显比布哈林还要悲观。10月27日，他主持的联共（布）中央政治局会议做出了如下几项重要决定：一是要求将叶、贺军中30名中共党员指挥官接到苏联，接受军事院校的培养训练；二是将之前准备经库伦派去广东的40余名中共党员"调回莫斯科继续学习"；三是鉴于中共中央已经损失了大批领导人，苏联在北京、上海和东北等地的使领馆及其金融、铁路等相关机构也接连遭到搜查、破坏，且不断有人被逮捕的情况，要求中共中央放弃此前召开全会以贯彻苏维埃革命新方针的计划，只开政治局会议，"外国人，建议只由一人参加"。四是指名要布哈林负责起草一封共产国际执委会给中共中央的指示信，说明："鉴于革命军在广东遭到失败和农民运动暂时低落，务必使党联合起来并将其干部集中在大工业中心城市和农民革命运动的主要地区",以确保党不会"有耗尽力量的危险"。[58]上述决定,特别是"耗尽力量"四个字,再清楚不过地反映出斯大林这时对中共接连遭遇失败后能否东山再起的担心。

按照联共(布)中央政治局的要求,布哈林用了两天时间起草了给中共中央的指示和向各国党中央的情况通报,然后分别发送给了中共中央和各国党中央。该指示和通报都强调:"由于叶挺和贺龙军队的失败,我们党的工作进入了更为艰难的时期"。因此要求中国党当前务必要"将其干部集中在大工业中心城市和农民革命运动的主要地区","避免在这个时期分散党的力量,防止在新的革命浪潮高涨时有可能耗尽力量"。[59]言外之意,计划中的广州暴动要暂停,其他分散的武装暴动目前也不宜大量组织和发动。

斯大林为什么会批准发动广州起义?

由上述可知,叶、贺部队被打散后,不论中共中央,还是莫斯科,都叫停了广州暴动。所不同的是,斯大林和共产国际的指示强调目前务必要设法保存党的干部,不仅城市,包括农村,都应避免到处组织暴动,造成干部和群众骨干大量被捕、被害,以至"耗尽力量"。而中共中央却只是要求停止广州暴动,坚持农民暴动不能停。它甚至明令广东省委:"要坚决地领导他们继续不断地暴动,夺取县政权,杀土豪劣绅、政府官吏、抗租抗税、分配土地,一直到推翻整个的反动统治,夺取全省政权"。[60]据此，10月15日在香港举行的南方局和广东省委联席会议，在批评之前由叶、贺部队南下广东，夺取广州的做法是"军事投机"观念的同时，则宣称："我们广东的暴动完全是独立的行动，当然决不能因叶、贺军队之失败而取消之。"因为"广东土地革命运动仍是高涨，暴动的计划仍应继续实现，现在的暴动还不应停止，而应努力扩大"。[61]

但是，具体到广东土地革命运动高涨到什么程度，中共的影响达到什么程度，对夺取广州，建立一省政府作用如何，张太雷22日在上海向中央报告时却并不乐观。他承认，叶、贺部队失败固然说明暴动"靠军事力量是错误的"，但中共目前在广东几乎无军事力量可用也是问题。因为没有军事力量的推动和扶助，农民暴动很难扩大，而且广东不少地方农民手上有武器，但除海陆丰外，几乎都不在中共影响下。这一是因为"党太弱了，无法指导此运动"；二是因为党的组织工作"一塌糊涂"，工委、农委、军委各管各的，"完全不统一，（下面）有多少人亦不知道"。"现（只）广州清楚一点，有千三百人，其他各地尚不知"。根据一周前成功鼓动广州海员示威游行的经验，他相信，一旦水火不容的桂系李济深和粤系张发奎两派军阀冲突起来，靠动员广州的工人和在那里的香港海员，在"广州市暴动是可能的"。但他不认为广州暴动能指望农民起作用。[62]

对于张太雷所说张、李冲突是一个发起广州暴动的"好机会"的说法，与会的中央领导人均表示认同。但对张提出的广州暴动计划，特别是对张一方面承认不能依靠军队，一方面又强调除非有军队帮助，否则马上要农民起来"无把握"的说法，中共中央明确表示不能接受。会议因此批评张太雷提出的广州暴动计划"仍带有偏重军事的倾向,而未能完全把暴动主力建筑在农民身上"。[63]然而,为了与共产国际代表协商交涉广东计划的经费等问题,再加上当时正在忙于召开中央政治局扩大会议(亦称"紧急会议")等原因,中共中央迟迟未能给出指导性意见。结果,一直拖到11月17日凌晨,张发奎、黄琪翔发动兵变,驱逐了控制广州长达一年之久的广西军阀李济深、黄绍竑,中共中央才不得不来面对要不要抓住这一"好机会"的问题。

17日当天,正在上海的张太雷、周恩来、黄平与共产国际代表纽曼紧急商定:马上组织工人训练班,以一周时间选出90人,分三批派赴各县做组织发动农民的工作,同时召集全省工人代表大会和农民代表大会,并由广东省委发宣言"号召全省工农暴动"。中共中央也在当天稍晚召开常委会讨论了张太雷等提出的"广州工作计划",同意要利用这一"工农进攻的极好机会","坚决地扩大工农群众在城市、在乡村的暴动,煽动兵士在战争中的哗变和反抗,并急速使这些暴动会合而成为总暴动,以取得广东全省政权,建立工农兵士代表会议的统治。"[64]

据此,张太雷赶回香港,22日晚召集南方局和广东省委联席会议传达了中共中央的决定。同时他也听说黄琪翔、张发奎通过关系,想要找中共最高负责人,时任中共中央军事部顾问,10月初受命到广州协助纽曼参与指导广东暴动的谢苗诺夫(又称安德烈)坚主应与黄、张接触,因此他又匆匆赶回广州去解决问题。[65]由于斯大林已有明令要把张发奎当作主要敌人,不得与之谈妥协,故谢苗诺夫了解后也不再坚持己见。[66]

11月25日，张太雷以省委名义发出了"关于组织暴动，建立工农兵政权问题"的通告。26日晚又与刚刚回到广州的共产国际代表纽曼，连同谢苗诺夫一起正式"决定了准备夺取广州政权的问题"，并于28日发布了"号召暴动宣言"。[67]张同时转报中共中央称：我们已经与共产国际代表"决定了准备夺取广州政权的问题"，认为必须发动总同盟罢工，组织赤卫队，同时争取市郊农民的参与，"立即暴动"，一方面反对张发奎，一方面抗拒李济深，以便保卫广州。[68]

在这里需要稍加说明的是，莫斯科这时派到广州来指导暴动的人员共三人，之后在苏联亦被称为"广州公社三人小组"，均系共产国际代表。但直接向共产国际驻中国代表团负责，并有权利用领事馆电台向联共（布）政治局报告的是纽曼；其次是长期从事情报工作的谢苗诺夫；再就是共产国际执委会驻中国代表佩佩尔。[69]有研究者称："参与广州起义指导工作的不仅有诺伊曼，而且还有苏联驻广州领事馆总领事波赫瓦林斯基（化名韦谢洛夫）、副领事何锡斯（也译作哈西斯，是一位将军）、谢苗诺夫（化名安德烈）。""他们能够直接和联共（布）中央进行电讯联络"[70]，是很不准确的。

最容易证明这一点的，就是在俄国档案里，广州起义前夕只有纽曼曾三度直接从广州发报给莫斯科"最高领导机构"，即联共（布）中央政治局。而波赫瓦林斯基则只能致电副外交人民委员加拉罕，请其出面干预纽曼的决定。即使是佩佩尔，也只能用写信的方式，向共产国际执委会陈述自己的意见。

而同样重要的是，这个时候对广州暴动可行性提出的质疑甚至是反对的意见，大都缺少具体的情报和论证。波赫瓦林斯基11月29日给加拉罕的电报中给出的反对理由，只是一句空洞的"党没有力量在广州夺取和建立政权"；佩佩尔11月30日给共产国际执委会对中共力量有所质疑的信中，只是批评"中共党内越来越明显地出现了盲动主义"，并未具体涉及广州的问题；接替罗明纳兹担任共产国际驻华代表的米特凯维奇12月5日给共产国际执委会的信，也只是担心"我们几乎未能分化（军阀）军队，未能使士兵转到我们方面来"，"任何一派（军阀）一旦腾出手来进行镇压，它的军事力量就会把一切打得粉碎"。越飞12月6日提供给加拉罕的情报分析报告，同样不掌握中共方面，特别是广东乃至广州双方力量状况的具体信息，只是提道："最近，我们得到了关于在广东准备举行武装起义的情报，然而，有些情报人士担心，发动可能为时过早，因为党没有足够的力量。"[71]

从目前能够找到的史料看，广州起义前后相当一段时间里，在广州以外要获得有关广州各方面力量的准确情报和信息确实是相当困难的。一度就连中共中央和在中国的共产国际代表及情报人员都要通过报纸了解广州发生了什么。中共中央当时主要靠人员传递信件，时间明显滞后。驻上海的共产国际人员可以利用领事馆之间的电报来沟通，但因为有时间约定上的限制，也并不及时，而且领事馆人员因为并不直接参与中共广东党组织的活动，因此也给不出具体的信息。这些情况自然极大地限制了远在万里之遥的斯大林及时和全面掌握广州情况的能力。

但从已经披露的资料仍可以看出，斯大林并不像一些研究者说的那样，只听信自己派去的纽曼提供的情报。如上所说，在起义发动前夕，共产国际代表米特凯维奇、佩佩尔对广州形势的分析和暴动可行性的个人意见，都对斯大林判断广州当时的状况有所帮助。

佩佩尔12月5日信是着眼于修正和补充他11月30日信的不足的。在这封信件中，他虽然认为敌人内部分裂的程度和党的群众工作的程度，还不到实行武装暴动的时间点，但他承认，目前广州正处在几派国民党军阀倾轧的战争形势下，局势不稳、经济破坏、税负提高、强制征兵，已经产生了一些革命化的影响，"很可能给工农暴动在较大范围内的胜利提供直接胜利的机会"。因此，所有同志关于"直接革命形势仍然存在的分析（都）是正确的"。[72]

米特凯维奇12月6日的信中特别强调，他因为无法联系上纽曼，因此不掌握具体情况，但目前在广东发生的李济深和张发奎的斗争，确实极大地推动着革命的形势发展：工会合法了，即将召开广泛的工人代表会议，黄色工会被驱逐了，有五个县被农民队伍占领，那里正进行着一场真正的革命，处死了所有抓住的人，烧毁了所有地契和租约，对商人派士兵去看守，并且都在召开农民代表会议，准备建立苏维埃。因此，正像中共中央紧急会议说的那样："在像广州这样的地方，苏维埃可能也应该作为暴动机关在夺取政权的斗争过程中建立起来。"他本人也相信：中国苏维埃革命的进程"需要从广州这个工人中心建立苏维埃开始"。而他了解到的情况是，目前广州张发奎部队数量只有500—1000人，如果我们真的能"在这个时候把工农武装起来，并把军队稍加分化瓦解，那么我们就能严肃地提出广州的问题"了。[73]

由此我们不难发现，11月26日晚回到广州的共产国际代表纽曼提供的那些信息，对斯大林是何等重要。纽曼给出的信息从事后看虽然是很片面，并且是很不准确的，但对斯大林想要了解的问题来说，却更具体，也更容易让人信服。

纽曼11月29日电的基本内容如下：

> 军事形势依旧。市内除警察外只有三个团，其中在特别独立团里，共产党支部很强大，领导着大多数士兵和党员，在第二团里我们的影响也很大。海丰地区的农民暴动正在迅速发展，它的力量有2000人和1000名没有武装起来的士兵，已经占领了海丰、梅陇、汕尾、吉隆等城市，成立了苏维埃政权，处决了300个豪绅。我们决定在广州采取准备起义和成立苏维埃的坚定方针。我们正在组织大罢工，开始成立在革命工会领导下的赤卫队。[74]

纽曼的电文一方面印证了米特凯维奇和佩佩尔对广州已经存在直接革命形势的判断，另一方面也解决了米特凯维奇提出的，斯大林也迫切要知道的一个关键性问题：共产党有没有影响并争取到驻广州的国民党军队士兵的支持。显然，纽曼的电报基本解决了斯大林在这方面的担心。对于有过十月革命经验的斯大林来说，他最关心的就是起义城市中群众的情绪和敌我力量对比有利与否。按照纽曼介绍的情况，比较俄国十月革命当时的乱象，斯大林很难不认为广州已经具备了起义的基本条件。

12月9日，纽曼再电斯大林说："我们打算下周初发动"起义。他给出的理由是，张发奎军队主力正集结在西江对抗李济深、黄绍竑的军队，广州城里现在只留了两个团另一个营。这两个团中有一个团长和200名官兵是共产党员，时任广东省委书记和革命军事委员会主席的张太雷几天前给他们作报告进行动员，与会者都"表示主张暴动"。而另外那个营也"掌握在我们手里"。同时，当下"工人们的情绪十分高昂，罢工者自发地烧毁了几十家资产阶级的住宅，邮政人员和海员正准备罢工，公共汽车（工人）正举行意大利式的罢工（按指消极怠工——引者注）。""由工人和原纠察队员组成的赤卫军有2000多人，组织得相当严密。""武器数量：200枚炸弹，300支毛瑟枪，一些步枪和500把刺刀。""广州本地唯一有组织的敌人是警察。"我们的"起义计划：黎明时首先由独立团和赤卫军占领警察总局，然后占领其他战略据点和机关，同时举行总罢工，选举代表苏维埃，用缴获来的军用品进行武装，颁布法令，等等。农民从郊外冲进市内，占领广州的希望是很大的，但要守住是非常困难的。但我们想，利用军阀之间的斗争，工人（发动）的规模，解除士兵的武装和农民暴动，是能够对付的。"因此，纽曼代表中共广东革命军事委员会"坚决请求立即给我们指示，我认为暴动时机已完全成熟，拖延会给力量对比带来不利变化，因为铁军（按指张发奎部队）将回来，我们的部队将调走，汪精卫的正式政府将成立以取代现时的空缺状态。"[75]

就在当天晚些时候，负责收译纽曼来电的译电人员又收到纽曼补发的一条只有一句话的紧急密码电报，内称："如果我们收不到对今天这份电报的答复，我们就于星期一清晨发动。"[76]这说明，广州的情势又出现了新的变动，纽曼和起义者已经等不到"下周初"[77]了，必须赶在一天后的周一凌晨就举行起义。

正是在这样一种情况下，原本已经对马上发动广州暴动不抱希望的斯大林，没有丝毫犹豫，接读来电后几乎马上就回复纽曼称："关于广州事件的电报收到。鉴于群众中存在一定的情绪和当地比较有利的形势，不反对你们的意见，建议行动要有信心要坚决。"[78]

这之后的事情已是众所周知，无须赘言了。最后唯一想要补充的一点感想是，因国共关系破裂和党内反对派抨击受到极大冲击的斯大林，显然是太想看到他亲自指导的中国革命能够复制一场哪怕只是局部的"十月革命"了，而纽曼在很大程度上提供了他想要了解的那些在他看来是最关键的一些信息，于是，一段惨烈的历史就这样发生了。我们或许很难简单地做出判断，这是斯大林的问题，还是纽曼的问题，但从广州暴动期间双方力量异常悬殊的情况，回过头来对照纽曼电报所述情况的巨大差异，当不难看出纽曼向斯大林提供的情报局限和失真到何种程度。[79]然而，如果我们因此就认定，是纽曼误导了斯大林，甚或相信这是斯大林和他的"亲信"纽曼有意为之，就大谬不然了。对此，我们只要比较一下当时中共广东省委一次次的形势分析、对力量对比和暴动成败的评估[80]，就不难了解，那个按聂荣臻的说法，完全"不懂得军事，没有实战经验，连打败仗的经验都没有，对中国的情况和广州的情况全不了解"[81]的纽曼，对广州力量对比极不准确且十分有限的信息是怎么来的了。换言之，斯大林当年即使得到的是中共广东省委的报告，结果恐怕也不会有太大差别。除非中共广东省委与纽曼的形势判断完全相反，但事情显然不是这样。

注 释

1. 托洛茨基：《关于中国革命》，1927年3月22日、托洛茨基：《致联共（布）中央政治局》，1927年3月31日，施用勤编译：《托洛茨基论中国革命（1925—1927）》，陕西人民出版社2011年版，第11-12、16-17页。

2. 见斯大林、李玉贞等译：《在联共（布）莫斯科机关积极分子会议上关于中国大革命形势的讲话》，1927年4月5日，《党的文献》，2001年第6期。

3. 〔俄〕亚·米·格利戈里耶夫著，李玉贞等译：《关于斯大林在联共（布）莫斯科机关积极分子会议上的讲话记录稿》，《党的文献》，2001年第6期。

4. 列宁：《民族和殖民地问题委员会的报告》，1920年7月26日，《列宁选集》第4卷，北京：人民出版社1960年版，第335页。

5. 列宁：《民族和殖民地问题提纲初稿》，1920年6月；列宁：《加入共产国际的条件》，1920年7月，同上引，第272、312页。

6. 《中国共产党第一个纲领》，1921年7月，中央档案馆编：《中共中央文件选集》第1册，北京：中共中央党校出版社1982年版，第5页。

7. 《孙文越飞宣言》，1923年1月26日，薛衔天等编：《中苏国家关系史资料汇编（1917—1924）》，北京：中国社会科学出版社1993年版，第669页。

8. 列宁：《论临时革命政府》，1905年5月21、27日，《列宁全集》第10卷，第223页。

9. 共产国际执行委员会第七次扩大全会第十八次会议通过：《关于中国形势问题的决议》，1926年12月16日，《共产国际有关中国革命的资料（1919—1928）》，第277页。

10. 斯大林：《和中山大学学生的谈话》，1927年5月13日，《新编斯大林全集》第9卷，第179-180页。

11. 杨云若、邱路：《大革命失败前后共产国际内部围绕中国问题的争论》，《近代史研究》1987年第1期。

12	《联共(布)中央政治局会议第74号记录(摘录)》，1926年12月23日；《联共(布)中央政治局会议第87号记录(摘录)》，1927年2月17日；《联共(布)中央政治局秘密会议第93号记录(摘录)》，1927年3月31日，《新编斯大林全集》第7卷，第117、127、141页。
13	斯大林：《论中国革命的前途》，1926年11月30日，《斯大林全集》第8卷，第326—328页。
14	斯大林：《论中国革命的几个问题——答马尔秋林同志》，1927年5月9日，《新编斯大林全集》第9卷，第169—170页。
15	《联共(布)中央政治局秘密会议第102号记录(摘录)》，1927年5月13日，《联共(布)、共产国际与中国国民革命运动》(4)，第252—253页。
16	《斯大林给莫洛托夫和布哈林的信(摘录)》，1927年6月27日，中共中央党史研究室第一研究部译：《联共(布)、共产国际与中国国民革命运动(1926—1927)》(4)，第366页。
17	《联共(布)中央政治局紧急会议第116号记录(摘录)》，1927年7月8日，《联共(布)、共产国际与中国国民革命运动(1926—1927)》(4)，第397—398页。
18	斯大林：《时事简评——关于中国》，1927年7月28日，《新编斯大林全集》第9卷，第245—250页。
19	《斯大林致莫洛托夫和布哈林的信》，1927年7月9日，《联共(布)、共产国际与中国国民革命运动(1926—1927)》(4)，第405—409页。
20	分析相关当事人当年的文字，可知大体经过是：7月25日齐集九江的几位中共领导人集体提议发动南昌起义并南下广东。电告中共中央后，罗明纳兹和加仑表示赞同，一面电告莫斯科，一面派周恩来前往九江主持成立起义指挥机关——前敌委员会。联共(布)中央政治局7月25日得电后当即复电表示："如果有成功的把握，我们认为你们的计划是可行的。否则，我们认为更合适的是让共产党人辞去相应的军事工作并利用他们来做政治工作。"7月26日午后接获莫斯科回电，罗明纳兹和加仑的理解是，"除非

毫无胜利机会，否则南昌暴动是应举行的。"故二人当天下午即与中共中央开会，当晚就派张国焘前往南昌传达国际指示，确定起义有胜利机会，即"坚决前敌之发动"。张27日里抵九江后，发现原提议中借助张发奎的部分已被否定，因而一度与前敌委员会发生争执。参见李立三：《"八一"革命之经过与教训》，1927年10月；《中共中央复张国焘的信》，1927年11月30日；《张国焘致政治局并扩大会议的信》，1927年11月8日，中央档案馆编：《南昌起义资料选辑》，北京：中共中央党校出版社1983年版，第27—30、49–50页；《征询政治局委员意见》，1927年7月25日，《联共（布）、共产国际与中国苏维埃运动（1927—1931）》（7），北京：中央文献出版社2002年版，第17页。

21 《联共（布）中央政治局会议第119、120号记录（摘录）》，1927年8月11、18日，《联共（布）、共产国际与中国苏维埃运动（1927—1931）》（7），第16–17、20–21页。

22 有不少中文著述都搞错了斯大林给罗明纳兹等人指示电的时间，把8月8日电误写成8月9日电。如舒少泽：《共产国际指导下召开的八七会议》，Advances in Social Sciences Vol.05 No.02(2016)；吴文昭：《中华苏维埃共和国》，http://www.xhgmw.com/m/view.php?aid=7115，等等。

23 《斯大林给伯纳、乌拉尔斯基指示电》，1927年8月8日，《联共（布）、共产国际与中国苏维埃运动》（7）18–19页。

24 《中国革命问题——联共（布）中央委员会和中央监察委员会全体联席会议关于布哈林同志报告的决议（节译）》，1927年8月10日，《苏联〈真理报〉有关中国革命的文献资料选辑（1927—1937）》，成都：四川省社会科学出版社1986年版，第6页。关于"八月指示"说，见钟小敏、黄国华：《1927年中国共产党策略转变与三大起义比较研究》，《四川师范大学学报》第31卷第4期，2004年7月，等。

25 《湖南致中央函》，1927年8月20日，《中共中央文件选集》第3卷，北京，中共中央党校出版社1989年版，第354–355页。

26 中共中央临时政治局：《关于"左派国民党"及苏维埃口号问题决

议案》,1927年9月19日,中共中央文献研究室等编:《建党以来重要文献选编》,第4册,北京:中央文献出版社2011年版,第507、508页。

27 《斯大林致汉口苏联领事伯纳电》,1927年8月12日,《联共(布)、共产国际与中国苏维埃运动》(7),第22页。

28 《中央复湖南省委函》,1927年8月23日,《中共中央文件选集》,第3册,第353页。

29 《联共(布)中央政治局会议第128号记录(摘录)》,1927年10月6日,《联共(布)、共产国际与中国苏维埃运动》(7),第118-119页。

30 《联共(布)中央政治局会议第125号记录(摘录)》,1927年9月22日,《联共(布)、共产国际与中国苏维埃运动》(7),第87-88页。

31 同前引《关于"左派国民党"及苏维埃口号问题决议案》,1927年9月19日,《建党以来重要文献选编》,第4册,第507-508页。

32 已知各地就此一决议做出回应的时间,基本上都是10月中旬以后。如《中共广东省委通知(第十四号)》,1927年10月15日,《广东革命历史文件汇集(中共广东省委文件)一九二七年》,中央档案馆等1982年10月编,1983年9月印,第89页;《中共湖北省委通知(第三号)》,1927年10月25日,《湖北革命历史文件汇集(省委文件)一九二六——一九二七年》,中央档案馆等1983年编印,第84页。

33 1927年10月上旬中共中央常委会致南方局暨广东省委信开篇第一句就说明:"中央正在迁徙中,尚完全到沪"。见中共中央党史资料征集委员会等编:《广州起义》,北京:中共党史资料出版社1988年版,第58页。

34 前引《联共(布)中央政治局会议第125号记录(摘录)》,1927年9月22日,《联共(布)、共产国际与中国苏维埃运动》(7),第87-88页。

35 《联共(布)中央委员会和中央监察委员会联席全会关于国际形势的决议》,1927年8月9日,中共中央马恩列斯著作编译局译:《苏联共产党代表大会、代表会议和中央全会决议汇编》第3分册，人民出版社，1956年，第285页。（注：此决议在前引苏联《真理报》上登出时标注的时间，是8月10日，在苏共代表大会决议汇编中标注的时间，是8月9日。这里仅留此存照，不做考证。）

36　《共产国际代表罗明纳兹的报告》，1927年8月7日，《八七会议》，北京：中共党史资料出版社1986年版，第54页。

37　《罗明纳兹关于政权和口号的报告》，1927年8月15日。

38　斯大林9月20日指示电在强调"在左派国民党的思想确实遭到失败和存在新的革命高潮的情况有必要建立苏维埃"的同时，特别说明："我们不清楚您的建立各省政府的计划。请告知，这些政府将在什么旗帜下建立：是苏维埃还是国民党。"中共中央正式颁布的决议案亦称："苏维埃的组织，首先应当在那些中心的地方，如广州、长沙等，当我们有决定的巩固的胜利的时候"，才能成立。"当这些中心地点还没有被革命暴动占据以前，在小县城里面要坚决地拒绝组织苏维埃"。

39　当然，也有研究者没有看出斯大林7月25日回电表现出的游移态度，却举出斯大林南昌起义成功后8月5日电中"您关于汕头等等的意见，我们认为都是正确的"的话，来证明南昌起义前斯大林就是充分肯定加仑的意见的。这也是很值得商榷的。王新生：《对联共（布）、共产国际与广州起义的再研究》，《中共党史研究》2003年第6期。

40　参见徐元宫：《1927，广州起义中的苏联因素》，《同舟共济》2011年第8期；姚金果：《联共（布）、共产国际与广州起义：围绕三个重要问题的分歧及我见》，《中共党史研究》2007年第5期。

41　《征询政治局委员意见》，1927年7月25日，《联共（布）、共产国际与中国苏维埃运动》（7），第17页。

42　前引王新生：《对联共（布）、共产国际与广州起义的再研究》，《中共党史研究》2003年第6期。

43　《联共（布）中央政治局紧急会议第116号记录（摘录）》，1927年7月8日，《联共（布）、共产国际与中国国民革命运动》（4），第398页。

44	《征询政治局委员意见》,1927年9月19日,《联共(布)、共产国际与中国苏维埃运动》(7),第87-88页。
45	关于莫斯科给不给南昌起义提供经费问题,目前存在着一些相当混乱的说法。张国焘回忆说的是:罗明纳兹发言"说到目前没有经费可供南昌暴动使用"。而有些引用者却把张的说法说成是:"罗米那兹是把莫斯科不能提供经费,和不让苏联顾问参加这两个困难条件摆出来,让起义领导者了解"。事实上斯大林还在7月29日就已经指示:"立即给伯纳和乌拉尔斯基寄去30万美元"。得知汇款在上海被截留,斯大林马上又指令从海参崴(符拉迪沃斯托克)派遣秘密工作人员立即乘商船送去上海。参见张国焘:《我的回忆》第2册,北京:现代史料编刊社,1989年,第283页;王新生:《铁的红军是怎样炼成的(1927—1932)》,北京:中共党史出版社2024年版,第121页;《征询政治局委员意见》,1927年7月29日、8月5日,《联共(布)、共产国际与中国苏维埃运动》(7),第17-18页。
46	《联共(布)中央政治局会议第119号记录(摘录)》,1927年8月11日,《联共(布)、共产国际与中国苏维埃运动》(7),第16-17页。
47	《征询政治局委员意见》,1927年8月13日,《联共(布)、共产国际与中国苏维埃运动》(7),第21页。
48	《张太雷致中央常委会的信》,1927年8月22日,前引《广州起义》,第27页。
49	《周恩来给中共中央的信》,1927年9月,《广州起义》,第38-39页。
50	《联共(布)中央政治局会议第124号记录(摘录)》,1927年9月15日,《联共(布)、共产国际与中国苏维埃运动》(7),第70-71页。
51	《联共(布)中央政治局会议第126号记录(摘录)》,1927年9月29日,《联共(布)、共产国际与中国苏维埃运动》(7),第70-71、97-98页。
52	同上引注,第98页。
53	《斯大林在共产国际执行委员会和监察委员会联席会议上的讲话

54　《征询政治局委员意见》，1927年9月29日，《联共（布）、共产国际与中国苏维埃运动》（7），第118－119页。

55　《中共中央常委致南方局暨广东省委的信》，1927年10月，《广州起义》，第58－59页。

56　转见《中共中央致南方局并转广东省委函——关于叶、贺军队失败后广东的工作及善后问题》，1927年10月12日，《广州起义》，第60－61页。

57　《共产国际执行委员会政治书记处会议讨论中国问题速记记录（摘录）》，1927年10月14日，《联共（布）、共产国际与中国苏维埃运动》（7），第124－125页。

58　《联共（布）中央政治局会议第132号会议记录（摘录）》，1927年10月27日，《联共（布）、共产国际与中国苏维埃运动》（7），第135－136页。

59　《布哈林给各国共产党中央委员会的通报》，1927年10月31日，《联共（布）、共产国际与中国苏维埃运动》（7），第138页。

60　《中共中央致南方局并转广东省委函——关于叶、贺军队失败后广东的工作及善后问题》，1927年10月12日，《广州起义》，第60页。

61　《中共广东省委通告第十四号》，1927年10月15日，《广州起义》，第65页。

62　《张太雷关于广东问题的报告》，1927年10月22日。

63　《中共中央致南方局并广东省委》，1927年10月23日，《广东起义》，第72页。

64　《广东工作计划决议案——中央常委会议通过》，1927年11月17日，《广州起义》，第77－79页。

65　《张太雷关于东江的情形、中央的交通问题等给中央的报告》，1927年11月22日，《广州起义》，第84页。

66　谢苗诺夫于广州起义后就此给出的说法是，他坚决反对广东省委准备在张、黄事变"那一天"举行暴动，"最后终于说服了省委"。至于"说服张发奎，特别是黄琪翔投诚的工作"，虽然可能性是有的，但因共产国际代表团下了"禁令"，故"一点也没有做"。此说与广东省委的报告有明显出入。参见《谢苗诺夫关于广州暴动的报告》，1928年2月1日，《联共（布）、共产国际与中国苏维埃运动》（7），第321－323、330页；《广东政治报告》（二），1927年12月5日，《广州起义》，第102页。

67 《中共广东省委通告（第二十五号）》，1927年11月25日；《中国共产党广东省委员会号召暴动宣言》，1927年11月28日，《广州起义》，第85－87、88－93页。

68 《张太雷的信——决定准备夺取广州政权》，1927年11月28日，《广州起义》，第34－35页。

69 维克托-乌索夫著、赖铭传译：《二十世纪二十年代苏联情报机关在中国》，北京：解放军出版社2007年版，第253、264－264、286－288页。

70 王新生：《铁的红军是怎样炼成的（1927—1932）》，第191页。

71 分见《联共（布）、共产国际与中国苏维埃运动》（7），第141、145、161、191页。

72 《佩佩尔给共产国际执行委员会的信》，1927年12月5日，《联共（布）、共产国际与中国苏维埃运动》（7），第83－86页。

73 《米特凯维奇给共产国际执行委员会的信》，1927年12月上旬，《联共（布）、共产国际与中国苏维埃运动》（7），第161－162页。

74 《牛曼给联共（布）中央政治局的电报》，1927年11月29日，《联共（布）、共产国际与中国苏维埃运动》（7），第70－71、97－98页。

75 《特里利塞尔对牛曼发自广州电报内容的报告》，1927年12月9日，《联共（布）、共产国际与中国苏维埃运动》（7），第169－171页。

76 同上引注，第171页。

77 按聂荣臻回忆，这是指1927年12月13日。

78 《征询政治局委员意见》，1927年12月10日，《联共（布）、共产国际与中国苏维埃运动》（7），第173页。

79 只比较当事人——广州起义时担任"工农红军总司令"的叶挺——于1928年在莫斯科所做《关于广州暴动的经过情形》的报告内容，

即不难看出纽曼所报情况和实际情况的差距有多大了。转见《中国共产党第六次代表大会档案文献选编》(下)，第829－832页。

80　《中共广东省委政治报告》，1927年12月5日；《广州暴动前的准备》，1927年12月5日；《中共广东省委报告》，1927年12月11日，中央档案馆编：《广州起义资料选辑》，北京：中共中央党校出版社，1982年，第44－48、54－58、61－64页。

81　《聂荣臻回忆录》，北京：解放军出版社1986年版，第81页。

国际关系视野下的中国抗日战争研究

陈谦平

1955年生，南京大学特聘教授、南京大学中华民国史研究中心学术委员会主席、湖南师范大学"潇湘学者"讲座教授。

Chen Qianping

[内容摘要] 从国际关系视野考察14年中国抗战,"国际抗战"既为一种研究视角,亦是全面抗战发展到太平洋战争爆发后形成的一种抗战形态,它是全面抗战的重要阶段。中国抗战的各个历史阶段都不同程度地受到国际关系的影响。一·二八淞沪抗战后的英美调停暂时遏制了日本对中国进一步的军事侵略,但中国东北的沦陷却引发了西方列强对中国边疆的侵吞与蚕食。抗战时期的中德关系为国民政府对日抗战准备奠定了坚实基础,而苏联在全面抗战前三年对中国提供的巨大军事援助使得中国抗战得以持续进入战略相持阶段。笔者认为蒋介石决心固守南京的主要动机是为了争取苏联对日宣战。太平洋战争使中国抗日战争同世界反法西斯战争结为一体,中国国际抗战的局面由此形成。

[关键词] 局部抗战;全面抗战;国际抗战;第二次边疆危机;德国与中国抗战;苏联与中国抗战;钨砂贸易

习近平同志指出:"中国人民经过长达14年艰苦卓绝的斗争,取得了中国人民抗日战争的伟大胜利,宣告了世界反法西斯战争的完全胜利。"[1]至此,学术界持续了六十余年之久的14年抗战还是8年抗战的争执最终有了定论。本文仅就国际关系对中国抗日战争发展进程的影响以及中国抗战与国际抗战的关系问题谈几点看法,不当之处,敬请批评指正。

一、局部抗战形成的国际背景及其影响

中国局部抗战的局面是如何形成的?其形成的主因是什么?

我觉得同这一时期国际关系的影响至关重要。九一八事变无疑是将美、英构建的华盛顿体系捅了一个大窟窿。国民政府期待英、美等国能够依照《九国公约》来维持华盛顿体系，制止日本对中国东三省的侵略。但深陷于1929年经济危机中的英、美、法等国此时均已自顾不暇而补天乏术。尤其是英、法两国甚至想利用日本对北满的控制来牵制苏联。美国政府原想联合英国向日本施加外交压力，但因英国的装聋作哑而作罢。苏联虽然在舆论上强烈谴责日本对中国的侵略，但由于担心"苏联领土将遭到日军的直接进攻"，遂决定采取不干预政策。[2]

九一八事变以后，国民政府对日外交采取的是一边交涉、一边抵抗政策。

（1）蒋介石利用英美干预政策与局部抗战局面的形成。一·二八淞沪抗战爆发时，蒋介石已于当晚就任国民政府军事委员会委员，负责指挥对日作战事宜。他当即确定了"积极抵抗""预备交涉"的对日外交方针。[3]该项政策的着眼点在于抵抗，抵抗的目的是要迫使英、美等西方列强共同出面干预日本对华的进一步侵略。为了增援第19路军作战，蒋介石将由德国军事顾问训练的第87和第88师组成第5军，以第19路军名义驰援上海，投入作战。蒋介石之所以要在列强利益最为集中的上海地区实施较大规模的作战，其目的就是逼迫英、美出面调停。

中日两国在淞沪地区的军事作战果然引起了西方列强的不安和反对。淞沪抗战爆发以后，英、美驻沪总领事立即出面调停，要求"日方退回原防，退出地段暂由中立国军队警备，作为缓冲，以待解决。"[4] 美国国务卿史汀生（Henry Lewis Stimson）做出了向上海增兵的决定，美国海军巡洋舰和驱逐舰各1艘，于1月30日搭载一个团的海军陆战队从菲律宾驶往上海。[5]

在此形势下，日本外相芳泽谦吉请美国驻日大使向美国政府发电报，要求美国"帮助缓和危局"。[6]美国政府则于2月2日同时递交通牒，要求中日两国政府"迅速展开交涉，使两国间一切的纷争都以巴黎协定及12月9日国联决议的精神为基础进行解决"。[7]国民政府当晚即接受了美国政府的劝告。但日本强调中日"两国间现存的一切纷争"，不能包含"满洲事件"。[8]

2月23日，史汀生在致参议院外交委员会主席的信中强调："九国公约实为缔约国间一个自制的约束，意在放弃任何倾向于干扰中国发展的侵略政策"。史汀生因此建议其他国家与美国"联合一起，不承认任何中日两国所成立的……任何情势、条约或协议"。[9]这就是说，《九国公约》完全适用于在东北和上海发生的事件。

史汀生这封信所引起的反应，对英国政府和国联来说，都是非常重要的。1933年2月24日国际联盟全体会议通过国联调查团报告书以及日本随后退出国联的举动，导致日本在外交上陷于被动。"上海事变后的国际环境对于日本来说极为不利。而且，当看到不仅美国，甚至国际联盟成员国也采取了不承认'满洲国'的方针时，日本政府为防止对外关系恶化，行动更加谨慎……来自国内外的压力，使日本政府陷入极端的窘境中"。[10]

一方面是由于国民革命军在淞沪地区对日本侵略的顽强抗击，迫使日本不得不停战，以避免事态恶化。另一方面则是以美国为首的欧美列强的强力干预与斡旋，终于达成了《淞沪停战协定》的签订。

因此，一·二八淞沪抗战是九一八事变以来中国政府和军队抗击侵华日军的最经典战役，它提升了中国人民抗击日本侵略、保家卫国的民族主义激情。蒋介石巧妙运用了当时的国际局势，利用英美继续以《九国公约》维护在其华利益的愿望，暂时阻止了日本对中国的进一步军事入侵。中国对日局部抗战的局面因此形成。

（2）华北危机与中国第二次边疆危机。世界经济危机的进一步恶化，加剧了英、法、德、日等国经济的严重衰退，而英国扶德抑法的政策，导致纳粹党在德国掌权。1935年，希特勒公然撕毁《凡尔赛条约》，进行扩军备战，使得欧洲战云密布。美国则因传统孤立主义外交政策的影响，愈加孤立于欧亚事务之外。

在这种国际大环境影响之下，美英在东亚遏制日本侵略中国的能力逐渐衰弱。1932年5月15日，日本少壮派军人发动政变，新内阁积极推行夺取热河的政策。1933年2月日军攻占热河后，为了阻止日军进入华北，保卫平津，国民政府先后调集28个步兵师、5个骑兵师、4个骑兵旅和6个炮兵旅，在长城沿线各关隘部署军队，凭险固守，阻击日军2个师团及2个混成旅团对长城沿线进攻。

为了吸引国际注意力，蒋介石再次派出了由德国军事顾问训练的3个德械师（第2、第25、第83师）到长城沿线作战。不过，长城抗战持续近3个月，英美根本没有出面干预之意。因担心引发全线战事，蒋介石只好决定停战，命令徐庭瑶、宋哲元、商震等各部放弃长城一线，5月中旬指示黄郛到北平就任行政院政务整理委员会委员长，同日本代表进行谈判。华北危机由此开始。

不过，从本质上讲，长城抗战以后国民政府采取的对日交涉与妥协退让政策，也是为了争取时间来延缓日本侵略中国的步伐，赢得时间来进行对日抗战的准备，并等待国际局势的变化。

如果从国际关系的宏大视野来看，我们更应该重视日本侵占中国东北对中国边疆地区带来的严重后果。九一八事变和伪满洲国的建立，引发了欧洲列强对中国边疆进一步的侵吞与蚕食行动。1933年4月上半月，法属印度支那殖民当局出动3艘军舰，先后占领了中国南海南部海域中的9座岛屿[11]，并于同年7月25日宣布这些岛屿"现属于法国主权之下"[12]。自西姆拉会议后，英印政府一直试图侵占西藏地方政府所属喜马拉雅山南麓平原地区的领土，即西藏东南门隅、珞隅与察隅各地区。华北危机之际，英印当局落井下石，利用1935年4月发生的"华金栋事件"[13]，乘机向西藏地方政府提出根本不存在的所谓"麦克马洪线"。现在看来，加强抗战时期法、英侵占中国南海诸岛和西藏东南地区领土之研究，有着非常重要的历史意义与现实意义。此外，局部抗战时期苏联在外蒙古和新疆省的控制与渗透亦值得深入研究。

二、德国与中国的抗战准备

抗战时期的中德关系研究在国内并没有得到足够重视，研究成果更是少之又少。[14]

早在1927年发动四·一二清党前，蒋介石即派留德博士朱家骅帮忙联系聘请德国军事顾问。从1927年12月初蒋介石聘用德军退役上校鲍尔（Max H. Bauer）起，先后有5位德国人在国民政府军事委员会担任军事总顾问。其中佛采尔[15]（Georg Wetzell）、塞克特（Hans von Seeckt）和法肯豪森（Alexander von Falkenhausen）对中国抗战影响最大。他们最初来到中国的目的是担任军事总顾问，帮助中国建立新式军队及军火工业。当他们来到中国以后，发现中国的经济状况非常差，因而提出帮助中国建立现代化工业、现代化交通和现代化军队的构想。

塞克特是这一设想的主要设计者。作为第一次世界大战时期最杰出的德军将领、魏玛（Weimar）政府时期德国国防军的首任总司令，他答应来华任职的最重要目的，就是要同蒋介石达成用中国钨砂等特有矿品交换德国军火的易货贸易。他在任时间不到一年，但他致力于中国的国防工业建设、交通建设、军队整编和江海防工事的修建。在后任总顾问法肯豪森持续努力之下，德国顾问团为国民政府的抗战准备作出了极大贡献。

（1）整编军队。1931至1933年间，佛采尔共计整编了6个教导师，后来编成第5军和第17军，分别参加了一·二八淞沪抗战和长城抗战。从1935至1937年6月，由法肯豪森主导，国民政府整编陆军30个师约30万人。每师辖3个旅，每旅辖2个团，师直属一个炮兵营、3个榴弹炮连、1个战车防御炮连、1个高射炮连以及工兵、通讯、辎重、特务各一个营，军队的独立作战能力大大加强。整编师大部装备了全套德式武器。此外，在德国帮助下，国民政府军事委员会还成立了几个炮兵团和一个装甲车营，配有15厘米口径重榴弹炮和坦克。德械师的战斗力亦非昔日可比。"整师整师的（中国军队），从步枪、坦克到钢盔，都是由我们德国国防军使用过的德式军品装备起来的。"[16]

(2) 中国军火工业的建立。在德国帮助下，国民政府对原有军工企业进行改造，使得中国的步枪、轻重机关枪、迫击炮及其弹药制造已能自给。而株洲兵工厂则是由全新的德国设备组装而成的火炮生产线，可以制造各种口径的榴弹炮及炮弹。该厂后来迁往重庆。中国军火工业的自给自足，为战略相持阶段中国军队抗击日本侵略者提供了重要保证。

(3) 德国军火的输入。自1934年以来，德国对华武器出口大大增加。根据德国官方的统计数字，1935年德国交付给中国的武器和弹药价值6 458万马克，1936年为2 375万马克，而1937年则达到8 279万马克。从德国购买的武器中包括德制8.8厘米口径高射炮、7.5厘米口径的克虏伯榴弹炮和亨舍尔坦克，还有战斗机、潜水艇和军舰等[17]。

(4) 德国投资对局部抗战时期中国工业现代化和经济建设作出了重要贡献。1932年11月成立的国防设计委员会和1935年4月成立的资源委员会开启了由国家开发并经营为主导的、以国防工业为核心的中国重工业和矿业发展计划。由于这两个机构均由蒋介石兼任委员长，中国新的工业战略得以迅速实施。这些工矿企业主要用于国防需要，并由经过训练的专家朝着"计划经济"方向进行管理，其特点是将"重工业发展与原料开采及新能源生产能力"联系在一起[18]。此外，外国的投资和援助必不可少，而中国特有的钨、锑、锡等金属矿品的出口为这一计划提供必要的外汇。

其一，重工业建设。在德国克虏伯公司（Friedrich Krupp

AG.）的帮助下，资源委员会同德国合步楼公司（HAPRO）合作，启动了在湖南湘潭建设中央钢铁厂的三年计划，二十多名青年和数十名技术人员于1936年6月前往德国埃森接受培训。后因抗战爆发，工厂停办，设备和人员转移到云南。此外，在德国帮助下，昆明的中央机器制造厂、中央铜厂、四川巴县（今属重庆）的油田、四川内江的中国酒精厂，重庆的中央电器制造厂均开始兴建[19]。

其二，交通运输建设。德国汉莎航空公司（Luft Hansa Co.）早在1930年就同中央航空公司合作，成立了欧亚航空公司，开辟了中国经由西伯利亚飞往柏林的航线。后来在德国经济部长沙赫特（Hjalmar Schacht）的支持下，德国工业巨头奥托·沃尔夫（Otto Wolff）于1934年在上海设立了沃乐孚钢铁公司（Otto Wolff Koeln, China Branch），同年6月签订修建浙赣铁路的合同，不久又签订修建湘黔铁路与修补平汉铁路的合同，并向中国方面提供贷款，用于购买铁路器材、机器和军事装备。该公司还同德国荣格赐飞机制造厂（Junkers-Flugzeugwerk AG.）合资在南昌建立飞机制造厂。同德国戴姆勒-奔驰公司（Daimler-Benz AG.）合作，在湖南建立一座汽车制造厂，组装载重汽车。该厂1939年秋迁往桂林[20]。

总之，局部抗战时期中国的国际援助主要来自德国。南京国民政府时期，德国同中国在政治、经济、军事与文化方面的关系均很密切。九一八事变发生以后，德国政府对国民政府的各种援助，使得中国的抗战准备工作取得了较大成就。而德国对中国陆军的整编、对中国国防工事的修建、对中国国防工业的整理、对中国交通系统（铁路、公路）的完善，均为局部抗战和全面抗战作出了重要贡献。客观地讲，如果没有1930至1938年期间以钨砂为核心的、以中德易货贸易为形式的中德军事、经济和文化合作，中国很难同日本进行军事对抗。在德国国防军部和经济部的支持下，德国军事顾问所主导的中德军事和经济合作，使国民政府得以有效地进行对日抗战准备，使日本3个月内灭亡中国的叫嚣成为笑柄，并使日军同中国军队形成近3年的战略相持局面。

三、苏联援助中国抗战

总体来讲，国内学界对于抗战时期的中苏关系研究相对比较薄弱，尤其是尚待挖掘的俄文史料非常非常多。

西安事变的和平解决使国民政府同苏联关系有了极大改善。全面抗战爆发后，苏联表现出积极的援华态度。1937年8月，苏联主动向中国提供价值1亿美元武器订单，包括伊-15飞机45架、伊-16飞机94架和中型轰炸机62架[21]。在向英美求援成效不大的情况下，对苏戒心很深的蒋介石当然无法拒绝。8月21日，《中苏互不侵犯条约》由中国外交部长王宠惠和苏联驻华大使鲍格莫洛夫签订。

(1)"生死关头"—南京保卫战与蒋介石期待苏联对日宣战

1937年8月下旬，国民政府派出以军委会参谋次长杨杰为团长的"苏联实业考察团"赴莫斯科，专门负责办理购买军火事宜。八一三抗战爆发2个月以后，蒋介石对英美出面干预日本侵华的幻想已经破灭。经过长时间思考，他于10月22日要杨杰向苏联最高当局询问苏联参加对日作战的可能性：如"我国用军事抵抗到底，苏俄是否有参战之决心，与其时期，盼坦白相告。"[22]

为了激励中国政府抗击日本侵略者的士气，斯大林在11月11日下午接见杨杰和张冲时，称赞"中国现在抗战甚力，且有良好成绩"，并保证"若中国不利时，苏联可以向日开战"[3]。伏罗希洛夫11月10日晚在送别宴上请张冲转告蒋介石：如果中国抗战"到生死关头时，俄当出兵，决不坐视。"[24]他在11月12日亦向杨杰表示："苏联参战，一举即可奠定东方和平之基础……但苏联敌人甚多，东方开战，西方亦必接踵而起，东西兼顾恐无胜利把握"，不过，他仍称苏联正在积极准备出兵参战[25]。

张冲回到南京后，于11月28日向蒋介石转达了斯大林和伏罗希洛夫的口信。在此前后，蒋介石于26日、28日和29日给杨杰连发三电，要其向斯大林表示：中国政府虽已迁都，但决心"固守南京，不放弃长期抗战主旨"。中国唯一的期待就是盼望"友邦出兵相助"。但因"南京防御工事殊嫌薄弱，恐难持久"，故请杨杰询问苏联政府"究能何日出兵？十日内能否实现？"[26]

11月30日，蒋介石信心满满地致电龙云："我军决固守南京，部署已定，必能持久，以决最后胜负。最近期间，俄必出兵助我，国际形势亦将大变，此乃确有把握，望兄力促永衡[27]率部兼程，赴京增援，"并表示他本人正在南京"策划一切"[28]。

同日，蒋介石致电斯大林：指日本为中苏两国之"共同惟一之敌"，且"中国今为民族生存与国际义务，已竭尽其最大最后之力量"。现"不得已退守南京"，"当此存亡之交"，"惟待友邦苏俄实力之应援。甚望先生当机立断，仗义兴师，挽救东亚之危局"[29]。不过，斯大林此时绝不会对日本宣战，蒋介石盼苏联出兵也只是一厢情愿。斯大林于12月初致电蒋介石，宣称如果苏军"不因日方挑衅，而即刻对日出兵"，将会被认定为"侵略行动"。他表示只有在"九国或其中主要一部，允许共同应付日本侵略时，苏联就可以立即出兵。"[30] 蒋介石于12月5日接到斯大林的这份回电，大感失落，称"此与杨杰、张冲所报告者完全相反"，自觉"苏联出兵，殆已无望"[31]。

如果说八一三淞沪抗战，国民政府投入包括全部德械师在内的70万大军同日军浴血奋战近3个月，是为了让英美再次出面调停。但令人没有想到的是，蒋介石调集从淞沪战场撤下来的15万残军死守南京，竟是为了用南京保卫战来争取苏联对日出兵。在"斯大林复电亦到，出兵无望"的情况下，蒋介石于12月7日清晨即离开南京，飞往江西庐山休憩[32]。此情此景，令人唏嘘不已。

(2) 苏联军事援华与苏械化师的建立

在期待苏联出兵援华的希望破灭之后，蒋介石遂于12月6日致电斯大林，期望苏联"能予中国以实力援助，早奠东亚和平之基础"[33]。12月30日，蒋又致电杨杰，请求苏联立即供给中国20个师的军事装备。苏联政府立即同意提供除步枪之外的全部20个师的重型装备，包括11.5厘米重炮80门、7.6厘米野炮160门、3.7米战车防御炮80门及各种炮弹36万发，重机关枪300挺，轻机枪600挺附机枪子弹1000万发。此外，苏联还紧急援助中国所急需的双翼驱逐机62架并附武器及弹药。此前，苏联已于1937年底将62架驱逐机运送到哈密进行装配。现又"允让六十二架"，可编为4个大队[34]。此外，苏联已派空军志愿参战人员一个大队约150人到中国参战。

1938年3月1日，中苏签订第一次信用借款合同，借款总额5 000万美元。同年7月1日，中苏又签订了第二次信用借款合同，借款总额5 000万美元。1939年6月30日，中苏签订第三次信用借款合同，借款总额1.5亿美元。

截至1940年10月，苏联共向国民政府提供各类飞机1 000余架、飞机备份发动机200架、坦克82辆、各类火炮1200余门、轻重机关枪近万挺，汽车1500余辆、步枪5万余支以及其炮弹180余万发、子弹1800万发[35]。

武汉会战期间，以苏式重武器武装起来的苏械化师在同日军的激战中，发挥了重要作用。

1941年初以后，中苏关系在某种程度上受到损害。这一方面是由于国民党发动皖南事变，导致苏联不满；另一方面则是由于苏日在1941年4月签订的《中立条约》侵犯了中国主权。同年6月苏德战争爆发，苏联自顾不暇，已不可能援助中国抗战。从苏联的国家利益来讲，它不能够得罪日本，甘冒东西两面受敌的军事风险。当然，对于苏联提供的2.5亿美元的信用贷款，国民政府用了数量巨大的钨砂等矿品和茶叶等农副产品来偿还。

四、太平洋战争爆发与中国国际抗战局面的形成

1941年12月7日，日本海军突袭美国珍珠港，太平洋战争由此爆发。关于太平洋战争爆发后中国同美、苏、英各国的政

治、外交、军事等方面研究成果已经相当丰富，在此不再累述，仅就国际抗战谈几点看法。

(1)中国融入"国际抗战"。我之所以要把太平洋战争爆发后的中国抗战称为"国际抗战"，是因为此时中国抗战已同国际反法西斯战争结为一体。如前所述，自八一三淞沪抗战以来，蒋介石一直期待美国、英国和苏联对日宣战。以当时中国的现状，单靠中国一己之力，根本无法击败日本，这是中日之间一直没有宣战的主要原因之一。当美国对日宣战以后，蒋介石立即向美、英、苏各国表达了中国的建议：（1）太平洋反侵略各国成立由美国领导的同盟。（2）美、英、苏各国与中国一道对德意日宣战。（3）在太平洋战争结束以前，联盟各国不得单独对日媾和[36]。国民政府也于12月9日对日本、德国和意大利正式宣战。蒋介石深知中国抗战只有融入国际抗击德意日轴心国的国际抗战中去，才有获胜的可能。因此由美、英、苏与中国一起共同对日作战，成为蒋介石追寻的主要目标。

当时蒋介石最大的愿望，还是期望苏联对日宣战。12月10日，他密电斯大林，请苏联立即出兵。但斯大林以"苏联现负担抗德战争之主要任务……目前似不宜分散于远东"而拒绝，并恳请蒋介石"勿坚持苏联即刻对日宣战的主张"[37]。

1941年底，罗斯福与丘吉尔在华盛顿举行军事联席会议，决定在中国战区（包括越南、泰国）成立一最高统帅部，以蒋介石为统帅，统一指挥"现在或将来在中国境内活动之联合国军队"[38]。中国军队在国际抗战中最重要的一个亮点，即是太平洋战争爆发后在缅甸进行的2次作战，中国官兵的英勇作战恰恰彰显出中国军队在太平洋战场的重要性，充分体现出作为东方主战场的中国对第二次世界大战作出的重要贡献。

(2) 反攻缅北与中美英军队联合作战。1942年4月，蒋介石任命史迪威为中国驻印军总指挥，并将由缅甸退入印度的中国远征军第5军所部9 000余人调往印度东北部比哈尔(Bihar)邦的蓝姆伽(Ramgarh)训练营接受军事训练。从1942年9月至1944年1月，接受训练的中国官兵共有32 293人，这支部队后来扩编成新1军，下辖新22师、新30师、新38师以及若干个炮兵团、工兵团、汽车兵团和战车营、高射炮营、通信营等特种部队，为收复缅甸北部，打通滇缅路交通做准备。

1943年1月举行的卡萨布兰卡会议决定收复缅甸。同年2月，中、美、英高级将领在印度加尔各答开会，商定了由中国驻印军、中国远征军反攻缅北、滇西，最终会师于密支那作战计划。为了配合中国驻印军的反攻作战，罗斯福和丘吉尔决定成立特种部队，以小规模兵力深入丛林，进行渗透，攻击日军后方。英军为此建立了3 000余人的"钦迪特"(Chindits)远程突击部队。该支部队于1943年2月被空投到缅北日军后方，分成若干纵队进行游击战和袭扰战[39]。

美军建立的特种部队为第5307混成部队(the 5307th Composite Unit)，代号"加拉哈德"(Unit Galahad)，人数亦约3 000人。由于指挥官为麦瑞尔(Frank Merrill)准将，故又被称为"麦瑞尔突击队"。1944年2月，这支部队分成6个战斗分队进入缅甸，深入后方，任务是切断日军的补给与交通线[40]。

中国驻印军新38师(师长孙立人)与新22师(师长廖耀

湘）于1944年1月初发动缅北作战，3月5日攻占缅北门户孟关（Maingkwan）。在攻击瓦鲁班（Walawbun）时，新38师恰遇麦瑞尔突击队一部在迂回进攻瓦鲁班途中遭到日军2个中队的袭击。孙立人即派第113团前往救援。经过昼夜的急行军，该团于3月6日占领瓦鲁班东北2公里的拉于卡，击退压迫美军的日军，麦瑞尔突击队一部得以解围[41]。

在新38师和新22师进攻加迈（Kamaing）时，孙立人命令第114团于5月28日进入原始森林，经过4天不分昼夜地急行军，该团出其不意地攻占加迈以东要地拉芒卡道（Lamongahtawng），15日又将孟拱（Mogaung）和密支那（Myitkyina）之间的要道巴稜杜（Parentu）占领。其时在孟拱城东南2英里处有一支英印军"钦迪特"部队。由于孤军作战，该军一直受到优势日军的包围攻击，伤亡重大。该旅"当派少校参谋Ty-Acke，于十七日到达本师，请求支援"。孙立人遂命令第114团"星夜向孟拱东北地区秘密开路，强渡南高江，支援英军，并攻击孟拱"。该团主力于20日晨向孟拱南部外围据点实施攻击。而救援英军的该团第1营终将英军解困。

（3）中美混合联军突袭密支那。1944年4月，史迪威组编了一支中美混合联军，下辖3个支队。联军的总人数为6 000人，其中中国驻印军4 000人，美军麦支队1 400人、英军克钦族侦察队600人。该联军的任务是翻越库芒山，直插密支那，占领机场和城市。中美联军第1支队和第2支队于4月29日分别从太克里（Taikri）出发，依靠克钦族向导的引路，翻越海拔2 000米的库芒山，于5月16日秘密抵达密支那的西飞机场，并于17日占领之。

日军在密支那城四侧构筑的坑道式地下工事犬牙交错，坚固抗炸，易守难攻。联军指挥官麦瑞尔准将麻痹轻敌，坚信密支那城内日军只有"步兵300名"。19日，他仅派第2支队所属第50师的2个营冒险进攻。由于缺乏重武器，加之官兵疲劳，突击队遭受重大损失。日军随即由孟拱和八莫派出援军，城内日军已达4 600余人。尽管史迪威亲临密支那，并多次换帅，但中美联军依然伤亡严重，进攻受挫[44]。6月25日，新38师在攻占孟拱时歼灭了从卡萨前往密支那增援的日军第56师团第148联队主力和独立炮兵联队一部，并派第113团从孟拱直捣密支那。而新1军军长郑洞国也于26日接管了密支那攻坚战的指挥权。他针对日军依托坑道与工事进行作战的特点，针锋相对地提出"掘壕推进，分割包围，逐个歼灭"的作战方针，经过两个半月激战，中美联军终于8月3日将密支那攻占[45]。

由于中国驻印军控制了胡康河谷、孟拱、密支那等地区，使得由雷多经新平洋、于邦家、孟关、孟拱到密支那的中印公路成功修通。1945年1月10日，从雷多至密支那长达426.5公里的双线公路筑成通车，运输队每月可以载运7万至8万吨物资到中国。另外，直径为4英寸的中印输油管道也于1945年1月铺设到密支那，每月向中国输油几千吨。

五、钨砂贸易与国际抗战

钨是生产合金钢的重要原料，用于制造装甲板、穿甲弹、枪炮管和飞机上坚硬的抗高温部件，第一次世界大战后成为最重要的合金材料。中国当时的钨砂产量占世界产量的50%左右，尤其是江西大庾（今称大余）蕴藏量大，钨砂含钨量达70%以上。在1930—1940年代，赣钨成为欧美各国争相竞逐的重要矿品。

抗战前后，德国、苏联和美国对中国的军事援助，要求中国用于偿还债务的主要物品，就是钨砂。德国是资源严重缺乏的国家，纳粹政权建立以后，德国军方急切需要从中国购买钨砂，钨砂贸易成为中德合作的基础。而苏联和美国的钨砂蕴藏量均有限，且品质不如赣钨。

（1）**中德钨砂贸易**。德国与中国在1934年和1936年先后签订了《中德易货合同》和《中德信用借款合同》，即由德国政府向中国政府提供1亿马克信用贷款，中国每年可以动用2 000万马克在德国购买军火、机器和其他工业品，但每年只需用中国出产的价值1000万马克的钨砂、锑、锡和棉花、茶叶等农矿产品来偿还[46]。

抗战时期，国民政府代德购运的钨砂总数没有完整、准确的记载。笔者通过对资源委员会的各种统计数据加以分析，认为1934年至1938年期间的对德钨砂出口总量大概在23 000吨以上[47]。但根据德国方面的档案统计，德国同期从中国进口的钨砂总量为29 384吨[48]。究其原因，1936年以前德国合步楼公司同广东地方政府进行的钨砂贸易以及来自民间的走私交易没有统计在内。

从1938年起，德国对华关系发生了逆转。由于戈林（Hermann Wilhelm Göring）于4月28日下令禁止向中国运送战争物资，加之德国政府又召回了在中国服务的德国军事顾问，同年5月，国民政府停止向德国输出钨、锑等矿产品。由于德国对钨砂的需求猛增，新任经济部长冯克（Walter Funk）派傅义德（Hellmuth Woidt）来重庆交涉，并同孔祥熙达成协议：德国对华再提供1亿马克信用贷款；德国将在最近4个月内向中国交运2.2亿发步枪子弹，数万发炮弹，而中国应在4个月内供给德国三四千吨钨砂以及锑、锡[49]等矿品。不过，由于德国政府于1939年4月再次下令停运输华军火，中国对德国的钨砂供应基本停止。自中国停运钨砂以后，由于缺少钨砂，德国的军工生产面临困境。1943年底，德国储备的钨砂即将用尽，德国军工部门负责人甚至提出应该到重庆去用黄金购买中国的钨砂[50]。

（2）**中苏钨砂贸易**。1938年5月以后，由于苏联军火的大量援华，根据中国政府同苏联政府签订的协议，苏联援华军火，其半数要用钨、锑、锡等特矿产品偿还。从1939年3月起，到1946年3月27日止，资源委员会同苏联驻华商务代表处一共签订了8份《对苏矿产交货合同》。国民政府应向苏联运送的钨砂总量应为31 500吨。根据档案统计，从1941年3月至1945年1月底，资源委员会通过香港、仰光、哈密、昆明、星星峡、兰州和宜宾，共计向苏联运送的钨砂达25 241吨[51]。实际上，在1938年3月中苏第一次信用借款合同签订以后，中国政府对苏联的钨砂供货即已开始。根据钱昌照的回忆，抗战时期中国交运给苏联的钨砂总量已达31 177吨[52]。

（3）**中美钨砂贸易**。太平洋战争爆发前，美国已在积极购买中国钨砂。资源委员会于1940年10月22日同美国金属准备公司签订《售钨合约》，借款总额美金5 000万元，以中国钨砂作抵押，7年还清。合同规定中国每年平均应运钨砂7 000吨来偿还债务[53]。

太平洋战争爆发后，美国对中国战略矿产资源的需求猛涨。美国政府希望中国政府于1942年内"运美偿债钨砂，百分之七十五由美付我现款，百分之二十五作为还债"。美方甚至提出1942年内运美钨砂数量20 000吨的要求[54]。可见美国政府对于钨砂的需求多么急切。翁文灏认为，美国是盟国，且钨砂系军火制造的重要原料，"彼方既属急需，我国自亦应尽量供给。"不过，令翁文灏感到为难的是，中国1942年钨砂产量原定为12 000吨，如果增加产量，连同库存钨砂在内，1942年最多只能供应20 000吨左右。但中国必须每年供应苏联钨砂4 000吨。英国大使薛穆（Sir Horace J. Seymour）亦称"英国需钨甚急，盼我在不影响对其他各国偿债需要之范围内，尽量供给。"翁文灏不得不决定再供给英国"一千至二千吨"。即便在这样的情况下，国民政府仍决定按照每年15 000吨的标准，对美国"尽量筹运"[55]。

据本人不完全的统计，1941年1月至12月，国民政府共向输美钨砂总量为4 800吨。而1942年1月至1944年3月，中国运往美国的钨砂总量则已达到14 186吨[56]。

作为制造重型武器不可或缺的战略原料，钨砂的重要性无可替代。由于中国拥有蕴藏量巨大且品质优良的钨矿，中国成为当时国际钨砂主要的供货来源。抗战时期，中国抗击日本侵略者所需的飞机、坦克、重炮和其他先进武器，主要依靠钨砂来交换。因此，中国的钨砂出口不仅为中国抗日战争的胜利提供了重要物质保证，也为苏联、美国战胜德国纳粹和日本军国主义的发挥了重要作用。正如柯伟林（William Kirby）所评论的那样："如果说中国人在美国找到了武器和信贷的新来源，他们的钨砂也输往美国的话，那么德国人就再也无法找到这种战略矿砂的替代来源。"[57]因此，中国政府自1939年下半年起完全停止对纳粹德国的钨砂供应，造成德国军工生产由于钨砂来源枯竭而陷入危机，对于纳粹德国的覆灭也作出了重要贡献。

如果将中国抗日战争置于国际关系的大背景下进行考察，可以发现，中国抗日战争的各个历史阶段都不同程度地受到国际关系的影响。一·二八淞沪抗战在英美的调停下暂时遏制了日本进一步的军事侵略，但世界经济危机的进一步加深和纳粹德国在欧洲的扩张，使英美对日本在中国的扩张束手无策。德国军事顾问和中德易货贸易对中国全面抗战准备起了重要作用。苏联出于遏制日本的战略考虑，在全面抗战前三年提供了巨大的军事援助。而由于德、苏援助的停止和英、美的对日退让，中国抗战进入了战略相持阶段。全面抗战时期中国的钨砂出口不仅为中国抗日战争的胜利提供了重要物质基础，也为第二次世界大战的胜利作出了重要贡献。中国太平洋战争爆发以后，中国抗日战争同世界反法西斯战争结为一体，中国抗日战场成为第二次世界大战的东方主战场，中国成为战后亚太国际秩序的制定者，抗日战争遂成为中华民族全面振兴与发展的起点。"国际抗战"既是一种研究视角，亦是全面抗战发展到太平洋战争后的一个新阶段。从中国抗战角度看，它是中国全面抗战的一个组成部分；从世界反法西斯战争观察，它是以中国抗战力量为主体、以中国为主战场的国际性抗战。

注 释

1. 习近平："在纪念中国人民抗日战争暨世界反法西斯战争胜利70周年大会上的讲话"。《人民日报》2015年9月4日第2版。
2. 绪方贞子著、李佩译：《满洲事变：政策的形成过程》，社会科学文献出版社2015年版，第94页。
3. 周美华编注：《蒋中正总统档案·事略稿本》第13册，台北："国史馆"2004年版，第87页。
4. 《蒋中正总统档案·事略稿本》第13册，第121页。
5. 《蒋中正总统档案·事略稿本》第13册，第160–161页。
6. "芳泽谦吉致泽田节藏电"（1932年2月1日），日本外务省编：《日本外务文书·满洲事变》第二卷第一册，东京：外务省发行1979年版，第37–38页。
7. "出渊胜次致芳泽谦吉电"（1932年2月3日），日本外务省编：《日本外务文书·满洲事变》第二卷第一册，第86页。
8. "芳泽谦吉致泽田节藏电"（1932年2月4日），日本外务省编：《日本外务文书·满洲事变》第二卷第一册，第100–101页。
9. 《史汀生致参议院外交委员会主席波拉函》（1932年2月23日），《中美关系资料汇编》（第一辑），北京：世界知识出版社1961年版，第88–89页。
10. 绪方贞子著、李佩译：《满洲事变：政策的形成过程》，第190–191页。
11. 即今属南沙群岛的南威岛、安波沙洲、鸿庥岛、太平岛、中业岛、南钥岛、杨信沙洲、南子礁和北子礁。
12. Research Department Memorandum: The Spratly Islands, 27 January 1972. FCO 51/ 246 / 4–E–1785/ 11342132, The National Archives, London, UK.
13. 英国剑桥大学自然历史学教授华金栋（F. Kingdon Ward）于1935年5月初闯入西藏门隅达旺地区，沿雅鲁藏布江东下，到达工布、波密和察隅地区。华金栋的使命实际上是英印政府授意的，由于非法入境，他被西藏地方政府扣留。英印政府乘机公开提出所谓

"麦克马洪线"问题，指责西藏地方政府侵占了英印的"领土"。参见陈谦平：《抗战前后之中英西藏交涉（1935-1947）》，生活·读书·新知三联书店2003年，第226-230页；第243-245页。

14　民国时期中德关系研究成果有马振犊、戚如高著《蒋介石与希特勒——民国时期的中德关系》（台北：东大图书公司1998年版）；周惠民著《德国对华政策研究》（台北：三民书局1995年版）、柯伟林著、陈谦平等译《德国与中华民国》（南京：江苏人民出版社2006年版。该书最早中译本为《蒋介石政府与纳粹德国》，北京：中国青年出版社1994年版）；陈仁霞著《中德日三角关系研究（1936-1938）》（北京：生活·读书·新知三联书店2003年版）。史料集有中国第二历史档案馆编：《中德外交秘档（1927-1947）》，桂林：广西师范大学出版社1994年版。

15　亦译魏采尔。

16　柯伟林：《德国与中华民国》，陈谦平、陈红民等译，南京：江苏人民出版社2006年版，第248页。

17　柯伟林：《德国与中华民国》，第249页。

18　柯伟林：《德国与中华民国》，第107页。

19　柯伟林：《德国与中华民国》，第243-245页。

20　柯伟林：《德国与中华民国》，第225-232页。

21　《苏联空军马利奇科夫致国防人民委员会兰格沃伊函》（1937年9月9日），俄罗斯国家军事档案馆档案，档号：33987/3a/1051，第1页（РГВА, Фонт № 33987/Опись № 3а/Дело № 1051/Лист № 1）。

22　《蒋介石致蒋廷黻转杨杰电》（1937年10月22日），秦孝仪主编：《中华民国重要史料初编——对日抗战时期》第三编"战时外交"（二），台北：中国国民党中央委员会党史委员会1981年版，第333页。

23　《杨杰、张冲致蒋介石呈》（1937年11月12日），《中华民国重要史料初编——对日抗战时期》第三编"战时外交"（二），第336页。

24　《张冲致蒋介石电》（1937年11月18日），《中华民国重要史料初编——对日抗战时期》第三编"战时外交"（二），第338页。

25	《杨杰致蒋介石报告》(1937年11月12日),《中华民国重要史料初编——对日抗战时期》第三编"战时外交"(二),第337页。
26	"蒋介石致杨杰电"(1937年11月29日),台北"国史馆"藏"蒋中正档案/筹笔/抗战时期",档号:002-010300-00007-040。
27	即第60军军长卢汉。
28	"蒋介石致龙云电"(1937年11月30日),台北:"国史馆"藏"蒋中正档案/筹笔/抗战时期",档号:002-010300-00007-042。
29	张世瑛编辑:《蒋中正总统档案·事略稿本》第40册,台北:"国史馆"2015年版,第821-822页。
30	《史达林等致蒋介石电》(1937年12月?日),秦孝仪主编:《中华民国重要史料初编——对日抗战时期》第三编,"战时外交"(二),第339页。笔者依照前后电文判断,该电报发电应在12月3日或4日。
31	《蒋中正总统档案·事略稿本》第40册,第843页。
32	《蒋中正总统档案·事略稿本》第40册,第846-848页。
33	《蒋介石致史达林等电》(1937年12月6日),《中华民国重要史料初编——对日抗战时期》第三编,"战时外交"(二),第340页。
34	《杨杰呈蒋介石工作报告》(1938年1月5日),《中华民国重要史料初编——对日抗战时期》第三编,"战时外交"(二),第472-473页。
35	系笔者根据各种中苏史料综合而成。
36	周美华编辑:《蒋中正总统档案·事略稿本》第47册,台北:"国史馆"2010年版,第606-607页。
37	《史达林致蒋介石电》(1941年12月12日),《中华民国重要史料初编——对日抗战时期》,第3编,《战时外交》(3),第57页。
38	《罗斯福致蒋介石电》(1941年12月31日),《中华民国重要史料初编——对日抗战时期》,第3编,《战时外交》(3),第97页。
39	Chindits:Special Force Burma 1942-44 (《钦迪特:1942-44年在缅甸的特种部队》),http://www.wolftree.co.uk/Burma4.html.
40	Merrill's Marauders, A Memorandum from the Operations Division (OPD) of the War Department dated 18 September 1943

(《麦瑞尔突击队：美国陆军部作战处 1943 年 9 月 18 日备忘录》)，OPD 320.2, United States Army Center of Military History（美国军史中心藏），1990(1945), CMH Pub,100-4.

41　"中国驻印军新 1 军新 38 师司令部虎关区作战经过概要"（1944 年 11 月 14 日），中国第二历史档案馆编：《抗日战争正面战场》下，南京：江苏古籍出版社 1987 年版，第 1449 页。

42　"中国驻印军新 1 军新 38 师司令部卡盟区作战经过概要"（1945 年 1 月 15 日），《抗日战争正面战场》（下），第 1464 页。

43　C. Peter Chen, Battle of Myitkyina, 10, Mar. – 3 Aug. 1944（彼得·陈著：《密支那战役（1944 年 3 月 10 日至 8 月 3 日）》）. The World War II Database is founded and managed by C. Peter Chen of Lava Development, LLC（彼得·陈 Lava 公司开发管理的第二次世界大战数据库）.

44　C. Peter Chen, Battle of Myitkyina, 10, Mar. – 3 Aug. 1944. The World War II Database is founded and managed by C. Peter Chen of Lava Development, LLC（译文同上）；日本防卫厅防卫研究所战史室著，天津市政协编译委员会译：《缅甸作战》下，北京：中华书局 1987 年版，第 53-55 页。

45　日本防卫厅防卫研究所战史室著：《缅甸作战》下，第 69 页；"攻克密支那街市战斗经过"（1944 年 8 月 21 日），《抗日战争正面战场》下，第 1468-1469 页。

46　《中德信用借款合同》（1936 年 4 月 8 日），中国第二历史档案馆编：《中德外交秘档（1927—1947）》，第 329-335 页。

47　由笔者根据下列档案初步统计：孙拯编制《中德贸易数量统计表》（1929 年 -1934 年）、《叶琢堂报告 1936-1937 年度中德贸易状况致翁文灏函》（1937 年 2 月 4 日），参见中国第二历史档案馆编：《中德外交秘档（1927—1947）》，第 208-217 页、第 251-253 页；中国第二历史档案馆藏《资源委员会国外贸易事务所二十六年度交砂数量及售价一览表》（资源委员会国外贸易事务所档案，档号：二六四 /449）、《中央信托局局长叶琢堂、副局长张度向财政部报告中德合步楼购料情况》（财政部国库署档案，档

	号：三六七②/201）。
48	OKW/Wi Rue Amt, Zug1/66, No.32. Bundesarchiv-Militaerarchiv, Freiburg. 转引自柯伟林：《德国与中华民国》，第241页。
49	《齐焌致蒋介石呈》（1938年10月10日），《民国档案》，1995年第3期第24-26页。
50	柯伟林：《德国与中华民国》，第290页。
51	此数字由笔者根据台北"国史馆"所藏国民政府"矿业管理（七）"档案整理而成。档号：1131/1032.01-07/249/001113100A007。
52	钱昌照："国民党政府资源委员会始末"，全国政协文史资料研究委员会工商经济组编：《回忆国民党政府资源委员会》，北京：中国文史出版社1988年版，第6页。
53	《翁文灏致蒋介石呈》（1940年9月27日），陈谦平编：《翁文灏与抗战档案史料汇编》下册，第576页。
54	《翁文灏电呈美国欲增加运美钨砂至二万吨情形》（1942年1月10日），陈谦平编：《翁文灏与抗战档案史料汇编》下册，第592页。
55	《翁文灏电呈美国欲增加运美钨砂至二万吨情形》（1942年1月10日），陈谦平编：《翁文灏与抗战档案史料汇编》下册，第592页。
56	此数字由笔者根据台北"国史馆"所藏国民政府"矿业管理（二）"档案整理而成。档号：1131/1032.01-02/244/001113100A002。
57	柯伟林：《德国与中华民国》，第289-290页。

为马戛尔尼使华进一解

马勇

1956年生,中国社会科学院近代史研究所研究员、研究生院教授。

Ma Yong

1793年马戛尔尼使团访华，是人类历史上的一个大事件。从全球史视角观察，这个事件不仅决定了此后两百多年中国的政治走向，塑造并定型了中国与世界关系，而且深刻影响了世界对中国的认知。

在此之前的三个世纪，由于大航海，由于地理大发现，中国与西方，与世界已有相当的联系、交往、贸易，双方有摩擦，有冲突，但基本上还处于一个相互尊重、相互学习、互通有无的状态，西方从中国学到了不少，也拿走了不少，茶叶、丝绸、瓷器，极大丰富了西方人的生活，也在一定程度上改变了西方人的生活方式，为西方人的生活方式注入了东方因素，进而甚至改变了西方人的思想，启导了近代。现代学人朱谦之在仔细研究了欧洲文艺复兴的物质基础，诸如造纸、印刷术、火药、指南针的来历，又研究了文艺复兴时期欧洲人比如传教士、商人、外交使者、游客，以及曾经在中国做过事的工程师等各类人对中国的认识；特别是《马可波罗游记》、薄伽丘的《十日谈》等西方作品中所记录的东方信息。据此，朱谦之郑重指出，"欧洲的文艺复兴，于精神的基础以外，实有其物质的基础。文艺复兴虽以古代希腊的思潮为其精神基础，同时实以中国之重要发明，为其物质的基础。13世纪以来，欧洲即有许多教士、商人、外交使者、游客等，不绝东来，使欧人对于中国，渐渐有亲切和明了的认识。尤以《马可波罗游记》给文艺复兴期以很大的影响。如地理上的大发现，美的与物质的生活之愿望，自由研究之精神，不知唤起了欧洲中世纪的多少迷梦，即谓欧洲的文艺复兴，受此书之重大影响，也无不可。并且事实上在文艺复兴期的代表作家里面，也常以中国为题材，把中国人完全理想化了。所以平心而论，文艺复兴虽然和十八世纪的启蒙运动不同，启蒙运动完全以中国为精神的基础，中国居第一位，希腊居第二位。反之文艺复兴则以希腊为精神的基础，希腊居第一位，中国居第二位，然而精神不能外于物质而有，所以即就中国曾给文艺复兴以物质的基础这一点，在历史书里免不了要大书特书了。"[1]由此可见，在十八世纪之前几个世纪里，中国在西方的形象是积极的，向上的，是西方人愿意模仿、追慕的对象。

但是，等到马戛尔尼访华之后，中国在西方的形象可以说一落千丈。先前在西方人眼里一个遥远的、文明的古老国家，却迅速成为愚昧、野蛮、闭关自守、不可理喻的象征。

究竟是什么原因让中国形象发生如此重大改变，还可以做多角度研究，但马戛尔尼访华时，中西双方的猜疑、相互不信任，各自所要表达的看法并不能在对方那里获得准确的认知，超越字面的无端猜测、怀疑，阴谋论，遗憾的误读，主导了双方的交往。

"文明误读"不始于乾隆时期的马戛尔尼之行，也不终止于乾隆时代。此后类似的例子屡有发生。这些历史关键时刻的误读，导致一系列意想不到的变局，这是研究近代中国时最耐人寻味的历史节点。

马戛尔尼使团的目的从一开始就很清楚，与几年前卡思卡特使团的目标别无二致，一旦有机会面见中国皇帝，"在你一再申述陛下对皇帝的友好及和平的意向，以及对他的号称仁慈政治的尊重以后，就必须有礼地提出：第一，两国间贸易所产生的利益是对双方有利的,在贸易的过程中,除其他货物外,我们收购数达20 000 000磅重的中国草(茶叶),这些东西是难以销售的,因为欧洲和亚洲的其他各国都不会这样大量饮用,为了购买它,我们交回毛织品、棉花及其他对中国人有用的货物,但一大部分,实际上是以银圆支付的。

第二,我们中国广大的商业,需要一个安全的地方作为商站,以便存放未出售的货物,或者在淡季时,可以将其装到我们来往的船上;因此,我们希望给予一块比广州的地位更为便利的小地方或邻近的小岛,我们在广州的堆栈离船只很远,所以我们无法防止公司的船只及商船的水手等发生的不法行为。

第三,我们的目的纯粹是商业的,毫无领土意图,所以我们不企图设防或防卫,但只是希望中国政府保护我们的商人或他们的代理人在内地贸易或旅行,及保证我们不受那些企图扰乱我们贸易的其他各国的侵犯;但是关于这一点,你必须准备消除各种由于讨论我们现在的印度领地而产生的偏见,应该申明我们在这方面的地位,不是我们要这样做的,我们必须保卫自己,抵抗那些与欧洲各国狼狈为奸和不遵守各个皇帝所给予我们权利的叛乱王公的压迫;或者用你自己关于这个问题所想到的论点来答辩。"[2]仅从文字看,马戛尔尼使团与卡思卡特使团的使命是一样的,文字表述也是大致相同。

英国政府的设计、准备都是充分的,几乎每一个细节都有预案。但是英国人根本没有想到的是,他们谦恭地跑来为老皇帝祝寿,吊起来了老皇帝的胃口。等到觐见时,却又不愿意客随主便给以老皇帝应有的尊敬。三跪九叩的礼节难住了马戛尔尼,不是他们不会，而是他们太过机械理解英国政府的这段训令："你到达后，依照朝廷各项仪礼，尽快获准觐见，但不要有损你的君主的荣誉及降低你自己的威严，以致危及你会谈的成功。"[3]英国政府训令主旨是要求马戛尔尼"依照朝廷各项仪礼"尽快进行，但是马戛尔尼将理解的重心放到了"不要有损你的君主的荣誉及降低你自己的威严"，于是出现了后来许多问题。

马戛尔尼在觐见礼仪上弄得乾隆帝不愉快，但这并不是马戛尔尼此行失败的关键。礼仪冲突根本没有办法与利益冲突相比，过去的许多研究从文化着眼有意义，但不能高估。马戛尔尼此行失败的根源在于其经济方面的诉求远远高于乾隆皇帝的心理底线，我们可以说乾隆皇帝此时不懂世界贸易，不懂近代，不懂工业革命之后中国应该怎么办，但事实就是马戛尔尼要价太高，乾隆皇帝不愿意接受。

乾隆帝立场变硬大致从获悉英王外交文书细节之后，最让他觉得不能接受的是驻使北京，"恳准将所差的人在北京城切近观光，沐浴教化，以便回国时奉扬德政，化道本国众人。"这段话说得很好听，但这件事确实是中国从来没有遇到的新问题，因而乾隆帝的反应是，"伊等贸易远在澳门，即留人在京，岂能照料？至于天朝礼法，与该国风俗迥不相同，即使留人观习，伊亦岂能效法？且向来西洋人惟有情愿来京当差者方准留京，遵用天朝服饰，安置堂内，永远不准回国。今伊等既不能如此，异言异服，逗留京城，或其心怀窥测，其事断不可行。"[4]因而乾隆帝对于英方几项关切差不多全面否决。乾隆帝复英王信说："朕已令大臣等送尔使臣归国，朕恐其不能完全明晰表达朕之意旨，特将其逐项要求,附以朕之批复,希尔信服批复公正无偏。

"第一项,尔之使臣要求,尔等贸易船只如认为适当,即可开赴浙江省之宁波或舟山,或北直隶省之天津卫或其他地方。而我朝向来旧例,所有欧洲各国商贾,必须往广州贸易,毫无例外;而此种规例,尔国商贾亦遵行多年。浙江之宁波,北直隶之天津卫,两处皆无堆栈以资贸易。如尔等船只开赴该处,将有何物购买乎?而且,此等处所并无通事,无人通晓尔等语言,因此亦无利可图。是故,尔等如再行贸易,应如前同往广州;至于尔使臣要求在宁波、舟山、天津卫及其他口岸,朕无意应运。"中方的立场简洁明白,中国不愿意就此改变贸易规则,就此扩大通商口岸,此时除了对世界大势缺少真切理解,主要是基于公平原则,在乾隆看来,中国对欧洲的贸易并不只有英国,因此制度的调整必须通盘考虑,不会因一国而改变。这个理由当然自圆其说。很显然,这些理由都不是理由,没有堆栈可以建,没有通事可以找。

"第二项,尔使臣要求与俄罗斯人同一办法,在京师指定一地为贸易处所。此事亦不能允准。盖京师为万国人等来往之地;是故此间律例施行格外严厉,从不准外国人等在京师得有贸易处所。尔等商贾在广州从事贸易,距离近,易于进出。此外,其他欧洲商贾亦时常前往。尔国地处欧洲西北,远离中国,如京师定为贸易处所,往返航行诸多困难。朕悉俄罗斯人曾经划有一地,为彼等在京师贸易;然此不过系一时权宜之计,后经另行划定恰克图一地,即行全体前往该处,无人再留京师,此事业经过去多年,以后俄罗斯人即在恰克图贸易,正如尔等子民在广州无异。

在京师开放贸易新地将有何用？帝国四境严密防卫；各国人等不得随意往来。是故要求在京师得一贸易之地，必不可行。"乾隆的这个答复亦大致能够成立，如果仅仅出于贸易考量，京师确实不是理想之地。

"第三项，尔使臣禀请拨给舟山一小岛作为英吉利商人居住及买卖处所。该岛既无通事，又无货栈；船只亦不能长留该处。即使得此一岛，亦属无用。帝国自有版图，四境严加保卫。而岛屿沙洲，亦必划界分疆，加以治理。况如前所述，前来贸易者不独英吉利一国之人，倘若其他各国之人，起而效尤，禀请一地贸易，朕将何以满足彼等要求？且此种割让为我朝所未有，故此一要求，碍难照准。"[5]

乾隆皇帝此时不愿与主要贸易伙伴英国构建新的近代关系，除了经济方面的原因外，还有一个政治上的突发因素值得考虑。中国是一个帝制国家，皇帝是国家的象征，但是就在三年前，1789年，乾隆五十四年，帝制法国爆发了一场以推翻君主体制、构建共和体制为主要诉求的大革命。法国君主被推翻，第一共和建立。这是人类历史上的大事件，此时乃至以后都深刻影响了中国。

本来，满洲人定鼎中原之后，在很长时间，在天文、历算、建筑、绘画等领域，一直大量使用欧洲人，十八世纪中国鼎盛时期修筑的圆明园，其中就有欧洲人的贡献，至于康雍乾三朝大规模地理测量等重大工程，都有西方人参与其中。中国只是没有在法律层面与西方国家建交，但在事实上，直至马戛尔尼来华，中西之间一直保持并不太坏的沟通管道，说中国人完全不知道西方，说中国直至鸦片战争一声炮响，方才如梦初醒，睁眼看世界。这个说法肯定经不起推敲。

中国人不仅知道西方的艺术、物质文明，也知道西方的政治变动。这一点过去研究的很不够，假如仔细排比相关史料，我们就可以知道马戛尔尼此行之所以失败，主要的并不是贸易，更不是礼仪，而是西方突然发生的政治变动，是法国大革命让乾隆皇帝感到震惊，盛世恐慌，因而渐渐关闭与西方交往的大门。

据斯当东记录，当马戛尔尼从避暑山庄返回北京后，曾有一位私人朋友来访，这位朋友"对中国朝廷的情况非常熟悉，也了解一些在广州经商的困难逐渐增加。在和（珅）中堂未通知特使（马戛尔尼）去接中国皇帝信件之前，就是这个人向特使透漏了皇帝信件已经写好的消息。他说：'中国人对于外国使节仅视为在国家重大节日送礼而来，节日过后即刻归国。两个世纪以来许多外国使节到过中国，没有一个超过这个勾留期限的。葡萄牙是中国最友好的国家，在当今皇帝治下，葡萄牙曾派特使前来，最多只住了三十九天就走了。中国很少有与他国缔结条约的观念。为了同这个国家进行贸易，先派一个使节来致意，奠定有利基础，以后再陆续发生联系，应当按部就班，逐节进行，不能操之过急。近来广州下级官吏压迫外人的举动逐渐增加，照这样发展下去，最后终将被迫或者完全放弃对华贸易，或者再派一个使节前来诉苦。使节越早来，效果越大。法国的动乱促使中国官方加紧提防。假如特使携带礼物在法国国内未发生暴乱以前来，遭遇到的困难要比现在少得多。但使节团虽然遭遇了暂时挫折困难，却已在中国人的心目中留下了不可磨灭的印象，已经对英国人发生了有利影响。英国人现在所受的压迫,将来总有解除的一天。中国政府对于任何一种新的事物最初总是抱着强烈反对态度,生怕自己上当吃亏。但等它对这个事物的新鲜感觉逐渐冲淡,习以为常之后,它未始不可以重新考虑加以采纳。'"[6]

根据马戛尔尼这位友人的分析,我们可以得出两个看法,第一,乾隆皇帝改变先前对西方的立场,不愿扩大与西方的交往,主要应该是因为法国的动荡,防患于未然。宁信其有不信其无,从来是威权体制维护稳定的不二选择。第二,中国政府对于新事物极为敏感,这种敏感不是第一时间追逐,而是第一时间防范这种新事物可能会带给中国的伤害,只有弄清了利弊,弄清了新事物的机制原理,一般地说,中国政府还会重新考虑,加以采纳。从这个立场去分析1793年马戛尔尼使团之所以如此结束,大致可以理解乾隆皇帝以及清廷最高层之所以如此决策的理由,政治安全是帝制国家的优先考量,经济的发展,国际交流,人民福祉,均从属于这个大前提。

中国原本不该对外部世界有如此惊慌,自古以来的中国文明史其实一直在与域外文明进行积极的交流,既将自己的文明向四周扩散,所谓"以夏化夷",就是说以主流文明去影响周边的非主流文明,中国文明的周长、边界,就在这个过程中不断加长、延伸,这是一个历史事实。另一方面,如果说中国文明的原点在黄河中下游某个很小区域的话,那么后来体量巨大的中国文明其实已经加进了许多周边文明的因子,比如我们今天很难说什么是中国最初的文化,即便是中国文明发祥地中原地区、齐鲁地区,也早已融入了来自域外的文明分子。所以从中国历史看,中国文明对域外文明的抗争大致有三次，第一次就是原来的那个"老中国"，即中原、黄河中下游、齐鲁地区那个中国，对周边的"蛮夷文化"——东夷、西戎、南蛮、北狄——的吸收、整合、重组，构建了一个全新的中国本土文化；第二次，就是两汉之际印度佛教文化东来，进入中土。印度佛教文明是与中国本土文明完全不同的两种文化形态，因而中国文明面对佛教文明的进入，相当一部分中国人欣然接纳——因为新颖，所以接纳；另一部分人则相反——因为新颖，所以拒绝。佛教进入中国的历史过程最足以展示中国文明面对外来异质文明所惯有的本能反应。儒者以一事不知以为耻，不会完全拒绝一个充满新意的东西；另一方面，儒者又有适度保守的情怀，不会面对一个新东西欣喜若狂，尽弃其学而学焉，成为一个新文明的虔诚崇拜者。马戛尔尼那位私人朋友的观察是对的，中国人对于一个异质文明，本能反应会谨慎存疑，然后仔细研究，如果确实有益无害，那么中国人也会坦然接受。佛教文明进入中国的历史证明了这一点。第三次异域文明进入中国，即十五世纪以来西方文明进入中国的情形也足以说明了这一点。我们回看明清两朝长达三百年的中西文明交流史，固然有杨光先那种非理性的本土抗争，但更多地从徐光启、钱谦益、李贽、顾炎武，甚至后来的乾嘉诸老貌似不谈西学，不理会西学，其实如果仔细翻检包括四库馆臣在内之前三百年中国文人的作品，甚至在《四库全书》中，都有大量的西学遗存，思想的、学术的，不一而足。[7]三次异域文明进入，都没有引起中国文明的恐慌，这一次为什么不一样了呢？

其关键就在统治的稳定性。乾隆时代是中国历史上一个畸形的繁荣时代，大清帝国的经济确实达到了农业文明时期中国历史上的巅峰，财政收入，朝廷所拥有的财富，可调用的财富，均前所未有。据世界经济史学者估算，十九世纪之前，中国比欧洲或亚洲任何一个国家都要强大。从五世纪到十四世纪，中国较早发展起来的技术和以精英为基础的统治所创造的收入都要高于欧洲的水平。十四世纪之后，虽然欧洲的人均收入超过中国，但是中国的人口增长更快。1820年，即鸦片战争爆发前二十年，中国的GDP比西欧和其衍生国的总和还要高出将近30%。[8]中国的总产出（GDP）仍占世界总份额的32.9%，领先西欧核心十二国（英、法、德、意、奥、比、荷、瑞士、瑞典、挪威、丹麦、芬兰）的产出总和（12%），更遥遥领先于美国（1.8%）和日本（3.0%）。[9]中国原本拿着一手好牌，进可攻退可守，现金为王，有钱就是草头王，有钱就可以换来技术、设备，就可以发生自己的工业革命。

那时的中国，如果继续维持与西方的关系，最好能够进一步改善密切与西方的关系，那么中国就可以利用自己强有力的经济力量，与西方刚刚兴起的工业革命共振，完全有可能在农业文明基础上增加一个工业文明。然而最为遗憾的是，中国那时的饱学之士，似乎对西欧的技术发展和军事潜力不感兴趣。马戛尔尼使团为了能与中国建构一个全新的关系，带来了六百多箱礼物，以展示西方科学技术的魅力。其中包括经线仪、望远镜、太阳仪、化学和金属制品。但是，中国官方毫不犹豫拒绝了马戛尔尼："我们什么都不缺——我们既不储存这样的奇异物品，也不需要贵国的赠予。"[10]中国直到六十七年之后，1860年再度被西方打败，方才勉强同意西方构建近代国家关系，而此时的西方已经跨越早期资本主义阶段，开始向资本输出、金融输出转型，中国所面对的压力越来越大，对外部世界的恐慌、不安，越来越强烈。"输在起点"的中国步履维艰，究竟应该先迈左脚还是右脚，都已经弄不清楚了。这一次完全不同于往昔两次域外文明进入中土，不论是"老中国"的周边——南蛮、北狄、东夷、西戎，还是西天印度，这一次是时代之异，是农业文明遇到了工业文明，是"三千年未有之巨变"的开始。

马戛尔尼使团以失败结束了自己的使命，"减轻广州的贸易限制和苛征本来是此行目的之一；但是这些限制和苛征一直继续到（鸦片）战争发生之后才给取消。他的另一目的是要取得在广州以外各地贸易的自由——在天津、宁波、珠山（原按：即舟山）及其他等处；但被断然拒绝。总之，英使此行，除了可以说'他是优蒙礼遇，备承款待，严被监护，和礼让遣去'而外，实在没有得到一点真正的好处。"[11]中英之间贸易失衡问题继续被搁置，中国没有办法扩大对英国工业品的进口，而西方对中国出口老三样的需求——瓷器、茶叶、丝绸——持续强劲且上升，如何解决贸易失衡，是正常贸易能否继续下去的关键。这一点绝不是农业文明时代中国传统商业理念所能解释的。农业文明背景下商品数量并非没有极限，商品达到一定的量就很难再提升，因而传统的商业理念是愿买愿卖，自由交易，毕竟数量有限，不是无限。至于中国是否进口对方物品平衡贸易，这也是中国传统商业理念中不曾有的东西，特别是中国的"四民社会"构造长时期没有得到改造，社会最大的两个阶级——农工——具有极强的韧性，基本上不消费，尤其是对西方工业革命之后的物品更是没有感觉。为什么要用洋布呢，中国传统的土布不是很好吗？因此工业革命之后英国纺织资本家期望中国扩大进口，期望每一个中国人都穿袜子，希望每一个中国人的衣服下摆加长一寸。这原本是资本家阶级本能期待，但在"前资本主义"中国，省吃俭用背景下，完全无法理解消费对于生产的意义。这是中英在十八世纪晚期无法对话的根本原因。

杨天石老师是我到近代史研究所工作见到的第一位老师，因为我1986年7月离开复旦大学前往近代史所报到时，我的导师朱维铮先生郑重其事托我将一部书稿务必面交杨老师。这部书稿大概就是后来刊行的《南社史长编》，从此开始了我追随杨老师研读历史的日子。很多年来，我的办公室就在杨老师的对面，杨老师有时也到我办公室闲聊一会儿，我偶尔也会去杨老师办公室请教。稍后，更因为中国现代文化学会的事情有更密切交往，因为杨老师为常务副会长，我协助处理杨老师，以及会长丁守和先生交办的诸多小事忝为秘书长。在杨老师任内，我们在北京、海南召集了两次国际学术研讨会。毫无疑问，两次会议的成功，杨老师厥功至伟。我从杨老师那里学到了很多。至于学术上，我也从杨老师那里受到许多指点、启发。值杨老师九十华诞美好日子，杨门诸弟子发起庆贺，谨以短文为杨老师寿。衷心敬祝杨老师身体健康，心情愉快。门外弟子马勇，2024年9月28日。

注 释

1. 朱谦之:《中国思想对于欧洲文化之影响》,重庆:商务印书馆1940年版,第29页。
2. 《附录七 给马戛尔尼勋爵的训令》(1792年9月8日),《东印度公司对华贸易编年史》卷二,广州:中山大学出版社1991年版,第553页。
3. 《附录七 给马戛尔尼勋爵的训令》(1792年9月8日),《东印度公司对华贸易编年史》卷二,552页。
4. 《乾隆朝上谕档》册十七,517页,北京:中国档案出版社1991年。
5. 《附录十 中国皇帝给英伦国王的答复》,《东印度公司对华贸易编年史》卷二,565页。
6. (英)斯当东著,叶笃义译:《英使谒见乾隆纪实》,北京:商务印书馆1963年版,第411页。
7. 参见拙文《乾嘉汉学与西学的内在关联》,中国现代文化学会编:《东西方文化交融的道路与选择》,成都:四川人民出版社1993年版。
8. (英)安格斯·麦迪森著,伍晓鹰等译:《世界经济千年史》,北京大学出版社2003年版,第109页。
9. 朱维铮:《挨打必因"落后"》,《重读近代史》,第2页,上海:中西书局2010年版。
10. 《世界经济千年史》,第110页。
11. 《中华帝国对外关系史》卷一,上海书店出版社2006年版,第61页。

试论抗战时期国民政府版图构想的演变

王建朗

Wang Jianlang

1956年生，中国社会科学院近代史研究所原党委书记、所长，中国社会科学院研究生院近代史系主任、教授。

在最直观的意义上，抗日战争是一场抵抗日本侵略的自卫战争，抗战的胜利使中国解除了严重的民族危机。从更宏观的视角来看，它又是一场范围更为广大的民族解放战争，中国在这场战争中不仅战胜了敌国日本，还从盟国那里挣脱枷锁，恢复了往昔失去的国家权益。

如同人类历史上的历次重大战争一样，版图变动是战争的最直接结果之一，是每一个参战国都需要面对及谋划之事。战争初期，作为单纯的自卫作战，中国的目标不过是要恢复七七事变前的状态。随着战争的持久进行，中国在战争中所处地位的变化，中国的战争目的也在发生着变化。尤其是在中国成为世界反轴心国战争的主要作战国之后，它开始考虑更长远的利益。版图构想，是中国最重要的基本构想。

与其他大国不同，中国战前是一个弱国。近代以来，中国一些领土丧失了，一些领土则处于半独立状态。因此，国民政府对于版图的考虑包含着不同的层次，既包括对敌国领土的剥夺，也包括对盟国殖民政策的质疑；既包括对失土主权的恢复，也包括对边疆主权的强化。

国民政府有关战后版图的设想，可以从如下几个方面来考察。一是从敌国日本手中收复失土，这是战争的最直接目的。纳入这一部分的失土范围，先后有不同变化。这一部分将要考察的有东北、台湾和琉球。二是对盟国收复失土。这与战争本身没有直接关联。近代以来，中国不断失地于列强，其中一些国家现已成为中国的战时盟友。国民政府希望战后将这些问题也一并解决。这一部分将要考察的有在苏联控制下的外蒙古和被英国割占及租借的香港。三是强固边疆。晚清以来，外国势力深入到中国西北西南边疆地区，中央控制力逐渐弱化。进入民国以后，新疆与西藏地区虽仍留在中国的版图之内，但实际处于半独立状态，其背后的势力同样是苏联和英国。

国民政府对这些问题的构想，各有其发展变化的过程。在实践中，受各种因素的制约，一些成功了，一些未能实现。

一、对日收复失土：东北、台湾、琉球

作为一场对日抵抗战争，对日收复失土最先被纳入国民政府的考虑之中。学术界对这一方面的研究比较充分，但仍有梳理不够清楚之处及少为人知之处。

日本所侵占领土，不宜笼统地混为一谈，依其侵占时间之先后可分为三种类型：一是1931年九一八后沦陷的东北；二是1894年甲午战争后割让的台湾；三是1879年被日本吞并的曾是中国藩属国的琉球。这三类领土的性质也大不相同。东北地区一直是在中华民国的版图之内，只是在日本关东军的刺刀之下扶植了"满洲国"。台湾则是在中华民国成立之前，便已通过国家间条约割让给了日本，民国政府此前并未表示不承认这一条约。琉球则是一内政自主的国家，是同时向中国和日本朝贡的两属国家。这三类领土的不同属性，使国民政府对它们有不同的考虑，其提出收复的时间也有所不同。[1]

1．东北

东北沦陷时间较短，收复东北似乎理所当然，不存争议。也许是因为这一问题看起来简单，研究者对此未多加注意，专门论述者甚少。但实际上，对东北问题的考虑，并不那么简单，呈现出明显的阶段性。

可以说，收复1931年丧失的东北一直是国民政府心中没有放弃的目标。在战前及战争初期，日本曾多次逼迫国民政府承认"满洲国"。尤其是在抗战前期的不同渠道的历次中日秘密交涉中，日方提出的基本条件之一，就是要求国民政府承认"满洲国"。但是，蒋介石对此始终未表同意。更准确地说，蒋介石采取了一种模糊态度，既不表示承认，也不明确否认。蒋介石的这一模糊做法，曾令一些学者据此指责蒋介石准备出卖东北。

但实际上，蒋介石采取这一不明言立场的态度，并无放弃东北领土的意图，而是企图以模糊态度将东北问题搁置起来，留待战后解决。[2]蒋介石采取这一态度，既是考虑到当时中日之间的实际战况，也是对中日和谈尚存一丝希望，提出东北问题，无疑将断绝中日和谈之议。因此，蒋介石在抗战初期的若干公开谈话中只是表示，中国抗战的目标是恢复卢沟桥事变前的状态。在中日秘密交涉中，这也是中方的一个基本条件。

不过，需要指出，蒋介石虽未放弃收回东北之念，但这并非他坚定不移的信念。在蒋介石的心目中，东北与关内领土还是有所区别的。如果能以在东北问题上的妥协而换来关内领土的安宁，蒋介石似并不拒绝考虑。1938年3月22日，在谈到与日本和战问题时,蒋曾这样写道:"言和条件如仅以东北为限,且有保障,则不惜一和",但他随即又指出,日本不会以获得东北为满足,否定了在东北问题上妥协的可能性,"昔之不能解决东北问题,以其政府不能掌握军队,若果当时解决,是仍不能免于一战,于我国地位更坏也。"次日,蒋又写道:"如敌果有和平诚意,若无致命伤之条件,以仅解决满洲问题为限,则不惜与之言和,然未到其时也。"[3]

随着战局由最初的节节退守而进入相对稳定的相持阶段,蒋介石在1939年中开始考虑东北问题。从蒋介石日记中可以看到,在1939年6月至8月间,蒋已在考虑东北的机构与人选问题。6月14日,蒋考虑"东北主事人选,刘广英可用";6月17日,蒋"派定上海与东北三青团主持人员";8月13日,蒋仍在考虑"东北机构与人选"问题。[4]

欧洲战争爆发后,世界阵营的分化逐渐明显。在远东,美国逐步加强对日本的贸易禁运,同时开始考虑给中国更多的贷款援助。在这一背景之下,国民政府收复东北的意图逐渐显现出来。1940年5月3日,国民政府宣布恢复东北四省政府,任命万福麟为辽宁省主席,邹作华为吉林省主席,马占山为黑龙江省主席,缪澄流为热河省主席。这一任命,显示了国民政府收复东北失地的决心。命令公布后,国防最高委员会秘书长张群发表谈话,指出自九一八事变以来,"我政府对于各该省同胞呻吟于水深火热之中,深为轸念,无日不在图谋规复",抗战至今,"我抗战必胜的信心,更因之加强,一切失地,积极图谋收复,以保持领土之完整。"[5]

1940年9月18日，蒋介石在《"九一八"九周年纪念告全国同胞书》中公开提出了收复东北的要求："我们九年来忍苦奋斗，三年余奋勇抗战的目的，就为要恢复我们国家的独立主权和领土，要解救我们三千余万的东北同胞"，"我们今天多抗战一天，就是恢复我们国家独立自由和达到我们雪耻复仇目的日子更接近一天，也就是收回东北和解救东北同胞的日子更接近一天。"[6]这应是抗战以来中国政府最明确的要收回东北的公开表述。[7]

收复东北问题一经公开提出，便作为不可动摇的基本要求而坚持下来。这一中国人看来天经地义的要求，要付诸实现也并不那么简单。国民政府不仅要面对日本，还要面对日后要成为自己盟友的国家。在这一问题上，苏联和英美的态度又各有不同。1941年4月，苏联与日本订立中立协定，双方宣言：苏联誓当尊重"满洲国"之领土完整与神圣不可侵犯性，日本誓当尊重"蒙古人民共和国"之领土完整与神圣不可侵犯性。苏联以承认"满洲国"与日本承认外蒙古作了交换。而在英美那里，对是否支持中国收回东北，也都存在着杂音。蒋介石不得不对到访的英美人士反复强调，中国必须收回东北。

1942年8月3日，居里与蒋介石会谈时通报说，"华盛顿一部分人之感想以为中国东北应作为战后日、俄两国间之缓冲国，盖华盛顿之印象已有不将中国东北认为中国一部分者。"居里还说，在英文中，"满洲"与"满洲国"已成普通名词，许多人已忘其为中国之东北，甚至总统有时也用"满洲国"这样的词。蒋介石对缓冲国的设想作出强烈反应，他指出："中国东北为中国领土之一部分，绝无讨论之余地，此实为中国抗战之基本意义。盖我抗战若非为收复东北失地，早可结束矣。"日本曾屡次向中国提出和平方案，表示除东北问题外可以接受中国所提出的其他一切条件。后日本又退而声明，不再由其独占东北，改为中日共管东北，亦可考虑，但中国断然拒绝。"盖东北与整个中国绝对不可分离，而为我人之决策，绝无变更之余地。"蒋声称，如果中国不能收回东北的消息传入中国民间，"抗战可受其影响而立即停止"，并称这并非威胁，而为值得深长考虑之问题。

蒋介石对美国出现这种主张甚表意外，"美国人士竟有不视东北为我领土之一部分，且有人主张以之为日、苏间缓冲之国家，诚出乎意外之骇闻。"他希望居里尽一切可能力量纠正"此含极大危险性之错误观念"，希望美国人士能明白中国民众所以肯忍受重大牺牲与各种困苦，"凡此一切皆以收复东北四省为目标"。[8]

在当天的日记中，蒋介石写道："居里谈话中美国对东北问题尚有主张国际共管者，闻此恍如晴天霹雳，国际诚无公道是非可言，实足寒心。"[9]

总之，看似最为简单的收复东北问题，其实并不能那么简单。

2．台湾

中国政府明确提出收复台湾的时间则要比提出收复东北晚一些。以往不少研究声称，蒋介石在1938年4月便提出了收复台湾的要求，因为蒋在国民党临时全国代表大会的演讲中提出"台湾是我们中国的领土"，"以解放高丽台湾的人民为我们的职志"等。细读蒋介石的演讲，不免觉得这一论断有些勉强。蒋介石在演讲中是这样说的：总理在世时曾为本党定了一个革命的对策，就是要"恢复高台、巩固中华","因为高丽原来是我们的属国,台湾是我们中国的领土,在地势上说,都是我们中国安危存亡所关的生命线,中国要讲求真正的国防,要维护东亚永久的和平,断不能让高丽和台湾掌握在日本帝国主义者之手",总理生前常讲,"必须针对着日本积极侵略的阴谋,以解放高丽台湾的人民为我们的职志。"[10]这一段显然说明的是先总理的愿望,表达的是不能让朝鲜与台湾掌握在日本手里的愿望,但并未明确说明现政府的政策是要求收复台湾。因此,很难将其视为收复台湾的政策宣示。

翻检抗战前期的蒋介石日记,尚未发现蒋介石认真考虑过台湾收复问题,但也偶有提及。如蒋记述他于1940年9月29日夜翻阅1932年9月间的日记,那时便写有"预定民国卅一年中秋节以前恢复东三省,解放朝鲜,收回台湾、琉球"的语句,蒋评曰:"以天意与最近时局之发展及上帝护佑中华不负苦心人之意与力测之,自有可能,只要吾人深信不惑向天道真理勇进,未有不成之事也。"[11]

这一时期,国民党中央党部倒是展开了面向台湾的工作。1940年9月,在国民党中央组织部的筹划下,国民党中央直属台湾党部筹备处成立。1941年2月,经中央组织部及该筹备处的协调,时在大陆活动的台湾各抗日组织合组成"台湾革命同盟会"。同盟会的会章明确提出"本会在中国国民党领导下,以集中一切台湾革命力量,打倒日本帝国主义,光复台湾,与祖国协力结社三民主义新中国。"[12]

即使是太平洋战争爆发后的最初一段时期,蒋介石仍未提出收复台湾问题。珍珠港事件后不久蒋所拟订一份计划显示了这一点。这一计划列举了中国应向盟国提出的政治经济方面的要求,其政治方面的要求包括:"甲、对英要求其承认西藏九龙为中国领土之一部;乙、对俄要求其承认外蒙、新疆为中国领土之一部;丙、东四省、旅大南满要求各国承认为中国领土之一部;丁、各租借地及治外法权与各种特权及东交民巷等皆须一律交还中国,与取消一切不平等条约。"[13]这是目前所见到的太平洋战争爆发后最早的一份涉及战后中国领土的计划。这些要求涉及西藏、香港、外蒙、新疆、东北等领土,但台湾尚未列入。

但一个月后,外交部在1942年1月底提出的一份战后方案中提出了收复台湾问题。该方案确定,战后对日处置"对于既往之清算,以恢复甲午以前状态为标准,期我领土之真正完整",其关于领土的基本原则有:"东四省与其他沦陷地区,应予收回","台湾及澎湖列岛,应同时收回"。[14]

1942年4月间,重庆掀起了一个声势颇大的光复台湾宣传运动。国民政府的许多要人都参加了这一运动,或发表广播演说,或撰写文章。至此,收复台湾已成为中国社会的共识。

蒋介石1942年11月9日所拟一份与美方商讨事项的计划中,广泛地涉及战后同盟、中国收回失土、周边国家的地位等问题。该计划包括十个方面的内容:甲、长期同盟;乙、东三省与旅大完全归还中国;丙、台湾、琉球交还中国;丁、军港、海空军基地、共同设备(30年为期);戊、安南共扶;己、泰国仍予独立;庚、印度战后独立;辛、缅甸与南洋各国共扶,壬、外蒙归还中国,予以自治;癸、中美俄同盟。[15]这也是历次计划中最为全面的一份,东北、台湾、琉球、外蒙古皆列入其中。

与收回东北相比，收回台湾所引起的杂音自是又多了不少。无论是在美国的新闻界，还是在美国军政人员内部，都有各种的议论，主张国际共管台湾的方案被公开地讨论着。但国民政府坚持收复台湾的要求，积极展开活动，并获得了盟国最高领导人的支持。开罗会议后，以中美英三国宣言的形式宣告台湾归还中国。[16]

3．琉球

琉球的情况与前两者又有所不同，它在历史上只是中国的藩属国而已。如果不是因其被日本所占，所谓收复问题大概也就不会提起。在很大程度上，收复琉球更多的是出于抑制日本日后可能的扩张的考虑。因此，琉球问题的提出，不仅在时间上比前两者更晚一些，而且对是否应提出收复琉球的问题，在国民政府内部，意见并不一致。甚至蒋介石本人在不同的时间段，想法也不一样，有时提出收回，有时避而不提。

抗战前期，很少有人提出琉球问题。前述蒋介石1940年9月30日的日记只是说了他翻阅旧时日记的一个感想而已，并不是一个认真考虑的计划。太平洋战争爆发后，外交部在1942年1月提出的关于战后处置问题的方案中，提出了琉球问题。该方案所确定的对日处置的主旨是："在不使军阀政治复活之条件下，尊重日本固有领土主权之完整"。基于这一主旨，该方案主张琉球仍然置于日本版图之内，但须对日本的权力加以限制。该方案提出"琉球划归日本，但须受下列两项限制：（1）不得设防，并由军缩委员会设置分会加以监督。（2）对于琉球人民，不得有差别待遇，一切应遵照少数民族问题原则处理。"[17]外交部试图通过琉球不得设防的限制来对日本加以防范。

有关琉球的设想，在1942年中发生了变化。为彻底防止日本利用琉球再事侵略的可能，不少人主张将琉球从日本的统治下分离出来。对琉球从日本分离出来后的前途又有两种意见，一是使其成为一独立国家，一是归还中国。后一种主张曾一度成为决策层的主导意见。

中国政府正式提及收回琉球问题，应是1942年11月3日中国外交部部长宋子文在重庆举行的记者招待会上的讲话。有记者问：战后的中国领土是恢复到九一八以前状态，还是甲午战争以前的状态？宋回答说"中国应收回东北四省、台湾及琉球，朝鲜必须独立。美国方面有一流行口号，即'日本为日本人之日本'，其意在指日本所侵据之地均应交还原主。"[18]

但外交部一些负有实际责任的中层官员似乎并不赞成宋子文的这一主张。时任外交部亚东司长的杨云竹与代理西亚司长的徐淑希均不赞成提出收回琉球。他们认为，尽管琉球曾一度纳入中国的朝贡体系，但它完全脱离中国已经很久。琉球与台湾不同，而与朝鲜类似，在被日本吞并之前它已经是一个半独立的国家。中国对琉球的传统权利在20世纪是早已过时的东西。因此，中国不应要求收回琉球。他们认为，现在唯一现实的办法是将这些岛屿从日本独立出来，战后可先在琉球建立国际监管。

但国民政府的最高领导显然赞成收回琉球。在前述蒋介石1942年11月9日的日记中，蒋便提出了琉球"归还中国"的要求。可见，宋子文在11月3日的谈话绝非自作主张。但蒋对收回琉球的迫切程度，显然又与东北、台湾等有所不同。1943年1月，蒋对美英轻视中国甚为不满（包括盟国实行先欧后亚战略、中国无法参加联合参谋长会议、英美对反攻缅甸作战态度消极等），甚而灰心。蒋在日记中颇为无奈地写道："战后能收复台湾、东三省、外蒙，则其他外来虚荣皆可不以为意也"，琉球并未纳入收复范围。[19]可见，收回琉球并不是蒋介石始终如一的坚定要求，其收回的迫切性不仅不及台湾和东北，也不及外蒙古。

1943年3月，蒋介石《中国之命运》出版。该书写道："我们中国国家的领域，以民族生存所要求为界限，亦即以民族文化所维系为界限，故我们中国在百年以前的版图，一千几百万方公里之内，没有一个区域，不是中华民族生存之所必需，亦没有一个区域不是中国文化所浸润。版图破碎，即为民族生存的割裂，亦即为民族文化的衰落。"蒋介石要求全体国民引此为国耻，"非至于河山光复，不能停止其雪耻救亡之运动"。所谓百年前一千几百万方公里的版图何指呢？蒋在稍后即说道："（琉球）台湾、澎湖、东北四省，内外蒙古、新疆、西藏，无一处不是保卫民族生存的要塞，这些地方的割裂，即为中国国防之撤除"。[20]在《中国之命运》的不同版本中，琉球在列举时时有时无，由此亦可见国民政府在这一问题上瞻前顾后及犹疑不绝。

收复琉球的主张公开提出之后，国民政府还向美国表示了这一意愿，期待获得美方的支持。美国政府对此也作出了积极的响应。1943年5月，美国国务卿赫尔对宋子文表示，英美均尊重中国权利，"台湾、琉球、东三省、大连，自当归还中国。"

一直到开罗会议前，在军事委员会参事室与国防最高委员会秘书厅为开罗会议所准备的文件中，最初还提出收回琉球的主张。

但后来都作了修改，改为从日本的占领下独立出来。蒋介石本人的态度也发生了变化，决定不提出收回琉球问题。甚至当罗斯福开罗会议上主动提出琉球问题时，蒋介石也未表现出积极态度。[22]

二、对盟国收回失土：外蒙、香港

1942年10月中英开始新约谈判时，中方曾希望收回香港新界，英方坚决反对。中英之间展开了艰难的谈判，中英新约险些流产。最后是中方作出让步，回避了香港问题，新约才得以签订。当时，在谈判中受挫的蒋介石曾计划战后以武力收回香港。但当胜利终于到来时，中国并没有采取武力收回的措施。关于国民政府对香港政策，学界已有较多研究，本文略而不述。这一部分将着重探讨外蒙古问题。

1、苏德战争后萌发收回外蒙想法

自民初中国失去对外蒙古的控制权后，外蒙已长久地脱离于中国之外，中国对它只是保留了一个名义上的宗主权。面对这一状况，蒋介石在抗战前曾设想，与其让外蒙处于苏联的卵翼之下，还不如直接让外蒙独立。他1937年4月的日记中写道："对俄以解决外蒙，直接谈判，使其永久独立。"[23]蒋介石设想由中国政府与外蒙政府直接讨论其独立问题，而不是通过苏联，"对俄方针，先由外蒙政府与我国直接洽商其独立步骤与保留我宗主权。"[24]所谓独立又保留宗主权的地位，不知何指，显然不应是早已过时的宗藩关系，应是类似于英联邦内英国与加拿大、澳大利亚等国之间的关系。这意味着蒋介石已开始考虑接受外蒙独立这一现实。

苏德战争爆发后，蒋介石的想法有了变化，产生了收回外蒙的想法。1941年7月31日，即苏德战争爆发一个月后，蒋在日记中便将"一、战后收回蒙新计划之准备；二、对边疆政策之确定"列入最近要做之事。[25]蒋在8月的大事预定表列上了制定"西北与东北外蒙之政策与战略。"蒋此时的设想，还是要通过苏联来解决外蒙问题，争取订立新的中俄协定。从8月起，蒋日记多次出现对中俄协定内容的研究，外蒙古问题是其中的一项重要内容。

此时，蒋的幕僚及相关部门也提出了应抓紧时机进行交涉的建议。蒋介石的顾问拉铁摩尔便在9月提出了一份关于外蒙与新疆问题的节略。该建议书认为，现在是中国与外蒙及苏联交涉的最好时机，因为苏联在欧洲军事损失极重，力量已被削弱，假如中国能利用这一时机与苏联订立防守同盟，使外蒙承认中国主权，则日本在东北各省军事上即受牵制，中苏皆可从中获益。该建议书认为"现在之时机，诚不可多得，若不利用，或一去不复返矣。"而在苏联国势危急的情况下，外蒙也较易就范，"外蒙地方辽阔，人口稀少，总数不及百万，蒙人亦自知，虽号称独立，但若无强国为之后盾，即不足以图存。"外蒙希望取得独立，不受帝国主义的操纵，日本为外蒙目前最大的威胁。中国的目的在以外蒙担当边境之屏藩，而外蒙的目的，则在增加守卫能力，免除被侵略危险，"中蒙若根据此目的订立条约，则各得其所矣。"

该建议书提出，应尽快指令中国驻苏大使在莫斯科与外蒙驻苏公使进行交涉，以促使外蒙承认中国在外蒙主权。其交涉原则有如下五点：

甲：外蒙承认中国主权；

乙：中国予外蒙以内政之完全自治权，惟对外事项归外交部办理。

丙：中国予外蒙以自治省之地位，遇必要时予外蒙以联合共和国之地位。汉蒙人民享受平等之待遇。

丁：在军事上设立中国与外蒙间之军令及参谋联系，遇外蒙受外国侵略时，中国军队参加外蒙之防御。

戊：中国承认外蒙对苏联之债务及苏蒙间现行有效之商约。规定外蒙清偿积欠华商旧债办法，统一外蒙币制，使与中央一律，或规定法币与外蒙货币之兑换率。

有趣的是，从国共关系考虑，该建议书认为，外蒙自治对中国未尝不利。"共产党在外蒙势力颇大，中国即收复外蒙后，亦似不宜使中蒙人民来往过于自由。因此之故，外蒙之政治自治，表面上虽为对外蒙之让步，事实上亦未始于中国无益。"[26]

拉铁摩尔的这一建议，对于中蒙间获得共识的估计显然过于乐观。蒋介石读后批曰："外人条陈，对我终不切实际也。"[27]

蒙藏委员会所属官员及其他对蒙工作人员在其情报及建议中，也提出了收复外蒙的可能性。郭文年专员致蒋介石电中报告说，他们所碰到的外蒙人表示，外蒙人受俄人压迫，甚感痛苦。外蒙与内地关系有数千年历史，一切需用品如茶烟绸缎等类均出之于内地，而今一旦断绝交通，一般人生活习惯上所最感苦恼。郭认为，"外蒙之收复抑不甚难"，过去数十年来内忧外患，边区失治，致为外人经营独立政权。如果政府周全策划，"即起直追，收复实地，尚犹未晚。"[28]

太平洋战争爆发的前一天，12月6日，蒋介石要拉铁摩尔转告罗斯福，"中国决不能放弃东北，否则新疆西藏皆将不保，外蒙亦难收复。"虽说的是东北问题，但已显示出他要收回外蒙的意图。[29]

2、太平洋战争爆发后提出收回外蒙要求

珍珠港事件爆发后，收回外蒙的要求比较明确地提了出来。在前述1941年12月20日及1942年11月9日的两篇最为系统的关于领土问题的日记中，蒋介石都提出了外蒙问题："对俄要求其外蒙、新疆为中国领土之一部"，"外蒙归还中国，予以自治"。在蒋所提及的应收复领土中，最核心的也是提及最多的有三块：东北、台湾、外蒙古。[30]

档案显示，收回外蒙之事不只是停留在设想或讨论中，且在中下层展开了一些非官方的接触。1942年11月10日第八战区司令朱绍良致蒋介石电便对这一方面的情况有所反映。该电呈报了郭文年与外蒙方面联络的事情。据郭报告，外蒙此前曾来人表示愿与中方商议。双方约定10月23日在某处会面，但该日外蒙方面未能派人前来。中方派员遂将公函留下返回。郭判断，"查蒙人多疑胆怯，无信乏义……但外蒙接得公函后预料或仍派员有再商之举，倘果，职拟亲自前往洽商，或往库伦见外蒙主席，最低限度亦可往外蒙边，乘机刺探该外蒙之军事布置。"朱绍良向蒋请示，是否可迳派郭专员前往外蒙。[31]此事后续如何未在档案中得见，但由此亦可知，一些实际的接触工作已经展开。

崔冀1943年5月致蒋介石电反映了相关职能部门的积极态度。该电称，"外蒙古系中国领土，僭称自治共和国乃系某国所指使操纵，一俟国力增强，外蒙古仍当归还祖国。职处工作人员莫不同此认识，并抱有绝大信念。预备职与外蒙古各部同胞晤面之际，即以和蔼严正之态度说明主义之伟大、领袖之英明与中国将来前途之光辉。疾以加强其向心力量，而便未来收复外蒙时建立一点有利之基础。"[32]

国民政府当然知道，外蒙问题的关键在苏联。此时，对苏联的判断颇为乐观，认为苏联是可以改变态度的。1943年4月，蒋介石与新疆外交特派员吴泽湘谈新疆与俄国问题时，吴便表示，"俄国对外蒙态度，仍认为我之领土，而其事实则重视我国将来本身之实力如何而定。"蒋亦由此认为，"俄国对华野心虽大，其必因我抗战坚忍不可屈服这民族性关系，而已改变其原定政策矣。"[33]

在蒋介石的考虑中，拟将订立中苏同盟协定、共同作战及外蒙问题一并解决。蒋在1943年4月写道："如果倭俄战起，对俄国亦提共同作战与解决外蒙问题，并商同盟协定。"[34] 5月2日，蒋在《本星期预定工作课目》中对苏工作中列举了六个方面的问题："对俄方案之研究：甲、新疆悬案；乙、同盟协定；丙、共同作战机构与组织；丁、内政；戊、领土主权；已、外蒙问题之解决。"

国民政府认为，美国在这一事情上或许能助一臂之力，因此，它努力争取美国的支持。开罗会议上，蒋介石与罗斯福谈到了外蒙问题。蒋表示：俄现占外蒙是为防倭，如倭寇消灭，则西伯利亚无忧，外蒙应归还中国。为使苏联安心，蒋还承诺中国将来不在外蒙移驻重兵。罗斯福当时对此未明确表态，只是表示，战后将建立起国际警察，届时边疆皆无驻兵必要。[35]

但罗斯福并未置之不理，后来在德黑兰会议上曾跟斯大林提起过外蒙古问题。1944年1月底，驻美大使魏道明向蒋报告：罗斯福嘱其转达，他在德黑兰与斯大林商谈远东问题时提及外蒙古。斯大林称：外蒙古为游牧民族，俄不想久占。而对千岛群岛与南库页岛，则非归还于俄不可。[36]

1944年初，苏联修改宪法，授予各加盟共和国以军事权和外交权，同意各加盟共和国有权与外国直接发展关系、签订协议并交换外交代表，可建立自己的武装部队。修宪尚在讨论阶段时，这一消息已为蒋所获知，并引发其联想："俄国改正宪法，对于外蒙将来对我政府要求自治，予以外交与军事权之影响非鲜，应有所准备也。"[37]

蒋介石分析苏联此举的用意有三，"一、在国际会议上可得有多数席位之利，是乃仿效英帝国制也。二、波罗的海等新收复之各国表示其有自治之权也，其三、则为外蒙古问题乎？"蒋似乎认为，苏联此举是在为将来外蒙交还中国时留下伏笔，即以苏联模式为标本，为外蒙保留实际权力。2月2日，苏联通过了新宪法，蒋介石记曰："俄国改变宪法，授其各共和国以军事外交权一案，实与我外蒙古将来一难题也。"[38]

3、中苏会谈中放弃收回外蒙要求

然而，国民政府的估计太过乐观了。1945年2月，美英苏在雅尔塔会议上背着中国就外蒙古问题作出决定，并迟迟不告知中国。尽管此后不久，蒋介石通过各种渠道获知了会议的消息，但一般中国人尚不知情，还在做着收回外蒙的梦。1945年5月，国民党第六次全国代表大会召开。藏族代表格桑泽仁（后当选候补中央监委）等提案召开边事会议，该会议将邀请各边疆地区代表参加，其中外蒙古代表三人。此外，格桑另有提案要求，"对外蒙西藏应予以高度自治权，其自治方式另定之。"[39]

1945年5月21日，六全大会发表宣言："必以全力扶助边疆各族经济文化之发展，尊重其固有之语言、宗教与习惯，并赋予外蒙、西藏以高度自治之权。"[40]

蒋介石6月中旬得知雅尔塔会议的确切消息后，仍力图将外蒙回归到中国的主权之下。当然，蒋也准备作出退让，再次采用了宗主权而非主权的概念。6月24日，蒋所拟定的对俄交涉要点是："外蒙可予以高度自治，在中国宗主权之下，成立自治政府，其权限可予俄国宪法上所规定之各苏维埃权限相同。"[41]这里，蒋介石将宗主权模式与苏联的中央与加盟共和国模式混为一谈，显然是对苏联模式尚缺少了解。两天后，蒋介石约见苏联驻华大使，明告其外蒙不可脱离中国，否则即为中俄两国将来纠纷之恶因。蒋介石表示，中国政府可予外蒙以高度自治。

然而，中国已经大大降低了的要求也未能实现。有关中苏谈判及蒋介石拍板决定放弃外蒙的过程，学界已有充分研究。一般认为，东北、新疆、中共问题三大因素最终影响了蒋介石的决断。此论不错，蒋确曾设想在这三个方面获得补偿。但是，应该看到，这是蒋在意识到外蒙已无法收回后所提出的求偿，与其白丢，不如获得苏联在其他方面的让步。应该说，促使蒋作出放弃决断的根本原因，是蒋意识到中国实力不济，难以一战。

蒋介石在日记中对此有非常清楚的记述："如我因此不惜与俄一战，则在此八年战事以后人力、物力疲乏万分，政策与宣传几乎为俄共所笼罩之中，万不能如七七对日抗战时之容易把握也。故今日之情势，无论对内、对外，惟有用政治与外交方法求得谅解与解决也。因此，对俄政策惟有妥协与谅解之一途。"在蒋眼里，中国此时已无力再与强大的苏联一战，实在是别无选择。因此，莫如放弃外蒙，而保全对中国更为重要的东北与新疆，"彼欲要求我旅顺与外蒙，以巩固其军略基点，而我则暂时放弃此二地以保全新疆与东北资源之重地，何况外蒙以与旅顺皆非我立国致命之点也"，"如我国家不能统一，则国防无从建立，如我不能在此时放弃此二地，则绝无时间允我统一也。先后缓急，应有所择。"蒋介石并以苏俄革命后不久决定对德妥协订立布列斯特和约的列宁相比，称列宁建国之初，为求平定内乱统一国家而不惜放弃大片领土，"而我何不敢为耶！"[42]

三、强固边疆：新疆、西藏

国民政府在考虑对日及对盟国收复失土的同时，也开始考虑加强对已在相当程度上失控的主要受盟国影响的边疆地区的控制。如前所述，在太平洋战争爆发后不久，蒋介石便考虑提出"甲、对英要求其承认西藏九龙为中国领土之一部；乙、对俄要求其外蒙、新疆为中国领土之一部"的要求。[43]蒋介石所设想的同盟条约最后虽未订立，但它反映了蒋期望利用这次世界大战解决新疆等问题的构想。这一点,蒋曾明确写道"对新疆与西藏问题,应乘世界战争期间解决为便。"[44]

在1942年1月初的《本月大事预定表》中,蒋介石将"新疆西藏收复之计划"的制定列入当月工作。到1月底时,蒋表示,"对新疆与西藏统一之方略已定",惟实施方略尚需等待机会。[45]比较起来,蒋介石又将解决新疆问题看得更为急迫些。蒋认为新疆问题事关国家主权安危的诸多方面,"西北之后患与西北之国防当为战后第一要务,此题不能解决以前,则一切皆难生效也","我国国防必先将新疆充实为急务,而西藏尚在其次也。"[46]

1. 新疆

民国以来,远处西北的新疆与中央关系逐渐疏远。在盛世才统治时期,新疆与苏联的关系异常密切。盛世才本人秘密成为联共(布)党员,甚至曾向苏联提出新疆加入苏联的主张。苏联实际控制着新疆的若干重要企业,并在与新疆的贸易中占据垄断地位。此外,苏军还在哈密驻扎了一个配备有坦克等重型武器的加强团—红八团,扼守着中原西去迪化(乌鲁木齐)的通道。中央政府鞭长莫及,其号令无法进入新疆。

新疆的这一状况,蒋介石看在眼里,但一时又觉无可奈何,只得相忍。在蒋眼中,新疆已与沦陷于日本的东北无异,"新疆已成为东北,当忍之。"[47]但蒋介石仍对盛世才寄予着某种期望,"新疆情势与方针之研究,必待奸匪对盛阴谋暴露,盛乃彻底觉悟内向时,方易收复。"[48]重庆政府在等待着机会。

这一机会在1942年春到来,1942年3月,盛世才以其弟盛世骐被杀案为由，掀起逮捕浪潮。经过酷刑，审出了一个准备发动暴动的阴谋组织，而这阴谋组织的主犯便是苏联驻迪化总领事巴库林等人。盛世骐案中，盛世才逮捕了300多名苏联人员和中国共产党在新人员。

重庆方面注意到了新疆突然发生的这一变化。据时任经济部部长的翁文灏记载，他在4月15日面见蒋介石商讨西北各事时，蒋介石便表示要"联盛世才"。[49]蒋介石密切注意盛世才的动向，研究其心理，琢磨如何运用策略，其日记中常有"研究盛世才之心理与动向""盛思想与心理之转变已可概见，当不难导入正轨"之语。

蒋介石决定派第八战区司令长官朱绍良、翁文灏等出使新疆。蒋并亲笔起草致盛函，表示对盛绝对信任。该函称："当此国家存亡绝续之交，更为吾人安危成败相共之时，吾弟之事业即为中之事业，故中必为吾弟负责，以解除一切之困难也。"[50]此外，蒋嘱朱绍良，"对盛一意信任之"。[51] 7月3日，朱绍良等飞抵迪化。次日，与盛世才进行密谈，盛世才在谈话中表示了维护中国主权的立场。

蒋很快确定了解决新疆问题的原则：甲、安定盛世才内向之心；乙、保障盛地位；丙、对俄好意之表示；丁、警告俄员勿在新倒盛；戊、对俄表示中央愿与俄重订新疆有关条约；已、准盛入国民党；庚、派朱常驻新疆；辛、派我外交次长赴新与俄外次相见；壬、新疆划入第八战区范围之明令时间。[52]这九项原则概括起来分三大方面：一是安抚盛世才，继续保持其在新疆的地位；二是对苏既示好又示警，防止苏联在新疆策划动乱；三是加强中央对新疆的控制，把新疆纳入中央的外交和军事体制之中。7月13日，蒋介石与朱绍良研究对新疆方针。蒋计划采取三个步骤：甲、派兵入疆助盛平乱，巩固省政；乙、划新疆归入第八战区，丙、与俄交涉彻底解决各案。[53]

面对新疆局势的突然变化，国民政府军政部门紧急研究应对之策。7月中旬，军事委员会参谋总长何应钦、参谋次长程潜、军令部部长徐永昌、交通部部长张嘉璈、军事委员会委员长侍从室主任贺耀祖、航空委员会主任周至柔等提出了一份《收复新疆主权方略》。该《方略》主张，中央政府应乘此之机，收复新省主权。但中央过去对新疆既缺少充分准备，现在尚无确实控制的实力，故目前应采取的政略是，"一面利用盛之地位及力量并扶之，使其逐渐中央化；一面敷衍苏联，迟缓植其对新之策动并尽速加强我甘、青、藏边军备，及一切必要之准备，俟机再确实控制之。"

8月20日，蒋介石决定采取如下步骤："1、先派第四十二军由兰青驻安西、玉门，俾得控制哈密俄军之第八团；2、委派新疆外交特派员收回外交权归中央，使俄在新之外交纳入正轨；3、肃清新疆共党；4、令俄军离新疆境；5、收回迪化飞机制造厂。"蒋介石计划陆续向新疆派遣外交特派员、省府秘书长、教育厅厅长等高级官员。[54]

9月1日，朱绍良与盛世才达成协定，借助盛世才加强中央在新疆的影响力。双方决定：成立国民党新疆省党部，发展国民党组织，盛世才担任国民党新疆省党部主任委员；遴选新疆干部进国民党中央训练团，盛世才担任中央训练团新疆分团主任、中央军校第九分校主任；在新疆传播三民主义，盛世才担任省政府主席；新疆在对外政策方面与中央一致，盛世才担任新疆边防督办；盛世才担任第八战区副司令长官，新疆由此纳入中央统一的战区体系中。

此后，国民政府加强中央在新影响与消除苏联在新影响的举措逐步展开。首先着手的是将新省的外交权收归中央。1942年9月，国民政府指派吴泽湘为外交部驻新疆特派员，主持新疆外交事务。此前，新疆省府在苏联边境城市塔什干、阿拉木图、斜米、宰桑及安吉延等五处分别设立了总领事馆或领事馆，这些领馆直接听命于新疆省府，而不是中国驻苏大使馆。吴泽湘到任后，经与盛世才多次会商，达成了解决该五领馆的四条办法，新省府将该五领馆行政权交还中央。

经过一段时期的交涉后，盛世才渐知中央决心，决定交出外交权力。1943年1月，盛世才致电中央，提出新疆外交事务此后应由特派员全权处理。盛电称，吴特派员来新之初，对地方情形不太熟悉，故外交事务当由省府协助进行，有时省府亦直接办理相关事务，"现吴特派员驻新日久，地方情形之明了逐渐深刻，嗣后凡属外交问题似应由吴特派员全权处理。"[55]

苏联在新疆享有各种成文的和不成文的特权及特殊利益，重庆政府决心对苏联的这些特权加以限制或取消。1942年10月5日，盛世才向苏联驻迪化总领事普式庚递交备忘录，要求除苏联外交官员外，其他所有在新疆的苏联人，包括军事顾问、军事教官、财政顾问、技术专家、工程师、医生、锡矿人员与探测人员，以及驻扎哈密的红八团部队，在3个月内全部撤离新疆。苏联对此曾抵制了一段时期，后终知事情已不可挽回，遂决定将其人员与设备全部撤出新疆。至1944年春,除外交人员外,苏联在新人员已全部撤离回国。

与此同时,中央势力逐渐进入新疆。1943年4月,朱绍良调6个徒手新兵团入新,交由盛世才训练。9月,胡宗南部第18混成旅2个团进驻哈密。此后,大批中央军部队陆续入新,第29集团军司令部总部于1944年春移驻哈密。国民党的党政、经济、文教等各方面的人员也大量进入新疆,渗透到新疆的各个部门。重庆政府还制定了比较优厚的派新工作人员待遇办法,以鼓励内地人员入新工作。

对于新疆主权的收复,蒋视为国民政府的极大成功。在1942年的年度总反省录中,蒋如此评价:"新疆省主席兼督办于七月间公开反正归顺中央,效忠党国,而河西走廊马步青军队亦完全撤退于青海,于是兰州以西直达伊犁直径三千公里之领土,全部收复,此为国民政府成立以来最大之成功,其面积实倍于东北三省也。"[56]

但盛世才到1944年时又有反复。他在1944年4月至8月间炮制了一个阴谋暴动案,展开了大规模的逮捕行动,先后逮捕了新疆省政府秘书长、国民党新疆省党部书记长等一批国民党在新要员及包括师长在内的一批高级军官。盛世才声称这些人是混入国民党内的共产党,意图推翻新疆现政权。

蒋介石不再迁就盛世才,他准备利用这一机会彻底解决新疆问题。8月14日,蒋与戴笠、何应钦等人反复研究盛世才的动态及处理此事方针,作了最坏的打算,"决定准备最后之军事行动"。[57]次日,蒋介石令胡宗南准备前赴哈密,准备军事。同时,蒋介石派朱绍良再赴新疆，向盛世才提出了调职重庆的要求。盛世才此时已无与中央对抗的资本，中央军入新部队已有三个师，对迪化形成了大包围态势，后续部队亦可很快调入，空军也在酒泉布置了若干架飞机，可随时准备出击。权衡局势后，盛世才自知大势已去，不得不接受了重庆方面的调离要求。

8月29日，国民政府正式宣布：新疆省政府主席兼新疆边防督办盛世才呈请辞职，准免盛世才本兼各职；裁撤新疆省边防督办公署；任命盛世才为农林部长；任命吴忠信为新疆省政府主席。至此，盛世才在新疆11年多铁腕统治宣告结束，新疆长期游离于中央政令之外的局面被彻底打破，新疆重新回到中央的直接控制之下。

2．西藏

在太平洋战争爆发后，国民政府决心加强对西藏的控制。在1942年3月的大事预定表中，蒋介石列入了西藏问题，表示"西藏问题应速进行统一与解决"。[58]

但西藏地方当局的离心倾向却不断发展。1942年7月6日，西藏突然宣布成立"外交局"，并通知国民政府蒙藏委员会驻藏办事处处长孔庆宗，"自本日起一切事件请处长向该外交局接洽，勿直接与噶厦提说"。[59]西藏地方当局此举无疑是将中央视为外国，对此，国民政府行政院7月31日的院会决议，由蒙藏委员会电告西藏当局，如藏方为处理地方涉外事务需要设置相应机构，应遵守两条："甲、有关国家利益问题，必须秉承中央意旨处理；乙、中央与西藏一切往还接洽方式仍应照旧，不得径向上述外务机构办理。"[60]然而,噶厦主政者自恃有英国的支持,对中央指示置若罔闻。此后,蒙藏委员会驻藏办事处便停止了与西藏当局的接洽,所有中央与西藏间一切接洽,概由蒙藏委员会与西藏驻重庆代表办理。

由蒋介石日记可以得知,处理西藏问题的方案在1942年7月中旬已经确定,蒋在7月18日记曰:"经营西藏方案亦已核定"。1942年9月的日记则透露出了解决西藏问题的时间,蒋在《本月大事预定表》中列入了"预定民国三十三年统制西藏计划"。

有关这一经营西藏案的具体内容,目前尚未可知,但从8月下旬蒋介石与马步芳兄弟二人的谈话中,可见其在政治、军事、交通上的一些部署。蒋要求二人"合作共济,为国立业,发展柴达木东西交通,在玉树、都兰二区两部多设设置局,全力开通西宁至玉树公路与开设其中间飞机场站。"蒋介石提出,"对西藏以政治统制为本,军事为辅",如果用兵,最多西至黑河,东至昌都为止,不可以军事直占拉萨,"只要藏政归中央统治,不受外国牵制足矣。中央之所以必须统制西藏者,其宗旨全在解放藏民痛苦,保障其宗教与生活自由,而不被外国所愚弄与束缚而已。"[61]蒋介石意识到,西藏不同于内地,应该采取不同的管理方法:"审核西藏政策,决予以高度自治权,惟外交与国防应统一于中央。"[62]

青海在蒋介石解决西南及西北边疆的部署中具有重要地位,国民政府增派中央部队进入青海,成功地加强了青海地方势力马家军对中央的效忠,使中央对西藏与新疆获得有利的前进基地,蒋介石称,"由青入藏之方略,从此得以开始进行,实植经营新疆、西藏之基础耳"。[63]由于西藏地方当局动作不断，国民政府逐渐感到，解决西藏问题，除政治手段外，必须施加一定的军事压力。1942年冬，蒋介石向四川刘文辉部及青海马步芳部发出密令，列举西藏地方当局拒绝开辟国际联络线、擅自设立外交局、为难中央驻藏办事处等事实，指责西藏当局"企图分裂国家"。为了坚持抗战，维护统一，蒋要求该两部做好对西藏用兵的准备。[64] 1943年4月，因西藏当局停止汉藏驿运，重庆政府命令青海、西康和云南的军队向西藏边界开进，向西藏当局施加军事压力。青海马步芳一部数千人开往青藏边界，但西康和云南的军队并未采取行动。

英国一直将自己视为西藏的庇护者，在西藏问题上采取干预政策。得知重庆政府调动军队的消息后，英国政府便展开活动，对中国方面施加外交压力。5月7日，英国大使薛穆造访中国外交部。薛穆声称，西藏当局告知英国驻藏代表，说中国军队正在集结，"英国政府以为中国政府在中亚细亚有所举动不甚相宜"，希望中国政府能表示并无此事，以便由其转告西藏当局，使其安心。宋子文当即回答说，"一国之内部队之调遣，实与另一国无关，至于一国之中央与地方接洽事件，无论其友国如何友好，亦无友国代为转达之必要。"宋子文希望英方不要再提此事。但薛穆仍辩称，他知道此事甚为微妙，"但西藏与中国其他部分不同，似系自主。"

外交部将此事向蒋介石作了报告，蒋在外交部报告上批曰："西藏为中国领土，我国内政决不受任何国家预问。英国如为希望增进中英友义（谊），则勿可再干涉我西藏之事。如其不提时，则我方亦可不提；如其再提此事，应请其勿遭干预我国内政之嫌，以保全中英友义（谊）。"[65]

5月12日，蒋介石接见西藏驻重庆办事处主任阿旺坚赞等。蒋介石要求西藏地方遵办五件事：一、协助修筑中印公路；二、协助办理驿运；三、中央政府驻藏办事处商办事情直接与噶厦商量，不经"外交局"；四、中央人员入藏，凡持有蒙藏委员会护照者，须照例支应乌拉；5、在印华侨必要时须经西藏内撤。蒋介石表示，如西藏能对此五事遵照办到，并愿对修路、驿运负保护之责，中央军队当不前往，否则，中央只有自派军队完成，"中央绝对尊重西藏宗教，信任西藏政府，爱护西藏同胞。但西藏必须服从中央命令，如发现西藏有勾结日本情事，当视同日本，立派飞机轰炸。"[66]蒋介石对西藏的这一严厉态度可说前所未有。

5月20日，丘吉尔在太平洋会议上提出西藏问题，声称"近闻中国有集中队伍，准备进攻西藏之说，使该独立国家大为恐慌，希望中国政府能保证不致有不幸事件发生。"出席该会议的宋子文随即表示，未听闻有此项消息，并指出西藏并非所谓独立国家，中英间历次所订条约，皆承认西藏为中国主权所有。[67]

国民政府一方面通过各种途径直接对英方作出回应，反对英方干涉中国内政，一方面诉诸美国，期望美国来牵制英国，阻止英国有进一步的举动，同时也不乏借此向美国表明中国立场之意，以防止美国对藏政策也发生不利于中国的变化。5月22日，蒋致电宋子文，指出丘吉尔称西藏为独立国家，"将我领土与主权，完全抹杀，侮辱实甚。不料英国竟有如此言动，殊为联合国共同之羞辱。"蒋介石指示宋子文询问罗斯福对此有何感想及准备如何应对，并表示"西藏为中国领土，藏事为中国内政，今互相如此出言，无异于干涉中国内政，是即首先破坏大西洋宪章，中国对此不能视为普通常事，必坚决反对。"[68]

在中央政府的强硬姿态面前，西藏当局作了一些退让。西藏召开民众大会，作出决议，其要点为：要求西藏当局向中央声明，外交局非新创机关，但中央如仍继续拒绝接洽，拟让步，另设机关与驻藏办事处往还；中印公路，仍以神意反对测修；有关假道运输，如经玉树一线，道路被破坏时由西藏自修；关于西藏与日本勾结之事，要求西藏当局向中央严重申辩，予以澄清；西藏应与中央保持感情，不应与中央西藏办事处断绝关系。[69]于是，西藏当局作出妥协，同意继续经由西藏的驮运，保证货物经过西藏时不受抢掠等。

另一方面，重庆政府此时对西康尚不能完全控制，西藏问题有鞭长莫及之感。蒋介石认为"西藏问题，内则刘文辉为藏方通谍，外则有英国在其背后操纵"，藏人"反以中央爱护与恩德视为仇恨，其自戕自残之言行诚令有痛苦，不知所止"。对此，蒋介石只得决定暂作忍耐，"此时惟有暂时置之，以待补救，只要西康问题解决，道路开通，则英国绝不敢张明助藏，则藏事自然解决，故决隐忍一年。"[70]

蒋介石决定暂且搁置西藏问题的原因之一，还在于不想与英国搞僵，期望英国在反攻缅甸作战上有所作为，"对西藏决定放宽一步，不加虚声威胁，故不派飞机侦察昌都，勿使刺激投英，亦勿刺激英国。此时惟一要旨为使英国无口可籍，而能共同履约，打通滇缅路交通，一切的一切皆应集中于此一点也。"[71]

开罗会议上，中英之间曾简短地议及西藏问题。王宠惠首先转达了蒋介石的意见，指出西藏问题已成为中英邦交的"重大障碍"，"西藏本为中国领土之一部分，其与中国之关系，纯属中国内政"，希望英国根本改变其过去对西藏所持政策，以增进中英邦交。英国外相艾登辩称，"中国前既允许西藏完全自治，则英方之立场自以此为出发点。"王宠惠再次指出："西藏向为中国领土，毫无疑义，英方立场妨害我国主权，实无正当理由。此案迁延甚久，亟宜解决，欲求解决，惟有英方放弃其不合理之政策，否则不免影响两国邦交。"双方在这一问题上无法谈拢，未再深入议论。[72]

在解决边疆问题的过程中，蒋介石意识到不能只依靠武力，而是要期待各民族对国家的认同及对中央的真诚拥护。蒋介石提出要加强对边疆地区非汉民族的教育，培植其国家观念："我国在北方蒙古，不能练成蒙古兵，在西北新疆不能组训回教兵，在西方康藏不能组训藏兵，则国防终难巩固，然而此非使蒙、回、藏胞受有充分教育，培植丰富之国家观念不可，其时期当在二三十年以后耳，及今准备犹为未晚也。"[73]

蒋介石大力倡导新的民族观。他对民族概念作出了新的解释，以宗族概念来取代以往的民族概念。蒋介石提出，中国只存在一个民族，即中华民族，汉、满、蒙、回、藏等都只是这个民族不同的分支——宗族，它们是"同一血统的大小宗支"，是"宗族"而不是"民族"。他认为，"我们中华民族是多数宗族融合而成的"，"中国五千年的历史，即为各宗族共同的命运的记录。此共同之记录，构成了各宗族融合为中华民族。"蒋介石意图以此淡化民族区隔,加强边疆各民族的向心力。[74]

在考察国民政府的版图构想时,还需对国民政府扶助周边国家独立的举措予以足够的关注。这些国家战前分别处于日本或英法的殖民统治之下,中国不仅要终结日本的统治,也要终结英法殖民统治的存在,并加强中国在这些国家的影响力。国民政府在战时积极支持周边国家的抗日活动。为朝鲜和越南两国抗日力量提供庇护和支持,并积极推动美英承认它们在战后获得独立。中国还试图对英印之间的纠纷进行调解,敦促双方合作抗日。中国还曾两次出兵缅甸,参加缅甸保卫战和缅甸反攻作战,为收复缅甸作出重要贡献。

中国支持周边国家抗日及坚持反殖民主义,既是一种理念,也是一种现实政策,蒋介石曾经指出:"安南落于敌手,演成我国西南边疆之朝鲜,则我西南根据地永无安宁之日。"[75]因此,国民政府希望周边国家脱离他国影响,掌握在对中国友好的政府手中,对中国形成一道安全上的屏障。它不仅积极推动周边国家的抗日活动,还力图阻止英法这样的老殖民主义在战后卷土重来。

抗战后期,国民政府在确立中国战后版图方面做了不少工作。从结果来看,似乎可以说,对日易,对盟国难。对日处置,只要战争取得胜利,中国作为战胜国收复失土,不是难事。但要从同是战胜国的且中国有所仰仗的盟国那里获得失土,那就困难得多了。

战时国民政府的努力值得肯定。沦陷于日本的东北、割让于日本的台湾终获收回;久已疏离的新疆一举内向,恢复了中央控制;西藏问题虽无进展,但阻止了可能的恶化。维持现状亦可算作一功，它为日后中华人民共和国政府解决西藏问题保留了基础，缺少这一基础则令后来者无力回天（外蒙就是一例）；但外蒙问题确非中国国力所能决定，其最终丢失亦难以苛责。对此，蒋介石有一段谋事在人成事在天的感叹："谋略立国自应以恢复所有失土——东北、外蒙、新疆、西藏、安南、台湾、朝鲜为总目标，但不能不以实际环境与空间、时间为进止缓急之准据，不能意必强求，否则即为助长矣。"[76]可知，许多事，非不为，是不能也。

注 释

1. 严格来说，琉球难以用"收复"一词。但当时广泛使用该词，如今且无合适之词可以替代，故仍沿用之。
2. 参见拙文《尘封下的真相：解读蒋介石亲自修改的一组对日议和文件》，《抗日战争研究》，2004年第2期。
3. 《蒋介石日记》，1938年3月22日、3月23日。美国斯坦福大学胡佛研究院档案馆藏（以下所引蒋日记出处同此）。
4. 《蒋介石日记》，1938年6月14日、6月17日、8月13日。
5. 重庆《大公报》，1940年5月5日，第2版。
6. 秦孝仪主编：《先总统蒋公思想言论总集》，第31卷，台北，中央文物供应社1984年版，第220–228页。
7. 国民政府何时公开提出收复东北的问题？有学者以蒋介石1941年《"九·一八"十周年告全国国民书》为标志。其依据是，在发表这篇告书前，蒋在9月17日的日记中写道，收复东北的决心，无论对内对外，"此时皆应有所表示，而且亦正其时也"。由此推论：蒋介石在这时才放弃了1939年、1940年时的政治判断，即恢复至"七七事变前"之状态。见西村成雄：《重庆政治空间的东北因素 收复东北话语在国内外格局中的号召力》，《社会科学研究》（成都）2010年1期。西村先生判断的时间似乎晚了一年。
8. 蒋介石与居里谈话记录，1942年8月3日，秦孝仪主编：《中华民国重要史料初编——对日抗战时期》第三编，《战时外交》第1册，台北，中央文物供应社1981年版，第680–682页。
9. 《蒋介石日记》，1942年8月3日。
10. 对日抗战与本党前途，1938年4月1日，秦孝仪主编：《先总统蒋公思想言论总集》，第15卷，第187页。
11. 《蒋介石日记》，1940年9月30日
12. 林忠：《台湾光复前后史料概述》，皇极出版社1983年版，第21页。
13. 《蒋介石日记》，1941年12月20日。
14. 《外交部修正拟定解决中日问题之基本原则》，1942年1月29日，中国第二历史档案馆编：《中华民国史档案资料汇编》，第五辑第

二编，外交卷，江苏古籍出版社 1997 年版，第 101 页。

15　《蒋介石日记》，1942 年 11 月 9 日。

16　学界对来自英美各方面的杂音及中国的应对，对开罗宣言的产生等问题已有很多研究，此处不再赘述。

17　《外交部修正拟定解决中日问题之基本原则》，1942 年 1 月 29 日，《中华民国史档案资料汇编》，第五辑第二编，外交卷，第 101 页。

18　《宋外长谈话》，重庆《大公报》，1942 年 11 月 4 日。

19　秦孝仪主编：《总统蒋公大事长编初稿》，卷五上册，台北，中正文教基金会 1978 年版，第 270 页。

20　蒋介石：《中国之命运》，正中书局，1943 年 6 月。

21　宋子文致蒋介石电，1943 年 5 月，吴景平、郭岱君编：《宋子文驻美时期电报选（1940-1943）》，复旦大学出版社 2008 年版，第 195 页。

22　中国对琉球问题的态度变化，笔者此前已有所探讨，参见拙文《大国意识与大国作为——抗战后期中国国际角色定位与外交努力》，《历史研究》2008 年第 6 期。

23　《蒋介石日记》，1937 年 4 月 16 日。

24　《蒋介石日记》，1937 年 5 月 8 日。

25　《蒋介石日记》，1941 年 7 月 31 日。

26　呈蒋委员长建议书，1941 年 9 月，台北"国史馆"藏《蒋中正总统文物》，002000000389A 革命文献——对美外交：拉铁摩尔顾问聘用经过，002-020300-035-015。

27　周美华编辑：《蒋中正总统档案：事略稿本》，第 47 卷，台北"国史馆"2010 年版，第 139 页。

28　郭文年致蒋介石，1941 年 11 月 6 日，台北"国史馆"藏《蒋中正总统文物》，002000002087A 积极治边（五）002-090102-016-118。

29　《蒋中正总统档案：事略稿本》，第 47 卷，第 595 页。

30　参见前引《蒋介石日记》，1943 年 1 月 29 日。

31　朱绍良致蒋介石，1942 年 11 月 10 日。台北"国史馆"藏《蒋中正总统文物》，002000002087A 积极治边（五），002-090102-

	016-145。
32	崔冀致蒋介石，1943年5月20日，台北"国史馆"藏《蒋中正总统文物》，002000002088A，积极治边（六）002-090102-017-063。
33	《蒋介石日记》，1943年4月29日。
34	《蒋介石日记》，1943年4月23日。
35	《蒋介石日记》，1944年1月22日。
36	《蒋介石日记》，1943年1月31日（上星期反省录）。
37	《蒋介石日记》，1944年1月3日。
38	《蒋介石日记》，1944年2月5日。
39	六全大会关于边疆问题各提案，格桑泽仁等19人提，刘正光主编：《民国以来蒙藏重要政策汇编》，蒙藏委员会发行，台北，2001年，第225-227页。
40	《第六次全国代表大会宣言》，1945年5月21日，荣孟源主编：《中国国民党历次代表大会及中央全会资料》，下册，光明日报出版社1985年版，第911页。
41	《蒋介石日记》，1945年6月24日。
42	对国际形势与今后政策之研究，《蒋介石日记》，1945年7月28日。
43	《蒋介石日记》，1941年12月20日。
44	《蒋介石日记》，1941年12月29日。
45	《蒋介石日记》，1942年1月，本月反省录。
46	《蒋介石日记》，1942年3月28日，1943年9月19日。
47	《蒋介石日记》，1941年3月20日。
48	《蒋介石日记》，1941年11月5日。
49	翁文灏日记，1942年4月15日，翁文灏著，李学通、刘萍、翁心钧整理：《翁文灏日记》，中华书局2010年版，第762页。
50	蒋介石三函释文及注，第一函，1944年7月2日，见朴正言《盛世才简传》附录，台湾《传记文学》第53卷第2期，第24页。
51	翁文灏日记，1942年7月3日，《翁文灏日记》，第790页。
52	《蒋介石日记》，1942年7月11日（本星期预定工作课目）。
53	《蒋介石日记》，1942年7月13日。

54 《蒋介石日记》，1942 年 8 月 20 日。

55 国民政府军事委员会致外交部，1943 年 1 月 24 日，《外交部档案丛书》，界务类，第四册，新疆卷（二），台北，"外交部"，2001，第 385 页。

56 《蒋介石日记》，1942 年总反省录。

57 《蒋介石日记》，1944 年 8 月 14 日。

58 《蒋介石日记》，1942 年 3 月，本月大事预定表。

59 孔庆宗致蒙藏委员会，1942 年 7 月 6 日，中国藏学研究中心、中国第一历史档案馆、中国第二历史档案馆、西藏自治区档案馆、四川省档案馆合编：《元以来西藏地方与中央政府关系档案史料汇编》，第七册，中国藏学出版社 1994 年版，第 2841 页。

60 吴忠信致孔庆宗电，1942 年 7 月 21 日，《元以来西藏地方与中央政府关系档案史料汇编》，第七册，第 2844 页。

61 《蒋介石日记》，1942 年 8 月 28 日。

62 《蒋介石日记》，1943 年 1 月 14 日。

63 《蒋介石日记》，1942 年 8 月 29 日（上星期反省录）。

64 陈谦平著：《抗战前后之中英西藏交涉（1935-1947）》，三联书店 2003 年版，第 156 页。

65 外交部为英国干涉中国军队调动事呈文及蒋介石批示，1943 年 5 月 10 日，《元以来西藏地方与中央政府关系档案史料选编》，第七册，第 2850-2851 页。

66 黄玉生等编著：《西藏地方与中央政府关系史》，西藏人民出版社 1995 年版，第 262 页。

67 宋子文致蒋介石电，1943 年 5 月 21 日，《战时外交》第三册，第 233 页。

68 蒋介石致宋子文电，1943 年 5 月 22 日，《宋子文驻美期间电报选（1940-1943）》，第 191 页

69 蒙藏委员会致军事委员会电，1943 年 6 月 14 日，《元以来西藏地方与中央政府关系档案史料选编》，第七册，第 2851 页。

70 《蒋介石日记》，1943 年 7 月 18 日。

71 《蒋介石日记》，1943 年 7 月 24 日。

72　开罗会议日志,1943 年 11 月,《战时外交》第三册,第 534 页。

73　《蒋介石日记》,1944 年 7 月 22 日(上星期反省录)。

74　《中国之命运》,第 2-6 页。

75　《蒋介石日记》,1941 年 2 月 9 日。

76　《蒋介石日记》,1945 年 3 月 13 日。

肆 桃李春风

PART
4

TAOLI
CHUNFENG

我跟杨老师做博士研究生

臧运祜

Zang Yunhu

1966年生,北京大学历史学系教授。杨天石先生博士生。

人逢喜事精神爽。甲辰龙年秋日，恭逢吾师杨天石教授迎来90华诞，不禁愉快地回想起自己30年前跟随老师做博士研究生、写博士学位论文的往事。

一、入师门，定选题

1989年的春天，我从北京大学政治学系中共党史专业毕业后，分配到军事科学院军事历史研究部工作。1992年春获得北京大学硕士学位之后，借着那年邓小平同志南行的春风和党的十四大的东风，我于1993年底向本单位提出了报考博士研究生的申请，并在1994年春天获得了批准。由于当时军队单位尚未设立军事历史学科的博士学位点，我就考虑报考北京的地方高校和中国社会科学院，并最后选定了中国社会科学院研究生院近代史系。当时该系招收中华民国史方向的博士生导师是陈铁健研究员。我在跟陈先生接触之后，从那年暑假开始，就在完成本职工作任务的同时，复习日语、自学中国近代史以及中华民国史的著作。

1994年秋天，我在《光明日报》上看到了中国社会科学院研究生院次年的博士研究生招生简章；但不知为何，陈铁健先生没有被列入招生导师的计划，而有的是耿云志先生的中国近代思想与文化史方向。我考虑再三，决定还是报考近代史所的博士研究生，并到东厂胡同办公室拜访了耿先生之后，又开始自学近代思想史与文化史的有关内容。1995年春天，我通过了中国社会科学院研究生院的笔试与面试，7月初在近代史研究所领取了"近代文化史"方向的博士研究生录取通知书。

1995年9月1日，我进入中国社会科学院研究生院近代史系，开始了为时三年的博士研究生生活。是年底，我的导师耿云志研究员在办公室跟我商量，说希望我明年后跟随该所的杨天石研究员继续做博士研究。我很快就同意了，并随后与杨老师进行了联系，从此就开始了我们师生之间的交往。

对于杨老师，我虽无直接接触，但通过一年来阅读中国近代史与中华民国史的论著，得悉他的有关研究；知道他毕业于北大中文系，其女儿也是我在北大历史系本科低一年级的同学。1996年春天，在他的研究室里，杨老师说自己年过六旬，我们年龄相差30岁，我是他的第一个、也可能是最后一个博士研究生了。我惶恐且自负地说一定不会让老师失望的。

杨老师说，"学业、课程的事情你就跟着院系一起做吧，但要尽快确定你的博士选题，以便及早进入研究状态。"他说我如果喜欢继续研究近代文化史，可以跟他一起通过整理钱玄同的日记，来研究民国时期的学术文化；但如果喜欢研究民国史，也可以商量，我毕竟还是民国史研究室的第一位博士研究生。我考虑了几天后，觉得自己对于文化史虽有兴趣，但毕竟基础与能力不足，也不知道未来的学术发展路向，最后还是告诉老师喜欢跟他做中华民国史。

关于民国史的选题，杨老师建议我要发挥日语优势，适应当前中国抗战史研究方兴未艾的新趋势，从事民国时期中日关系史领域的研究。但我自己除了在硕士期间及在军科院对于中共抗战史有些研究基础和兴趣外，一时又找不到中日关系史方面更好的选题。在我跟杨老师再次商量的时候，他给我出了两个题目：一个是日本与奉系军阀的关系，另一个是从九一八到七七事变期间的中日关系，并分别说明了有关情况，让我自己进行论证和选择。

在经过一段时间的调研、比较与分析之后，我在1996年五一节前，告诉老师准备研究后一个题目。杨老师显然很高兴，其实也许他早就有此打算。他说："我通读过本所编著出版的《日本侵华七十年史》这部分书稿，感觉从九一八到七七事变期间的日本对华政策，过去虽有若干著述问世，但相对来说还是比较薄弱的；你如能认真开掘，不仅可以垦拓荒圃，填补空白，而且也可能会有许多新的发现。"这样，我们师生就较快而愉快地确定了这个博士研究的选题。

无论是对于初出茅庐的应届学子，还是我这般而立之年的青年学人，确定一个好的博士论文选题，都是至关重要的。杨老师说这有事半而功倍的效用，为此我们多花了一些时间和精力也是值得的。在这个过程中，杨老师一直尊重学生的兴趣和志愿，只是提供建议，并让学生自我比较与选择，但他自己的意见也是清楚表达的。我应该庆幸自己得遇良师，这也是初入师门的第一大收获。

二、找材料，定计划

题目确定之后，我花了一段时间整理了中外学界的有关研究状况，考虑了大致的研究计划。杨老师多次提醒说，根据他自己的经验，再好的问题和计划，也必须先有第一手的历史材料作为支撑，并时常告诫"巧妇难为无米之炊"的道理。于是，我接下来就把主要精力用于收集历史资料了。

要研究九一八到七七事变期间的日本对华政策,当然最为首要和重要的是看日本方面的第一手档案资料。当时日本的《战史丛书》虽已出版并披露了一些军方档案资料,但数量非常有限;《现代史资料》有关卷册等资料集,虽收录了不少的文书资料,但并不系统与完整;最主要的《日本外交文书》,当时也只出版到"满洲事变"期间,其后尚未问世;日本一些重要的军政人物,其有关决策的资料也是有局限的。因此,如何挖掘并收集大量的日方一手档案史料,包括外交文书及陆海军档案等,成为制约我的论文研究之深度与新意的关键所在;赴日研修也是必须要考虑的途径。

在这时,还是杨老师及时给我指点了迷津。日本方面的上述军政档案资料,其战败投降后不久即被占领的美军接收,并由其国会图书馆制作了《日本外务省档案》及《日本陆海军档案》的缩微胶卷,提供给有关国家使用;其原件退还日本后,被日本外交史料馆及防卫厅战史部图书馆收藏,并提供阅览。杨老师说他在日本京都大学访问时,就用过这套缩微胶卷资料,感觉很有用;国内的北京图书馆收藏有这两套缩微胶卷,但利用者很少;近代史研究所资料室此前为了编纂《北洋军阀》资料集,曾复制过1920年代的部分胶卷。杨老师说我即使不能去日本,在北京照样可以看到和使用这些重要的资料。

在杨老师的指引和介绍下,我从5月开始,迅速投入到这套缩微胶卷日文资料的挖掘与收集工作中。我先是在近代史所图书馆特藏阅览室,仔细清理并阅读了一些缩微胶卷,熟悉了有关情况和使用方法。然后主要就是到北京图书馆（现国家图书馆）缩微文献阅览室，开始了近乎一年的资料收集工作。

这期间，我真正体会到了"上穷碧落下黄泉，动手动脚找东西"的收集资料工作之苦与乐。无论酷暑和严冬，为了节省时间和钱，我基本是自行车往返于北大公寓和图书馆之间，中午就随着图书馆工作人员就餐；为了节省时间和免去抄写之苦，我尽量去复制胶卷。我那会儿的基本生活规律就是白天上班时间在北京图书馆，晚上及周末在家整理资料。

这期间，中国社会科学院研究生院曾有过两次赴日本东京及大阪学习交流的机会，但都与我擦肩而过。杨老师积极帮我联系日方接待老师，得知结果后还劝我不要气馁，要坚定信心。他深知近代日本文书翻译之难和日本文语之苦，还曾经想法拜请近代史研究所的邹念之先生来辅导我的日语翻译，可是因邹先生不幸在怀柔家中过世而无缘求教。此后我就只好借助日文工具书，来自我解决资料翻译的问题了。

杨老师告诉过我不入虎穴焉得虎子的道理。当我真正深入到日本一手档案资料的大海中扑腾一番时，才发现自己原来想要研究的问题，不一定有资料支撑，但是没有想到的问题，却会在资料中大放异彩。这就是发掘与收集史料的真实收获和无限乐趣所在。

1997年春夏，我的资料收集及翻译工作告一段落，感觉必须调整此前的研究计划了。这时，杨老师又跟我说了"有什么米做什么饭"的道理，一切问题要以史料为依据，也就是胡适先生所谓"有一份证据说一分话"。这样，我就决定舍弃九一八后日本关于中国东北和伪满洲国问题的决策，以其对中国华北地区的政策为中心，全面系统深入地探究日本在九一八之后经过"华北事变"而走向七七事变与全面侵华战争的政策问题，并按照政策演变的历史过程，分别设计了六章的篇幅。暑假之前，我把调整后的写作计划抄给杨老师过目把关，他说从现在起怎么写论文，你自己就可以做主了。

在收集资料、思考问题的过程中，杨老师还注意锻炼我的学术研究与写作能力的培养。

1997年7月，适逢七七事变爆发60周年纪念。中国社会科学院近代史研究所与中国台湾地区及日本学界合作，筹备召开一次国际学术研讨会。杨老师认为这是一次难得的学习机会，嘱我一定要撰文参会。我就把外务省档案中的有关资料进行整理，完成了一篇关于七七事变前夕日本对华政策演变的论文，所幸入选了这次国际学术研讨会。7月份在卢沟桥畔的会议期间，我得以向我国台湾地区的李云汉、陈鹏仁先生以及日本的卫藤沈吉、安井三吉先生等著名学者求教，并与同宿舍的张振鹍先生彻夜交流，确是一次十分难得的学术交流机会。会后，我的论文经过修改，发表于近代史研究所主办的《抗日战争研究》1998年第1期。这是我博士期间唯一的一次学术交流和发表成果，也是我们师生一同参会、共同学习的第一次。

还有一次锻炼机会就是在1996年暑假，中国社会科学院研究生院邀请日本大学研究生来华访问。经过杨老师的同意，我作为中方的陪同人员，跟爱知大学的一位研究生武井义和同学，一起赴上海、南京两地访问两周。因这位日本同学在研究中国抗战时期的日本侨民问题，我们一起拜访了抗日战争史研究的著名学者并进行了交流,又去中国第二历史档案馆、上海市档案馆等收集资料。这是我第一次乘坐飞机,并顺便也借机考虑了自己的选题和研究资料,确是一举而两得。

三、博论答辩与出版

1997年暑假前夕,我开始了博士论文的写作。秋天完成了第一二章,冬天完成了第三四章,寒假期间完成了第五六章。当时还没有普及电脑,我都是在北大西门外蔚秀园公寓23号楼那间十几平方米的房间里,每日每夜爬格子,以及跟楼下胡同里打字社之间的反复校对。

1998年春节前夕,我把打印好的前两章交给杨老师。他花了两周左右的时间给我看了一遍。对于我的初稿,他意见最大的是语言文字问题,说自己是中文系出身的,对表达形式看得很重;好文章是写给别人看的,要考虑读者和受众,而不能闭门造车、孤芳自赏。他要我举一反三,在以后的章节写作中注意这些文字问题。其后,老师再也没有打扰我的写作,只是在最后,我们商量了关于结论的写法问题;关于博士论文的题目,杨老师建议最后定为《九一八至七七事变期间的日本对华政策——以华北政策为中心》。

五一前后,我终于完成了博士论文的送审稿。按照杨老师的安排,我把论文分别送给了国防大学何理教授、北京师范大学蔡德金教授进行审查,并听取其意见,然后进行了一些修订。6月初,在近代史研究所所长张海鹏先生的主持下,杨老师和张振鹍、王桧林、丁则勤教授参加了我的博士论文答辩,民国史研究室主任汪朝光先生担任秘书。答辩前,杨老师还专门跟我谈话,叮嘱我要谦虚、严谨,原则就是知之为知之、不知为不知。

1998年6月30日,我在中国社会科学院研究生院近代史研究所博士毕业,7月初进入北京大学历史学系,从事了为时两年的博士后研究。

在北大从事博士后研究期间,我听取杨老师的建议,根据各位评审专家和答辩老师的意见,对于博士论文进行了较大幅度的修改,1999年五一前投送给中国史学会"东方历史学术文库",争取出版机会。这年底,获准入选该文库1999年度的专著系列。

2000年春天,我又在该文库评审专家张振鹍先生的悉心指导下,进行过小幅的修改,年底由社会科学文献出版社出版,改名为《七七事变前的日本对华政策》。杨老师及张海鹏先生,分别为拙著作序鼓励。杨老师这时又告诉我说:好文章好书是写出来的,也是改出来的;学术追求无穷已,永远在路上。

四、获评优博及其后

1998年以后,教育部和国务院学位委员会决定从1999年度开始,每年评选100篇全国优秀博士学位论文,历史学每年可有2—3篇入选。2000年底,中国社会科学院研究生院通知我的论文去参评。我按照要求,把自己答辩通过的博士论文原稿以及出版品和发表论文一起上报了,但并没有抱多大希望,因为据说竞争太激烈。

2001年4月30日晚间，倒是杨老师第一时间给我打来电话，告诉我说，你的博士论文被评上全国优博了，见于今日的《光明日报》。杨老师后来还告诉我，在近代史系讨论与推荐上报的时候，他是力挺我的。由此可见导师的拳拳之心与殷殷之情。

因为获得了全国优博，我在博士后出站后，从军科院转业到北大历史系工作，并在当年被评为副教授，随后还获得了教育部的科研项目资助，继续从事有关的课题研究。我的学术研究，也从博论开始了新的步伐。

一篇博论改变了自己的学术命运。饮水思源，我认为这首先要归功于我的导师杨天石老师多年来在各方面的指导与培养。回顾这一过程，我感觉杨老师主要抓住了三个关键环节：一是选题，个人要扬长避短，学术要锐意创新，写法要以小见大。我的博士论文是关于民国时期中日关系史，侧重于研究日本对华政策，杨老师说这是"知彼"之功，也发挥了我的日文优势；从九一八到七七的日本对华政策，在中国抗战胜利50周年之际，仍然是学术研究的一个非常薄弱的环节，创新的空间不小；研究时间为1931—1937年，是一个中等篇幅的题目，学术延展的前后余地很大。二是材料。杨老师自己一贯注重实证研究与探讨历史真相，视档案资料如学术生命力之所在；他给我指点的研究领域，恰恰又是有档案而利用不充分之处。我在一年多的时间里沉浸于北京图书馆的缩微资料室，经年累月地挖掘、研读、翻译那些日本外务省和陆海军的文书档案，新的问题意识不断涌现，这时才真正体会到老师的苦心孤诣。马克思说过：我的《资本论》一书引起了特别大的愤恨，因为书中引用了许多官方资料来评述资本主义制度，而迄今为止还没有一个学者能从这些材料中找到一个错误。信哉此言！三是写作，特别是文字之功。杨老师由文入史，以思想引领行文，他曾一再批评和要求我注意语言文字这个基本功，不可因小失大。耳濡目染，这对于我在博论写作及其以后的学术道路上，惠莫大焉。

此后，杨老师继续带领我从事以中日美三国学者为主开展的中日战争国际共同研究项目。2004年初，我们组团去美国夏威夷，与美英及日本学者一起研讨中日战争期间的军事问题，不久后我跟老师一起主编了这次会议的中文版论文集；2009年夏天去重庆，一起参加战时国际关系的研讨会议。我们师生一起撰文参会，问学求道，其乐融融。

2006—2010年，我应邀参加了近代史研究主持的中日共同历史研究项目，主要还是负责自己博论曾经研究过的从九一八到七七期间的中日关系课题。杨老师得知后很高兴，专门召我去研究室，说这个项目不同于一般的学术研究，你作为最年轻的中方委员，要谦虚严谨、不辱使命。2010年我们的共同研究项目圆满结束后，2011年暑期，应日本上智大学文学部坂野良吉教授的邀请，我陪同杨老师一起去东京，我们在富士山麓的一家农舍里，与几位日本和我国台湾地区专家，继续共同研讨1930年代中日关系的若干问题。

2012年初，社会科学文献出版社跟我商量是否修改拙著以列入其学术文库，杨老师建议说与其修订，倒不如新作。我明白老师的创新真谛，博论修订之事也就作罢，而专注于在此基础上，努力写作与发表更多原创性的学术论著。

我跟随杨老师做博士研究生，虽仅有三年时光，但师恩浩荡，没齿难忘。30载春秋过去，如今的我，不觉已到杨老师指导我做博士研究生的年龄了。接下来的30年，我要继续以吾师为楷模，努力于培育优秀人才，致力于追求卓越学术。

重视大时代、大人物、大事件研究
——评『杨天石近代史研究六种』

王奇生

1963年生,北京大学历史学系教授、历史学系主任。杨天石先生博士后。

Wang Qisheng

香港三联书店将杨天石先生的著作陆续结集出版，分别为《晚清史要》《孙中山新探》《帝制的终结：辛亥革命简史》《民国风云》《思潮与人物》《找寻真实的蒋介石：蒋介石及其日记解读（五卷本）》。六种十卷，总计超过340万字，乃杨天石先生一生研究近代史论著之精选。本文拟对此"杨天石近代史研究六种"谈一点自己的学习体会。

一、横跨晚清与民国

杨天石先生的六种著作，横跨晚清与民国。近代百年风云，可言说之事数不胜数。当今学界对此段不算太长的历史流行"一分为三"，或分"近代史""现代史""当代史"，或分"晚清史""民国史""共和国史"。多数学者在此基础上进一步划定自己的研究范围，形成属于自己的"一亩三分地"。而杨先生的研究几乎覆盖了从1840年至1949年的整段近代历史演变，从鸦片战争一直追踪到国共内战乃至国民党迁台之后的情形。这在当下学界极为罕见。

丛书第一种，为《晚清史要》。《晚清史要》分为鸦片战争前后、戊戌变法前后、辛亥革命前后三个部分，汇集了杨先生对晚清历史的重要研究成果。作者利用档案、报刊、日记等资料，分析晚清重大历史事件背后的史事与人物，破解谜团，寻找真相。本集所收文章，多为精深短篇，多从新发现的稀见史料入手，见微知著，分析小故事背后的大时代。如《邹容自贬〈革命军〉》一文，由邹容与其律师之间的一番对话，来看邹容思想的新变化。

邹容提到,"我意欲改作《均平赋》一书,今天下人无甚贫富,至前作之《革命军》已弃而不闻。"邹容自贬《革命军》,意欲作《均平赋》新文,体现出"这位年轻的革命家对新的救国、救世道路的探求,较之《革命军》所鼓吹的独立、自由、平等、共和等理想,自然又前进了一步。"这与当时孙中山的思想变化相呼应,共同体现出当时革命党人对中国未来道路的思考。[1]

丛书第二种,为《孙中山新探》。《孙中山新探》集中探讨了"平民知识分子革命家"孙中山的生平经历。作为孙中山研究的大家,杨先生利用各类史料,对孙中山的思想变化与活动事迹进行了独到的分析。从前的主流叙事往往将辛亥革命的失败归因为所谓"资产阶级的软弱性",多为粗略、空洞的归纳,忽略了表相背后的历史实相。实际上,辛亥之际的革命党人面临着严重的财政危机,即使没有袁世凯,南京临时政府也很难长期维持局面。在本集中,杨先生有多篇文章论及此事,较为全面深入地剖析了孙中山让位袁世凯的深层次原因。

丛书第三种,为《帝制的终结:辛亥革命简史》。《帝制的终结》一书呈现了以孙中山为代表的革命党人在辛亥之前的多次尝试,直至辛亥一役功成。在这一过程中,革命派和改良派之间的分与合、同盟会的成立与发展壮大、清廷新政改革的破与立,构成了辛亥前十年政治变化的主要线索。杜亚泉有云:"五千年来专制帝王之局,于此十年中为一大结束;今后亿万斯年之中华民国,乃于此时开幕。则非十年以来之小变,实五千年以来之大变,而不可以常例论矣。"[2] 阅读本书,大致可知此十年的发展变化。"有形的皇权专制主义被推翻以后,无形的专制主义在近代中国历史上却是难以克服的痼疾。"[3]"帝制终结，专制难除。"这是杨先生对辛亥革命的精深总结。

丛书第四种，为《民国风云》。《民国风云》一书篇幅较大，涵盖了从民国建立到国民党迁台，尤其关注国民党内部的矛盾、冲突，以及国共关系的变化。本书所用资料多为中国大陆、中国台湾地区和日本等地的官方档案，多数文章为读档札记，如《读孔祥熙档案》《读宋子文档案》《读台湾国民党党史会藏档案》《台湾所藏阎锡山档案一瞥》。扎实、可靠的史料，加以细致的辨讹、订正、考释，颇见实证功夫。本书也涉及了迁台之后的国民党沉浮，如《蒋介石"复职"与李宗仁抗争——读居正藏札及李宗仁档案》，《50年代香港和北美的第三种力量——读张发奎档案》等，展现了第三力量"中国自由民主战斗同盟"的昙花一现。

丛书第五种，为《找寻真实的蒋介石：蒋介石及其日记解读（五卷本）》。这五卷体量甚大，包括了"早年经历、北伐战争与'清党、反共'""内外政策与抗日战争""抗战外交""内战再起与统治崩溃""台湾年代及其婚姻、家庭"五个部分。以蒋介石日记为主要材料，辅以各类书信、档案、报刊等，书中涉及的面几乎涵盖了蒋介石的一生，包括蒋与各方人物的关系、对时局的认识及其个人生活史等。蒋介石是近代历史上最为重要、也最为复杂的人物之一。关于他的研究，当下学界已有极为丰富的成果。但少有像杨先生这样对蒋介石进行全面、深入的研究者。尤其是利用蒋的日记，分析其幽微复杂的心理变化，称得上心态史研究之典范。蒋会在日记中表达自己的喜怒哀乐，甚至有一些极端的个性表达，乃心态史研究的难得史料。蒋在写作过程中难免有自我掩饰和自我表现意识，有些内容略而不写，有的一笔带过，讳莫如深，因此需要和其他材料相互印证。如杨先生所言，"蒋的日记有相当的真实性，但是，真实不等于正确，也不等于全面。"[4]《找寻真实的蒋介石》第五卷中有很大篇幅展现了国民党在台湾时期的史事浮沉，体现了先生在台湾史研究方面的开拓与尝试。

丛书第六种，为《思潮与人物》，考察了近代众多人物的思想主张，包括政治、社会、文化等方面。本书还对几位重要人物进行了重点考察，包括黄遵宪、鲁迅、钱玄同、胡适四人的论丛。杨先生由人物研究入手，探求近代史上的思潮变化。思想史研究看似入门甚易，似乎人人皆可大略谈一点自己的心得体会。但扎实的思想史研究需要过硬的研究功夫，从各类公私史料的蛛丝马迹中找寻人物的思想痕迹，梳理思想变化的线索，才能成一家之说。先生本是从思想史研究开始进入到近代史研究领域的。关于黄遵宪的研究即是其处女作。另如《苏、陈译本〈惨世界〉与近代中国早期的社会主义思潮》一文，从雨果《悲惨世界》的翻译、传播来考察中国早期无政府主义思想的具体主张和传播发展，今天再读仍不过时。《论钱玄同思想——以钱玄同未刊日记为主所作的研究》一文，利用日记以及书札等私人材料来分析钱玄同的思想内涵，堪称人物思想研究之范本。

丛书六种十卷，上溯鸦片战争前后之史事，下延国民党迁台后之政局。从政治史到思想人物研究，内容所涉范围之广，时间跨度之大，在当下学界实属少见。

二、对重大事件、人物与谜团的研究

在研究对象上,杨天石先生偏重政治史与思想史研究,具体说来,有以下三个重点:

一是重视重大历史事件研究。从鸦片战争到戊戌变法,从辛亥革命到国民革命,从抗日战争到国共内战,近百年间几乎所有重大的历史事件,杨先生都做过专门的研究。尤其对辛亥革命、国民革命,研究最为出众。对于辛亥,杨先生特别总结道:"辛亥革命时期,人们期待着一个新中国的出现,做过许多梦。概括言之,大致有三。一曰振兴中华之梦,二曰民主共和之梦,三曰民生均富之梦。"[5]在辛亥之梦的引领下,近代中国人展开了曲折的探索之路。辛亥一役,终结了千年帝制,具有开创之功。"中国历史还会有绵远的未来,但它的民主大航向却自此锁定,任何人都无法动摇、改变。"[6]重大历史事件往往对历史进程有着关键、深远的影响,往往是历史发展的转折点,且可能构成历史发展的脉络与主线。杨天石先生十分关注像辛亥革命这样的重大历史事件,分析重大事件的因果关联,以及重大事件背后的人物活动、人物心理,为我们揭示出历史的真相。

二是重视精英人物研究。据不完全统计,杨天石先生的研究涉及龚自珍、何如璋、黄遵宪、康有为、梁启超、袁世凯、慈禧太后、唐才常、毕永年、章太炎、邹容、章士钊、杨度、陈天华、汤化龙、刘师培、何震、黄兴、何天炯、陈独秀、钱玄同、胡适等一系列重要人物。在丛书的六种十卷中,有三种七卷专研人物(《孙中山新探》《找寻真实的蒋介石:蒋介石及其日记解读》《思潮与人物》)。杨先生的研究中,约有八成的文章以人物作为切入点。精英人物对历史发展往往有着至关重要的影响,因而具有相当的研究价值和意义。孙中山、蒋介石更是中国近百年历史中影响巨大的关键人物。杨先生论著有大量篇幅研究他们的经历与思想。杨先生也是大陆学界最早使用私人资料进行人物研究的学者之一,早在20世纪80年代即开始对钱玄同日记和胡适日记手稿进行搜集、整理与研读。蒋介石日记更不待言。"自来的政治家,人们可以从他的公开言行去观察他,研究他,但是政治家很少向公众敞开自己的内心世界,因此,历史家很难了解政治家公开言论背后的真实的隐蔽的意图。蒋介石日记大量记载了自己的思想活动,这就向历史家敞开了心灵的窗户,使历史家不仅知道他做什么,而且知道他为何这样做。"[7]杨先生并不只是简单分析人物的生平经历,而是从事实出发,与旧说进行对比、分析、评价,例如孙中山和同盟会之间的关系以及对孙中山的定位与评价等。

三是重视重大历史谜团的破解。在重大事件、重要人物研究的基础上,杨天石先生更进一步,重视重大历史谜团的解析。百年近代史虽不算长,但也留下了许多谜团有待破解。先生综合多方史料,对这些谜团背后的真相进行解构、分析,写出多篇学术史上的著名论文。例如,关于"康有为谋围颐和园捕杀西太后"这一说法,曾是清廷指责康有为的重要罪状,但一直为康有为本人所否认。事实真相究竟如何?杨先生通过社科院所编近代史资料《戊戌变法》和日本外务省所藏历史档案的分析、比对,最终确认了此说法的真实性。[8]《"中山舰事件"之谜——国共合作的拐点》,综合利用蒋介石日记和相关档案、信函等多种中外资料,探究这一国共关系史上重大谜团的真相，被誉为"具有世界水平的好文章"。[9]文章首先从蒋介石的心理出发，探讨事件发生的背景。蒋的心理对整个事件的走向有着至关重要的作用。文章继而分析"中山舰事件"的具体经过、各派人物在幕后的运作以及蒋介石最终的应激反应。最终的结论是"偶然中的必然"：事出偶然，但蒋介石和国民党左派争夺领导权的斗争不可避免。这一结论不同于之前流行的主流说法（"中山舰事件"是蒋介石"矫令"以反共），得到学界的认同。40年前，杨先生做出这样的分析与判断，体现了史家的功底、勇气和良知。《关于孙中山"三大政策"概念的形成及提出》一文，结合了国民党上海市左派组织所编《中国国民》和其他相关历史资料，探究了"联俄、联共、扶助农工"三大政策被作为一个整体提出的过程。文章认为，孙中山本人以及国民党一大相关文件并未提出这一概念；"三大政策"这一概念的经典化，是中共和国民党左派对晚年孙中山思想的概括，也是在国民党内部左派与右派的斗争过程中制造出来的。[10]杨先生的研究为后来的概念史研究做出了示范。

当下中国近代史学界，每位学者大多只是某一方面、或某一时段的专家。很多学者往往从小切口、小事件入手，缺乏宏观与全局视野，难免呈现出"碎片化"的倾向。杨先生专注于重大历史事件、人物和谜团的研究，关注历史发展的主线变化，进而对近代历史有着全局的把握。当下，史学提倡"眼光向下"，底层社会史、日常生活史、微观史、小人物研究等十分流行，但传统的高层政治史以及精英人物和重大事件的研究，仍然值得重视，仍然无法取代，甚至永远不会"过时"。

三、史家之研究功夫

以上为杨天石先生在研究对象方面的特点,展现了先生卓越的史识。除此之外,杨先生在研究方法上也有许多值得后辈学习之处。

一是搜查资料的功力。杨天石先生特别善于搜集和挖掘史料。进入网络数据库时代以后,找寻史料的难度已经大大降低了。过去查找史料,没有联网的电脑数据库,要寻找清末民国报刊上的某个专题资料,没有索引可供检索,只能大海捞针式地翻阅。即使知道某报某刊某期上有某篇文章,只在某个图书馆才有,必须前往该馆查阅。20年前,中国学者想要出国查阅资料更是不容易的事。先生抓住难得的机会前往海外,孜孜不倦查找资料。海外访史并不只是简单地寻找资料,这一过程还需要深厚的学术积累和学术眼光,对浩如烟海的史料进行甄别,挖掘那些稀见的、价值较高的史料。对于同一批资料,我们可能视而不见,认识不到它的价值,而常被杨先生慧眼识珠。《近代中国史事钩沉——海外访史录》一书,便集中呈现了杨天石先生在海外访获资料的研究心得。蒋介石日记一度寄藏于美国斯坦福大学胡佛档案馆,2006年前后刚开始对学界开放时,必须前往斯坦福大学用手(不许用电脑)抄录。蒋日记大约700万字,体量巨大,杨先生先后去了四次胡佛档案馆,共计花了10个多月的时间,抄录了日记大部。投入如此大的精力抄录蒋日记,全球学界当无第二人。

二是发现问题的功夫。今天的学者想要研究近代史,往往感到史料繁多,仿佛汪洋大海一般。且不说难以穷尽,要在其中找出有研究价值的问题，其实也非易事。下笔成文后，也容易被认为缺乏问题意识，自说自话，无甚新意。杨天石先生善于从史料中"发现"问题，并写就长篇大论，或是精巧的短篇札记。以蒋介石日记的研究为例，700万字的日记，浩如烟海，很多学者看过之后，并没有发现和提出多少有价值的问题。而杨先生读了数遍蒋介石日记，先后写出了100多篇文章，汇集成逾百万字的《找寻真实的蒋介石：蒋介石及其日记解读》（五卷本共收录文章107篇）。全球学界也无出其右者。先生不拘泥于日记本身，广泛使用其他历史材料，与日记内容相互参照，发现矛盾、漏洞，抑或是两相结合，梳理历史线索。善于发现问题、分析问题，是杨先生作为史家的独特功力。

三是实证考证的功夫。杨天石先生的考证文章，每一篇都是提出一个问题，解决一个问题。文章证据确凿，结论可靠，令人信服。以胡汉民研究为例。胡汉民档案中充斥着各种隐语、暗语、密语，类似"四工、工、延、福、门、门神、蒋门神、阿门、容甫、水云、远、马、马鸣、衣、力、黄梅、秋梦、不、不孤、跛、跛哥、桂矮、矮仔、某兄、爵、马二先生、香山后人、渔洋后人、八字脚"等，不同的代号可能指代不同之人、也可能为同一人。例如，"门、门神、蒋门神"皆指蒋介石一人；"不孤"指代李宗仁，因为《论语》中有言"以德为邻，则不孤"，李宗仁的字恰为德邻。破解这些代号的真正含义，需要细致绵密的考证，和历史文化知识的相关积累。在这一方面有所突破之后，我们才能读懂胡汉民与友人往来信札的含义，从中发现30年代中国政坛高层的内幕与秘密。杨天石先生的研究，不是空泛地提出某种看法，而是从史料出发，提出一个个具体的问题，并经过细致的考证，得出坚实的结论。

四是文字表达功夫。杨先生是北大中文系毕业，有很好的文字功底。先生常说："一名优秀的历史学家，文章要符合八字要求——准确、流畅、精炼、生动，其中最核心的就是准确。"[11]在信息爆炸、观点频出的今天，要做到逻辑严谨、叙述简洁、文字优美，同时给人一种言之有物的阅读体验，并非易事。而杨先生的文字，简练而不失优美，准确而不多余。行文表达十分到位，几无废话、套话、空话。那种夸张的、情绪化的、情感充沛的表述在行文中很难见到。实际上，史学文章，冷静平实、逻辑严谨的表达更具有吸引力。

四、最后一代通才

杨天石先生关注大时代、大事件与大人物，擅长破解历史的谜团，擅长挖掘独家史料，还有做成铁案的考证功夫，令今天的后辈学者十分景仰和敬佩。当然，杨先生对社会经济史没有兴趣，对大众与底层的关注也不够。每位史家总有依据个人好恶有所取舍。杨先生擅长写单篇文章，然后结集出书。这种方式使得他的研究成果更加细致入微，没有水分，能够为读者提供丰富的思考空间。当然从整体上看难免显得有些松散，似缺乏系统的、完整连贯的逻辑结构。但这无损杨先生的学术贡献与价值。先生在很多场合提到，他十分欣赏、推崇恩格斯在《反杜林论》中提出的一个观点："原则不是研究的出发点，而是它的终了的结果。""不是自然界和人类要适合于原则,而是相反的,原则只有在其适合于自然界和历史之时才是正确的。"杨先生称:"多年来,我一直坚持认为,史实比原则重要,史实是历史研究的出发点,也是检验历史著作科学性最重要的标准。我觉得,过去,我们的历史研究最大的毛病就是'从原则出发'。"[12]而杨先生在其几十年的学术生涯中,始终坚守这一学术标准,坚持从史实出发,构建起符合事实的客观叙述。

杨天石先生传奇般的经历,塑造了他作为史家的独特史识和深厚功力。他在50年代中期进入北大中文系读书,对古代文学、现当代文学皆有涉猎,并写作了《南社》《黄遵宪》等书,为他后来步入史学道路作了铺垫。其后,先生由文学入哲学,开始关注思想史。杨先生这一代人在他们青年、中年时,处在一个非常时期,举国上下被卷入政治的暴风雨中。学术研究被整体性地中断。那时杨先生在北师大附中任教,业余时间依然坚持做学问。只要一有空,他就去北京图书馆(现为国家图书馆)看书查资料。这在当时是极为罕见的。杨先生一直坚守着学术研究的初心,在非常时期仍写作出版了《王阳明》一书,曾风靡一时。1978年,中国社会科学院近代史研究所主动邀请杨天石先生入所进行研究。中国最高的人文学术研究机构,能够主动引进一位中学老师,是一件极不寻常的事情。杨先生的治学经历跨越文、史、哲三个领域,可以说,他是独一无二的史家,是中国知识分子最后一代的通才。

注 释

1　杨天石：《晚清史要》，三联书店（香港）有限公司2022年版，第248页。
2　参见杜亚泉：《辛亥前十年中国政治通览》，中华书局2012年版。
3　杨天石：《帝制的终结：辛亥革命简史（插图版）》，三联书店（香港）有限公司2021年年版，第361页。
4　杨天石：《找寻真实的蒋介石：蒋介石及其日记解读（五卷本）》第一卷《早年经历、北伐战争与"清党"反共》，三联书店（香港）有限公司2022年年版，第536页。
5　杨天石：《帝制的终结：辛亥革命简史（插图版）》，第4页
6　杨天石：《帝制的终结：辛亥革命简史（插图版）》，第2页
7　杨天石：《找寻真实的蒋介石：蒋介石及其日记解读（五卷本）》第一卷《早年经历、北伐战争与"清党"反共》，三联书店（香港）有限公司2022年版，"自序"部分。
8　见杨天石：《晚清史要》，第102—107页。
9　见杨天石：《找寻真实的蒋介石：蒋介石及其日记解读（五卷本）》第一卷《早年经历、北伐战争与"清党"反共》，第183—202页。
10　见杨天石：《孙中山新探》，第376—391页。
11　杨天石：《"竭泽而渔"的秘档探究者》，见 https://mp.weixin.qq.com/s/cakwpOppg7XcJLBcp8gpTA。
12　杨天石：《过去历史研究最大的毛病就是"从原则出发"》，见 http://www.aisixiang.com/data/96984.html。

钱玄同与《章氏丛书续编》

刘贵福

Liu Guifu

1962年生,辽宁师范大学教授。
杨天石先生博士生。

校勘《章氏丛书续编》是钱玄同晚年的一次重要学术活动。钱玄同在辛亥时期就师从太炎先生，学习语言文字学，并追随太炎先生，倡导保存国粹。但自1916年章太炎脱离袁世凯软禁回到南方，章、钱师生二人南北一方。1932年章太炎避上海战火北上，章、钱师生在分别16年后首次见面。章太炎北平讲学后，钱玄同即着手校勘《章氏丛书续编》。这一工作，断断续续，前后历时三年。本文以钱玄同校勘《章氏丛书》为讨论中心，借此观察钱玄同五四后思想的变化以及钱章思想、学术之异同，略及1930年代的思想学术状况及五四以来思想学术之变迁。

一、缘起

1932年章太炎避上海战火北上。在北平讲学期间，章手授《章氏丛书续编》（以下《续编》《丛书读编》均为此书）令弟子刊行。关于太炎先生北平讲学，已有学者讨论[1]，而校勘《续编》一事，学界则尚未关注。《章氏丛书续编》为章氏晚年学术著作之结集。关于《续编》的刊行缘起，钱玄同在章太炎逝世后致同门潘景郑函中写道："先师自民五南旋后，惟民二十一之春复来平一游，弟等又得侍教数月。曾在北大师大讲学数次，手授《丛书续编》，令弟等梓行。"[2] 在钱玄同1932年3月12日日记中，保存有章、钱等师生谈论《春秋左氏疑义答问》的记录和钱本人欲为章手写《新出三体石经考》（后简称《三体石经考》）石印的想法。这或许是刊印《续编》的最初创意。钱日记云：

钱、马（幼渔）、马（叔平）、吴（承仕）四人共师谈学甚乐，知师近著有关于"春秋经说"五万余言，又定本《三体石经考》，拟再为之写了石印，如昔年写《小学答问》故事。惜乎其稿已入季刚之手，恐不可复拿出来矣。十一时顷始散。忽拟移书章师，说明十六年来之情形，起笔自一时顷至四时顷，不能再写了。[3]

"春秋经说"，即后来收入《丛书续编》的《春秋左氏疑义答问》。该书完成于1929年，后不断修订。章太炎云，该书是其"三十年精力所聚之书"，"向之烦言碎辞，一切芟剃，独存此四万言而已。"[4] 1931年章曾拟将其排印，但因九一八事变，"海上商情匆匆不定，又不得不稍迟回。"[5]《新出三体石经考》则是章太炎晚年文字学著作，撰于1923年，曾发表于《华国月刊》，系对洛阳新近发现的三体石经所作的考证。章认为，"石经古文甚多，而籀文希见。以四十率之，籀文据一，古文据三十九。凡《说文》所未录，《经典释文》所阙者，于是乎可考……于是稽选本末，理其文字，以备不贤识小之意云。"[6] 清末，钱玄同曾为章太炎手写石印《小学答问》（1908），故此时有重演昔年故事，再为老师著作书写出版的想法。并且，钱玄同也曾参加过1915年《章氏丛书》的出版校对工作。[7]

民初编辑出版《章氏丛书》时，章门弟子们对于收录范围问题曾发生过争论。康心如回忆道："师早年著有《訄书》，对辛亥革命启发作用极大，间有各种版本……编丛书时师正着手修改为《检论》，同门中有主张将《訄书》列入，尤以周树人（鲁迅）主之最坚。师固执不允。周于《且介亭杂文》中'关于太炎先生二三事'文对师不满，斯亦原因之一。丛书排版及本，《检论》始定稿。门人多未及见，有人要求印单行本，然迥不若《訄书》流行之广。《文录》编次虽师自行主持。首为师将论政之文列为别集，多不谓然……师作两致吴敬恒书及谢本师两文早载民报国粹学报，同门黄季纲力主删去……师笑纳其言，两文均删去"。[8]二十年后，当《丛书续编》刊刻时，鲁迅对《续编》仍持批判态度。在回顾昔年《章氏丛书》不收具有革命色彩的文章情况后，鲁迅写道："一九三三年刻《章氏丛书续编》于北平，所收不多，而更纯谨，且不取旧作，当然也无斗争之作，先生遂身衣学术的华衮，粹然成为儒宗。"[9]鲁迅是以革命家的标准衡量太炎，意《续编》更加脱离本色，不无批评之意。章氏弟子朱希祖在读了汇集章氏晚年著作《太炎文录续编》后，肯定之余，也对其中观点有所批评："至《救学弊论》诸篇，痛诋时事，则不无偏于主观，未将世界学术比较短长，而专以古治今，与张之洞辈以中学为体西学为用无殊。"[10]朱希祖此论虽非批评《丛书续编》，但从中可窥见其对章氏晚年学术态度之一斑。参与出资刊刻《丛书续编》的周作人在晚年回忆中也承认"当时因刊刻续编的缘故，一时颇有复古或是好名的批评，其实刊行国学这类的书，要说复古多少是难免的。"[11]钱虽积极校勘，但对于章氏学术亦认为落伍，"近二十年来，国学方面之研究，有突飞猛进之进步，章刘诸公在距今前二十年至三十年前，实有重大发明，理宜表彰，但亦不可太过，三十年前之老辈惟梁任公在近二十年仍有进步，最可佩服，其他则均已落伍矣。"故钱对于"先师章公太炎之著作，亦多有不敢苟同者矣。"[12]

　　章门弟子外,学界对于《章氏丛书续编》的刊刻也有批评的声音。如容媛在《燕京学报》1935年第18期"国内学术界消息"栏目中,充分肯定章氏《续编》中的学术创见,但针对《太史公古文尚书说》怀疑熹平石经,认为章所疑"大约亦如其二十年前所作《理惑论》之疑甲骨文字耳";对于《春秋左氏疑义答问》则批评道,"从断烂朝报式之《春秋》经,以找寻古圣人之微言大义,不免堕汉儒习尚,无论为古文左氏学,今文公羊学,或穀梁学,依附传闻影响之词,以为千古不传之秘,此只作茧自缚,而未由得其真理者也。"对于《三体石经考》,作者也认为"章先生只知尊信《说文》而并不研彝器款识,不免贵耳贱目。"[13]新文化运动后,用现代西方学术方法整理研究国故成为学界主流,且研究领域不断扩大,研究资料大大扩充。如钱玄同所言,"研究之方法更为精密,研究之结论更为正确"。[14]故在新派学者眼中,章太炎学术已属落后保守。钱、周氏兄弟和容媛的批评即属此类。对此,太炎先生自己也无奈地说,《春秋左氏疑义答问》"在今人观之,不曰封建思想,则曰已陈之刍狗尔。"[15]

　　钱玄同早年追随太炎先生,倡导保存国粹,但1917年后钱玄同思想激变,开始批判传统,倡导西化,其态度激进,新文化阵营中几无出其右者。新文化运动兴起后,章太炎在《华国月刊》上曾撰文批评,钱玄同对之非常不满,认为"'敝老师'底思想,的的确确够得上称为昏乱思想了",他呼吁胡适,表示"吾侪为世道人心计,不可不辨而辟之也。"[16]虽然如此,钱玄同对章太炎在语言文字学上的研究成绩和对待经学的科学态度始终抱有敬意，这与当时新文化阵营中全面否定太炎学术者不同。[17]钱玄同对传统批判的学术基础许多都来源于章太炎。钱玄同在与胡适、顾颉刚等开展疑古辨伪时，就不断援引太炎先生的观点，一再肯定章太炎"不把经书当经书看"的科学精神，把太炎先生与戴震、段玉裁、王念孙、王引之、俞樾、孙怡让并列，认为他们"讲通文义"，把他们与倡导怀疑的阎若璩、姚际恒、崔述和康有为的"推翻伪经"并论，认为有了他们的研究，"六经的真相渐渐地可以拨云雾而见晴天了"。[18]在倡导汉字改革的过程中，钱玄同征引太炎"转注"说，为汉字拼音化寻找学理依据，[19]一再提及自己提倡简化汉字的方法是受章太炎"主张采用章草"的影响。[20]在五四时期最有影响的白话文问题上，钱玄同也是受了太炎先生的影响，说自己在读《新方言》时"便种下了后来提倡白话之根"。[21]钱虽认为章晚年有所落伍，但他热爱老师，对章的学术研究始终推重，是他在晚年积极为章校勘《丛书续编》的重要思想基础。

并且，五四高潮后，钱玄同对他自己的在新文化运动中的激进思想进行了一些深刻的思考和反思。1920年，钱玄同致函胡适，表示"年来颇懊悔两年前的胡乱动笔，至一偶翻以前之《新青年》，自己看见旧作，辄觉惭汗无地。"[22]他在日记中曾反思道，"两三年前专发破坏之论，近来觉得不对，杀机一起，绝无好理。我以为我们革新，不仅生活见解，第一须将旧人偏窄忌克之心化除。须知统一于三纲五常固是谬，即统一于安那其、宝雪维兹也是谬。万物并育而不相害，道并处而不相悖，方是正理。"[23]他把这一认识也写给周作人，1920年钱玄同在给周作

肆　桃李春风

人的一封信中说:"仔细想来,我们实在中孔老爹'学术思想专制'之毒太深,所以对于主张不同的论调,往往有孔老爹骂宰我,孟二哥骂杨、墨,骂盆成括之风。其实我们对于主张不同之论调,如其对方面所主张,也是二十世纪所可有,我们总该平心静气和他辩论。我近来很觉得要是拿骂王敬轩的态度来骂人,纵使所主张新到极点,终不脱'圣人之徒'的恶习。"[24]拿骂王敬轩的态度来骂人,是指他与刘半农"唱双簧",由钱玄同化名王敬轩,致信《新青年》阐述种种反对新文化的主张,再由刘半农复信,逐一批驳。钱、刘二人采取的是嬉笑怒骂、非严肃的平等的讨论问题方式。这一事件,在当时曾引起风波,招致许多反对之声。

在1922年的非基督教运动中,钱玄同对五四新文化运动作了进一步的反思。非基督教运动伊始,钱玄同与周作人等发表《拥护信教自由宣言》,从保护信仰自由的角度出发,反对非基督教运动。钱玄同针对非基督教运动中反对宗教一派不容异己,拒绝与反对一派进行平等讨论的现象,开始反思五四新文化运动打破对儒家思想的迷信而又陷入新的迷信的问题,对中国人的思想方法和思维模式的问题进行思考。他在1922年4月8日给周作人的信中写道:"我近来觉得改变中国人的思想真是唯一要义。中国人'专制''一尊'的思想,用他来讲孔教,讲皇帝,讲伦常,……固然是要不得;但用他来讲ㄅㄧㄇㄛㄦㄚㄙㄧ(民主——引者注),讲ㄅㄛㄉㄕㄝㄨㄧㄎㄧ(布尔什维克),讲ㄇㄚㄎㄙ(马克思),讲ㄚㄋㄚㄐㄧㄇㄇ(无政府主义),讲ㄙㄞㄣㄙ(科学),……还是一样要不得。反之,用科学的精神（分析条理的精神——原注），容纳的态度来讲东西，讲德先生和赛先生等固佳，即讲孔教，讲伦常，只是说明它们的真相，也岂不甚好。我们从前常说'在四只眼睛的仓神菩萨面前刚刚爬起，又向柴先师的脚下跪倒'，这实在是很危险事。"[25]

在同一封信中，钱玄同还从包容、科学的思维方式出发，谈了新旧之争问题。钱玄同通过对沈尹默的"旧"的评论，表达了他对新旧关系的新看法，他写道："他近来的议论，我颇嫌他过于'笃旧'，不甚赞成。但我以为这完全是他的自由，应该让他发展。况且他对于'旧'是确有心得的，虽他自己的主张似乎太单调了，但我还觉得他今后的'旧成绩'总有一部分可以供给'新的'作为材料之补充。我们以后，不要再用那'必以吾辈所主张者为绝对之是而不容他人之匡正'的态度来作訑訑之相了。前几年那种排斥孔教，排斥旧文学的态度很应改变。若有人肯研究孔教与旧文学，鳃理而整治之，这是求之不可得的事。即使那整理的人，佩服孔教与旧文学，只是所佩服的确是它们的精髓的一部分，也是很正当，很应该的。但即使盲目地崇拜孔教与旧文学，只要是他一人的信仰，不波及社会——波及社会，亦当以有害于社会为界——也应该听其自由。"[26]

对新文化运动缺乏包容、强调一元的思维方式的反思，使得钱玄同对新文化运动的不足有了较为深刻的认识。钱的思想也发生巨大变化，由激进、偏激、情绪化而温和、包容、理性。这也是钱作为新文化运动领袖而又能为当时被新派学者视为落伍的章太炎校勘学术著作的又一个原因。

二、校勘（上）

校勘工作由钱玄同和吴承仕主持。[27] 还在章氏北平讲学期间，钱玄同就开始整理章太炎在北大研究所国学门抄写的《广论语骈枝》讲座稿，为之标点，校对引文，[28] 并撰写《高子杀齐君附笺》。关于"高子杀齐君"的问题，章太炎认为"鲁论异字，唯高子杀齐君最为难了"，并曾与黄季纲讨论。[29] 章太炎认为《论语》《鲁论》《古论》之"高子杀齐君"，为"高子篡齐君"，"杀"意为"放逐"。误读原因是东汉经师见《左传》有崔子而无高子，遂改高为崔，继考之事实不符，乃训杀为杀戮。[30] 钱玄同从《说文》出发，印证以三体石经，论证"杀"与"蔡"古时即为分用之两字，并进一步从古时文字少、多假借的原因解释汉儒误读《论语》的"杀"字的原因。[31] 这一解释得到太炎赞许。钱日记云，"得絸斋转来'高子杀齐君'之附笺，师略改数字，云可用"。[32] 后来，钱笺以按语形式被纳入章文。[33] 1932年5月21日章太炎离平后，校勘工作也就开始了。关于这一工作，在钱日记中有较为详细的记载：[34]

> 6月2日，续校《昌言》抄稿。
>
> 6月8日，午后访问吴检斋，交出《论语》及《昌言》稿，又取得《昌言》下半部来校。
>
> 6月24日，校《体撰录》毕。
>
> 6月27日，访检斋，为章是刻书事也。
>
> 7月4日，校《昌言》一写样。

7月5日，上午校《昌言》四。

7月11日，开始写《三体石经考》。

7月13日，校《昌言》五抄稿。

7月14日，校《昌言》六抄稿，晚校《昌言》二、三校样。

7月15日，晨起将《广骈枝》最后点阅毕，可上版矣。晚访幼渔，将《体撰录》交他点校。

7月27日，试写《三体石经考》。

8月3日，炎师《左氏》一、二上两卷写样已出来，因取来。[35]

8月10日，因老夫子函催《左氏》稿（因只一份，他虑热河事，平津将危），因于今日嘱大二两儿将卷一、二上，二下之三卷，凡三万言草草录出，以便寄还之用。

8月31日开始写《三体石经考》。

9月1日，归又写一张《三体石经考》。

9月2日，灯下写《三体石经考》。

9月5日，晚写六张《三体石经考》。

9月10日，写了三张三体石经考，灯下又写了《三体石经考》。

9月16日，十时归写《三体石经考》三张。

9月17日，晨起又写《三体石经考》三张。

9月20日，写了五张《三体石经考》。

从上述记录看，手写《新出三体石经考》是校勘初期钱玄同较为集中的工作。钱写《三体石经考》使用的是今隶简体。对此，周作人在《钱玄同的复古和反复古》曾有具体描述，他说钱玄同曾写过周文之（沐润）的《说文窥管》，但因小篆不够用而厥功未竟，其后，为《章氏丛书》书写《小学答问》，系依小篆用楷书笔势写之，写起来倒并不难看，虽然不大好认，圆笔变方了，反而面生，改正讹误，一见难识。《三体石经考》写法又变了。周作人认为，这是从极右的写小篆起手，经过种种试验，终于归结到利用今隶俗字简体。[36]章太炎对钱手写字体也充分肯定，认为"字效《流沙坠简》，古雅可贵，长素虽能言之而不能见诸施行，盖广州人习用羊毫，其势不能效古也。得足下成此一艺，亦文学复古之端。字体多宗开成石经，去其泰缪，此亦酌中之术，然亦唯足下能为之尔。"[37] "今兹学者能识正篆者渐稀，于是降从开成石经，去其泰甚，勒成一编。斯亦斟古酌今，得其中道者矣。"[38]辛亥时期，钱玄同追随章太炎，倡导保存国粹，在文字使用上，二人也力主复古，但对钱玄同主张使用篆书，章认为不可行。随着复古实践的受挫，钱玄同文字观念也在不断变迁。有趣的是，使用今隶，在周作人看来，是钱文字复古主张的失败的体现，而章太炎的眼中，则是"文学复古之端"。反映出二人站在不同立场上的不同看法。

从这一时段钱玄同校读内容看，《续编》最初只收录著作五种。与后来七种不同，也就是说《章氏丛书续编》所收书目不全是章太炎在北平时就定下来的。《续编》中所收的《太史公古文尚书说》和《古文尚书拾遗》是在章太炎从北平回南后之后才写作的。章氏在后序说，"民国二十一年夏，返自宛平，盛暑少事，念棘下生孔安国之绪言，独存于太史公书，往返抽读，略得统纪，因成

《太史公古文尚书说》一卷。次以己意比考，通其故言，以旧书雅记征其事状，成《古文尚书拾遗》二卷。"[39] 并且，这两部著作是在1932年11月才收入《续编》的，因钱日记曾有如下记录，"11月19日，午得检斋电话，知道章师有《太史公古文尚书说》一卷，《古文尚书拾遗》二卷，稿已到，又有订正石经考二则。"[40]

1933年，校勘工作继续进行，钱玄同日记记道：[41]

1月19日，由今日起，将师著写样校之。计七种：

1、《论语》一卷

2、《体撰》一卷

3、《太史公尚书》一卷

4、《古文尚书》（未）

5、《左氏》五卷（另）

6、《三体石经考》一卷

7、《昌言》六卷

今日将《太史》及《昌言》（二）（三）《左氏》（五）校毕。

1月20日，校《昌言》（四）毕（五）未毕。

1月27日，灯下将《昌言》五校毕，又将《昌言》一校毕，《昌言》校毕矣。

1月28日，校《左氏》三、四、一，共三卷。

1月29日，今日校《左氏》二上下。《体撰》写样毕矣，仅刻样《论语》未校矣。

2月2日，钱将校稿交给吴检斋。[42] 3日，吴承仕致函太炎，

"《丛书续编》，开工已久，前已刻竣《广骈枝》，其余各种，初写早毕，中经玄同复校，阁费数月之久，昨日始将写本交来，一俟改好，即可上木。《石经考》精写将了，全书告成，恐尚许三五月也。"[43] 2月，钱玄同完成《三体石经考》的书写。3月1日至3日，又将《古文尚书拾遗》《广论语骈枝》写样校完，4日交出稿件，5日致函章太炎，提出"《三体石经考》疑义数事"[44]。

23日，钱收到章太炎回信：

> 所询疑事十条，皆为批识于上，改补甚易，唯首条问"仓颉造大篆"，今《吕览》无其文，按此见张怀瓘《书断》引《吕氏春秋》（怀瓘有驳辩）。今本《君守篇》云："仓颉作书"，以《书断》证之，则今本误也。凡引《书》与今本异者，倒须注明出处，段既缺略，仆亦仍之，终于因古之法不合，如能于本章末加入注语（可由足下自作按语），则了然矣。[45]

对此，章在该文跋语中也曾提及。章跋云"稿本尚有数事未谛，夏（钱玄同—引者注）复为余考核，就稿更正，故喜而识之。"[46]

三、校勘（中）

关于《章氏丛书续编》刊行的时间，一般都认为是1933年。因为不仅写样校改完成，刻书工作到7月也将完成。7月28日，钱玄同日记中有"师书将刻毕，需再付钱"的记录。[47] 吴承仕也有信致章，预言"年底蒇事"。[48]而实际情况是，刻书工作一直到1935年才最后完成。

1934年1月9日，章太炎担心溥仪称帝，北平危险，致函吴承仕，"望校雠从速，并督工人速为剜补，必须于立春前毕工，庶免殃及池鱼之虑。"[49]吴转告钱玄同催印。[50]5月13日，吴转告钱，章太炎有来函催印稿，吴决定一个月出书。[51]于是，钱玄同抓紧校读。对这一阶段的校读，钱日记记载如下：[52]

2月6日，今日精神甚不振，上下午勉强将《菿汉昌言》一、二、三卷校完（一卷前月已校一点）。

2月7日，校昌言卷四，卷五（此卷9、10两张要重刻）

4月29日，在家校完《广论语骈枝》。

5月4日，校《昌言》五，完。《昌言》六，完。

5月14日，开始校《太史公古文尚书说》。

5月15日，灯下校《左氏春秋疑义答问》卷一，共三页。

5月16日，上午校《左氏》卷一第4—12页。午后校《左氏》五（十一页）及黄跋（二页），《左氏》五篇页虽少，而篆体有问题，故未能点济。

5月17日，《左氏》卷五中，引三体石经七十余字，大多数皆在新出中者，而亦有少数系采《隶续》与汉简，去年看写释时已将这些篆体填上（有数者作楷体，因篆体不清，恐有缺误也）。不料手民和我开顽笑（玩笑），有一半都刻了墨钉，非重写不可，孙星衍之考不在手头，故向幼渔借来，下午参考而写之，甚惫，弄不下去了。晚六时至文楷斋将

《骈枝》及其自序,《太史尚书》,《左氏》卷一及黄跋,《昌言》卷五、卷六交出。

5月18日,午后校《左氏》卷三,十四页毕。晚校《左氏》二下,十五页毕。甚惫。

5月22日,午回家一行,先将《左氏》卷五中未济之部分,即几十个古文非写之不可。写完,即继之校《左氏》四。竟日校《左氏》四,十八页,完,又校《左氏》二上,廿页,完。于是《左氏》校完矣。又校《体撰录》,校了五页,倦极,睡了。

5月23日,晨八时至九时半,续校《体撰录》,完(此书共十六页)。

十二时访检斋商师书事。彼云《昌言》1、2、3、4卷改正本已送到文学院办公处,因往取之。……再看校正稿卷一,脱"点"尚多。至文楷斋交出左氏2上、下、3、4、5卷。

5月24日,(刘半农)拟校《体撰录》,故与之接洽也。

25日,灯下校《古文尚书拾遗》,卷一1-3页,甚疲。

26日上午继续校《拾遗》卷一,4-13页。完。又校《后序》一页。校《拾遗》卷下,1-5页,未毕,倦,即止。

29日,校《拾遗》,下6-8页。

30,晨起,校《拾遗》9-11页。校《拾遗》12-14,完了。

6月1日,为《昌言》2、3、4卷之再校。卧被中校阅《三体石经》十余页。即昏昏睡去。

6月2日,自晨至午后二时,将《三体石经考》校毕。(凡六十二页)。当将要改之处,一一再写贴上,预备改刻之用，即全完事矣。

6月3日，至文楷斋交出一《体撰》及《拾遗》，初校；《昌言》1-4卷之再校。取回《昌言》5、6，《论语》《太史》《左氏》一之再校改正本而回。

6月6日，校写日前校出之《三体石经考》。

7月20日，章致函吴承仕再询刻书事。7月25日吴回函章太炎。从后来章太炎致吴承仕函所提到的内容来看，吴在回函中对章解释出书缓慢的原因是"刻字铺一味懈缓"。[53]但半年后，刻书仍未完成。1935年2月16日，章太炎再致函吴承仕，以时间已逾两年，"此间学子望此甚急"等原因，提出"刻字铺一味懈缓，不可不力加催促"。25日吴承仕致函钱玄同，告知章太炎又来函事，并言章太炎生气，"不怒而威"。[54]22日，吴复函章太炎，解释书未刻成原因。从章太炎回信看，吴所说的原因似为钱玄同所耽搁并提及钱玄同思想蜕化。因章在2月25日回信中有如下说法，"得二十二日书，乃知书未刻成之由。玄同杂务本较人为多，事既延缓至此，不得不交足下专办。"章说，"凡事独任则速成，两任则中堕"，章并要吴承仕"将稿件取回，以趣疾敏。不然搁置许久，兼恐稿本损失，此亦一虑也。"章太炎在给吴承仕的信中还引庄子《齐物论》"麋鹿食荐，蝍蛆甘带，……孰知其为正味也"一段，表示不满。章还与吴承仕提到《三体石经考》的后附、跋尾系钱玄同属为之，如其思想蜕化，于前跋又有不惬，不妨将前跋删去，但谢其写校之劳。[55]

关于吴、章二人所谈玄同杂务多，比较容易理解。这一时期,钱担任师范大学国文系主任,国语统一筹备委员会常务委员,承担师大和北大的课程和研究工作。同时,钱玄同在1934年2月开始着手编辑刘师培的遗著,1935年1月后开始简体字的收集研究工作,这使得诸事难以兼顾。[56]关于吴、章所言的思想蜕化究竟指什么,现有文献则看不十分清楚。据曹述敬先生的研究,"吴、钱在合作编辑《章氏丛书续编》的过程中,两位先生似乎也发生过一些误会","大约吴在复信中提到有些书稿积压在钱那里,或者还论及钱的思想,说他'思想蜕化'"这样,章太炎也怀疑钱思想"蜕化",以至于要把写好的《三体石经考》的跋语删去。但曹先生也表示并不能确定吴、章所说之"蜕化"究竟指哪一方面的思想。[57]从当时钱、吴学术及政治思想看,二人间的确存在较大的分歧。在学术上,钱玄同不满吴承仕在教学中不辨今、古的做法。据黎锦熙的记载,钱对吴承仕的三礼名物课就表反感,认为吴专据三礼注疏,不辩古文家言说之疑伪而一律认为真实。吴常说,这个科目可改称封建时代的衣食住行,钱玄同则说还要加上几个字,叫作封建时代郑、孔、贾所说的衣食住行。民国二十二年(1933),钱一定要废除这一门课。[58]在政治上,吴承仕1930年后接受唯物史观,钱认为吴是"投机"。钱在看到吴检斋所办之《文史》创刊号时,就在日记中写道:"时哉,时哉,猗欤休欤,投机万岁,腐化万岁,恶化万岁!"[59]1934年12月,钱玄同看到吴承仕在《文史》第四期上化名黄学甫发表的《我所认识的大众语运动的路线》一文,认为"令人齿冷,腐、恶、投三字,惟此君最配矣。"[60]从刊刻《章氏丛书续编》的过程中看,钱、吴这些分歧没有直接影响二人在刊刻《续编》上的合作,但钱、吴在思想情感上的距离却可能影响二人间在刊刻《续编》中的沟通与理解。从各种史料看，吴所言之"思想蜕化"，很大的可能是指1934年钱生病后养病期间对工作的态度。对于这个问题，鲁迅的一些说法可以给我们一些启示。鲁迅在1935年5月20日《太白》半月刊第二卷第五期发表短文《死所》说，今年北平的马廉教授正在教书，骤然中风，在教室里逝去了，疑古玄同教授便从此不上课，怕步马廉教授的后尘。[61]鲁迅认为钱玄同因担心"步马廉教授后尘"而请假停课，显然不确，因为从钱玄同日记所记看，钱玄同1934年底病重，在马廉去世前就已经请假。吴承仕有个说法与此不同却相类。他在1936年初回答潘景郑问询钱情况时说："玄同久不见，学校仍给假疗养，其人不常厥居，恐无大效。"[62]鲁迅暗讽钱氏怕死，而吴的潜台词则似说钱托病不上课，却不安心休养。1935年2月26日，钱玄同致函章太炎，向章太炎解释迟迟未能完成刊刻工作的原因，"声明是我一人之罪，与吴无涉，以平吴愤。"[63]并表示在阴历三月末可以完成出书。3月1日章太炎复钱玄同，"得26日书，乃知近罹目眚，妨于从事，拙著写本浏览一过，想已无差缪处，得于阴历三月杪出书，吾心慰矣！"[64]章太炎对钱玄同表示理解，并致函吴承仕说，"得钱玄同来书，其辞平正而哀委，非蜕化，实缘病困，玄同以半农、晦闻云亡，时时出涕，不可谓非有情人。"章认为钱玄同的病类似中风。[65]将章太炎的"非蜕化，实缘病困"的看法与鲁迅和吴承仕对钱的态度联系起来看，章、吴二人所说的"蜕化"，应指工作态度，而非政治或学术思想。

1935年4月10日，钱玄同抱病再校《广论语骈枝》《体撰录》

《太史公》《古文尚书拾遗》四稿。4月11日，校《昌言》，4月29日校完《三体石经考》，当天将全部稿件交给文楷斋。5月1日书写封面和书签，并致函章太炎。5月4日，钱再校《续编》稿。5日，文楷斋送来三体校稿和四日送去的改正稿，钱玄同认为已全无误。7日，钱玄同命文楷斋开印。5月5日，章太炎致函钱玄同。感谢钱玄同在校勘章氏丛书续编的工作，"拙著得以刊行，足下之力也。"[66] 22日，章太炎在收到《续编》和钱玄同手书后，再致钱玄同，表示"虽历时稍久，然以视排印诸书，朝耕暮获者，必不可同年而语矣。字体间有未正，如此以为难能，误字未及详校，初一浏览，略得其三，别纸疏录，聊以见端"。[67] 其后，章太炎校出七处字误，请钱印勘误表。6月5日，钱玄同写勘误表石印。至此，《章氏丛书续编》刊刻工作画上一个句号。

四、校勘（下）

在校勘《章氏丛书续编》的过程中，钱玄同在1933年1月和3月摘录了章太炎关于古文经传授的源流和古文经的来源的考证结果。钱玄同有记日记的习惯，如前所引，钱玄同在日记中对每日所校篇目和进度都有记录，但在较长时间的校勘过程中，关于章太炎著作具体内容的记录却只有这两条，足见钱对这两条内容的关注和重视。

1933年1月28日，钱玄同日记云[68]：

> 老夫子所云《左传》之传授如左：

左丘明—曾申—吴起—吴期—铎椒—虞卿—荀卿—张苍。

1933年3月3日，钱日记云[69]：

将石经考再看一遍。老夫子说汉得古文经，凡五处：

（一）孔壁。—《尚书》《春秋》《礼记》（兼经言）《论语》《孝经》。

（二）河间献王所得古文先秦旧书—《周官》《尚书》《礼》《礼记》《孟子》《老子》（王莽传引嘉禾律例记，殷革命，皆不在逸十六篇内，必出于河间献王所得）。

（三）张苍所献—《春秋》《左传》。

（四）鲁淹中所得《礼》古经。

（五）鲁三老所献—古文《孝经》。

1月28日日记所摘录的是章太炎考证的《左传》授受源流的文字。章论述这一源流是为驳刘逢禄《左传》系刘歆将其原本增窜书法凡例及比年依经缘饰而成的观点。3月日记所记一条是章太炎所考证的古文经的来源。章论说古文经其来有自，乃为反对康有为《新学伪经考》的刘歆遍伪群经说。在康有为看来，秦焚六经未尝亡缺，河间献王及鲁共王无得古文经之事，古文经皆为刘所伪窜。其后，崔适著《史记探源》，承续康的观点，提出六艺从此亡缺是古文学家所窜入的句子，非太史公言，当删除。[70]可见，这两个问题都是关乎古文经为真为伪的关键。关于前一问题的重要性，李学勤先生在《章太炎先生论左传的授受源流》一文甚至认为："假如《春秋左传读》早日传布，《左传》研究的局面便可能改观。"[71] 关于后一条的重要性，王汎森先生也有一个论述：

> 清代考据学基本上以古文经学为大宗。相信古文经出自孔壁，经孔安国献于朝廷，藏在中秘，其后刘歆曾据以校正今文经籍。而以上种种皆建立在秦焚六经之后经书有所亡缺这个基础上。如果说秦焚而六经未曾残缺，则自古以来认为刘向、刘歆校中秘以及古文经的来源都失去了着落。[72]

钱玄同早年就受今文经学影响，清末在日本随太炎先生问学时曾读过老师反驳刘逢禄的《春秋左传读叙录》稿，又取刘书仔细阅读，最终没有接受章太炎的观点，[73] 此后更是通过崔适系统接受了康有为对古文经的考证结论，而与章太炎的学术观点完全站到了对立面。1931年，钱玄同著《重论经今古文文学问题》回应钱穆，认为《新学伪经考》的最重大发明是："秦焚六经未尝亡缺""河间献王及鲁共王无得古文经之事"，继续赞同康说。这一时期，钱玄同看到章太炎关于古文经的授受源流和古文经的来源的论证后，将其抄入日记。或许章的观点对钱又有所触动，或许二人不同的观点在暗中再次发生碰撞。但从钱其后的学术观点看，如同早年一样，钱此时也没有接受老师的观点。1935年1月，在《古史辨》第5册出版前，钱玄同致函顾颉刚，再次表示"古文经之为伪书，毫无疑义，自刘逢禄而康有为而崔觯甫师，次第考明，至今日已成定案。……弟之愚见，则确信刘康崔诸君所考证者皆精当不易，故时于汉古文经是伪书之说，认为不必再讨论了。"钱并表示自己的《重论经今古文学问题》非"重论"，而是"继续刘申受，康长素，崔觯甫诸先生而辨伪经"。[74] 1937年3月钱玄同在为《刘申叔先生遗书》一书作序时中再一次表明自己的经学观点：

> 余自辛丑（一九〇一）读刘申受先生之《左氏春秋考证》及《春秋公羊何氏释例》以后，即尊公羊而黜左氏，信今文而疑古文。辛亥（一九一一）居故乡吴兴，谒先师崔公，得读其伟著《史记探原》，系续康君之《新学伪经考》者。康书在彼时屡遭清廷焚毁，余前此未之见，因假崔公藏本读之。自读康、崔两先生之书，认为所论精确不易，乃昭然若发矇，知所谓《左氏春秋》或《春秋左氏传》者乃刘子骏氏取左丘氏《国语》所改作，易国别为编年，并窜入书法凡例，以冒充《春秋》之传。《周礼》亦刘氏伪造之书（或战国时人所著而经刘氏所改作，冒充周公所作之礼）。不但此也，凡所谓古文经典悉为刘氏所造之赝鼎。此意至今犹然，且持之益坚。[75]

章太炎逝世后，钱玄同在与同门潘景郑的通信中说自己"奉手先师之门，虽早在清季，顾惟文字音韵，略窥门径，其他夫子文章，夫子之言性与天道，则懵然无所知。"[76] 在日记中，钱也说自己"虽亦喜谈经学，此与章公无甚关系，止接收其经为古史之说了耳。'古文经'我决不信也。"[77]

钱虽在古文经真伪的问题上始终没有接受章太炎的观点，但在对《春秋》性质的认识上却受到了章太炎影响。关于《春秋》性质，这是章《春秋左氏疑义答问》中论述的一个重要问题。在《丛书续编》校勘过程中，章曾两致吴承仕，阐述《春秋》性质，并解释写作《春秋左氏疑义答问》之宗旨。章太炎认为，"《春秋》终是史书。汉世唯太史公为明大体，其作自序，始则自比《春秋》，引董生之言以为准则，终又言余所谓整齐其世传，非所谓作也，而君之比《春秋》，谬矣。"[78]章太炎还论道，"仆治此经，近四十年。始虽知《公羊》之妄，乃于《左氏》大义，犹宗刘、贾。后在日本东京，燕闲无事，仰屋以思，乃悟刘、贾诸公，欲通其道，尤多附会《公羊》，心甚少之。亟寻杜氏《释例》，文直辞质，以为六代以来，重杜氏而屏刘、贾，盖亦有因。独其矫枉过正之论，不可为法，因欲改定《释例》而未能也。民国以来，始知信向太史，盖耕当问奴，织当问婢，《春秋》本史书，故尽汉世之说经者，终不如太史公为明白。观《十二诸侯年表序》，则知孔子观周，本以事实辅翼鲁史，而非以剟定鲁史之书。又知《左氏春秋》，本即孔子史记，虽谓经出鲁史，传出孔子可也。简练其意，成此《答问》，虽大致略同杜氏，然亦上取荀、贾，以存大义。刘、贾有得，亦不敢轻弃焉。"[79]钱对章的思想改变亦有所体认。他在给顾起潜的信中说：《春秋左传读》，"出版当在戊戌以前，……《章氏丛书》中之《春秋左传读叙录》及《刘子政左氏说》两种，即系将此书之一小部分修改而成者。彼两种定稿于丙午、丁未间。在此书之后十余年，前后见解大异。故此书久为先师所废弃矣。又先师晚年所作之《春秋左氏疑义答问》(在《章氏丛书续编》中),则不但与此书所见绝异,即与《丛书》中之两种亦大不相同。因又在彼两种以后二十余年所作也"。[80]钱对章太炎晚年所强调之《春秋》为史的观点是赞同和接受的,1938年钱在评价刘师培的《左传》研究时就写道:"讲《左传》,应专重事实,越不讲义越好,杜注乃讲义中最干净之一种,远胜刘、贾诸人也。故章君暮年之《春秋左氏疑义答问》,远非刘氏所能梦见。"[81]钱虽如此说,但他与章太炎的出发点又有不同。钱玄同接受今文观点,认为《左传》不传《春秋》,故不应讲"义"。而章太炎则从古文出发,认为《春秋》是史,《左传》本即孔子史记,亦为史,故也不应讲"义"。虽然如此,章太炎的观点的确对钱产生了一定的影响。

五四时期,钱玄同打破今古,强调怀疑,既否定了古文家所言《春秋》是历史的说法,也否定今文家《春秋》蕴含"义"的观点。但其后在与友人的互动讨论中,钱复承认《春秋》中蕴含"义"。钱玄同晚年论经虽仍坚持疑古思想,但强调以实事求是的态度对待各种经说。对今古文经说,也由早年注重破而变为注重整合,予以新的解释。关于《春秋》中的义,钱玄同用进化的观念加以解释。[82]在承认《春秋》有"义"的同时,钱玄同也吸收了"章太炎《春秋》是史"的观点,他说,"近年来,始了解章、龚'六经皆史'说的价值。《春秋》一定是史,云经史分者,妄也。先师章公斥皮、康之说是也。惟《春秋》之大义实惟章、龚知之,而《春秋》之信史则必折中于先师崔君之说,古文家于此盖茫然也。"[83]可见,钱在接受章太炎"《春秋》是史"这一观点的同时，又融合今文家的观点，折中今古，提出了自己对《春秋》性质的解释。

五、余韵

在校勘《续编》的同时及稍后，章、钱师生二人围绕苏州讲学、《制言》创办、《弟子录》编辑等书信往返，多有交流互动。

（一）苏州国学讲习会。北游后，章太炎对当局对日消极态度颇感失望，对北方学界亦非常不满。他在给马宗霍的信中说："仆老，不及见河清，唯有惇诲学人，保国学于一线而已"。[84] 1932年9月前往苏州讲学。1933年3月20日，章太炎致函钱玄同，感谢为其为自己书写《新出三体石经考》，答复疑问，同时向钱玄同介绍了苏州讲学情况及对《公羊》的认识：

> ……苏州新收弟子约十余人，其中素有根抵者凡二三人，余即未逮，幸其志尚坚，皆可与共学者也。……近所得人，辨思痛快不涉浮虚者，以武进徐震为最，其人亦讲《公羊》，而诸神怪之说见于《繁露》及邵公注者，以《公羊》本无其文，一切排摈，不遗余力。仆因告之曰，成周之为新周，乃因《书》言新邑、新大邑而言之，原非黜周为二王后。《春秋》伯、子、男一也。据《左氏》内外传，以伯、子、男并称者四条(《内传》：卿不会公、侯，会伯、子、男可也。又子产于申之会献伯、子、男会公之礼六。《外传》：伯、子、男有大夫无卿，又天子之贵也，惟其以公、侯为官正，而

伯、子、男为师旅也。）此自时王之制，故与周礼不同，《公羊》亦习知之，原非谓《春秋》改周从殷。其余类此者尚多，如能悉为疏证，则知《公羊》虽疏于事，实牵于文字，要无堕入图谶之妄，而董、何辈之负《公羊》亦已甚矣。[85]

章太炎早年反对清代公羊学，晚年仍如此。他认为"清代公羊之学，熏灼一时，至今余烈未已。"[86]"余烈未已"系指疑古辨伪运动。章说："民国以来，其学虽衰，而疑古之说代之，谓尧、舜、禹、汤皆儒家伪托，如此惑失本原，必将维系民族之国史全部推翻。国亡而后，人人忘其本来，永无复兴之望。余首揭《左氏》，以斥《公羊》。今之妄说，弊更甚于《公羊》。"[87]在该信中，章太炎认为汉代今文家如董仲舒和何休等错误理解《公羊》，"堕入图谶之妄"，因此赞扬徐震通过研究恢复《公羊》本来面目的做法。从批评汉代今文家虚妄一方面看，章、钱并无分歧。钱玄同曾说："'孟子造出《诗》亡然后《春秋》作'，'孔子成《春秋》乱臣贼子惧'的话，就这部断烂朝报，硬说它有义，硬说它是天子之事。一变而为《公羊传》，再变而为董仲舒之《春秋繁露》，三变而为何休之《公羊解诂》，于是'非常异义可怪之论'愈加愈多了。"[88]钱、章观点略有不同，然大致思想是一致的。钱玄同与顾颉刚受五四思想影响，批判今文家之虚妄，但继承其怀疑精神，开展疑古，有助于思想解放，也是重建上古信史的基础。章氏批判今文家之虚妄，批评过度疑古可能抹杀民族历史，也是一种深刻的认识，但将五四后之疑古辨伪与清代公羊学同等看待，仅仅解释为公羊学的发展和变种，则没有认识到疑古辨伪运动发生发展的社会和历史的原因,也忽视了疑古辨伪运动在近代学术和思想上的意义。

1935年章太炎谋设章氏国学讲习会。5月22日,章太炎致函感谢钱玄同校刊《续编》,寄来国学讲习会简章,同时向钱介绍国学讲习会情形及设立章氏国学会的设想和计划。函云:

> 国学讲习会前二岁在苏州,本开春、秋二次,近亦随例开讲,或以随时演讲不成片段为病,因改订简章,期以二岁毕业,此事当于秋后举行,至能否成就人材,则今亦未能预计也。往时见大学诸师,辄讲经学、史学概论,弟子既未读经史,闻讲概论,亦如老妪听讲《法华经》耳。史既无暇卒读,经书稍简,讽诵非难,久欲仿亭林读经会为之,倡议三载,和者终鲜,今岁湘、粤诸校,皆有读经之议,人心稍转,此举亦遂如志。目前每星期讲演一次,课诵经文一次(皆曾诵经文者),至秋后更当扩充之也。简章尚甚疏略,将来容有改定,今先寄去一通。[89]

从信的内容看,章太炎不满大学教育中讲授经学和史学的方式,而倡议读经。1920年代末、1930年代兴起的读经思潮,既有对五四激烈极端反传统的反动,也有国民党官方为抵制共产主义和自由主义的有意倡导。九一八事变后,读经运动又与民族复兴结合一起,有了更为复杂的意蕴。章氏强调读经,主要是从经就是史、民族精神所托在史出发。如姜义华先生所论,章太炎致力于"文化与历史,是为了未来中华民族尚可据以复兴。"[90] 而对于读经,钱玄同是反对的。黎锦熙说钱玄同"至于纯旧式的浅陋经谈,什么'唐虞三代之隆''经明行修''读经救国'等等,他听见了一定要大骂的。"[91]对于章太炎晚年讲学,钱玄同也认为有"卫道气的"。[92]钱虽不赞成读经,但钱玄同对章太炎思想中蕴含的"拥护民彝,发扬种性"的民族主义有深刻体认与同情。与章太炎一样,钱玄同在1930年代受民族危机刺激,对历史上反抗异族侵略、民族革命的文献极为重视,由注重对民族文化弊端的批判,转变为注重民族文化优点的阐扬。[93]章太炎逝世后,钱玄同在给同门潘景郑的信中高度赞扬章思想中的民族主义特色,并认为章的民族主义思想来源于中国传统。"先师尊重历史,志切攘夷,早年排满,晚年抗日,有功于中华民族甚大。此思想得力于《春秋》。《国故论衡》之《原经》篇中说明此旨,去年所讲'经学略说',亦及此意。"[94]

(二)《制言》半月刊。在创办章氏国学讲习会时,章太炎"以国学会按期讲习,范围未广,特辑杂志,以博其趣。"[95]杂志,即《制言》半月刊。章氏在《制言》创刊词中揭示宗旨,批评常州学派、康有为和新学,认为三者是造成国学不振者的原因。[96]1935年8月中旬,章太炎致函钱玄同嘱为《制言》半月刊撰稿。此前章曾嘱弟子诸祖耿分别致函黄侃、邵潭秋、钱玄同、汪旭初等人,为《制言》特约撰述人,并各汇去大洋十元,作邮寄稿件邮费。11月,章太炎在致吴承仕函中,再次嘱钱玄同为《制言》作文。[97]对于老师的邀请,8月31日,钱玄同致函《制言》半月刊社诸祖耿,表示收到来函及邮费。9月13日钱玄同致函章太炎,答复老师嘱咐写稿情形,并介绍学生入国学讲习会。函云:

蓟汉师左右。八月中旬奉书嘱任《制言》半月刊撰稿人，并寄得邮费十元收悉。因师范大学适在招考期内，颇为忙碌，故未能即作答，仅复《制言》社数语，云九月初当上书函丈，想彼已转诉矣，兹有南阳徐君绪昌，欲入国学讲习会听讲，属玄同作介，徐君以前肄业北大研究所国学门，喜治文辞，曾任中学国文教员数年，读书虽多而苦不得条理，意欲奉身师门，专力国故，以期深造。玄同知其人颇谨厚，且志趣可嘉，故乐为介绍。敬祈进而教之，幸甚，幸甚！[98]

12月，钱玄同致函同门潘景郑，表示"检核笔记，择其不甚缪者，组织成篇，写奉补白。"同时向章太炎请求使用新标点和新行款及注音符号。钱函云：

白话文虽为余杭师所摈斥，然新标点、新行款（即每节首行低两格等）及国际音标、罗马字母、注音符号等，是否可用？弟见《制言》已出之六期，中有蒋维乔、王纶、陈朝爵诸君之文，已用新标点、新行款及注音符号，似乎拙文若亦用此，或不至为余杭师所诃乎。弟非必用新标点新行款，但觉用之似较醒目耳。若师意不以为然，即不用亦可。惟注音符号及国际音标，鄙意实较旧时用反切与直音为恺切，故颇思用之（或兼用反切与直音亦可）。[99]

钱玄同虽列名《制言》特约撰述人，亦同意作文，但从后来看，并未为《制言》撰稿。其中固有钱此时身患疾病的原因，也可能是因为《制言》宗旨与钱思想间存在的反差。与章痛诋近代今文经学不同，钱始终认为清中叶以来的今文学运动是思想的解放、推翻伪经和伪史料的"学术史上一件极光荣的事"。[100]不过，钱玄同请求章太炎允许自己使用白话文、新式标点，注音符号或国际音标，却得到了章太炎的同意。[101]可见，章、钱师生两代学人间虽在诸多学术问题存在着差异和不同，但此时表现出来更多的是互相包容与推重。桑兵先生在论述章太炎北游讲学的文化象征时指出，1932年章太炎北游讲学，故都各校的趋新弟子执礼谨然，其余各派学人也纷纷请益问学。这似乎象征着五四以后学术文化界新旧南北之间的冲突离合，经历长期调适，重归以平实而致博大的轨道。[102]钱玄同积极为章氏校勘著作，以及其后在苏州讲习会和《制言》撰稿问题上章、钱的互动亦可为此说做一注脚。

（三）章门弟子录。1933年1月2日，钱玄同日记中记有托人探章太炎自开弟子录事。从钱日记看，章太炎所开列的弟子录共22人，其中已逝3人。周氏兄弟、许季茀、龚未生、范古农、张卓身、张敬铭等皆不在内。钱玄同对此表示困惑，不明是弟子收录不全还是太炎先生别有寓意。[103]可能是因钱玄同向老师询问，1933年3月20日章致钱函中谈到弟子录事，"弟子录去岁已刻一纸，今春又增数人，大抵以东京学会为首，次即陆续增人，至近岁而止。期间学而不终与绝无成就者，今既不能尽记姓名，不妨阙略，所录计五十人左右，然亦恐有脱失也。"[104] 1933年7月3日，吴承仕寄给钱玄同自己从南方带回的1933年3月所印的《章门弟子录》。7月4日钱致函周作人，告知该同门录中有周作人，但无鲁迅、许寿裳、钱均甫、朱蓬仙、龚未生、董修武、董鸿诗、任叔永、黄子通等。钱在信中说，吴承仕曾面询章太炎，去取是否有义，章答绝无，但凭记忆所及。钱由此断定，"则此春秋者断烂朝报而已，无微言大义也。"[105]钱玄同关注同门录的编修，为此多次与太炎交流，故1935年5月22日章致钱函中有"弟子籍，颇有夺漏，当令补录"一语。[106]1936年钱再致函太炎建议编成更全的同门录。钱云："三十年来，著弟子籍者甚多，但师讲学多次，异时异地，其同时受业者，已多散处四方，音书辽绝，至于时地不同者，彼此互睹姓名而不知为同门者甚多。"钱并建议：在南北大报上登一通告，嘱各人开列姓名、字、年岁、籍贯、受业时间及地点、通讯处及现在何处任何事等，并定一表格，使之照填，然后集合刊成《章门弟子录》一册。[107]

鲁迅曾将《章门弟子录》与《章氏丛书续编》联系一起加以批评。他说因《续编》刊行，"先生遂身衣学术的华衮，粹然成为儒宗，执贽愿为弟子者綦众，至于仓皇制《同门录》成册。"[108]这段描述，有两点不准确。第一，开列弟子录事在《丛书》刊成之前的1933年，而非其后。第二，弟子录的编制时间较长，非仓皇制作。对此，周作人曾说"在这事（指丛书出刊印）以前，苏州方面印了一种同门录，罗列了些人名，批评者便以为这是攀龙附凤者的所为，及至经过调查，才知道中国所常有的所谓事出有因查无实据了。"[109]自章太炎东京讲学开始，到晚年苏州讲学结束，章太炎先后讲学七次，长时间的讲学形成了一个较大的章门学人群体，这一群体在近代中国思想和学术界产生过非常大的影响。钱玄同关注、关心同门录的编辑，反映出他晚年心理上对章门这一学术群体的归属感。

自1908年钱玄同向章太炎问学到1932年为太炎校勘《丛书续编》，其间历时二十余年。从学术史看，这二十余年是中国学术思想发生重大变化和转折的时期。章与钱两代学人间思想与学术的继承与发展、矛盾与碰撞，在某种程度上也是清末至1930年代中国思想学术发展过程的一个缩影。通过钱玄同校勘《章氏丛书续编》这样一个具体学术活动，我们可以从一个具体的角度去认识五四后钱玄同的思想变化、钱玄同对章太炎学术的认识及二人间的学术思想和观念的异同，而围绕校勘及校勘后所展现出的章太炎与弟子间、章门同学间的关联与互动，也为我们观察1930年代的学术界和学术研究提供了一个窗口，从中亦可窥见1930年代学术发展的多种面相。

注释

1. 桑兵：《章太炎晚年北游讲学的文化象征》，《历史研究》2002年第4期，张荣华：《钱玄同与章太炎北上讲学》，《书城》，2010年第5期。
2. 《钱玄同致潘景郑》，1936年7月17日，《钱玄同文集》第6卷，中国人民大学出版社2000年版，第303页。
3. 杨天石主编：《钱玄同日记》（整理本）中，第851页。
4. 《与吴承仕》，1932年6月24日，马勇编：《章太炎书信集》，河北人民出版社2003年版，第361页。
5. 《与孙至诚》，1931年10月5日，马勇编：《章太炎书信集》，第892页。
6. 《章太炎全集》（七），上海人民出版社1999年版，第486页。
7. 据曾负责出版《章氏丛书》的康心如回忆，"《小学答问》在刊丛书时，师原稿已不可得，仅凭同门钱玄同用篆书写的刻本改排，不特手民不能尽识，即同门亦有不认识之字。盖玄同好奇，除用六书正体篆字外，间用异体篆字也。排出样张后，由心孚兄任校勘，还有疑问与玄同商量，彼此往返手札甚多。"见康心如：《章氏丛书（外一篇）》，《中国书画》，2014年第4期。
8. 见康心如：《章氏丛书（外一篇）》，《中国书画》，2014年第4期。
9. 《关于太炎先生二三事》，《鲁迅全集》（6），人民文学出版社1981年版，第547页。
10. 《朱希祖日记》中，第921页。
11. 《知堂回想录》，三育图书文具公司1980年版，第552页。
12. 《致郑裕孚》，1938年3月1日，《钱玄同文集》第6卷，第299300页。
13. 容媛：《章氏丛书续编》，《燕京学报》1935年第18期。
14. 钱玄同：《刘申叔先生遗书序》，《钱玄同文集》第4卷，中国人民大学出版社1999年版，第319页。
15. 《与孙至诚》，1931年9月5日，马勇编：《章太炎书信集》，第892页。

16	《钱玄同致胡适函》,1925年,《胡适论学往来书信选》(下),河北人民出版社1998年版,第1127页。
17	傅斯年在《历史语言研究所工作之旨趣》(1928年)中写道:"章氏在文字学外是个文人,在文字学内做了一部《文始》,一步倒退过孙怡让,再步倒退过吴大澂,三步倒退过阮元,不特自己不能用新材料,即是别人已经开头用了新材料,他还抹杀着,至于那部《新方言》东西南北的猜去,何尝就杨雄就一字因地变异作观察?这么竟倒退过两千年了。"见欧阳哲生编:《傅斯年全集》第3卷,湖南教育出版社2003年版,第5页。
18	钱玄同:《答顾颉刚先生书》,《钱玄同文集》第4卷,第250页。
19	钱玄同:《汉字革命》,《钱玄同文集》第3卷,第67页。
20	钱玄同:《章草考序》《钱玄同文集》第4卷,第48,49页。
21	梦飞:《记录玄同先生关于语文问题谈话》,《文化与教育》,1934年第27期。
22	耿云志:《胡适遗稿及秘藏书信》,第40册,黄山书社,1994年出版,第375页。
23	《钱玄同日记》,1921年1月1日,杨天石主编:《钱玄同日记》(整理本)上,第367页。
24	《钱玄同致周作人》,1920年9月25日,《中国现代文艺资料》,第5辑,上海文艺出版社1980年出版,第322页。
25	《钱玄同致周作人》,1922年4月8日,《鲁迅研究资料》第9辑,天津人民出版社,第113页。
26	《钱玄同致致周作人》,1922年4月8日,《鲁迅研究资料》第9集,第112,113页。
27	周作人说,"因为出资的关系,在书后面得刊载弟子某人复校字样,但实际上的校勘,则已由钱吴二公办了去。后来全书刊成,个人分得了蓝印黑印各两部"。见《知堂回想录》,第551页。周的说法大体不错,但从实际工作看,马幼渔和刘半农曾参加了《体撰录》的校读工作。
28	钱玄同1932年4月26日日记云:"午后校勘标点之《论语骈枝》,恐引书出处有误,多检原书对之。晚撰高子杀齐君附笺一

则，寄炎师，拟附入也"。

29	《与黄侃》，1923年，马勇编：《章太炎书信集》，第200页。
30	见《广论语骈枝》，《章太炎全集》第6卷，上海人民出版社1986年版，第213页，《与黄侃》，马勇编：《章太炎书信集》第200页。
31	见《广论语骈枝》，钱玄同案语。《章太炎全集》第6卷，第213页。
32	《钱玄同日记》，1932年5月2日，杨天石主编：《钱玄同日记》（整理本）中，第858页。
33	参见《钱玄同日记》1933年4月21日，28日，5月2日。
34	见杨天石主编：《钱玄同日记》（整理本）中，第863，864，867，868，869，870，872，873，874，878，879，880，881页。
35	《左氏春秋疑义答问》稿并非黄季纲所藏原稿，而是潘重规所录者，手录后章又增加数条。较黄侃所藏原稿增加许多。6月24日由章太炎寄来，章并嘱咐吴承仕因原抄款式与丛书不同，需要梓人精写，校勘需要认真。见《章太炎致吴承仕函》，1932年6月24日。马勇编：《章太炎书信集》，第360页。另据朱希祖日记，章逝世后，马宗霍向其展示章晚年事迹数纸，其中讲到《左氏春秋疑义答问》，历年皆有缀述，尤以二十一年由北平返沪后为之最专，尝有书与宗霍，言比来以说经自遣，旧日春秋一稿将观成矣。见《朱希祖日记》中，第743页。
36	周作人：《钱玄同的复古和反复古》，《文史资料选辑》第94辑，文史资料出版社1984年印。
37	马勇编：《章太炎书信集》，第153页。
38	《章太炎全集》第7卷，上海人民出版社1984年版，第606页。
39	《太史公古文尚书说 古文尚书拾遗后序》，《章氏丛书续编》，1933年7月。
40	杨天石主编：《钱玄同日记》（整理本）中，第903页，905，906页。
41	杨天石主编：《钱玄同日记》（整理本）中，第903。
42	杨天石主编：《钱玄同日记》（整理本）中，第907页。
43	汤志钧：《章太炎年谱长编》（增订本）下，中华书局2013年版，第842页。
44	《钱玄同日记》1933年3月23日，杨天石主编：《钱玄同日记》

	（整理本）中，第918页。
45	马勇编：《章太炎书信集》，第153页。
46	《章太炎全集》第7卷，第607页。
47	《钱玄同日记》，1933年7月28日，杨天石主编：《钱玄同日记》（整理本）中，第946页。
48	《与吴承仕》，1934年1月9日，马勇编：《章太炎书信集》，第367页。
49	《与吴承仕》，1934年1月9日，马勇编：《章太炎书信集》，第367页。
50	《钱玄同日记》，1934年1月13日，杨天石主编：《钱玄同日记》（整理本）下，第984页。
51	《钱玄同日记》，1934年5月13日，杨天石主编：《钱玄同日记》（整理本）下，第1011页。
52	杨天石主编：《钱玄同日记》（整理本）下，第989，第1008-1015页。
53	《章太炎致吴承仕函》1935年2月16日，马勇编：《章太炎书信集》，369页。
54	《钱玄同日记》，1935年2月25日，杨天石主编：《钱玄同日记》（整理本）下，第1079页。
55	《与吴承仕》,1935年2月25日，马勇编：《章太炎书信集》,369页。
56	这一时期，钱玄同工作非常忙碌。在1935年6月7日致郑友渔信中，钱玄同表示未能及时交出刘师培遗书稿件时说，"弟病迄未痊愈，最近一两月来，为太炎先生丛书续编校刊及简体字表之编纂，甚忙甚累，兼以病躯之故，不能加紧工作，以致彼此不能兼顾……"见《钱玄同文集》第6卷，第222页。
57	《钱玄同年谱后记》，见曹述敬：《钱玄同年谱》，第276页。
58	见黎锦熙《钱玄同先生传》。高勤丽编：《疑古先生：名人笔下的钱玄同钱玄同笔下的名人》，东方出版中心，1999年版，第38页。不过，章太炎对吴的三礼研究却非常赞赏，章言："仆每念近世学校中人，能理小学者多有，能说经者绝少。间有之，大氐依傍今文，指鹿为马，然尚不可骤得。足下能名《三礼》名物，最为核

实."《与吴承仕书》,1935年3月3日,马勇编:《章太炎书信集》,第369页。

59　《钱玄同日记》,1934年4月29日,杨天石主编:《钱玄同日记》(整理本)下,第1008页。

60　《钱玄同日记》,1934年12月1日,杨天石主编:《钱玄同日记》(整理本)下,第1053页。

61　《与吴承仕》,1935年3月3日,马勇编:《章太炎书信集》,第369页。

62　《与潘景郑书》,1936年2月20日,《吴承仕文录》,北京师范大学出版社1984年版,第268页。

63　《钱玄同日记》,1935年2月26日,杨天石主编:《钱玄同日记》(整理本)下,第1079页。

64　马勇编:《章太炎书信集》,第159页。

65　《与吴承仕》,1935年3月3日,马勇编:《章太炎书信集》,第369页。

66　马勇编:《章太炎书信集》,第155页。该函原出处为《鲁迅研究资料》,该资料将该函系年为1936年,《章太炎书信集》收入时沿用这一说法,但《鲁迅研究资料》对该函系年有误。根据函中提到刘半农逝世及钱玄同5月1日回信,该函写作时间当为1935年。

67　马勇编:《章太炎书信集》,第156页。

68　《钱玄同日记》,1933年1月28日,杨天石主编:《钱玄同日记》(整理本)中,第906页。

69　《钱玄同日记》,1933年3月3日,杨天石主编:《钱玄同日记》(整理本)中,第914页。

70　崔适:《史记探源》,中华书局1986年版,第213页。

71　《当代学者自选文库 李学勤卷》,安徽教育出版社1999年版,第659页。

72　王汎森:《清季的社会政治与经典诠释——邵懿辰与〈礼经通论〉》《中国近代思想与学术的系谱》(增订版)上海三联书店,2018年版,第39页。

73　钱玄同《〈左氏春秋考证〉书后》,《钱玄同文集》第4卷,第298页。

74	《钱玄同先生来信》，1935年1月27日，《古史辨》第5册（最后一页）。
75	《钱玄同文集》第4卷，第327，328页。
76	《致潘景郑函》，1936年7月17日，《钱玄同文集》第6卷，中国人民大学出版社2000年版，第303页。
77	《钱玄同日记》，1937年12月8日，杨天石主编：《钱玄同日记》（整理本）下，第1286页。
78	《与吴承仕》，1932年6月24日，马勇编：《章太炎书信集》，第360页。
79	《与吴承仕》，1932年7月14日，马勇编：《章太炎书信集》，第361页。
80	钱玄同：《与顾起潜书》，1938年5月19日，《制言》第50期。
81	《钱玄同日记》，1938年5月2日，杨天石主编：《钱玄同日记》（整理本）下，第1334页。
82	《钱玄同日记》1938年1月25日，杨天石主编：《钱玄同日记》（整理本）下，第1314页。
83	《钱玄同日记》，1938年1月29日，杨天石主编：《钱玄同日记》（整理本）下，第1315页。
84	《与马宗霍》，1932年10月6日，马勇编：《章太炎书信集》，第898页。
85	《与钱玄同》，1933年3月20日，马勇编：《章太炎书信集》，第153页。
86	《与吴承仕》，1932年7月14日，马勇编：《章太炎书信集》，第361页。
87	诸祖耿：《记本师章公自述治学之功夫及志向》，1933年4月18日。姚奠中 董国炎：《章太炎学术年谱》山西古籍出版社，1996年版，第443，444页。
88	《答顾颉刚先生书》，1923年5月25日，《钱玄同文集》，第4集，第247页。
89	《与钱玄同》，1935年5月22日，马勇编：《章太炎书信集》第156页。

90	见姜义华:《章太炎思想研究》,上海人民出版社,1985 年版,第 669 页。
91	黎锦熙:《钱玄同先生传》,高勤丽编:《疑古先生:名人笔下的钱玄同 钱玄同笔下的名人》,第 38 页。
92	钱在 1938 年 12 月 5 日日记中写道:"老夫子一九〇(九)(日记原文空缺——引者注)年讲《文史通义》甚好,绝无后来之卫道气也"。杨天石主编:《钱玄同日记》(整理本)下,第 1369 页。
93	参见拙文《钱玄同与刘师培》,《中国近代史上的激进与保守》,社科文献出版社,2011 年版。
94	《学术集林》卷 14,第 4 页。
95	《与钱玄同》,1935 年,马勇编:《章太炎书信集》,第 154 页。
96	《制言》,1935 年第 1 期第 1 页。
97	方继孝:《章太炎和他的弟子们的手迹》,《收藏家》,2004 年第 4 期,第 45 页。
98	《钱玄同日记》,1935 年 9 月 13 日,杨天石主编:《钱玄同日记》(整理本)下,第 1123 页。
99	《致潘景郑》,1935 年 12 月 5 日,《钱玄同文集》第 6 卷,第 302 页。
100	钱玄同:《左氏春秋考证书后》,《钱玄同文集》第 4 卷,第 297 页。
101	《致潘景郑》,1936 年 9 月 1 日,《钱玄同文集》第 6 卷,第 307 页。
102	见桑兵:《章太炎晚年北游讲学的文化象征》,《历史研究》,2002 年第 4 期。
103	《钱玄同日记》,1933 年 1 月 2 日,杨天石主编:《钱玄同日记》(整理本)中,第 896 页。
104	马勇编:《章太炎书信集》,第 153 页。
105	周作人:《知堂回想录》,香港三育图书有限公司,1980 年版,第 552 页。
106	马勇编:《章太炎书信集》,第 156 页。
107	《制言》第 16 卷,1936 年 5 月 1 日出版。
108	《关于太炎先生二三事》,《鲁迅全集》(6),人民文学出版社,1981 年版,第 547 页。
109	《知堂回想录》,第 552 页。

蒋介石对农民、农村问题的认识与主张
（1928——1949）

曹成建

Cao Chengjian

1969年生，四川师范大学教授。
杨天石先生博士后。

[内容摘要] 蒋介石主要通过亲自考察，在家乡浙江奉化的观感、各部门及各级将领的报告以及蒋经国的汇报等途径来了解农民、农村社会状况。他很少深入农村进行长时段的细致考察，因而对农民生活的了解并不够深入。蒋对农民的态度具有两面性，一方面主张通过农民银行的贷款来扶持农业生产，主张改善军民关系，让驻军帮助农民诊疗、收割、耕种；另一方面，残酷对待"匪化最深""无法感化"的农民。蒋采取了一系列措施来建立与加强对乡村基层社会的控制，包括：培植乡村干部，促使基层保甲、乡镇人员听命于国民党政权；充实国民党基层党部，发挥其在乡村控制中的作用；组训乡村武装，在抗战前及抗战结束后集中对抗中共在乡村的发展，在抗战期间集中对付日伪在乡村的势力；主张将乡村小学作为推动政令的中心；控制乡村金融，充实农业资本。蒋介石对待其他非中央政府主导的乡村建设的态度是包容与借鉴；他努力防止并消除日伪势力侵入国民政府控制的乡村；着重阻止中共势力在乡村的扩张，与中共在乡村进行政权争夺。并不只有中共将乡村政权问题与土地问题紧密联系在一起，其实蒋介石也较早地认识到政权问题与土地问题的关系，蒋有实行耕者有其田的打算，但苦于无适当可行办法。一直到败退台湾前，都没有将他的一些设想付诸实践。

[关键词] 蒋介石；农民农村问题；认识；主张

国民党何以失败？这是1949年国民党政权垮台后，一个在国际史学界长期争论不休的问题，也是现代中国发展中一个非常值得反思的问题。大多数学者认为国民党的失败是因为其自身的腐败、反动以及对三民主义的背叛。[1]易劳逸先生认为，国民党失败的"根本原因在更深处，在于一个缺乏社会基础的军事独裁政权的内在的结构虚弱，在于对日战争的削弱作用"。[2]具体表现在"它实现其政治目标的有限性、行政机构的腐败和缺乏效率、派系之间的自我毁灭的倾轧、军队的普遍的无能和士气低落。"[3]易劳逸先生从国民党内部去寻找其失败的主要原因，认为苏俄对东北的占领以及美国的援助不力等都是次要原因，这符合内因起决定作用的辩证法思想。

没有人否定国民党的失败是众多合力作用的结果，但分歧在于什么是最主要的原因。笔者认为，如果说，中共的成功主要在于充分地动员了农民，走出了一条农村包围城市的道路，那么，从逻辑上讲，作为对手方，国民党蒋介石失败的主要原因就应该是没有实现对农村的有效控制，没有能够抵制住中共对农民的动员。易劳逸先生所说的国民党的统治"缺乏社会基础"应该包括了乡村社会基础，只是他没有把这一点放在更为突出的位置。易劳逸认为，蒋介石应该为国民政府的失败负主要责任，原因在于"在1949年到1950年期间，蒋介石偶尔也承认国民党被共产党打败的原因，即在于背弃了民生主义。但是，在这个问题上，他似乎从来没有彻底省悟过，所以也就不会把它视为最重要的原因了。即使在1956年出版的《苏俄在中国》一书中，他也仍然把在大陆的失败主要归因于道德的和心理的因素。他从来没有考虑过建立使民众有与政府认同感的政治组织，或进行为民众带来福利的社会和经济的改革，这些举措都有可能使他在同共产党的斗争中，得到另一个完全不同的结果。"[4]孙中山的民生主义主要包括"节制资本"和"平均地权"等改善民众生活的系列政策。孙中山的"耕者有其田"的主张以及"地方自治开始实施法"，都是造福于占"民众"绝大多数的农民的社会和经济改革措施。蒋介石是否真的"从来没有考虑过建立使民众有与政府认同感的政治组织，或进行为民众带来福利的社会和经济的改革"，笔者认为，这值得商榷。为此，有必要详细探究蒋对农村、农民问题的认识与主张，看一看，究竟是蒋从来没有考虑过此类问题，还是有考虑而没有进行改革或者进行得不充分。

本文采用的资料主要是台北"国史馆"所藏"蒋中正总统文物"中涉及乡村、农民问题的电文、手谕、手令、报告、家书等档案，这些资料可分为两种，一种是下行材料，是指蒋介石向各级军政官员所发的有关乡村、农民问题的指示；另一种是上行材料，是指国民政府各级军政人员向蒋介石所呈有关乡村、农民问题的报告。前者直接反映了蒋介石对乡村、农民问题的认识和主张；后者影响了蒋对乡村、农民问题的判断，间接构成了他的部分农村印象。

由于学界目前没有专文系统探讨蒋介石对乡村、农民问题的认识，而此问题又直接关乎对国共双方在农村进行政权争夺成败利钝的理解，因此，笔者主要根据该批档案，对此问题进行较为系统的梳理。

一、蒋介石对农村、农民的了解与态度：扶持、优待与残酷"平毁"

（一）蒋介石对农村、农民的了解途径

蒋介石对农民、农村的了解途径，根据笔者所掌握的资料来看，主要有四种：亲自考察；在家乡浙江奉化的观感；各部门及各级将领的报告；蒋经国的汇报。

蒋所了解的农村，一般又可分为两类，一类是在国民政府直接控制下的乡村，以及名义上在国民政府领导下，实际上由地方实力派控制下的农村；另一类是中共控制区的农村。之所以如此划分，主要在于以土地制度为基础的生产方式和社会制度的不同，中共的土地革命以及随之引起的社会关系的变化明显与前者不同，蒋氏深以为异类，而坚决不予认同。

对于第一类地区，蒋氏有条件亲自考察，不过，与毛泽东不同，蒋很少深入农村进行长时段的细致考察，蒋对农民生活的考察并不够深入，往往顺便考察农村，且考察的地点多在郊外。如，1928年2月17日，蒋上午在开封检阅完军队后，乘暇"往郊外考察农民生活"。下午，在郑州开完欢迎会后，"又往郊外考察农村状况"。[5] 这样的考察，在蒋介石的有关文献记载中，极为少见。而且，这次考察是在冯玉祥的安排和陪同之下进行的，而冯是比较亲近基层民众的，国民党的其他军政要人，多重上轻下，未必能作如是安排。

蒋介石对乡村的直接了解，不少是来自他的家乡——浙江奉化溪口。除了儿提时代和青少年时代根深蒂固的印象外，蒋氏在

其军旅和政治生涯的间隙，不时回老家"休养"，顺便感受到的乡村情况对其乡村政策有直接影响。如，蒋曾通过观察浙江奉化的乡村长、乡区署长的状况，认识到基层政权机构人员素质的低劣，"据中（蒋介石自称——笔者按）在奉化所见之乡村长皆为土劣与官僚，毫不知社会与经济为何物。"[6]有感于此，蒋于1937年6月15日，电令朱家骅[7]："……对于乡村保甲长人选尤应注意。最好乡区署长等资格与年龄应有限制，须择其大学或高中毕业且经一度训练与实习成熟者，或先派其为见习员生名义，使之熟练，然后考验加委，如果乡村长不得力，则社会一切建设永无成绩也。"[8]以上表明，蒋对家乡农村一些弊端的认识，通过蒋的手令，直接转化为国民政府的政策。

另外，蒋氏的爱子蒋经国在其家乡居住及在外地乡村基层考察所得的观感，通过"家书"、当面汇报以及转达等方式传递给蒋介石，也对蒋的乡村印象有一定影响。如，1937年6月20日，蒋经国在致蒋介石的家书中写道："父母亲大人膝下，敬禀者十四日禀想已收阅。溪口附近连日大雨，今年收成大受损害，村中农民至为忧虑，农业虽不能绝对避免天灾，但能破除乡村中种种迷信陋习，勤致力于生产建设，多利用科学方法，则天灾之害必能减轻大半。前日儿详读大人在报上所发表之大学生暑期服务谈话，此诚今日救国之要举。吾国自古以农立国，农业经济即国家经济，但因年来内忧外患，农业日趋凋敝，农民日益贫困，故复兴农业实为目前复兴民族最急之务，而服务乡村，不但教导农民，同时习练勤俭诚实之生活，多采农民之意见，尤为大学生在农村服务时应取之态度。我国数十万之学生如能在暑假期内全数散布农村，勤恳为社会服务，必能得极大效果也……儿经国、媳芳娘谨上。"[9]蒋经国致蒋介石家书，从他对老家溪口的农民、农业的切身感受出发，进而展开讨论全国的农民、农村问题，提出了三个重要主张：（1）用科学方法破除乡村中迷信陋习，"则天灾之害必能减轻大半"。（2）赞成蒋介石提出的大学生暑期服务乡村的主张，认为其效果在于，不但教导农民，而且大学生本身也将得到应有的锻炼。（3）认为中国，自古以农立国，农业经济即国家经济，但因多年来内忧外患，农业日趋凋敝，农民日益贫困，故复兴农业实为当时复兴民族最急之务。[10]

蒋经国的认识与蒋介石本人对奉化老家的观感是蒋介石农村印象中鲜活的组成部分，这对蒋介石的农村政策有直接影响。1930年代后期，蒋开始特别重视县以下的基层社会管理问题，并于1939年亲自草拟并颁布了《县各级组织纲要》，推行"新县制"，重视乡村建设，不能说与此无关。

蒋经国曾被蒋介石安排在赣南工作，他更有条件从事乡村基层调查。1940年9月3日，蒋经国致电重庆军事委员会委员长侍从室毛庆祥，讲道："弟上期由各县视察返赣，深感抗建最大力量实在于乡村，今后拟集中全力展开农村工作……"[11]蒋经国的意见通过多种途径为蒋介石所知，由于两人的特殊关系，多少对其会有所触动。

对于中共控制下的乡村，蒋氏更多是从各部门及各级将领，尤其是从情报机构的各种报告中获得信息，在这些信息中，负面的印象占据主流，感觉在中共控制区，除了少数"流氓、地痞"等真正的"无产阶级"获益外，其他民众，尤其是有产者，生活十分痛苦。1931年6月18日,蒋介石出发"围剿"中共的中央苏区,对宣传方面尤为注意,特令行营政训处拟订并发布《告剿匪士兵书》《告地方绅士书》《告剿匪军官书》《告匪区民众书》《告农民们书》等,其中,在《告匪区民众书》及《告农民们书》中,将农民在中共控制区内的生活描述得十分悲惨:土地被没收,子弟被驱役,妻女被奸污,中共对农民的生活衣食,一概不管,意图反抗者即遭杀戮……总之"他们造成流氓地痞的共产世界起见,第一步要把你们弄穷,第二步再把你们弄死。"[12] 由于明知发布《告匪区民众书》及《告农民们书》主要出于宣传目的,以挑拨中共与农民的关系,蒋或许不会完全相信告示中所言,但基本相信在中共控制区,多数农民确实生活悲惨,只有"真正的无产阶级""游手无业的流氓地痞"获益。[13] 这显然与事实有很大出入。

(二)优待农民及扶持农村经济

1、主张通过农民银行的贷款来扶持农业生产

蒋介石对农村的扶持主要是通过农民银行的放贷来实现。蒋重视对农村生产性贷款给予支持。如,1934年4月12日,蒋介石答应陈仪[14]的请求,指示农行迅速在福建设立分行或办事处,贷款给农民作为耕种资本,以促春耕。"顷接陈仪佳电称,现正严饬闽省各县铲除烟苗,促以春耕,唯虑农民资本无着,故拟设立农民银行,贷与耕种资本,拟先就福宁属五县及罗源、连江办起,业已估计资本约需五十万,请饬农行即派员速来闽筹设分行或办事处等语。特转达,希即速办为要。"[15]

蒋对救济型消费性贷款往往不予支持。1934年7月,安徽省合作委员会委员长马凌甫,请求蒋介石迅予电饬四省农民银行指拨贷款八万元,交由该会直接分贷各合作社,以救济安徽旱灾。但蒋予以拒绝,7月20日,蒋复电称:"农村合作贷款,原专为农民生产之扶助,来电所称,因久旱禾苗枯槁,贷款以维农民生计,似为救济民食,属于消费之贷借,恐非四省农行所能任,应由该省自行设法办理。"[16]

蒋在个别情况下要求农民银行贷款救济灾民,这些灾民多为弱势群体,如妇女、儿童,即便如此,蒋也要求该贷款必须将来从赈灾款项中扣除。1937年5月22日,在严重旱灾的影响下,蒋介石亲自担保,要求重庆农民银行贷款10万元,以救济重庆市的受灾妇女、儿童,但同时命令"此款可由将来赈灾款项扣还也"。[17]

1937年5月22日,蒋介石电重庆行营代主任贺国光:"闻渝市饥饿妇孺甚多,无人处理,甚念,希即在渝农民银行借款十万元会同当地救灾会从速设法救济与安置,并令此款可由将来赈灾款项扣还也。驻渝各部队官兵亦发起救灾运动,例如各营连食残之饭屑、锅焦等皆可定时运到就近地点以施灾民等等,由行营议定具体办法实施为要,农行亦已另电知照矣。"[18]

1937年5月22日,蒋介石电令上海农民银行总经理叶琢堂[19]速由渝农民银行拨十万元救济渝市受灾妇孺。"此款准由将来救灾公债项下拨付,由中担保,希勿延误。中正。"[20]

除个别有可靠担保或指定归还方案的贷款外,蒋对救灾型消费性贷款往往不予支持,但当其家乡——浙江奉化遭遇灾害,需要贷款救济时,却另当别论。蒋之家乡遭灾后,蒋即打破惯例,予以特殊照顾。1934年12月12日,蒋介石电令汉口四省农民银行经理徐子青，准奉化受灾渔民向农民银行低利息借款。"奉化桐照、栖凤渔民受灾严重，已批准向该行轻利借洋壹拾万元，以资救济，希照办。"[21]不仅如此，蒋介石对家乡的乡村建设事宜，也照顾有加。如，1936年2月，江起鲸等呈文蒋介石，要求将"溪口武岭学校和农业试验场的名称定为'浙江省立乡村建设研究所'，一方面斟酌当地情形，筹设科目，拟具施行步骤及分年计划，一方面编造预算，呈由省府核准列入地方预算。"蒋随即批示："如拟。"[22]

另外一种例外是，蒋对收复的原中共控制区或正在"剿匪"的地区的农民贷款，也给予利息及贷款期限的优惠，以收买人心。

1936年5月19日，蒋介石致电农民银行总经理徐子青，要求其对"豫鄂皖边区农民""贵州黔西被匪鼠扰之区""川西北匪区灾民""陕北地区"实施放款，"利息尽量减轻，款期亦展长为要"。[23]"（一）豫鄂皖边区对农民预备三十万元，由卫总指挥协调各县长负责办理农民银行与合作社放款事宜，其利息尽量减轻，款期亦展长为要。（二）贵州黔西被匪鼠扰之区亦预备三十万元，由该省政府负责办理农民银行放款事宜，其利息款期亦务从宽为要。（三）铁道部建筑京衢路借款，由农行贷放款项之数可酌增壹百万元也。（四）川西北匪区灾民协同当地中央军与其县长负责，由农民银行放款，预备三十万元之数，其利息款期更应从宽。以上一、二、四各项，务希分别即电卫、薛各总指挥与贵州省府主席等，迅即着手办理，一面电令就近各该分行照办并从速为要。又陕北放款亦从速设法办理为要，即电陕西邵主席与陕西农行速办。中正。"[24]

1936年5月20日，蒋介石电令卫立煌，负责协同各县长办理豫鄂皖边区春种农民济急贷款事宜。"卫总指挥：关于豫鄂皖边区春种农民济急事，已令汉口农民总行预备三十万员放款于农民，由总指挥部负责协同各县长办理借贷事宜，望即一面召集各县长会商办理，一面电告农民银行派员贷放可也。"[25]

1936年5月26日，蒋介石指示上海、汉口、杭州农民银行徐子青总经理："……对各匪灾区农民借贷如前定数额不足，亦可分别增加并催速办，再迟则春耕既过不能发生救济效力也。"[26]蒋通过优先向"匪灾区"农民发放贷款，支持春耕的办法，力图恢复因战争而遭破坏的原中共控制区农村经济，收买人心，以建立和巩固国民政府的统治。

此外，蒋介石要求对军事要塞地区的民众（主要是农民）也应照顾有加，"为之组织各种合作社及社会教育机关与军医处施诊民众医药"，"至于农民贷款与合作社资金皆可与农民银行接洽实施"。其目的在于，一旦战事爆发，"则将来民众必能与我要塞官兵共存亡同生死，不仅协助我工作而已。"[27]

1936年6月15日，蒋介石手令："朱主任，各要塞官兵对于其要塞区域地带之民众应特别体惜与爱护，须以要塞司令部及各台为中心，负责组织与切实训练，并调查其附近之土产出产量及其每年不足向外购买之物品，为之组织各种合作社及社会教育机关与军医处施诊民众医药，宁澄、镇江、镇海、乍浦及各要塞应派得力之政训人员一正一副二人，实施各要塞地带民众管教养卫四位一体制之政策，一面切实训练要塞内之官兵政治与识字训练、精神教育以为训练民众之干部，各要塞司令、台长尤应亲自督练，对民众使之精诚团结，则将来民众必能与我要塞官兵共存亡同生死，不仅协助我工作而已。至于农民贷款与合作社资金皆可与农民银行接洽实施，而南京要塞之雨花台、幕府山、乌龙山、狮子山、清凉山、牛头山、秣陵关、方山、西凉山、划子口、栖霞山、龙潭皆须分别筹备切实施行为要。此最好与南京市府与江宁县府协商共同进行。"[28]

可见，蒋介石部分支持农民的生产性贷款，并不普遍支持对农民的消费性贷款，但对其家乡、原中共控制区或正在"剿匪"的地区以及军事要塞地区的农民却格外地加以特殊照顾。

银行作为经济组织，要求对其贷款给予担保或指定将来可靠的资金归还来源，本无可厚非。蒋介石拟用"从赈灾款项扣还"或"从救灾公债项下拨付"等办法，来确保贷款资金的安全，也重视用"担保"的手段来保证救济资金的安全。[29]对于缺乏如上保障的消费性贷款往往不予支持，从银行的运作原则来讲，也是合理的。蒋对其家乡、中共曾影响过的区域以及军事要塞地区的乡村给予低息、长期贷款，而不强调担保，显然非经济因素所能解释，其个人情感和政治因素起了主要作用。

从以上若干事例还可以看出，蒋主张由农民银行通过贷款的形式支持农村经济复苏，其时间主要集中在1934年至1937年抗战爆发前，其地点主要集中在豫鄂皖赣闽以及黔西、川西北、陕北等中共曾经或正在建立革命根据地的地区，这反映了蒋介石与中共竞争，争夺农民支持，收买人心，建立与巩固乡村基层社会控制的努力。

建立农村金融救济处，设置豫鄂皖赣四省农民银行以及随之创建中国农民银行，都是为了便于蒋介石筹措"剿匪"等军政经费，同时，也是救济农村经济，改善农民生活，收买人心，建立与巩固农村政权的重要举措。从前文蒋介石直接手令农民银行的经理如何放款的诸多事实来看，蒋介石对这些金融机构有直接的支配权，加之中国农民银行的人事班底大部分是蒋介石的至亲厚友。[30]以至于学界有人认为，这些金融机构的设立和运营，"一直是服务于蒋介石个人需要的""农民银行成为党国'人才'的集中营和蒋介石的私人银行"。[31]武断地说这些金融机构就是蒋介石的"私人银行""一直是服务于蒋介石个人需要的"，未免夸张，毕竟，这些金融机构贷款的用途主要仍在"党国"的军政事务上，只是相对于中国银行、交通银行等其他金融机构而言，蒋使用起来，更为方便而已。

蒋介石多次手令农民银行对农村生产性贷款，对部分农民的消费性救济贷款，以及对中共影响区农民贷款的特殊扶持等，都不同程度地说明，蒋介石早就意识到通过改善民生的方式来争取人心、巩固政权的重要性。之所以有人认为，蒋"从来没有考虑过建立使民众有与政府认同感的政治组织，或进行为民众带来福利的社会和经济的改革"，可能是看到蒋的政策在实际上并未给民众带来多少实惠而产生的误解。确实，尽管蒋有救济农村金融的设想，但实际效果却不理想。农民银行的贷款是通过农村信用合作社来负责实施的，"事实证明，农村信用社对农民发放的贷款不但数额少，而且周期短。全国农村信用社社员年均借款额大约20元。而且合作社是由地主、富农和有权有势的乡、保长支配，这就使得整个信用合作放款制度弊窦丛生，真正从信用合作社借到钱的是那些地主、富农和乡保长。广大贫农根本无法取得农贷的接济。"[32]蒋介石后来意识到这种情况,特别强调要使贷款的实惠及于贫农、佃农。1940年5月29日,蒋介石手谕合作事业管理局局长寿勉成,认为,"目前川省合作问题之最急要者,第一为过去放款弊端之扫除,务使实惠及于贫农、佃农。第二为现有合作事业之继续发展,务先求其健全而有实效。希即将此两点研议具体施行办法呈核,以资切实进行而立初步基础,其余各项事业应分别程序逐步推进,藉期日有实效。"[33]这条材料至少说明2点,一是蒋给予基层民众的贷款优惠政策,在实施的过程中,被基层强势阶层(地主、士绅、乡镇保甲长等)所操控,直到1940年5月,其"实惠"仍旧没有及于"贫农、佃农"。二是这种局面不是蒋所愿意看到的,一当了解了实情,即刻训令纠正。可见,蒋并不是"从来没有考虑过建立使民众有与政府认同感的政治组织,或进行为民众带来福利的社会和经济的改革",而是许多改革措施被基层的强势利益群体所扭曲,没有达到预定目标而已。

2、主张改善军民关系,[34]让驻军帮助农民诊疗、收割、耕种

1938年11月28日,李良荣呈文蒋介石,为贯彻政治重于军事意旨,建议军医协助农村诊疗,同时设立农事指导所以改革农业。

李良荣在南岳附近,看到每户均有患疟疾之人,无医无药,至为可怜,主张在乡村驻扎的部队,其军医须兼诊治乡民疾病,他认为此项工作可收两大效果:一是保护国力,二是增强人民国家观念及敬爱军队心理。其额外药费,由地方政府或军政部核实补助。每县之各区,设农事指导所,派农业专才任家畜防疫、农作物选种、除虫、防病及造肥、施肥等工作,以裕民生。"前浙江

大学有一统计,谓浙省一年麦子黑穗病之损失等于全国十年之教育用费,其利害可以想见。"[35] 11月29日,国民政府相关部门提出拟办意见:"(针对前者)理应如此办法,惟现在药品困难、驻地附近可由军队酌量办理,拟令各战区知照。"(针对后者)"普遍设置目下无此大量专才,亦无巨额经费,拟交政治部参考。"[36] 蒋介石随即批示:"如拟。"[37]

李良荣为贯彻政治重于军事的策略而提出的2个建议,虽由于"药品困难"以及没有大量专才和巨额经费,无法普及推广,但其思路却对蒋介石有明显的触动。对于一些不需要花费巨额经费而对农民及农业生产有帮助的事情,蒋训令推动办理。从1939年开始,蒋不断命令驻军协助驻扎地农民从事农业生产,并禁止军队勒索农民。

1939年6月2日,蒋介石致电何应钦,令军师团长官率其所属部队,于农忙期间协助农民耕种。"何部长:各省当此农忙,壮丁或应征缺乏,故应令各军师团区主管长官,凡其所属部队与新兵训练处所属团队,在此半月内,协助附近农民收割麦子与播种禾苗,并令受各该省区县行政机关主管官分配任务,共同设法进行,以期有益农务,为要。中正。"[38]

同日,蒋介石又电示何应钦、贺国光以及四川地方实力派将领刘文辉、邓锡侯、潘文华等,令各县区陆军部队等限期协助农民耕种并详报。"……节届忙中,各地可收之麦尚未收割,而应插之禾苗亦未尽种,关于农务之前途甚大,望即通令各县各区之军政机关所属陆军部队及其壮丁队、保安团队、新兵训练处各部队等在其三十里附近之各乡村,凡有未割未种之麦禾皆应由各该地区附近所驻之官兵全体动员，协助民家代割代种，却不可要求收受报酬。并令各该部队长官与当地之乡镇甲长切实协商，作成有地区、有数量、有时日之具体计划，限于半月内即本月十八日以前，务将未割未种之麦禾割种完成为要，已令军政部通令各师团管区新兵训练处团队官兵，受当地行政之管官分配任务外，如何规划进行，一面通令实施，一面详报勿误。蒋中正。"[39]

1940年4月24日，蒋介石电令苏州、常熟、常州、杭州、嘉兴各地军队将领，竭力劝奖、保护与协助各地农民耕种，"以利军民合作之策进"。"苏州蒋总指挥、蔡军（长）、常熟张军长、常州胡师长、杭州、嘉兴蒋总指挥、军长、各师长：春耕已届，因我军队驻屯各地，农民多不敢耕种及采桑者，务希各官长切实劝奖农民如常耕种，不但须竭力保护而我各官兵如有暇晷，应尽力协助耕种，实施军民合作之至意。中正。"[40]

1940年5月10日，蒋介石电令张治中通令各省军队协助农民耕种。"张主任。通令各省军队筹备协助各地农民如期耕种，并由各省军民主管长官会同拟定具体协助耕种计划，对于缺乏壮丁之各乡区，尤应令各县长迅速呈报，特别协助为要。中正。"[41]

1940年8月2日，蒋介石通令各地军队以亲爱谦和态度协助农民收割。"通令各地军队协助农民收割禾稻，官兵态度须亲爱谦和，克尽义务为要。中正。"[42]

1940年11月25日，蒋介石电令贺耀祖[43]令各驻军就地协助农民冬耕，但须整饬军纪。"贺主任，令各省各处驻军应协助就地农民冬耕与冬种，但必须由其官长带领前往分配，严防有对农民勒索或敲诈等事为要，并通令各省府、县府作有计划之分配。中正。"[44]

1941年4月8日,蒋介石电令军政部拟具川陕黔后方部队协助农民耕种收获具体计划。"军政部,川陕黔等省后方部队应筹划协助当地农民耕种与收获,希拟具具体计划,通令实施为要。中正。"[45]

由上可见,在1939年6月至1941年4月间,每逢重要的耕种和收获季节,蒋介石便会电令一些地区的军队帮助农民耕种或收获。其间的实施效果如何,以及1941年4月以后蒋发布相关命令的情况如何,限于资料的缺失,尚待考察。但从1939—1941年蒋不断发布命令的情况来看,军队帮助驻地农民耕种、收获,并没有形成制度,需要最高统治者临时不断电令督促,而且实施范围有限。从蒋介石不时提醒军队不能"勒索或敲诈"农民,"不可要求收受报酬","态度须亲爱谦和,克尽义务"的情况来看,相反的情形有可能经常发生。

蒋命令军队帮助农民耕种、收割,其用意在于一方面可以缓解军民之间的紧张关系,改变"因我军队驻屯各地,农民多不敢耕种及采桑者"的状况,贯彻政治重于军事的政策;另一方面,也可缓解农村劳动力缺乏的现状,促进农业生产,改善民生。蒋介石在命令军队帮助农民耕种、收获的电文中,从未提及中共领导的八路军、新四军的类似行为,但不能就此否定蒋的行为与中共军队的影响无关。

蒋命令军队无偿地帮助农民耕种、收割,不管其动机如何,如果军队按照蒋的手谕执行的话,总是有利于农业生产,有利于农民的生活,这显然也证明蒋介石不是"从来没有考虑过建立使民众有与政府认同感的政治组织,或进行为民众带来福利的社会和经济的改革"。

此外,蒋对弱势群体的关照,有时根据个人的观感,随兴而发,以手谕、手令的形式草率下达,缺乏周全细致的考虑。如1945年7月,蒋介石手谕蒋梦麟,要求其拟订办法,责令沿途乡镇保甲收容在各公路及各交通大道流落的伤病老弱士兵及道旁乞丐,并设法诊疗。"嗣后在各公路及各交通大道有伤病老弱士兵流落者及道旁乞丐,应责令沿途乡镇保甲收容并设法诊疗,此事应先由各县政府将本县境内公路分段规定各保甲应管之地,至各保甲收容诊治所需之款项,可在地方建设经费项下开支,如再有不敷之数,准由省府呈报中央核销,希即照此拟订办法,通令实施为要。"[46] 蒋之所以提出此设想,可能是他乘车外出时,经常见到公路旁流落的伤病老弱士兵及乞丐,十分悲惨可怜,并且感到有碍观瞻,于是想当然地提出此办法。在实际操作上,地方保甲是难以收容诊疗的,主要是因为地方建设经费支绌,中央财力有限,而流落的伤病老弱士兵及乞丐数量众多,难以应付。

(三)残酷对待"匪化最深""无法感化"的农民

蒋介石对收复后的原中共控制区以及部分正在"剿匪"区域内的农民,一方面给予农业银行的贷款,帮助其从事农业生产,恢复经济,安定民生,以达到收买人心、稳固统治的目的。另一方面,对于受中共影响的核心乡村地区却实行"焚烧平毁"策略;[47] 对苏区乡村骨干采取的是残酷镇压的策略,毫不留情;[48] "对于匪化甚深乡村与无法感化之人民准予烧杀"。[49]

蒋介石对中共影响的核心乡村地区，实施搬运粮秣、焚毁村落的"焚烧平毁"策略，手段残忍，毫不留情。1931年8月24日，蒋介石电令蔡廷锴、陈诚、赵观涛："此次进剿大金竹附近时，凡匪化最深乡村及我军不便常驻之处与将欲移动他调之时，须将其附近村落焚毁净尽，所有粮秣搬运其集积地点，有余则亦烧毁之，万不可姑息，免贻匪患，如欲使匪恐怖，以断其回巢之断（路），并免我将士东西奔逐之劳，惟有此焚烧平毁之一法也。中正。"[50]

国军对中共控制的地区，先用武力进行"清剿"，然后"督饬乡村，组织民众团防，清查户口，肃清潜匪，设置乡村通讯所灵通消息"。[51] 随即严密保甲组织，确立起对乡村的控制。国民政府对乡村的政策，倾向于从外部去控制乃至压制，而非从内部去争取乡村，乡村并没有成为政府的依靠和力量源泉之所在。[52]

国军对苏区骨干采取严厉镇压措施。如，卫立煌部于1932年7月报告蒋介石，他已派军队"搜剿捣毁"了周家港、西阳岗附近十余里之"匪巢"，并"抄得伪苏区乡村主席委员十余名，均已枪决"。[53]

1948年3月5日，蒋介石电令李默庵、张雪中、王梦庚，希严督所部，协同于十日内将"残匪"第十一、第十二两纵队消灭，及"对于匪化甚深之乡村与人民无法感化者，准予烧杀不论，且应澈底督察其实施，以免再为匪所用也。"[54]

综观蒋介石对农民、乡村的认识和态度，可以看出，与中共相比，他的认识是建立在缺乏系统、深入调查研究的基础上，主要凭借个人的有限观感和他人的间接汇报而获得。尽管他意识到了要给予农民在金融和农业生产方面的帮助，并训令部下实施，但这些政策并没有触及恢复发展农业生产的根本，且有限的优惠政策也被地方强势群体所独占，无法惠及最底层的贫雇农；而他严酷对待原中共核心控制区农民的政策，却被"高效"地执行。实际上，国民政府对农民照顾不够而盘剥、压制有余。

二、如何建立与维持对乡村的控制

（一）建立与加强乡村基层社会控制的努力

1、培植乡村干部，促使基层保甲、乡镇人员听命于国民党政权。

1933年5月12日，刘健群[55]向蒋介石建议重视乡村干部的训练培养及使用，并计划"预定三年内将三千个区长训练完成"。

刘健群敏锐地意识到了国民党军队和政权存在的弊端，认为国民党军队皆仰赖都市经济以为存在基础，与民众，尤其是农民没有建立起紧密关系。一旦与日本开战，将难以长期抵抗。应学中共在江西"无论征收粮食发行债券，皆能有条不紊，军民相安……"[56]刘认识到国民政府在农村没有确立起统治基础，农村不在国民政府领导之下，连清朝时期都不如。[57]基于以上认识，他认为："吾人对安内攘外，保持政权皆毫无基础，遑论实行主义，过去数年之努力仅如垂危之人打一强心针，暂延残喘而已，以云起死回生则固须兢兢业业更进一步也。进一步之办法，职以为，莫如训练区长，培植乡村干部最为切实有效。"[58]刘所谓"乡村干部即行政基础，领导农民之干部"。[59]训练乡村干部有重要意义："因智识分子（群）趋都市，以求升官发财，中国今日已成头部肿大四肢枯竭之势，培植乡村干部，恰如恢复四肢已死之血管，四肢血脉畅通，然后一切救死回生之方剂乃能有效。"[60] "若十六（1927）年，南京初克，即有人注意乡村基础，匪之猖獗，乌能若此，其所节省之费用又如何？"[61]

刘健群提出此建议的时间恰逢蒋介石连续四次"围剿"中央苏区失败，[62] 加之刘是蒋介石的亲信之一，其建议对蒋有很大影响，国民政府后来陆续开办了一系列地方行政人员培训班，如"县训班""保甲人员培训班"等，不能说与此无关。培植乡村干部，想方设法使其听命于国民政府，逐渐成为蒋介石建立与加强乡村基层社会控制的工作之一。1936年5月17日，蒋为加强乡村政权建设，决定采取一系列促使乡村人才听命于政府的措施，包括挑选有资产、有身价者的子弟任保甲长，以确保基层政权与中共划清界限。规定乡长为有给制，规定乡区长提升考选方法，从经济利益与仕途升迁两方面促使乡长为政府卖命。[63]

不过，刘健群的建议及蒋所采取的政策，仍旧局限于训练并收买部分乡村精英效忠国民党中央，而不是如何发动普通农民诚心归顺国民政府，与中共的政策有本质的区别。

2、充实国民党基层党部，发挥其在乡村控制中的作用。

1945年7月，蒋介石有感于基层政权被中共轻易摧毁的现实，连发手谕，要求有关部门加紧制定具体方案，对县以下的基层农民加强控制，蒋特别要求发挥国民党在基层控制中的作用。

蒋的思路是，确立中央对基层党部和各级党员的思想领导与精神动员作用；[64] 各级党部，尤其是各区分部对农民发生切实领导作用，办法是吸收智识农民入党并对农民实施训练；[65] 制定县以下之区党部与区分部工作同志须知事项,规范其行为,明确其职责;[66]依照六全大会关于农业建设纲领与农民政策等拟订具体实施方案,并拟订农村生产生活之改进办法与实施步骤。[67]

蒋介石要求吸收智识农民入党并对农民实施训练,在乡村基层建立并巩固国民党的基层组织,并"拟订农村生产生活之改进办法与实施步骤",这些都说明蒋介石不是"从来没有考虑过建立使民众有与政府认同感的政治组织,或进行为民众带来福利的社会和经济的改革"。更恰当地说,蒋介石的旨在加强对乡村基层社会控制的许多设想仍旧停留在研究制定方案阶段。

3、组训乡村武装,在抗战前及抗战结束后集中对抗中共在乡村的发展,在抗战期间集中对付日伪在乡村的势力。

1930年代前期,蒋主张利用农村的人力资源,尤其重视训练、征用农村壮丁,用来协助"围剿"中共的"苏区"。蒋于1933年4月16日训令刘峙[68]:"请饬民厅与保安处加紧组织地方保卫团队,并于三个月内训练农民三百万人以备届时检阅。"[69]蒋在这里所说的农民"是指保甲户口编查条例中所规定之壮丁队而言。"[70]时在开封的刘峙不敢怠慢,于次日电复蒋,"南昌总司令蒋钧鉴,组织团队训练农民各节已转令遵办矣,谨复。"[71]

1937年7月7日,抗日战争全面爆发后,蒋更加意识到乡村社会组织以及训练民众做好战时准备的重要性,此时他组织保甲与训练民众的主要目的是"激发其国家意识,使敌寇不能安驻我土地"。[72] 1937年7月23日,蒋介石电令徐永昌[73]协助冯治安[74]进行河北乡村社会组织与战时民众训练,令各部队于其所到之处及驻地皆由其师旅团营长亲自训练民众与组织保甲。蒋指出:"现在河北政治最急要者为各乡村社会组织与其战时准备及民众训练，务请兄与冯主席详细指示并协助其进行，并令各部队，凡我军队所到之处及驻地皆由其师旅团营长亲自训练民众与组织保甲，明定简单其战时实施条规，激发其国家意识，使敌寇不能安驻我土地，务望迅速督促实施，并多派员监察指示。"[75] 1937年8月1日，徐永昌致电蒋介石："……各乡村社会组织与其战时准备及民众训练各节当遵照办理……"[76]

随着日军侵略的深入，国民政府加紧着手编练乡村武装（如壮丁队、保卫团等），以便乡镇保甲与省政府和区署失去联系时，继续进行敌后游击战争。

1937年8月，朱家骅向蒋报告浙江省编练义勇壮丁队的情况，说已编练50万人，在未来一年半内，将继续编练350万人，但武器落后，大部分以梭镖刀矛等充数，朱家骅请求蒋同意将国军各师换下的旧枪拨发军警使用，并将军警换下的杂枪分配给各乡村义勇壮丁队使用。"顷闻国军各师换下旧枪已积有成数，拟请特拨数万并酌配子弹，俾将军警枪械换成一律，换下杂枪分配各乡村义勇壮丁队以增声势。"[77] 朱家骅的打算是一旦日军入侵，县乡失去省政府和专署的联络指挥时，县当各自为政，"守土区乡镇保甲亦须人自为战，应用便衣游击突击袭击之，抱定不遗寸椽片瓦滴血之企图，无负吾浙革命抗敌之光荣历史。"[78]

尽管蒋及其高级将领有发展义勇壮丁队、地方保卫团队等乡村自卫武装的指令和建议。但其办理效果并不理想，以致在1945年7月，蒋介石竟然手谕陈诚，要求取消抗战期间各战区设置的自卫团所负任务，其理由是"各县自卫团多不能遵守纪律，反足骚扰地方治安……"[79]

抗战胜利后，1946年2月26日，李宗仁致电蒋介石，尖锐地指出国民党在农村的党政工作缺乏成效，尤其批评了政府对地方保安团队给予的支持太少，致使其无法与中共的民兵对抗。李进而向蒋提出旨在加强对乡村基层社会控制的3个建议，尤其强调要加强地方保安团队武装的建设。李宗仁指出："……综观自子元停止冲突命令颁布以来，调处工作始终未能顺利进行，奸党诡诈，毫无诚意且利用调处机会，积极行动扩展控制区域，造成华北普遍恐怖，反观我政府军自停战以来，证明以往工作只有军事而无党政工作，一经停止，则党政工作亦几如期停顿，几许党政官吏局促于大城市，不能向乡村进展一步，似此无斗争能力，将来实无以与奸党争生存，亟应于二中全会，第一，妥定本党基本党政人员训练及基本方案，以为他日党争之资本；第二，奸党政争之方式以武力为主，所谓民兵几裹胁乡民以俱来，而我政府方面对地方保安团队游杂不对等，民众武力之待遇给予几至不能维持最低生活，不但未予供给，而反加以摒弃，此等办法，似应改正而予以相当之保障，及保持相当数之兵力，使正规部队不敷分布之地区，地方官吏敢于依恃此等部队以绥靖地方，收复政权。第三，现在军政法令规章綦严，军队处此环境，无法展布，应授以相当独断特权，以增加其活力并使党政军一元化，将可用之人力、物力、财力积极逐渐扩展空间，庶可打开当前之危险局面也，所陈当否，谨电呈察。"[80]

李宗仁的建议再次说明，包括充实国民党的基层组织，实现党政军一元化，提高办事效率，以及重视乡村自卫武装力量建设等事项,国民党上层都有比较清醒的认识,但实施效果往往不佳,在中共的竞争刺激下,这些基本的旨在加强乡村控制的政策又被不断地提出与强调。

4、主张将乡村小学作为推动政令的中心。

在蒋介石的乡村建设主张中,注重发挥乡村小学的作用。尤其对乡村小学的师资比较重视。1928年8月28日上午,蒋介石与夫人宋美龄前往晓庄,参观乡村师范学校,"谓改造乡村,对于乡村教育之师资实不可忽。"[81]后来,因步兵学校占用了晓庄师范学校的校舍,蒋获悉后,于1931年6月27日,电令丁惟汾,告以晓庄校址,"已令步兵学校迁出,归还乡村教育组矣。"[82]

蒋重视乡村小学,不仅是希望其能培养出一般的有知识的人才,更重要的是希望小学成为推行政令的中心。1936年5月17日下午,蒋介石所决定的各项工作要点中,就明确强调:"令训练乡村学校为教养卫之中心。"[83]1937年6月15日,蒋介石电令朱家骅,认为,"浙省教育尚不能与社会打成一片,远不及山东、广西之成绩,望切实研究,对于乡村保甲长人选尤应注意。又乡村小学必须在其附近有一五(15)亩地以上之运动场所,亦应注意以乡村小学为推动政令之中心,实为今日之要政。"[84]1938年11月28日,李良荣呈文蒋介石,为贯彻政治重于军事意旨,建议推广乡村教育。"凡有吾政权所在之处,必有战时乡村学校,教育儿童及成人,教员由政治部在战干训(练)团选派,教材重编以适合抗战需要为主,教员应视为政工人员之一,如此方能澈(彻)底唤起民众。"[85]蒋介石对李的建议表示认同,随即批示交政治部核办。[86]

蒋力图使散布全国各地的小学作为推行政令的中心,以实现"政教合一",让各地学校校长兼任行政及地方武装的职务,利用学校教师的社会影响来发挥教化功能,以稳固乡村的统治基础。

5、控制乡村金融,充实农业资本。

1933年11月,顾翊群呈文蒋介石,拟由总部整理各"剿匪"省份流通之铜圆,以统制乡村金融,充实农业资本。该呈文称:"由总部借用湖南或旧杭州造币厂之机器或委托上海中央造币厂铸造剿匪省份十进铜圆,其大小轻重与现时流通者迥别,计即掺合镍质在内,成本亦不过名价四分之一至三分之一,发行新铜圆一万万枚(合银圆一百万元)余利即约七十万元。""新旧铜圆,并行流通,满若干时期后,人民渐知新铜圆与银圆按十进折合之便利,旧铜圆市价变动频数之不便,相率对新铜圆发生信仰,亦不复请兑,而斯时每有新铜圆一万万枚之发出,旧铜圆即减少三千万枚之流通额,同时,农民银行保管之余利项下,即增加七十万元,如此发行不已,余利渐成巨额,总部即明令指定该款不得挪移,专充剿匪省份农村建设基金,派员组织保管委员会,对资金之运用,利息之处分,详为规划。""以后新铜圆之发行,纯视乡村经济之进展为标准,苟农产物增加,通货之需要迫切特,即增铸新铜圆,苟物价飞涨,通货过剩时,即停发新铜圆,藉通货之调节,以统治农村金融,而致物价于安定焉。"[87]

概括而言,顾翊群建议在"剿匪"省份发行新铜圆,与旧铜圆并行流通,新铜圆掺合镍质在内,成本不过面额四分之一至三分之一,每发行新铜圆一亿枚(合银圆一百万元),即可获得余利约七十万元,如此发行不已,余利渐成巨额,总部即明令指定该款不得挪移,专充"剿匪"省份农村建设基金。并且根据乡村经济的发展情况,相应地增铸或停发新铜币,以统治农村金融,维持物价稳定。[88]

国民政府同意了此建议,拟办意见认为:"铜圆问题不妥谋解决,则受害者悉为一般劳苦民众,河南尤为冒滥,此项改革案,拟交贾士毅[89]、郭外峰[90]核议,妥为规划进行。"[91] 1933年11月16日,蒋批示:"如拟,已抄寄贾、郭。"[92]

在1930年代前期,为了与中共争夺对农村的控制,挽救农村经济,国民政府设置了农村金融救济处,多方筹措资金,救济农村金融。由于通过捐募、征收特别"附捐"等途径筹集资金,不仅困难,而且数额较小,无法满足农村金融救济所需巨额资金。杨永泰向蒋介石提出由农民银行发行流通券救济农村金融。杨指出:"农村金融救济处,除本部拟拨足一百万元外,仅有各方捐募之款,为数至为有限,而路电附捐一项,前由本部电请行政院宋代院长转饬铁道、交通两部照办,至今尚未准复,纵令核准,预计所得之款,大约亦不过数十万元,而农村金融救济事业,应投资金甚巨,四省农民银行一时又不能即成,欲谋救济,惟有用该行名义先发行小额流通券,庶一钱可得两钱之用,即目前筹集救济费一百数十万,立可变为三百余万,此项流通券如果实行,即须从速制印,不妨由农村金融救济处提前办理,兹定为壹角、两角、五角、壹元四种,其五元以上者,概不发行,在事实上既便于农村之流通,亦于中央银行纸币了无妨碍,是否可行,是否应经院部同意,立候……"[93]杨永泰是蒋介石的亲信幕僚之一,其提出的许多建议(如"三分军事,七分政治""管教养卫政纲"

等）为蒋所采纳，收到了所谓的"良好"效果。此次，他提出的由农民银行发行流通券救济农村金融的建议自然受到了蒋的重视。

新铜币以及小额流通券的具体发行情况及成效如何，不是本文重点讨论的问题。但通过以上事例至少可以看出，国民政府的相关人士力图通过金融货币手段，筹措资金，控制乡村金融，充实农业资本。这一设想得到了蒋的认可，成为蒋对乡村实施控制和建设的重要手段之一。

（二）包容与借鉴：蒋介石对待其他非中央政府主导的乡村建设的态度

在国民政府时期，除了由国民政府中央主导的乡村建设方案外，另有三种非中央政府主导的乡村建设主张，一是以梁漱溟的乡村建设、晏阳初的平民教育等为代表的社会力量主持的乡村建设实验；二是由地方实力派所实施的旨在稳固其统治基础的乡村建设，如阎锡山的村政建设、桂系在广西的保甲训练等；三是中共在乡村进行的土地革命。蒋对非政府主导的前两种乡村建设主张予以包容，注意了解他们的工作进展，与其有一定的竞争、借鉴关系。之所以如此，主要在于前两者都不主张改变既存的生产关系，不会从根本上危及国民政府的统治。而中共的土地革命不仅要改变农村的生产关系，而且最终要推翻国民政府的统治，因而，国民政府的乡村建设与中共的乡村革命具有不可调和的对抗性。

蒋介石及其幕僚推进乡村建设的目的，除发展农村经济，挽救农业崩溃，稳固统治基础，对抗中共等势力的扩张外，也有与其他非政府主导的乡村建设模式进行竞争的意味。1933年5月12日，刘健群在向蒋介石建议培训乡村干部时，指出了一系列好处，其中就包括使其他从事乡村运动者失却批评政府的借口，使他们从事的乡村工作与政府的乡村工作成效相比，显得渺小。"使村治运动者无所借口。""……以今日钧座之力量培植此项基础，其势顺，其效速，若桂省之团务、梁漱溟之村治、晏阳初之平教，皆渺乎小矣。"[94]

国民政府注意随时了解其他乡村建设实验的情况。1933年7月18日，韩复榘[95]致电蒋介石，介绍山东乡村建设研究院的情况，并汇报全国乡村建设协进会在邹平举行第一次会议的参会人员[96]及议题[97]等，认为"农村破产为吾国亟须救济之问题，该院长约集名流共同研究，于国家振兴农村政策或有可供采择之处"，要求该院将议案详细报告，然后再摘要转陈蒋介石。[98] 1933年7月20日，国民政府回复："议决案及重要报告，希检取邮寄全体，俾供参证。"[99]

蒋介石甚至直接要求国民政府中央控制区的要员学习山东、山西、广西等有关乡村建设的经验。1937年6月15日，蒋致电朱家骅[100]，谈到"浙省教育尚不能与社会打成一片，远不及山东、广西之成绩，望切实研究……山西训练村长与广西办理保甲皆应派员悉心研究。"[101]

1937年6月26日，蒋介石致电四川省建设厅厅长卢作孚，希望了解晏阳初的乡村教育与建设运动的具体方案，以资借鉴。"……（晏）阳初兄办理各省乡村教育与建设运动之联络调整事，中甚赞成，请先拟订方案与办法寄阅为盼。"[102]

梁漱溟、晏阳初以及山东、山西、广西所进行的乡村建设实验，其共同特点是不以推翻现政权为目的，并且其对发展农村经济，提高农民素质，稳定社会秩序总会有一些益处，因而为政府所容忍。同时，政府注意随时了解其主持者的活动、建设方案及其进展，其目的一为监控，看其是否偏离政府的利益；二为借鉴与学习，以便在全国其他区域推广，使政府不致失了威信。

（三）防止并消除日伪势力侵入国民政府控制的乡村

1935年，日伪势力力图渗入华北乡村的情形给蒋留下了一定印象。在1935年12月，日本控制下的伪满洲国，力图渗入华北乡村社会。据大城赵县长电称，日本十三名便衣队和两名中国人各带手枪来县境乡村，胁迫乡长归附伪满洲国，当地政府所能做的只是"和平扣留"日伪人员，并"劝谕乡民切勿受其诱惑，一面侦缉勾结外人之反对分子，务获完办。"[102]商震[104]将此情况电告蒋介石，这自然加深了蒋介石对各种政治势力千方百计渗入乡村的印象。

蒋要求相关部门，设法防止反国民政府的势力（如中共、亲日汉奸）在农村中开展宣传活动。1937年6月20日，蒋介石致电时任国民党宣传部部长的邵力子，要求防范中共和汉奸借西洋镜和贩卖图书做不利于政府的宣传。"特急，南京邵部长勋鉴。近来各乡村西洋镜与贩卖图书，多有汉奸与共党借此为反宣传之利器，务饬令各地方特别注意检查，并设法防止与规定标准，使便于检验也。"[105]

抗战期间，除中共建立了广泛的敌后抗日根据地外，国民政府也控制了不少乡村地区，蒋命令部下防范日伪势力的侵入。如，1941年9月11日，蒋介石电令当时移驻福建永安的福建省主席刘建绪，防范日伪汉奸等对福州及其附近各城市乡村僻地与马尾等地的渗透。电曰："我军对于福州及其附近各城市乡村僻地与马尾等地，应严格清查户口，搜索敌军隐匿之第五纵队与汉奸，对此应特别设各种方法以期肃清，但一方面须严防牵累无辜平民，勿使社会惊扰为要。"[106]

日伪对国民政府控制的乡村的渗透，多来自外部，这与农民对日伪人员普遍不予认同有关，因而相对于中共从乡村内部对农民进行动员的方式，国民政府对日伪势力对农村的渗透更易防范。从蒋介石指示，在清查汉奸时，"须严防牵累无辜平民，勿使社会惊扰为要"来看，执政者在主观上并非不关心民生。

（四）与中共在乡村进行政权争夺

1、阻止中共势力在乡村的扩张

抗日战争全面爆发后，中共广泛地在乡村建立并发展敌后抗日根据地，中共势力在乡村的扩张，对国民政府原有的由乡镇保甲及乡村豪强势力所构成的基层政权机构形成巨大冲击，国民政府各级军政要员强烈要求设法制止。1939年5月23日，李宗仁致电蒋介石，转告安徽省主席廖磊的报告，称："据泗县盛专员及庐江县长报称，新四军在凤阳西南乡强缴民枪，勒索粮款并无故逮捕红塔庵乡长胡绳武、许曾寿、保长徐有鑫、后备队长路天国等人。该军江北游击纵队二大队二营董指导员率第五连于灰日由庐江县第三区柯坦乡至二区昌河乡，无故逮捕商民吴一寰之侄及陶徵芳、徐昶繁等多人，并在吴一寰家搜去枪一支，财物甚多，刻各乡村保长及稍有身家者均畏惧逃避，群状极为愤悲，故组训保甲等要政尽告停顿。"[107]李宗仁除直接"电叶军长查禁外"，请蒋"设法制止"。[108]李的报告加深了蒋对新四军在乡村打击有产者，摧毁国民政府的基层政权，发展自身势力的印象。

1944年9月22日，陈诚[109]、汤恩伯[110]向蒋汇报其部下"缴获"的中共秘密文件，该文件透露了当时中共的战略、策略。"……据十五纵队陈支队长斌三房获奸匪（中国苏维埃中央军事委员会政治部）秘密令件，摘要如下：甲，现值本党发展最重要特期，注意各点如下（一）抗日迄未实现，（对）蒋的策略须粉碎蒋的政权，树我们的力量。（二）每到一处，破坏其经济组织。（三）不占城市与日本遭遇，须确保乡村。（四）对乡村有钱有势土豪杀去，将其家产分给极贫。（五）智识阶级分子先诱，然后于他处杀去。（六）利用智识分子向外投寄稿文，夸颂我军警，智识分子来投，我军尽量收容后分别杀用。（七）兹以内战紧张，英美无暇援助，正是我等活跃之时，望各同志加强赤化。乙，今规定工作目标两项。（一）排除异己，凡在重庆工作之军政要人，在行动上对共党实行压迫者及刻下仍监视者，应设法在蒋介石前离间，使失彼等重要位置。（二）推翻政权须不落痕迹，以宣传方面着手，一面鼓励蒋介石抗战，一面使其一再败北，失去民众信仰，蒋推倒则整个党政崩溃，始可获得政权等情，除饬各部队党团知照以暴露阴谋外，谨闻，职陈诚、汤恩伯。"[111]

该报告透露出一些重要信息，（1）中共要推翻国民党政权。（2）在乡村积蓄力量。"不占城市与日本遭遇，须确保乡村"。（3）

在乡村进行社会革命。"对乡村有钱有势土豪杀去,将其家产分给极贫。"(4)利用知识分子。(5)用离间计边缘化国民政府内部的反共势力。由于陈、汤二人均是蒋的亲信,尽管报告中的内容不免有歪曲与夸大的成分,但其自然成为蒋对中共认识的重要内容,不仅预示着与中共之间的矛盾不可调和,而且强化了蒋在乡村与中共进行政权争夺重要性的认识。此后,蒋不断地强调要阻止中共势力在乡村的扩展。如,1945年4月20日,蒋介石致电刘茂恩[112],设法遏止中共在乡村的发展。"刘主席5616密,据报,豫北偃师、登封、巩县、汜水、荥阳等县地方机构及地方武力全被奸匪摧毁,乡村僻壤亦为奸匪赤化,其原因在于地方武力不健全,平日兵员缺额,训练不精,遇紧急时指挥不能统一,力量不能集中,县如是,专署亦如是,如任奸匪发展将有弥漫该区全部之虞等情,即希迅速设法改善补救为要。"[113]

以上说明,以蒋为首的国民党核心领导层,对中共在乡村进行社会革命进而最终推翻其统治的战略、策略是十分清楚的,遏止中共势力在乡村的发展并未被蒋介石在主观上忽略,更多的问题出现在实际操作层面。

2、乡村政权与土地问题。

并不只有中共将乡村政权问题与土地问题紧密联系在一起,其实蒋介石也较早地认识到政权问题与土地问题的关系,蒋有实行耕者有其田的打算,但苦于无适当可行办法。

至少早在1932年6月,蒋就意识到,乡村政权问题不能只注重军事,同时要兼顾政治和经济,需要用新的制度以建立新的秩序,在具体计划中,强调四点:(1)本耕者有其田之原则解决土地问题;(2)训练乡村自治以渡入于地方自治;(3)组织人民自卫武力;(4)严肃吏治。蒋要求内政部次长罗贡华按照以上原则,针对乡村政权之具体办法拟订一简单易行的办法待核[114]。

罗贡华建议在短期内,本耕者有其田的原则解决土地问题,其目的是"使拥护共党之群众变为拥护本党之群众"[115]。农村政权问题,主要在于"防止土劣势力的复活"及"扶植人民自治",具体办法是先派国民党"忠实同志"代替人民行使乡村政权,然后再将政权交付地方"有能力的觉悟分子"。对于自卫问题,也是采用的先代为操办,然后再转交地方"觉悟分子"及自治机构运作的办法[116]。这是训政思维的体现。

1932年6月,"剿匪"的失败,使蒋介石更加认识到,节制资本与平均地权两件事,"尤属根本要图,应即确定不可再缓也"。[117]罗贡华的建议一经提出,蒋即要求其拟订"一简单而易行之办法待核"。[118]

其实,国民党上层一些人士早就意识到,中共的土地政策是其获得群众支持的主要原因,为了"使拥护共党之群众变为拥护本党之群众",希望早日实现耕者有其田的总理遗教,包括蒋在内的国民党上层早有此认识,但一直没有拿出具体可行的方案。蒋一直催促内政部等相关机构和人员制定具体的办法。

1932年6月,是蒋介石集中考虑乡村问题的时期,这与"围剿"苏区屡遭失败密切相关。蒋将乡村经济组织与制度之具体方案作为"基本政治"[119]问题来考虑,但因受其他军政事务的干扰,"苦于无时间得以详细讨论"[120]。这说明,蒋虽一再意识到农村问题的重要性,但却没有真正把它当成头等大事来处理,

肆 桃李春风

一直被拖延下来。

1946年8月7日，蒋介石致电陈诚[121]、邓文仪[122]，提出一系列政工人员进入共区后增进农民生活与处理土地问题等应注意事项。"陈总长、邓局长：政治工作人员进入匪区以后，关于增进农民生活与处理土地问题最应注重者，一、农民银行各县城之设立及其重要市镇之农行办事处之成立。二、由农民银行发行土地证券补助佃农购买土地。三、农村合作社之设立应由农行与社会部之总合作社协力进行。四、集体农场之筹备。五、各县及重要市镇设立平民诊疗施药处，由各军军医负责办理，凡有军医院或卫生队之处，皆应由军医兼设平民诊疗施药所，此经费准由军医署报销可也。但此种机关普遍设立势所不能，应在每一匪区内选择最重要之二三地方，集中政工人力与军政物力开始，使之先起模范作用，总须分别地方与工作之轻重缓急分别特殊、次要与普通三种计划进行。一面应由国防部与有关机构即速洽商，限一个月内准备完成实施，望以此意研究具体办法与手续，切实进行为要。中正。"[123]

从以上可以看出，蒋与中共争夺农民的优惠政策的主要内容包括，在各县城及重要市镇设置农民银行或办事处并发挥农民银行在农村中的经济扶助能力，主要是发行土地证券补助佃农购买土地，建立农村合作社；筹备集体农场；在每一"匪区"内选择最重要之二三地方设立平民诊疗施药处，由各军军医负责办理[124]。蒋之政策主要在原中共控制区实行，目的在于收买人心。其效果好坏，取决于谁给予农民的实惠更多，与中共土地革命政策相比，发行土地证券补助佃农购买土地的设想会使佃农等无地贫苦农民获取土地的代价要大得多，平民诊疗施药处的设置也不普及。更为重要的是，蒋的此种优惠政策还停留在研究制定方案阶段[125]。

早在1932年6月，蒋就考虑"本耕者有其田之原则解决土地问题"[126]，并要求罗贡华按此原则，针对乡村政权之具体办法拟订一简单易行的办法待核。直到1946年8月，蒋仍旧只是要求在"匪区"内研究制订由银行通过发放证券的形式，补助佃农购买土地。在这14年内，"本耕者有其田之原则解决土地问题"始终停留在研究阶段，并没有实际进展。

国共内战全面爆发后，最初阶段，中共采取以空间换时间的战略，国军占领了许多原中共控制的区域，在这些地区的乡村，国民政府的恢复控制办法，首先是重新建立基层政权，包括办理清乡，组织保甲，建立地方情报组织，组训民众，恢复交通、通讯等，并非迅速在经济上满足农民的要求。如，1947年1月13日，孙连仲[127]致电蒋介石，报告了国军占领原中共控制区的情形，"（一）我收复乐亭后，路南之匪经我清剿已伤亡大半，其民兵及乡村干部投诚逾万，刻我正编组多数突击纵队，穷搜匪之主力而击灭之。（二）我路南各县政府积极树立地方政权，组织保甲，办理清乡并完成地方情报组织，俾便恢复交通通讯。（三）其余各项已饬属遵办矣。（四）除组训民众巩固地方基层组织遵办情形另电报外，谨闻，职孙连仲。"[128]孙的报告表明，国军新占领的乡村地区，并没有把给予农民经济利益放在突出的位置予以考虑，更遑论满足普通农民的土地要求了。

1947年11月，蒋介石手令收集"（共区）土地革命及农民政策下所有之分田清算等残暴手段"的材料，制成专册，予以驳斥、宣传[129]，同时要求李惟果[130]与董显先、邓文仪[131]协商具体办法，邀集各省市民意机构及民青两党与农工团体以及新闻界人士等，组织收复区视察团，前往原中共控制区参观访问，便于了解"共匪之暴政，如所谓农民土地政策、地方乡镇组织、清算运动、参军运动等措施以及在共匪桎梏中人民所受之痛苦"。并选定胶东之烟台、蓬莱、胶济沿线或鲁南、延安等地为示范区[132]。蒋打算将中共的土地革命政策作为反面教材来展示，说明蒋真以为中共控制区农民曾经生活在水深火热之中，对中共的土地革命、分田清算以及参军运动十分反感，这也说明蒋不可能实行类似于中共的土地政策及社会革命政策。他虽有实行"耕者有其田"的打算，但一直到败退台湾前，都没有将他的一些设想付诸实现。

从以上有关蒋介石对农民、农村问题的认识与主张来看，蒋介石并非真的如易劳逸先生所说"从来没有考虑过建立使民众有与政府认同感的政治组织，或进行为民众带来福利的社会和经济的改革"，笔者认为，蒋对以上问题的诸多方面有所考虑，而只是由于自身局限和工作重心[133]的不同，没有进行改革或者进行得不够充分而已。

蒋介石败退台湾后，惨痛的失败教训使他更加重视乡村问题，他一面痛下决心解决农村土地问题，一面要求基层行政人员要与乡村建立更紧密的联系，如要求乡村行政人员应该进入其所属各村并切实工作，不应只集中于乡公所内承办日常公事[134]。他或许明白了，建立在利益共同体基础上的深入内部的联系，较之于经济的盘剥和简单的外部压制，更能实现对基层的有效控制。

注释

1 【美】易劳逸著，王建朗、王贤知、贾维译：《毁灭的种子：战争与革命中的国民党中国（1937—1949）》，南京：江苏人民出版社，2009年1月，第261页。

2 【美】易劳逸著，王建朗、王贤知、贾维译：《毁灭的种子：战争与革命中的国民党中国（1937—1949）》，南京：江苏人民出版社，2009年1月，第205页。

3 【美】易劳逸著，王建朗、王贤知、贾维译：《毁灭的种子：战争与革命中的国民党中国（1937—1949）》，南京：江苏人民出版社，2009年1月，第205页。

4 【美】易劳逸著，王建朗、王贤知、贾维译：《毁灭的种子：战争与革命中的国民党中国（1937—1949）》，南京：江苏人民出版社，2009年1月，第196页。

5 《蒋中正总统文物》：《事略稿本——民国十七年二月》，台北"国史馆"藏档案，典藏号：002-060100-00007-017，1928年2月17日，第62页。

6 《蒋中正电示朱家骅浙省教育以乡村小学为政令中心注重乡村保甲人选》，《蒋中正总统文物》：《筹笔——统一时期》（176），台北"国史馆"藏档案，典藏号：002-010200-00176-062，1937年6月1日，第1页。

7 时任浙江省政府主席。

8 《蒋中正电示朱家骅浙省教育以乡村小学为政令中心注重乡村保甲人选》，《蒋中正总统文物》：《筹笔——统一时期》（176），台北"国史馆"藏档案，典藏号：002-010200-00176-062，1937年6月1日，第1-2页。

9 《蒋中正总统文物》：《蒋经国家书》（一），台北"国史馆"藏档案，典藏号：002-040700-00001-002，1937年6月21日，第1-6页。

10 《蒋中正总统文物》：《蒋经国家书》（一），台北"国史馆"藏档案，典藏号：002-040700-00001-002，1937年6月21日，第1-6页。

11 《蒋中正总统文物》:《一般资料——蒋经国致各界文电资料（一）》，台北"国史馆"藏档案，典藏号：002-080200-00629-053，1940年9月3日，共1页。

12 《蒋中正总统文物》:《事略稿本——民国二十年六月》，台北"国史馆"藏档案，典藏号：002-060100-00037-018，1931年6月18日，第39页。

13 《蒋中正总统文物》:《事略稿本——民国二十年六月》，台北"国史馆"藏档案，典藏号：002-060100-00037-018，1931年6月18日，第38-40页。

14 时任福建省主席。

15 《蒋中正总统文物》:《事略稿本——民国二十三年四月》，台北"国史馆"藏档案，典藏号：002-060100-00080-012，1934年4月12日，第34页。

16 《蒋中正总统文物》:《事略稿本——民国二十三年七月（二）》，台北"国史馆"藏档案，典藏号：002-060100-00084-003，1934年7月20日，第4页。

17 《蒋中正总统文物》:《筹笔——统一时期（一七五）》，台北"国史馆"藏档案，典藏号：002-010200-00175-066，1937年5月22日，第1页。

18 《蒋中正总统文物》:《筹笔——统一时期（一七五）》，台北"国史馆"藏档案，典藏号：002-010200-00175-066，1937年5月22日，第1-2页。

19 时任第三任农民银行总经理，是蒋的恩人兼同乡。

20 《蒋中正总统文物》:《筹笔——统一时期（一七五）》，台北"国史馆"藏档案，典藏号：002-010200-00175-068，1937年5月22日，第87页。

21 《蒋中正总统文物》:《交拟稿件——民国二十一年一月至民国二十三年十二月》，台北"国史馆"藏档案，典藏号：002-070200-000005-082，1932年1月27日，第88页。

22　《蒋中正总统文物》:《一般资料——呈表汇集（四十一）》,台北"国史馆"藏档案,典藏号:002-080200-00468-148,1936年2月17日,共196页。

23　《蒋中正总统文物》:《一般资料——手稿录底》,台北"国史馆"藏档案,典藏号:002-080200-00420-109,1936年5月19日,第124页。

24　《蒋中正总统文物》:《一般资料——手稿录底》,台北"国史馆"藏档案,典藏号:002-080200-00420-109,1936年5月19日,第124-125页。

25　《蒋中正总统文物》:《一般资料——手稿录底》,典藏号:002-080200-00420-116,1936年5月20日,第134页。

26　《蒋中正总统文物》:《一般资料——手稿录底》,台北"国史馆"藏档案,典藏号:002-080200-00420-131,1936年5月26日,第150页。

27　《蒋中正总统文物》:《一般资料——手稿录底（二十六）》,台北"国史馆"藏档案,典藏号:002-080200-00421-032,1936年6月15日,第34页。

28　《蒋中正总统文物》:《一般资料——手稿录底（二十六）》,台北"国史馆"藏档案,典藏号:002-080200-00421-032,1936年6月15日,第34页。

29　如,1936年5月26日,蒋介石指示"上海、汉口、杭州农民银行徐总经理子青先生:浙江丝业放款可与省政府合作,如其能负责担保则可放款二三百万元,以资救济。"(《蒋中正总统文物》:《一般资料——手稿录底》,台北"国史馆"藏档案,典藏号:002-080200-00420-131,1936年5月26日,第150页。)

30　如,农民银行第一任总经理郭外峰,曾在蒋介石投机上海证券交易所失败后无法立足时,助蒋到广州投奔孙中山,并代其偿还所欠下的债务,故被蒋视为救命恩人。因此郭在设立农村金融救济处时就任该处处长,此后又任豫鄂皖赣四省农民银行筹备主任、四省农民银行总经理。此外,第二任总经理徐继庄是蒋的老师徐青甫之子；第三任农民银行总经理叶琢堂,是蒋的恩人兼同乡；

常驻监察人王惜寸是蒋异父同母的兄弟；任职理事、监事、董事的竺芝珊、毛秉礼、孙经骧等均为蒋的亲戚。

31 杨琰：《蒋介石"治理"农村金融》，http://www.chinavalue.net/media/article.aspx?articleid=10577，第2页。

32 杨琰：《蒋介石"治理"农村金融》，http://www.chinavalue.net/media/article.aspx?articleid=10577，第4页。

33 《蒋中正总统文物》：《事略稿本——民国二十九年五月》，台湾"国史馆"藏档案，典藏号：002-060100-00140-029，1940年5月29日，第58-59页。

34 李良荣（1906—1967），黄埔军校第一期毕业。别号良安，福建同安人。抗日战争爆发后，先后任第二十七军四十六师副师长、师长，军事委员会委员长侍从室少将参谋，军政部第十三新兵补训处处长，第八十师师长兼福州警备司令，第二十八军中将军长。

35 《蒋中正总统文物》：《一般资料——呈表汇集（七十七）》，台北"国史馆"藏档案，典藏号：002-080200-00504-172，1938年11月28日，共196页。

36 《蒋中正总统文物》：《一般资料——呈表汇集（七十七）》，台北"国史馆"藏档案，典藏号：002-080200-00504-172，1938年11月28日，共196页。

37 《蒋中正总统文物》：《一般资料——呈表汇集（七十七）》，台北"国史馆"藏档案，典藏号：002-080200-00504-172，1938年11月29日，共196页。

38 《蒋中正总统文物》：《筹笔——抗战时期（二十四）》，台北"国史馆"藏档案，典藏号：002-010300-00024-004，1939年6月2日，第5-6页。

39 《蒋中正总统文物》：《筹笔——抗战时期（二十四）》，台北"国史馆"藏档案，典藏号：002-010300-00024-008，1939年6月2日，第10-14页。

40 《蒋中正总统文物》：《革命文献——淞沪抗战》，台北"国史馆"藏档案，典藏号：002-020200-00015-106，1940年4月24日，第144页。

41	《蒋中正总统文物》:《筹笔——抗战时期（三十四）》,台北"国史馆"藏档案,典藏号:002-010300-00034-021,1940年5月10日,第22-23页。
42	《蒋中正总统文物》:《筹笔——抗战时期（三十七）》,台北"国史馆"藏档案,典藏号:002-010300-00037-031,1940年8月2日,页码不详。
43	时任军事委员会委员长侍从室主任兼国民政府行政院经济委员会秘书长和国家总动员会议常委兼秘书长。
44	《蒋中正总统文物》:《筹笔——抗战时期（四十）》,台北"国史馆"藏档案,典藏号:002-010300-00040-027,1940年11月25日,第33页。
45	《蒋中正总统文物》:《交拟稿件——民国三十年四月至民国三十年七月》,台北"国史馆"藏档案,典藏号:002-070200-000010-004,1941年4月8日,第3页。
46	《蒋中正总统文物》:《事略稿本——民国三十四年七月》,台北"国史馆"藏档案,典藏号:002-060100-00202-017,1945年7月17日,第149页。
47	《蒋中正总统文物》:《一般资料——手稿录底（十五）》,台北"国史馆"藏档案,典藏号:002-080200-00410-025,1931年8月24日,第29页。
48	《蒋中正总统文物》:《武装叛国（二十五）》,台北"国史馆"藏档案,典藏号:002-090300-00048-027,1932年7月21日,第30页。
49	《蒋中正总统文物》:《一般资料——手稿录底（三十一）》,台北"国史馆"藏档案,典藏号:002-080200-00426-006,1948年3月5日,第8页。
50	《蒋中正总统文物》:《一般资料——手稿录底（十五）》,台北"国史馆"藏档案,典藏号:002-080200-00410-025,1931年8月24日,第29页。
51	《蒋中正总统文物》:《武装叛国（二十四）》,台北"国史馆"藏档

	案，典藏号：002-090300-00047-304，1932 年 7 月 6 日，第 407 页。
52	《蒋中正总统文物》：《武装叛国（二十四）》，台北"国史馆"藏档案，典藏号：002-090300-00047-304，1932 年 7 月 6 日，第 407 页。
53	《蒋中正总统文物》：《武装叛国（二十五）》，台北"国史馆"藏档案，典藏号：002-090300-00048-027，1932 年 7 月 21 日，第 30 页。
54	《蒋中正总统文物》：《一般资料——手稿录底（三十一）》，台北"国史馆"藏档案，典藏号：002-080200-00426-006，1948 年 3 月 5 日，第 8 页。
55	历任武汉行营、南昌行营办公厅主任、军事委员会训政处长兼中央军官学校政治主任等职。
56	《蒋中正总统文物》：《军事各学校（十一）》，台北"国史馆"藏档案，典藏号：002-080102-00117-010，1933 年 5 月 12 日，第 131-132 页。
57	《蒋中正总统文物》：《军事各学校（十一）》，台北"国史馆"藏档案，典藏号：002-080102-00117-010，1933 年 5 月 12 日，第 133-134 页。
58	《蒋中正总统文物》：《军事各学校（十一）》，台北"国史馆"藏档案，典藏号：002-080102-00117-010，1933 年 5 月 12 日，第 134-135 页。
59	《蒋中正总统文物》：《军事各学校（十一）》，台北"国史馆"藏档案，典藏号：002-080102-00117-010，1933 年 5 月 12 日，第 135 页。
60	《蒋中正总统文物》：《军事各学校（十一）》，台北"国史馆"藏档案，典藏号：002-080102-00117-010，1933 年 5 月 12 日，第 139 页。
61	《蒋中正总统文物》：《军事各学校（十一）》，台北"国史馆"藏档案，典藏号：002-080102-00117-010，1933 年 5 月 12 日，第 143 页。

62	中共五次反围剿的时间分别为：第一次1930年11月—1931年1月；第二次1931年4-5月；第三次1931年7-9月；第四次1933年2-3月；第五次1933年9月—1934年10月。
63	1936年5月17日下午，蒋介石决定："一、拟定经济建设运动与管教养卫之整个调整方案。二、决定陕北主持人与公路经费。三、令陕北速设农民银行分行。四、令保甲长选挑有资产有身价者之子弟。五、令训练乡村学校为教养卫之中心。六、奖励大学生回乡工作。七、规定乡长为有给制。八、规定乡区长提升考选方法。九、扩大乡区。十、奖励耕牛。"（《蒋中正总统文物》：《事略稿本——民国二十五年五月》，台北"国史馆"藏档案，典藏号：002-060100-00113-001，1936年5月17日，第3页。）
64	1945年7月17日，蒋介石手谕吴铁城、陈立夫："嗣后中央对于各基层党部及全体党员务须切实达到思想领导及精神动员之目的，希研拟具体办法呈核为要。"（《蒋中正总统文物》：《事略稿本——民国三十四年七月》，台北"国史馆"藏档案，典藏号：002-060100-00202-017，1945年7月17日，第146页。）
65	1945年7月17，蒋介石手谕吴铁城、陈立夫："今后各级党部尤以各区分部之工作，应以吸收智识农民入党及训练农民为最重要，并须切实发生领导作用，应即拟订具体办法通令实施，并以此为考核各级党部工作成效之准则，务希严令各级党部上下一致负责，力行具报为要。'附吴铁城8月25日呈复称：'遵示，拟具《农民运动实施纲要》呈核。'蒋批示：交中常会核议实施。"（《蒋中正总统文物》：《事略稿本——民国三十四年七月》，台北"国史馆"藏档案，典藏号：002-060100-00202-017，1945年7月17日，第146页。）
66	1945年7月17日，蒋介石手谕吴铁城："各级党务机关主官须知及党务工作同志须知等，希由中央党部研拟呈核，其中关于县以下之区党部与区分部工作同志须知事项，应特别注重为要。"（《蒋中正总统文物》：《事略稿本——民国三十四年七月》，台北"国史馆"藏档案，典藏号：002-060100-00202-017，1945年7月17日，第147页。）

67	1947年7月17日，蒋介石手谕熊式辉："希依照六全大会关于工业建设纲领、农业建设纲领与农民政策等拟订具体实施方案，又对于农村生产生活之改进办法与实施步骤，亦希一并研拟，并与吴秘书长铁城洽商呈报为要。"(《蒋中正总统文物》:《事略稿本——民国三十四年七月》，台北"国史馆"藏档案，典藏号：002-060100-00202-017，1945年7月17日，第148页。)
68	时任赣粤闽湘鄂"剿匪"军北路总司令，后改任豫皖绥靖主任。
69	《蒋中正总统文物》:《革命文献——国防设施（二）》，台北"国史馆"藏档案，典藏号：002-020200-00024-068，1933年4月16日，第185页。
70	《蒋中正总统文物》:《一般资料——民国二十二年（七）》，台北"国史馆"藏档案，典藏号：002-080200-00077-138，1933年4月20日，第297页。
71	《蒋中正总统文物》:《一般资料——民国二十二年（七）》，台北"国史馆"藏档案，典藏号：002-080200-00077-067，1933年4月17日，第146页。
72	《蒋中正电令徐永昌协助冯治安进行河北乡村社会组织与战时民众训练》，《蒋中正总统文物》:《筹笔——抗战时期》（一），台北"国史馆"藏档案，典藏号：002-010300-00001-063，1937年7月23日，第2页。
73	抗战八年中，始终担任军委会军令部长。
74	时任国民革命军29军37师师长兼河北省政府主席。
75	《蒋中正电令徐永昌协助冯治安进行河北乡村社会组织与战时民众训练》，《蒋中正总统文物》:《筹笔——抗战时期》（一），台北"国史馆"藏档案，典藏号：002-010300-00001-063，1937年7月23日，第1-2页。
76	《蒋中正总统文物》:《一般资料——民国二十六年（五）》，台北"国史馆"藏档案，典藏号：002-080200-00280-025，1937年8月1日，第40页。
77	《蒋中正总统文物》:《卢沟御侮（一）》，台北"国史馆"藏档案，典藏号：002-090105-00001-153，1937年8月9日，第245页。

78 《蒋中正总统文物》:《卢沟御侮（一）》,台北"国史馆"藏档案,典藏号:002-090105-00001-153,1937年8月9日,第245页。

79 《蒋中正总统文物》:《事略稿本——民国三十四年七月》,台北"国史馆"藏档案,典藏号:002-060100-00202-017,1945年7月17日,第150页。

80 《蒋中正总统文物》:《谈判诡谋（三）》,台北"国史馆"藏档案,典藏号:002-090300-00021-347,1946年2月26日,第522-524页。

81 《蒋中正与宋美龄参观乡村师范学校等地》,《蒋中正总统文物》:《事略稿本——民国十七年八至九月》,台北"国史馆"藏档案,典藏号:002-060100-00013-059,1928年8月28日,第89页。

82 《蒋电丁惟汾晓庄校址已令步兵学校迁出归还乡村教育组》,《蒋中正总统文物》:《事略稿本——民国二十年五月》,台北"国史馆"藏档案,典藏号:002-060100-00037-027,1931年6月27日,第47页。

83 《蒋中正总统文物》:《事略稿本——民国二十五年五月》,台北"国史馆"藏档案,典藏号:002-060100-00113-001,1936年5月17日,第3页。

84 《蒋中正电示朱家骅浙省教育以乡村小学为政令中心注重乡村保甲人选》,《蒋中正总统文物》:《筹笔——统一时期》(176),台北"国史馆"藏档案,典藏号:002-010200-00176-062,1937年6月1日,第1页。

85 《蒋中正总统文物》:《一般资料——呈表汇集（七十七）》,台北"国史馆"藏档案,典藏号:002-080200-00504-172,1938年11月28日,共196页。

86 《蒋中正总统文物》:《一般资料——呈表汇集（七十七）》,台北"国史馆"藏档案,典藏号:002-080200-00504-172,1938年11月29日,共196页。

87 《蒋中正总统文物》:《一般资料——呈表汇集（二）》,台北"国史馆"藏档案,典藏号:002-080200-00429-077,1933年11月,第72-73页。

88　《蒋中正总统文物》:《一般资料——呈表汇集（二）》, 台北"国史馆"藏档案, 典藏号: 002-080200-00429-077, 1933年11月, 第72-73页。

89　时任国民政府财政部常务次长兼赋税司司长。

90　时任豫鄂皖赣四省农民银行总经理。

91　《蒋中正总统文物》:《一般资料——呈表汇集（二）》, 台北"国史馆"藏档案, 典藏号: 002-080200-00429-077, 1933年11月, 第73页。

92　《蒋中正总统文物》:《一般资料——呈表汇集（二）》, 台北"国史馆"藏档案, 典藏号: 002-080200-00429-077, 1933年11月, 第73页。

93　《蒋中正总统文物》:《名人书翰（一）》, 台北"国史馆"藏档案, 典藏号: 002-080114-00019-003, 第11-13页。

94　《蒋中正总统文物》:《军事各学校（十一）》, 台北"国史馆"藏档案, 典藏号: 002-080102-00117-010, 1933年5月12日, 第140-141页。

95　时任山东省政府主席。

96　包括梁漱溟、王怡柯、龚玉贤、李炳衡、钱伯显、王印佛、江恒源、黄任之、李石曾及其夫人等五十余人。

97　将以研究乡村建设为范围。

98　《蒋中正总统文物》:《一般资料——民国二十二年（三十八）》, 台北"国史馆"藏档案, 典藏号: 002-080200-00108-070, 1933年7月18日, 第148-149页。

99　《蒋中正总统文物》:《一般资料——民国二十二年（三十八）》, 台北"国史馆"藏档案, 典藏号: 002-080200-00108-070, 1933年7月18日, 第147页。

100　时任浙江省政府主席。

101　《蒋中正电示朱家骅浙省教育以乡村小学为政令中心注重乡村保甲人选》,《蒋中正总统文物》:《筹笔——统一时期》(176), 台北"国史馆"藏档案, 典藏号: 002-010200-00176-062, 1937年6月1日, 第1-2页。

102 《蒋中正总统文物》:《一般资料——民国二十六年(四)》,台北"国史馆"藏档案,典藏号:002-080200-00279-158,1937年6月26日,第182页。

103 《蒋中正总统文物》:《一般资料——呈表汇集(三十二)》,台北"国史馆"藏档案,典藏号:002-080200-00459-11,1935年12月2日,共133页。

104 时任河北省主席,兼天津市警备司令。

105 《蒋中正电饬邵力子防止汉奸共党在乡村藉西洋镜与贩卖图书为反宣传》,《蒋中正总统文物》:《筹笔——统一时期,(177),台北"国史馆"藏档案,典藏号:002-010200-00177-018,1937年6月16日,第1页。

106 《蒋中正总统文物》:《事略稿本——民国三十年九月》,台北"国史馆"藏档案,典藏号:002-060100-00156-011,1941年9月11日,第36页。

107 《蒋中正总统文物》:《抗命祸国扩军叛乱——抗战时期(八)》,台北"国史馆"藏档案,典藏:002-090300-00209-021,1939年5月23日,第32页。

108 《蒋中正总统文物》:《抗命祸国扩军叛乱——抗战时期(八)》,台北"国史馆"藏档案,典藏号:002-090300-00209-021,1939年5月23日,第32页。

109 时任第一战区司令长官兼冀察战区总司令,负责国民党在豫、陕、冀、察、鲁及苏北的党政军一切事宜。

110 时任黔桂边区总司令。

111 《蒋中正总统文物》:《增编(八)》,台北"国史馆"藏档案,典藏号:002-090300-00223-338,1944年9月22日,第466-467页。

112 时任河南省主席。

113 《蒋中正总统文物》:《增编(十一)》,台北"国史馆"藏档案,典藏号:002-090300-00226-419,1945年4月20日,第470页。

114 《蒋中正总统文物》:《亲批文件——民国二十一年六月》,台北"国史馆"藏档案,典藏号:002-070100-00026-067,1932年

6月26日，第68页。

115 《蒋中正得罗贡华所拟政治计划电其再拟乡村政权之简易办法》，《蒋中正总统文物》：《事略稿本——民国二十一年六月》，台北"国史馆"藏档案，典藏号：002-060100-00050-026，1932年6月26日，第111页。

116 《蒋中正得罗贡华所拟政治计划电其再拟乡村政权之简易办法》，《蒋中正总统文物》：《事略稿本——民国二十一年六月》，台北"国史馆"藏档案，典藏号：002-060100-00050-026，1932年6月26日，第111-112页。

117 《蒋中正得罗贡华所拟政治计划电其再拟乡村政权之简易办法》，《蒋中正总统文物》：《事略稿本——民国二十一年六月》，台北"国史馆"藏档案，典藏号：002-060100-00050-026，1932年6月26日，第109页。

118 《蒋中正得罗贡华所拟政治计划电其再拟乡村政权之简易办法》，《蒋中正总统文物》：《事略稿本——民国二十一年六月》，台北"国史馆"藏档案，典藏号：002-060100-00050-026，1932年6月26日，第112页。

119 《蒋中正考虑乡村经济组织与制度方案》，《蒋中正总统文物》：《事略稿本——民国二十一年六月》，台北"国史馆"藏档案，典藏号：002-060100-00050-028，1932年6月28日，第120页。

120 《蒋中正考虑乡村经济组织与制度方案》，《蒋中正总统文物》，《事略稿本——民国二十一年六月》，台北"国史馆"藏档案，典藏号：002-060100-00050-028，1932年6月28日，第120页。

121 时任国防部参谋总长。

122 时任国防部新闻局长。

123 《蒋中正总统文物》：《革命文献——政治：政经重要设施（一）》，台北"国史馆"藏档案，典藏号：002-020400-00036-037，1946年8月7日，150-154页。

124 《蒋中正总统文物》：《革命文献——政治：政经重要设施（一）》，台北"国史馆"藏档案，典藏号：002-020400-00036-037，1946年8月7日，150-154页。

125 《蒋中正总统文物》:《革命文献——政治:政经重要设施(一)》,台北"国史馆"藏档案,典藏号:002-020400-00036-037,1946年8月7日,154页。

126 《蒋中正总统文物》:《亲批文件——民国二十一年六月》,台北"国史馆"藏档案,典藏号:002-070100-00026-067,1932年6月26日,第68页。

127 时任河北省政府主席。

128 《蒋中正总统文物》:《武装叛国(一三六)》,台北"国史馆"藏档案,典藏号:002-090300-00159-298,1947年1月13日,第508页。

129 蒋介石于1947年11月17日手令李惟果、邓文仪:"对于共匪所谓土地革命及农民政策下所有之分田清算等残暴手段,应设法搜集材料,限三个月内制成专册,予以宣传,对其政策之本身亦应加以驳斥,希详为研究,有效宣传办法,呈报为要。"(《蒋中正总统文物》:《一般资料——手令登录(四)》,台北"国史馆"藏档案,典藏号:002-080200-00555-193,1947年11月17日,第228页。)

130 时任国民党中央宣传部部长。

131 时任国防部政工局长、新闻发言人。

132 蒋介石于1947年11月17日手令李惟果:"对于共匪之暴政,如所谓农民土地政策、地方乡镇组织清算运动、参军运动等措施以及在共匪桎梏中人民所受之痛苦,应邀集各省市民意机构及民青两党与农工团体以及新闻界人士等,组织收复区视察团,前往访问,俾明实情,地点可先以胶东之烟台、蓬莱、胶济沿线或鲁南、延安等地位范围,希即会同董局长显先、邓局长文仪于二星期内拟订具体办法,办理具报为要。"(《蒋中正总统文物》:《一般资料——手令登录(四)》,台北"国史馆"藏档案,典藏号:002-080200-00555-195,1947年11月17日,第230页。)

133 蒋的工作重心主要在于军事斗争、政权争夺、派系竞逐等。

134 1954年8月11日,"中央党部张秘书长设计指导之件,乡村干事、中国民兵队附以及户籍人员均应进入其所属各村内,有计划的切实工作，不应只集中于乡公所内承办日常公事。"(《蒋中正指示张厉生乡村干事等人员应进入其所属各村并切实工作》,《蒋中正总统文物》:《筹笔——戡乱时期》(二十三)，台北"国史馆"藏档案，典藏号：002-010400-00023-002，1954年8月11日，第1页。)

高山仰止：杨天石先生与中华民国史研究

罗敏

北京大学历史学系教授。
杨天石先生博士生。

孙贝贝

中国社会科学院近代史研究所博士后。

Luo Min
Sun Beibei

杨天石先生是海内外公认的民国史研究大家，是中国大陆民国史学科的奠基者之一。1972年，中国科学院哲学社会科学部（今中国社会科学院）近代史研究所成立民国史研究组，标志着国内民国史研究开始起步。先生自1978年调入近代史研究所迄今，从事民国史研究几近半个世纪，是中国大陆民国史研究学术发展的重要参与者与关键推动者。先生的研究范围覆盖从晚清到民国各个时段的历史事件与历史人物，在辛亥革命史、北伐战争史、中日关系史、国共关系史、中国国民党史等领域，都曾发表过精深的专题研究成果，特别是对蒋介石的研究用力尤深，成果斐然，兹分述之。

一、辛亥革命史研究

辛亥革命是中国近代史上一场具有伟大意义的革命，结束了延续2000余年的封建帝制，建立民国，是中国历史的一次巨大飞跃和前所未有的创举，具有划时代的社会影响和深远的历史意义。先生对于辛亥革命史的系统研究，最早开始于1958年研究辛亥革命时期的文学社团南社；1979年先生参与写作《中华民国史》第一编《中华民国的创立》；1981—1983年，先生与人合编《辛亥革命回忆录》第七集和第八集、《武昌起义档案资料选编》等，及修订《中华民国史》第一编上下两册全书。2000—2001年，先生参加蔡美彪先生主持的《中国通史》第12卷戊戌变法和辛亥革命两章的写作。

先生的文章与论著都是"选题重大，材料新颖，证据确凿，推勘严密,结论很具说服力,文字表达流畅生动。[1]"先生著述有个原则:没有新资料的文章一般不写,老生常谈的文章,更是不屑于动笔。先生于1996年在台北"中研院"近代史研究所档案馆查询档案时,发现了梁启超致其师康有为的多封未刊函件,其中有一通是辛亥革命时梁启超对康有为所拟联满倒袁计划问难的密函。先生通过对密函的缜密解读,推断康有为致梁启超的信件应是其企图联合满族亲贵推翻袁世凯内阁、控制中央政权的计划。先生通过考察和分析了武昌起义前后康有为、梁启超等人的宫廷政变密谋及其流产的过程,进而指出梁启超与康有为在思想上已有较大分歧、在行动上亦将分道扬镳,及维新派和保皇党人的分化和"各派政治力量正在围绕着辛亥革命这一大主题重新组合,酝酿着新的角逐和斗争"的复杂态势。[2]

长期以来,学界对孙中山在就任中华民国临时大总统不到三个月便很快让位于袁世凯,一直沿袭"资产阶级的软弱性"的既定成说,先生则认为"这是政治分析而不是历史分析"。为了进行严谨的历史分析,先生在中国第二历史档案馆查阅了南京临时政府计划向华俄道胜银行借款的相关电文和记录。担心孤证不立,先生并没有立即动笔写文章。1985年先生利用赴日访问之机,在东京和京都的外务省和国会图书馆查阅到辛亥革命胜利后有关孙中山、黄兴等人与日本商谈租让满洲获取借款的信函、电文等。历时近10年的研究,先生陆续发表《孙中山与"租让满洲"问题》《论民初的华俄道胜银行借款案》《孙中山与民国初年的轮船招商局借款》等文,系统考察辛亥革命胜利后革命党人面临的巨大财政需求和严重的财政困难,谋划多种借款项目,以勉强维持临时政府的运转和革命军队军饷的发放。孙中山和南京临时政府拟将招商局作抵押向外国借债、以"租让满洲"为条件向日本借款、企图以全国赋税为担保向华俄道胜银行借款等,但均遭失败。先生明确指出:"孙中山对短期内获得借款已经绝望,不得不接受议和。孙中山让位于袁世凯固然反映出革命党人对袁的本质认识不足,但主要原因则在于他们无力筹集为争取彻底胜利所必需的经费。"[3]

辛亥革命因其所具有的重大意义,长期以来一直是中国近代史研究的重点和热点,先生认为"对这次革命的若干基本问题似乎还可以讨论"。[4]先生对辛亥前后的史料进行了系统的整理,对诸多史实进行了严密的分析和论证,于辛亥革命90周年之际,出版了《从帝制走向共和》一书。先生的辛亥革命史研究"上下延伸,纵向会通"。《从帝制走向共和》一书"在纵向上,以有关戊戌政变的文章始,以孙中山的护法斗争终,目的是将辛亥革命放在较长的时间段落内加以考察;在横向上,包括政治史、思想史、文化史、文学史等几个方面,目的是将辛亥革命放在比较广阔的范围内加以审视。"[5]在辛亥革命100周年之际,先生出版《帝制的终结:简明辛亥革命史》一书,以"简明而不失其要,采择众说而又保持自己的独立见解,尽力发掘尚未被学界利用的资料"为原则,"全景式地讲述辛亥革命的历史",显示出深厚的学术积累和叙述功力。[6]

二、北伐战争史研究

国民革命是中国近代史上具有重要历史意义的一次伟大革命，这场革命运动以打倒列强、扫除军阀为目标，而北伐战争将国民革命运动推向高潮，是近代中国史上的一次成功的战争，也是民国史研究的重点领域。1982年，先生着手开始《中华民国史》第二编第五卷《北伐战争与北洋军阀的覆灭》（后改为第六卷）的撰写。这一卷涉及的主要历史事件是北伐战争，自1926年5月北伐军先遣队入湘，至1928年6月北伐军进入京津，为时两年多。先生与合作者大量收集相关史料，特别注意收集国内外、正反面、中央与地方、不同派系等各方资料，"在此基础上力求摆脱过去党派斗争的影响，站在新的历史高度，重新审视一切，从而准确、公正地再现当时的历史。"[7]

《北伐战争与北洋军阀的覆灭》的编写历时十余年，近60万字，于1996年出版。该书出版后，受到海峡两岸的关注与赞誉，时任中共中央文献研究室常务副主任金冲及发文认为这部巨著"力求从可靠的事实中得出结论""许多方面的研究成果比前人又有新的突破。它是近年来中国近代史研究领域内一部不可多得的力作"。[8]期间，先生还撰写了上百篇专题论文，其中有40篇编入《寻求历史的谜底》，这是先生的第一本历史学论文集。[9]

北伐战争共分为前后两期，1926年至1927年，是苏联和共产国际援助下国共两党联合进行的第一期北伐期间，蒋介石通过"中山舰事件"和"整理党务案"，逐步获得党、政、军大权。蒋介石是北伐军总司令，也是北伐战争战略和策略的重要制定者。

先生撰写的《蒋介石与前期北伐战争的战略策略》一文，着重考察了第一期北伐战争中蒋介石在制定和执行有关战略、策略中的作用，并提出了独到的见解：指出蒋介石选择在吴佩孚无暇南顾、湖南实力派唐生智倒向广州国民政府之时机北伐是恰当的；在北伐开始前，蒋介石利用北方军阀之间的矛盾，因势利导，制定了各个击破和远交近攻的北伐战略和策略；在北伐过程中既有根据战场形势对原定计划随时调整的便利，又有围城强攻损失惨重的教训，也有大胆作出战略转移的魄力，还有不为遥制的灵活。北伐战争的胜利"既和战争的性质、人心向背、国共合作以及国际国内环境有关"，也和蒋介石在北伐战争中"战略、策略的运用得当有关"。[10]

"四·一二"政变是国民革命运动由胜利转向失败的转折点，也是国共第一次合破裂的标志，蒋介石等在"四·一二"政变后，迅即在南京召开国民党中央执行委员会全体会议，成立国民政府，与武汉国民政府对峙。先生的《四·一二政变前后武汉政府的对策》一文考察了政变前武汉政府与蒋介石之间的博弈，指出：武汉政府企图以党权限制蒋的军权，事实上"胜利者是军权，而不是党权"，继之武汉政府拟定了派兵东下逮捕蒋介石的计划，但因内部意见不统一、共产国际不同意而搁浅。"四·一二"政变后，武汉政府两面受敌，缺乏斗争胜利的信心，而对蒋介石的主要对策是政治上高调谴责、军事上消极回避，"麻痹天真，优柔寡断"，误判形势，错失时机，"中国革命史由此发生了重大的转折性变化"。[11]丧失东征和北伐的时机后，武汉国民政府面临着严峻的财政困难和军队不稳风险。先生考察了汪精卫等人因"对中共和工农运动的怨憎情绪日益增加",而与中国共产党"分家"、由和平分共走向武力镇压的历程。[12]武汉汪精卫集团的分共标志着国共合作的彻底破裂和国民革命的失败。

"四·一二"政变后北伐陷入停顿,宁汉合流后,蒋介石于1928年4月开始第二期北伐,6月奉系军阀退至关外,南京国民政府宣布北伐成功,为时仅2个月。先生对二次北伐成功的原因进行了多方面的分析,指出:蒋介石团结了冯、阎、桂三大派系并妥善处理了派系关系,"交替使用军事打击和政治谈判",通过与奉系的谈判,张学良激于民族大义而进一步推动蒋奉和谈,"最后以政治谈判解决了和奉系的矛盾",遂使二期北伐进展顺利,发展迅速。二次北伐的成功"结束了辛亥以来北洋军阀长期统治中国的历史",实现了全国形式上的统一,"是国民党人的一个重大胜利"。[13]

随着国民革命军平定京津和张学良宣布东北易帜,结束了北洋军阀长达16年的统治,开始了国民党的一党专政。先生不仅有强烈的问题意识,而且有一种"打破沙锅问到底"的精神,"常常由一个问题带出两个、三个甚至多个问题",[14]对北伐战争时期诸多问题和重大事件都进行了详细深入的研究。先生的北伐战争研究"力求参稽、比较各方面的史料,加以淘筛分析,以求其真",[15]展现了北伐期间中国政治的复杂面貌,并实事求是地评价了蒋介石和国民党在北伐中的作用和贡献。

三、中日关系史研究

日本自明治维新以来不断加深对华侵略扩张，对近代中国的内政与外交持续产生深重影响，中国内部统一的进程及外交方针的制定无不与日本侵华有关联。20世纪20年代国民革命和北伐战争以来，中国人民的民族意识日益觉醒、全国形成形式上统一的局面，国家建设渐入正轨。日本虽在华盛顿会议后还复了山东主权，但仍视山东为其势力范围，故于北伐军进入山东克复济南之际蓄意出兵阻挠，并制造了震惊中外的"济南惨案"。

济南事件是日本大规模侵华战争的前奏和开端。日本企图通过出兵山东对蒋介石施压，并通过外交途径向国民政府表达其对东北的企图。双方在中国和日本、济南前线和东京策源地都展开了谈判和交涉，时任外交部部长的黄郛主持了前期的对日交涉，后因交涉不力而下台。先生于1990年访问美国时，查阅到美国斯坦福大学和哥伦比亚大学所藏的黄郛档案，并参照台湾已刊的《黄膺白先生年谱长编》和《亦云回忆》，撰写《济案交涉与蒋介石对日妥协的开端——读黄郛档之一》一文。先生深入考察了济案交涉中的日蒋谈判及蒋介石的对日政策，认为蒋介石实为济案交涉的主角和交涉方针的主要制定者。通过对济案交涉过程的考察，先生进一步指出："以蒋介石为代表的南京国民政府实行对日妥协政策"和外交路线，在济案交涉过程中已"须眉毕现"，由此开端和继续发展的。[16]不过，面对日本的挑衅，蒋介石尽管表示"国危已极"而"身受更苦"，[17]但仍一面"委曲求全"与日方交涉，一面选择绕道北上"以期完成北伐"，[18]小忍而不乱大谋。先生以历史主义的态度表示，交涉过程虽有过于软弱的一面，但亦有其可以理解的一面，而不应苛责。[19]

九一八事变后，蒋介石在"心神哀痛，如丧考妣"[20]之余，开始有调整国内外政策的动向，如制定团结和统一内部、注重外交的方针。先生在《"九一八"事变后的蒋介石》一文通过解读"九一八"事变前后的蒋介石日记，深刻剖析其痛愤日本侵略并有北上抗日之打算，但又"怯于和日本作战"，下不了抗战的决心，指出其抗战决心是"壮烈"但又"虚弱无力"的。蒋介石寄希望于借助外交和外力约束日本，因此"主要努力仍然放在外交上"，中国军队未做抵抗短短数月就丢掉了东北全境。先生客观地批评了蒋介石过分相信并依赖国联的态度，指出通过外交斗争在道义和舆论上最大限度孤立日本的策略并非一无是处，但"对侵略者，必须还之以反侵略战争，才能制止凶焰，维护民族利益和世界和平。"[21]另一方面，蒋介石力图与粤方和解，结束宁粤分裂、两个政权对峙的局面。民族利益高于一切，在外敌入侵时自应抛弃旧日嫌隙而一致对外，蒋介石力谋与粤方和解是合乎人心的。

不可否认，蒋介石有其认知的局限和研判的误差，其思想认识时常远远落后于现实。从"九一八"事变直至卢沟桥事变，国民政府的部队和日军只进行过2次大的较量：1932年的淞沪抗战和1933年的长城抗战，在谈判桌上也进行了抗争。中华民族到了最危险的关头，蒋介石才顺应时代潮流与中国共产党和解，领导全面抗战。在此期间，蒋介石的对日谋略是一个十分值得关注的学术问题。先生不仅工于细致的考辨、严密的解读和精深的专题研究，也善于作宏观的思考和论述，在《卢沟桥事变前蒋介石的对日谋略》一文中,先生以宏大的历史视野和深刻的战略思维,综合分析全面抗战前国内外的形势及蒋介石的诸多思考和活动,指出蒋介石和国民政府的对日外交仍以妥协和退让为主,并争取改善中日关系以实现"和平",有其幻想的一面,其错误应予批评和谴责,同时认为,妥协和退让"也有弱国面对强国时的无奈与不得已"。进而深入考察了蒋介石以暂时的"忍辱"和"雌伏"而积蓄力量、待机反攻和"雄起":对外,联络友邦争取国际支持;对内,妥善处理和解决与地方实力派以及和中共的矛盾,建设西南基地,这些都为后来的抗战胜利打下了基础。就此意义而言,蒋介石的对日妥协和退让"是一种政策,也是一种谋略"。[22]

"和平"不仅是蒋介石和国民政府对日外交的愿望,也同样是日本当局对蒋介石和国民政府的期待,双方一直保持着接触和谈判的渠道。全面抗战前,日本对国民政府则"诱和"、进逼、分化拉拢并用,且屡获成效。但中国全民族抗战开始后,日本对中国方面"诱和"及谈判的活动日益增多,尤其是其攻占武汉、广州等中国广大地区后更感势穷力蹙,急于停战,多次向国民政府"诱和"。蒋介石深知,中国是一个弱国,战端一开,即不容许中途妥协,亦无妥协的机会,妥协即意味着投降甚至灭亡。全面抗战爆发后,蒋介石既已下定决心抗战到底,博取最后的胜利,自不会轻易接受日本的"和平"。面对日本的诱降,蒋介石"有过彷徨、有过犹豫、有过动摇,但没有上钩,这是难能可贵的"。[23]先生通过查阅诸多一手档案史料,尤其是孔祥熙档案,撰写了《抗战前期日本"民间人士"和蒋介石集团的秘密谈判》《孔祥熙与抗战期间的中日秘密交涉》《蒋介石亲自掌控的对日秘密谈判》《蒋介石对孔祥熙谋和活动的阻遏》《"桐工作"辨析——真真假假的日中特务战》《日华秘密谈判中的"姜豪"工作——抗战时期中日关系再研究》等系列论文[24]，仔细查勘、辨析了许多真假难辨、扑朔迷离的情节，揭示了日蒋间的多次秘密谈判及其复杂目的。先生认为，抗战期间中日间的许多谈判由日方主动，蒋介石也亲自掌控过几次对日谈判，这也说明了蒋介石战与和的矛盾心态。虽然在卢沟桥事变后蒋介石被逼抗战，可是在某些时候对"和平解决中日战争"还是"存有期待"。在此后的谈判过程中蒋介石态度渐趋坚决，主动刹车，放弃和谈，这是值得肯定的地方[25]，"并不如人们多年来所理解地反映出蒋介石对抗战的动摇，更多反映的是当时国民政府对日本和对汪精卫的一种斗争策略，蒋介石的抗日还是积极的、坚定的。"[26]

蒋介石一直以来意图借助国际力量对付日本强敌，因此，对外关系是其抗战的重要环节和重心之一。国际站队是关涉国家前途和民族命运的大事，而国际站队的前提则是基于道义、局势及未来的认知和判断。正在1937年11月淞沪抗战后南京危急、国民政府决定迁都重庆之时，蒋介石在国防会议上发表演说，研判"侵略国家的对面，一定会产生一个英、美、法、苏的联合阵线来"的国际形势，鼓励继续努力抗战，"一定可以达到各国在远东敌视日本，包围日本的目的。一定使日本陷于绝对的孤立。"[27]蒋介石在抗日战争中的根本利益和战略核心就是"把中国的抗战与欧战贯通起来，以此为切入点，推动抗战国际化"。[28]蒋介石能够从趋势和大势上看问题，显示出其战略远见。先生在从事抗日战争的系列研究中，以其犀利的眼光和敏锐的学术洞察力，着力考察了抗战时期中国外交的重大决策和战略布局。

先生将研究目光先锁定在欧战爆发之初国民党内有关外交政策的争论。德军最初在欧洲所向披靡，孙科、白崇禧等评估德国稳操胜券，英国势必失败，主张国民政府采取"联德、绝英、疏美"的外交方略。[29]蒋介石则认为国际局势瞬息万变，但中国全力抗日的国策不能变，只能苦撑待变，等待美苏参战，力主将对美对苏关系作为中国外交重心，并维持与英、法、德、意邦交现状，最大限度地孤立日本，"在国内是坚持到底的国策，对外是按照九国公约美、英诸国的意向来解决远东问题"。[30]先生还分专题考察了抗战期间中德关系中的关键事件，高度肯定了蒋介石在对美英德外交政策上"明智、正确"的选择，并拒绝德国的拉拢、阻挠德日在印度洋会师的计划，避免了将中国和中华民族的命运和希特勒绑在一起成为战败国的场景。[31]

1941年太平洋战争爆发后，美国迅速对日宣战，为蒋介石"置国命于世界总决算"的对外战略构想和计划的实施提供了契机。[32]而在此前，蒋介石曾投注大量精力于对美国交涉，反对其对日妥协政策。先生对珍珠港事变前的中美交涉进行了深入细致的考察，梳理了美国对日态度渐趋强硬，进而在珍珠港事件后迅速建立世界反法西斯统一战线的过程。[33]先生认为，中国政府坚定地联络美、苏、英三大国，并积极倡议组织世界反法西斯同盟，获得三大国的援助，使中国抗战胜利得到最大保证，进而思辨地指出：在第二次世界大战中，"中国之所以取得近代以来对外战争中的完全胜利，其原因在于国内和国际两个同盟的存在。两个同盟互相配合，相辅相成。没有国内的爱国统一战线，中国的抗日战争不可能坚持八年之久；没有世界反法西斯同盟，中国单独对日作战，虽然最终也会胜利，但时间会漫长，困难会很大。"[34]

太平洋战争爆发后，中国和美国关系日益密切，建立起良好的合作关系，但在合作中也产生了许多矛盾。先生利用蒋介石日记、宋子文档案和史迪威本人的日记，撰写了《蒋介石与史迪威事件》《史迪威假传罗斯福指示，策划暗杀蒋介石》《史迪威事件中的蒋宋矛盾》等文章，对蒋介石和史迪威之间的矛盾，史迪威事件的全貌、实质及由此引发的中美关系和蒋宋关系作出了详尽的研究。先生认为：国民党军队确实存在较多问题，但史迪威作为外国军官屡有"侵犯中国主权的行为"，蒋介石坚决要求撤换史迪威，"既反映了蒋介石思想中的民族主义成分和他性格中的倔强一面"，同时也反映了他"充分懂得维护军权对维护其统治的重要性"。蒋介石对史迪威的态度也反映了他的"反共思想"。[35]

此外，在抗战期间尤其在世界反法西斯统一战线形成后，中国对周边弱小国家和民族的独立运动给予更大的关注、支持和帮助。如自1910年日本悍然吞并朝鲜后，韩国大批爱国志士即流亡中国开展抗日和复国活动。国民党制定了支持、援助韩国独立的政策，并加以落实。[36]先生的《蒋介石与韩国独立运动》《中韩爱国志士的早期联系》等文章详细考察了国民党在政治、经济、军事、外交、道义等方面对韩国的帮助，尤其是20世纪30年代以来蒋介石一直是中国援韩活动的主要领导者和决策者，"时间最长，贡献也最大"。先生称赞蒋介石在援韩活动中不谋求在该地区的特殊利益，这与当时的大国强权形成了鲜明的对比。[37]全面抗战时期蒋介石与印度国大党主席尼赫鲁建立起良好的互动，1939年尼赫鲁访华，给中国的抗战事业以道义支持。1942年蒋介石和宋美龄一起访问印度，调解英印当局和国大党的矛盾，支持印度自治和独立。先生对抗战时期的中印关系及蒋尼互动进行了细致考察。[38]此外，蒋介石还支持泰国和越南独立。先生对抗战时期中国的亚洲政策的考察，开辟了中国抗日战争史研究的一个新方面。

抗日战争的胜利是近代以来中国人民第一次取得完全胜利的民族解放战争。从1928年5月北伐军与日军第一次正面对抗起，至1945年8月全面抗战胜利止，蒋介石与日本周旋了18年，经历了从忍耐到奋起的过程。国共两党以国家和民族利益为重，毅然合作，形成"地无分南北，人无分老幼"的全民抗战局面，中国军队与组织、训练和装备上占有绝对优势的日军对抗14年，直至胜利，为抗战的胜利和世界反法西斯战争的胜利作出了重要贡献。作为执政党的国民党"政策转变，对抗日战争的全面展开有着重要意义"，"第二次国共合作，实行抗日战争，是对国家民族立了一个大功。"[39]

杨天石先生在抗日战争史领域进行了许多专题研究，为学术界贡献了精深的学术成果，而且推进中国抗日战争史研究与国际的交流和对话，与美国哈佛大学傅高义、日本庆应大学山田辰雄共同发起中日战争国际共同研究，邀请中、美、日、英、加、德、法、俄等国家和地区学者参加学术会议，本着求真、求实的精神各抒己见、求同存异，并选编论文集，惠泽学林。

四、中国国民党史研究

国民党并不是一个严密的统一体，在其诞生、发展和扩大的过程中往往鱼龙混杂，又在涣散、松散的组合下分化组合，形成复杂的派系，自其前身同盟会起至败退台湾，派系斗争贯穿了南京国民政府运作的全过程，是中国国民党史研究的重要组成部分，不研究派系，就不可能全面了解国民党和中华民国。蒋介石时常是派系斗争中的一方，其他派系或单独或联合与蒋介石对抗。在这一领域，杨天石先生的研究成果主要集中于同盟会与光复会关系、孙中山和黄兴的矛盾、1930年代初的蒋介石与胡汉民的斗争、孔祥熙和宋子文的斗争以及蒋介石和李宗仁的斗争。

革命党人的革命目标较为一致，但不同人物不同派别在思想理论、策略路线、人事关系、个人性格及行事风格上等方面总会有差异，进而产生矛盾和冲突，并可能走向分离和分裂。先生自1978年开始编写《中华民国史》第一编的《中国同盟会成立后的革命斗争》部分时，就在黎澍同志的点拨下关注国民党的派性和派系问题，并多方搜集相关史料。1979年，先生发表《同盟会的分裂与光复会的重建》一文，系统地清理了辛亥革命前后同盟会内部孙中山、黄兴、宋教仁、章太炎、张继、刘师培、陶成章等人的分歧和矛盾及两次"倒孙风潮"活动，指出思想分歧、组织涣散是导致同盟会分裂的主要原因，进而指出"历史就已经决定了这次革命必然是一次巨大的小产"，这一结论足见先生对派性和派系的深刻认识。[40]

早在民国初建，蒋介石就参与到国民党的派系斗争中，在陈其美的布置下刺杀陶成章,而这一刺杀事件正是诱因于孙中山和陶成章的矛盾。先生细致考察了辛亥革命前陶成章与"倒孙风潮"的关系、与同盟会分家、继续开展对孙中山及同盟会的攻击等行动。陈其美等孙中山的支持者认为陶成章不顾大体,诋毁孙中山和同盟会,制造新的矛盾,影响革命前途,在陈其美与陶成章矛盾激化后蒋介石便将陶成章刺杀。直至事情过去20年后的1931年,蒋介石在回忆时仍坚持认为刺杀陶成章是"辛亥革命成败之最大关键"。[41]先生认为:蒋介石刺杀陶成章和"倒孙风潮"的旧矛盾及辛亥革命后"同盟、光复两会以及陈其美、陶成章之间的新矛盾紧密相联",进而批评了"以暗杀手段消灭不同意见者的肉体"的犯罪行为。此外,先生还客观评价了陶成章的优缺点,显示出一位历史学家的客观、理性和睿智。[42]

孙中山和黄兴是辛亥革命前革命党的主要领导人,辛亥革命后二人在革命理念、革命方略及革命行动等诸多重大问题分歧渐多,也在相当程度上形塑着国民党改组前的革命状况,因此这一研究对厘清民国成立初期的国民党史具有重要意义。1985年夏,先生访问东京时,看到日本外务省所藏档案及宫崎滔天旧居所藏大量信札。宫崎滔天与国民党早期革命者如孙中、黄兴、何天炯等关系密切,先生根据这批档案所提供的史实,探究了孙中山和黄兴在二次革命之后的分歧、矛盾及握手言和的过程,补充了涉及孙中山和国民党史上的许多重要史实,展现了国民党早期革命同志在革命活动中始终顾全大局、共同奋斗的风貌。[43]

孙中山去世后,国民党内大致形成胡汉民主党、汪精卫主政、蒋介石主军的格局,蒋、汪、胡之间的矛盾亦日益暴露。

1925年廖仲恺被刺后胡汉民被迫离粤，1926年"中山舰事件"后汪精卫被迫"请假"赴法养病，蒋介石的个人权力和地位大为提升，逐步掌握党政军大权。先生考察了"中山舰事件"后左派力量与蒋介石展开几个回合的较量并夺回大部分党权和政权的过程。然而，左派在斗争中"未曾触动蒋介石的军权"，汪精卫"华而不实，脆而不坚，投机善变，并不是同蒋介石抗衡的理想人物"，[44] 蒋介石通过"四·一二"政变确立其稳固的地位。

在南京国民政府的权力结构和权力文化中，存在着"党治"和"法治"的矛盾。国民党学习苏联"以党治国"，在1927年建立国民政府后宣布"训政"，确立国民党集团在全国的一党专政地位，开始其"以党治国"体制。但国民党的组织在国民政府政权运作中的地位与作用，党权与政权的从属关系，即政治运作中以党管政还是以政控党，是较为模糊的。先生专门考察了蒋介石和胡汉民的矛盾及"党治"与"法治"之争，指出老资格的胡对后生小辈蒋批评、教训起来常常不留余地，蒋将胡软禁，"用粗暴的办法践踏了现代民主的原则"，此后"国民党的一党专政进一步发展为全面个人独裁，陷入规模更大、时间更长的分裂""民主气氛扫地以尽"。[45]

先生于1990年7月访问美国哈佛燕京学社时发现了大量的胡汉民晚年往来未刊函电。函电中使用了大量隐语和化名，好在先生具有相当的中国历史和文化知识，在反复琢磨一一破译后发现了大量20世纪30年代中国政坛的内幕。先生指出：1931年10月胡汉民被释放后即"基于抗日和反对独裁的需要"，与汪精卫合作，积极联络桂系、粤系等反蒋力量迫其下野，"并促制度上限制个人权力，打破独裁"。在胡汉民的主导和粤方的坚持下，蒋介石第二次下野，胡汉民留居香港，"成为西南方面的精神领袖"。[46]

胡汉民一贯标榜"党治"，视蒋及蒋系为"中国致命一大毒疮"，批评蒋介石领导下的国民政府是军阀之治，而非国民党之党治。1932年1月蒋介石重掌大权，并邀请汪精卫赴京担任行政院长，形成蒋汪暂时合作的局面。先生全面考察了胡汉民积极联络湖南、西南、华北等地方实力派，整合军事和政治力量与南京政府抗衡而最终失败的过程。在完全缺乏从事公开的民主政治活动的条件时，民国时期各派政治力量的角逐通常诉诸并取决于军事。对此，先生指出，一介文人胡汉民企图依靠地方军阀实力派从事反蒋活动，但这些实力派各有利益所在，很难形成一股统一的力量。日本方面表示愿为胡汉民提供资金和武器的支援，甚至以支持其当总统为诱饵不断拉拢。尽管胡汉民不遗余力反蒋，但坚守民族立场，坚持原则，对日本侵略者的引诱和拉拢"推而远之"，表现其政治家的操守。先生不禁慨叹："一方面反帝，一方面又希望从帝国主义得到援助，这是胡汉民的悲剧，也是近代中国不少爱国人士的悲剧。"[47]

先生的学术研究精益求精，没有止境。他于1996年到台北国民党党史会和"国史馆"查阅相关资料，陆续写成并发表《1935年国民党内部的倒汪迎胡暗潮》《一项南北联合倒蒋计划的夭折》《30年代初期国民党内部的反蒋抗日潮流》等宏文，[48]深入揭示了此间国民党内部派系斗争的隐情。通过对胡汉民从主张反蒋抗日、推翻南京政府，到主张"促进政府之觉悟""团结全国抗战之力量"思想变化过程的考察，先生指出胡汉民的心路历程和行动过程"曲折地反映出近代中国历史即将进入一个重要的转折时期"。[49]先生对胡汉民晚年反蒋活动的考察，不仅呈现了20世纪30年代前半段中国的内外形势，而且观照了中国从内战到抗战的过程、中华民族奋起抵抗侵略的历史主题和时代使命。有论者指出：很少有人能像先生那样"目光敏锐，有淘沙拣金的本领。别人没注意的，他注意了；别人看不出所以然的，他看出了。他能宏观，也能微观。"[50]先生的史学、史才和史识着实令人感佩。

蒋、宋、孔在国民党四大家族中占其三，他们既是姻亲，又是政敌，此间既有豪门与他者的斗争，又有豪门之间的斗争，其互相争斗的情形是民国政治的一个重要呈现，也是分析民国经济外交所必须解决的课题。先生抄阅了大量的蒋介石、宋子文、孔祥熙日记、书信、函电等档案资料，并对其中若干电函作了释读，揭示了孔宋间的深刻矛盾、孔这一民国政坛上不倒翁屡受攻击终致倒台的状况，及蒋孔之间密切关系的奥妙。[51]

国民党取得全国政权后，蒋桂关系几度分合，为争夺中央领导权而进行激烈的斗争。蒋介石自1928年第一次下野，至1949年1月第三次下野，桂系在其中无不发挥重要作用。先生对蒋李矛盾的研究集中在1949年前后。1990年前后，先生查阅到美国哥伦比亚大学所存李宗仁制定的索权逐蒋、在两广建立反共基地计划，及李宗仁向蒋介石摊牌的《谈话记录》等重要文件，及该校所藏李宗仁、顾维钧和张发奎及其他相关档案。在这些重要档案的基础上，先生探究了1949年前后蒋介石和李宗仁围绕最高权力而展开的政治博弈。[52]

意气之争和权位之争几乎伴随着国民党政权在大陆统治的始终,并延续到国民党迁台初期。从南京国民政府成立到其败退台湾,短短22年时间,形式上统一全国的国民党集团,其内部反复的演绎着"合纵连横"权谋:在这一系列的纵横中,蒋系因掌握着充裕的政治资源而时常处于相对强势地位,能够较为成功地实现其"连横"策略,瓦解反蒋势力的"合纵"态势。值得注意的是,国民党内部各实力派之间的博弈并未发展到你死我活,由于中央的弱势独裁,因此其力量对比经常处于一种微妙的均衡状态,在纵横交织中大体保持着共荣共存。1949年,国民党政权终于分崩离析,国民党内部各实力派亦冰消瓦解,风流雨散。

五、蒋介石研究

蒋介石的活动始于1911年辛亥革命,经国民革命和北伐战争登上最高权力舞台,集党、政、军大权于一身,达22年。至1949年蒋介石和国民党政权败退台湾,又统治台湾26年,对近代中国政治发展有着十分重要的影响。1980年代中期以来,随着学术研究的整体推进及两岸关系出现转机迹象,蒋介石研究开始受到学界注意。蒋介石研究的新进展,事实上成为大陆民国史研究乃至整个中国近代史研究进展的重要标志之一。[53]杨天石先生与蒋介石日记结缘40余年,他的蒋介石研究早已"不惑",成为当代中国研究蒋介石最权威的学者,为中华民国史研究作出了重要的学术贡献。

1982年，先生着手《中华民国史》第二编第五卷北伐战争史的撰写，并开始大量收集和蒋介石相关的史料。自1987年发表《蒋介石刺杀陶成章的自白》一文开始，先生陆续发表出版了大量有关蒋介石的论文和专著，取得了丰硕的成果，推动了民国史和蒋介石研究的整体发展。[54]用其女儿杨雨青的话说，"研究中国近代史不能回避的一个重要人物就是蒋介石，最后，这两块'石头'终于碰面，并擦出了让学术界瞩目的火花。"[55]

1980年代，先生在中国第二历史档案馆查阅资料时，无意中读到一份没有题目的资料。在编写《中华民国史》的过程中得知，先生的两位同事曾到上海、宁波等地收集资料。他们在查访中得知，蒋介石的老师兼秘书毛思诚家藏一批蒋介石的早年资料，辗转被转到第二历史档案馆。先生还得知，蒋介石在"中山舰事件"后曾对人说，要在他死后，看他的日记，中山舰事件的真相才会大白，这引起先生对蒋介石日记的关注。[56]蒋介石学习曾国藩，有记日记并利用日记自我反省的习惯。20世纪30年代，蒋介石将他早年的日记、书信、文稿等交给他的老师和秘书毛思诚保管。毛思诚按照《曾文正公日记类抄》体例对蒋介石的日记进行分类编纂，成为《蒋介石日记类抄》，从未刊行。1949年以后，毛氏后人将这批资料密藏在墙壁中。"文革"时期红卫兵发现这批资料，后归中国第二历史档案馆保管。先生读到的这份没有题目的资料，就是《蒋介石日记类抄》。[57]

1926年的"中山舰事件"是民国史上一个著名的事件，也是国共关系史上的一大谜团。《蒋介石日记类抄》起于1919年，止于1926年，记有"中山舰事件"期间蒋介石的日记。先生悉心研读了《蒋介石日记类抄》，并结合中国第二历史档案馆收藏的"中山舰事件"卷案、蒋介石、汪精卫来往函件等多种未刊资料，写成史学宏文《"中山舰事件"之谜》。诚如金冲及先生所言，先生"善于从人们习以为常的旧说中发现疑点，提出问题，经过严密的论证，得出新的结论"。[58] 先生认真分析了"中山舰事件"前后的局势，认为"中山舰事件"既不是国民党蒋介石"阴谋发动"，也不是中共和共产国际"蓄谋已久"，"应该说西山会议派和伍朝枢的谣言起了重要作用"。先生又辩证地指出历史的偶然与必然——"中山舰事件"是国民党左右派争夺领导权的结果："即使没有右派的造谣和挑拨"这一偶然事件引发，"蒋介石迟早也会制造出另一个事件出来"，"偶然"中又包含着"必然"。[59] 杨奎松也认为："不能因为这一事件的发生便得出蒋早有反共蓄谋的结论，历史人物的思想发展与其行为有时未必总会保持一致。"[60]

《"中山舰事件"之谜》一文是先生严谨治学的结晶。继《"中山舰事件"之谜》之后，先生又发表《"中山舰事件"之后》一文，论证当时苏俄一方对蒋介石的妥协态度。[61] 先生在详尽准确的资料之上，以其极强的史学分析能力和极大的学术勇气，得出的这些新颖、大胆的结论，颠覆了传统的对于"中山舰事件"的认识。20世纪80年代中期，"民国史研究虽然已经不是禁区，但仍然是一个'雷区'。"[62] 对于中国史学界来说，先生的结论无疑是相当惊人的，也是难能可贵的，在学术界、在社会上产生了很大的反响。文章发表后，胡乔木先生几次对中共党史研究界的领导者说："杨天石的这篇文章运用大量翔实的历史材料，将中山舰事件的来龙去脉梳理得很清楚，作出了中肯的分析，真正解开了这个历史事件之谜。这是近年来中国现代史研究中不可多得的上乘之作。希望党史研究也能作出这样的好成果。"又说:"这是一篇具有世界水平的学术文章。"[63] 黄道炫认为:《"中山舰事件"之谜》一文"是中山舰事件研究同时也是民国史研究中一个重大突破",该文"为当时尚刚刚起步的民国史研究提供了一个实事求是的范例,也为中山舰事件研究立下了一个很高的起点。"[64]

胡乔木同志鼓励先生说:"你的路子是对的,要坚持这样走下去。"[65] 通常情况下历史记录者少有记录政治人物的内心世界,蒋介石日记使蒋介石的真实面目越来越清晰地呈现在人们眼前,呈现了他的思想、性格、活动,及极为隐秘的内心世界,同时也展现了许多国民党、国民政府的权力运作过程。[66] 此后,先生查阅、摘抄中国大陆、中国台湾地区和美国等单位收藏的各种类型的蒋介石日记,并结合其他档案、文献,开始了对蒋介石的专题研究。[67] 先生去我国台湾地区参加活动时,在台北"国史馆"所藏蒋中正文物中幸运地发现《困勉记》《省克记》《学记》《爱记》《游记》等未刊著作,系蒋介石命奉化同乡王宇高、王宇正分类摘抄而成,时间已延伸至1942年,内容较《蒋介石日记类抄》延伸、扩展很多。在这批资料的基础上,他于2002年出版《蒋氏秘档与蒋介石真相》一书。[68]

"日记有重要价值,有时就是两三句话,往往能为解决某一历史事件提供线索。"[69] 蒋介石1942年以后的日记,先生一直在寻觅,推断可能会在蒋氏后人手中,便托人给蒋家人带话,"日记在你们那里的话,请务必好好保存,这些都是珍贵的历史资料。"[70] 2004年,蒋家后人将蒋介石日记存放于斯坦福大学胡佛研究所。2005年先生在台湾参加学术研讨会时，结识了蒋介石日记保管人、蒋经国的儿媳蒋方智怡，竭力劝说蒋方智怡开放蒋氏日记，让全世界了解到一个真实的蒋介石。2006年3月，胡佛研究院收藏的蒋介石日记正式对外逐年分批开放，先生受邀前往抄阅、研读。在2个多月里，先生每天第一个到胡佛档案馆手抄蒋介石日记，尽可能省去吃饭、喝水和上厕所的时间，一坐下常常一天不起来。2007、2008、2010年先生又先后3次赴美查阅，用10个半月的时间细心览读了现存的全部53年的日记，边读边做了摘抄，收获甚丰，抄回的手稿高达数尺，长达数千页。

先生指出：蒋介石日记有相当的真实性，但真实不等于正确，也不等于全面。蒋介石会记对自己有利的情况，而不利的情况就不记或少记。"研究近现代中国的历史，不看蒋日记会是很大的不足，看了，什么都信，也会上当受骗。"[71]因此"还需要大量阅读相关的档案和文献，钩沉索隐、稽查考核、参证补充，同时，将蒋介石的所思、所行置于特定的历史环境中思考、研究，才有可能揭示真相，找寻出真实的蒋介石来。"[72]先生多年来在海内外收集的大量资料，以高度的学术热情和同情之理解的态度，对日记进行分析、解读，在充分占有材料的基础上，用简练的文字如实地记叙历史，"重新勾画了蒋氏大陆时代若干重大事件的原委，逐步接近了一个真实的蒋介石该书。对重新认识中国近代史有重要意义。"[73]

2008年之后，先生将关蒋介石研究的部分成果集结，陆续推出《找寻真实的蒋介石：蒋介石日记解读》系列，受到海内外学界的广泛注意和好评。先生被誉为研究蒋介石和蒋介石日记的第一人。台湾学者陈永发认为，先生运用解密的蒋介石日记，"终于把真实的蒋中正从深锁于各种政治迷雾和个人私密之中找寻了回来"，先生呈现出的蒋介石不再是"恶魔"或"圣人"，"而是一个有血有肉、有爱有恨的蒋介石"，"把蒋介石研究带入目前尚无他人可以企及的境界"，[74]推动了蒋介石研究的新进展。

近年来，先生把目光聚焦于1949年之后蒋介石和国民党政权。2018年出版的《找寻真实的蒋介石：蒋介石日记解读》第四辑，是先生的又一力作。先生认为，蒋介石在台湾虽然一直叫嚣着"反攻大陆"，但是却一直坚持"一个中国"的底线，坚决抵制美国的分裂政策，坚决打击"台独"势力。先生具有强烈的现实关怀，指出：对蒋介石和国民党退台后历史的深入研究具有极大的现实意义，有利于世界华人的团结和海峡两岸的和平，"有利于发展爱国的统一战线，最大限度地孤立台独，促进国家统一。"[75]

六、杨天石先生的历史追求

先生幼年诵读典籍，北大中文系五年训练，奠定了良好的学术基础，毕业后虽未从事研究工作，但学术兴趣浓厚，研究从未中断。先生做学问从不浮光掠影而是深入沉潜，从不狭窄而是涉猎广泛。整体而言，先生的研究呈现出"上下延伸，横向会通"的特点。近代史上许多人物互有联系，许多事件又环环相扣，先生立足于诸多罕见的珍贵史料，关切近代史上尤其是中华民国史上重大且关键的议题，从辛亥革命前的同盟会时期，直至国民党政权败退台湾,都进行了集中而深入的研究,为中国近现代史尤其是民国史研究留下了大量学术瑰宝。台湾前辈学者蒋永敬教授盛赞先生的研究"涉猎的范围,从辛亥革命、北伐战争,到抗日战争、国民党派系斗争,等等,特别是对蒋介石的研究,都下过很深的工夫,有很多的发现和创见。"[76]诚哉斯言!

杨天石先生一贯以揭示历史奥妙、追求历史真实为鹄的,[77]严格恪守求真求实、论从史出的规范,反复强调"真实是历史的生命,也是历史学和历史学家追求的目标",[78]历史本相不能一眼可见、一索可得,需要历史学家"上穷碧落下黄泉",充分掌握一切可能掌握的资料,从史料出发,让史料说话,呈现历史的本相。[79]

从研究起步开始,先生就十分重视史料、悉心挖掘史料,强调"任何人,要写出部优秀的历史著作,都必须下大工夫,花苦力气,充分地掌握史料。"[80]有时候"一件史料看不到,就有可能造成历史学家认识的缺失或谬误;而一件或一批新史料的发现,就可能接续历史残缺的链条,填补前所未知的空白,或是揭开迷雾,使某一段晦暗不明的历史顿时开朗。"[81]先生有着永不知足的探索精神,下苦功夫,"竭泽而渔"地找资料,无论是在国内还是国外讲学或访问,总是先往图书馆、档案馆查阅,以收集中国近代史料为乐事。

近代以来,中国社会的发展与世界密切相关。许多国家和地区的档案馆、图书馆或私人手中也都保存有许多和中国有关的档案资料。先生非常重视海外史料的发掘,指出:"要研究中国近代史,就必须认真收集、研究海外的各种有关中国的史料,包括中国人散落、存放于海外的档案。"[82] 自1980年代以来,先生就不辞劳苦向日本、美国、英国、韩国、法国、德国以及中国香港、中国台湾地区等地"访史",是近代史研究界最早对海外史料予以重视并由此形成自己治学特点的学者。先生将他多年来海外访史的成果集结成《海外访史录》一书,出版后在学术界引起了很大反响。有学者认为先生的海外访史"是中国近代史研究过程中的一个突破""标志着一种新的研究方向",并且进一步指出"由它引导出来的发展是未可限量的"。[83]

陈寅恪先生曾言:"一时代之学术,必有其新材料与新问题。取用此材料,以研求问题,则为此时代学术之新潮流。治学之士,得预于此潮流者,谓之预流。"[84] 针对史学界曾经讨论的中国近代史研究从何处突破的问题,先生认为"认真收集、研究海内外各种有关史料,应是造成突破的重要条件之一。"[85] 先生治学著述亦是以"问题意识"为统帅,选择的研究课题"多是在中国近代史上产生过重要影响、因而被史学研究者们谈论过多次的问题",具有重大的学术意义和研究价值。[86]

先生文、史、哲兼通,学术视野广阔,功力深厚,目光敏锐,具有淘沙捡金的本领,发掘鲜为人知的珍贵史料,时常能见人所未见,言人所未言。日本学者山田辰雄称赞先生"具有发现重要问题,在中国乃至广阔的海外发掘最新资料,并在有限的时间里完成独创性论文的能力。这种能力并非一日可就,它的背后是敏锐的历史感和日积月累的知识与教养。"[87] 先生指出,历史学必须为人类社会的进步和发展服务,因此历史学的"经世""资治"功能必须以充分、可靠的史实作支撑,"按照历史本来面目去写",决不能也不应违背史实,"故意扭曲、剪裁历史以为己用"。[88]先生对历史求真求实的执着和坚守,很好地继承了中国传统史学"实录"的精神。

先生具有深厚的学术功力和坐冷板凳的耐力,更有敏锐的学术洞察力和判断力;有严谨的态度和执着的追求,更有对历史的尊重和真理的坚持。先生孜孜以求,"究天人之际,通古今之变",揭示历史奥妙、追求历史真实,发挥历史的"经世""资治"功能,为人类社会的进步和发展而持之以恒、锲而不舍地搜寻史料、俯身撰述,在中国近代史方面取得了巨大的成就。先生具有强烈的问题意识,时常通过对史料的谨慎考订、精细分析和严密论证,在纷繁的历史谜团中找寻出历史真相,解疑释惑,对民国史上产生过重要影响的历史问题展开深入研究,进而揭示许多鲜为人知的历史奥秘,掀起并引领民国史研究的潮流。先生与民国史结缘40余年,他的研究推进了中华民国史研究水平的整体提升,对中华民国史学科的建设作出了突出的贡献。

注释

1. 李卫民：《全力以赴，让研究成果逼近历史真相——杨天石研究员访谈录》，《晋阳学刊》2008年第6期。
2. 杨天石：《康有为的联满倒袁计划》，《复旦学报》（社会科学版），1997年第6期。
3. 杨天石：《孙中山与"租让满洲"问题》，《近代史研究》1988年第6期；《论民初的华俄道胜银行借款案》，《浙江学刊》1988年第4期；《孙中山与民国初年的轮船招商局借款》，《中国社会科学》，1997年第4期。
4. 杨天石：《帝制的终结：简明辛亥革命史》，（序），岳麓书社2011年版。
5. 杨天石：《从帝制走向共和：辛亥前后史事发微》，（自序），社会科学文献出版社2002年版。
6. 杨天石：《帝制的终结：简明辛亥革命史》，（序），岳麓书社2011年版。
7. 杨天石：《我的学术自传》，《关东学刊》，2018年第2期。
8. 金冲及：《一部求真可信之作》，《近代史研究》，1997年第1期。
9. 杨天石：《我的学术自传》，《关东学刊》，2018年第2期。
10. 杨天石：《蒋介石与前期北伐战争的战略策略》，《历史研究》，1995年第2期。
11. 杨天石：《蒋氏秘档与蒋介石真相》，社会科学文献出版社，2002年，第205-223页。
12. 杨天石：《武汉汪精卫集团分共前后》，《档案与史学》1996年第1期。
13. 杨天石：《蒋氏秘档与蒋介石真相》，社会科学文献出版社2002年版，第257、279页。
14. 陈斐：《史家杨天石先生的为学之道》，《关东学刊》2018年第2期。
15. 杨天石：《〈中华民国史〉第二编第五卷》，（序言），中华书局1996年版。
16. 杨天石：《济案交涉与蒋介石对日妥协的开端——读黄郛档之一》，

	《近代史研究》1993年第1期。
17	《电白崇禧已令刘处长限期汇五十万元望速督师北上》,1928年5月11日,《革命文献》,数位典藏号:002-020100-00019-095。
18	《蒋介石日记》,1928年5月4日。
19	杨天石:《蒋氏秘档与蒋介石真相》,社会科学文献出版社2002年版,第271页。
20	《蒋介石日记》,1931年9月20日。
21	杨天石:《蒋氏秘档与蒋介石真相》,重庆出版社2015年版,第299–315页。
22	杨天石:《卢沟桥事变前蒋介石的对日谋略》,《近代史研究》,2001年第2期。
23	方永刚:《蒋介石:从溪口到慈湖》,华文出版社2007年版,第346页。
24	《抗战前期日本"民间人士"和蒋介石集团的秘密谈判》,《历史研究》1990年第1期;《孔祥熙与抗战期间的中日秘密交涉》《近代史研究》1995年第9期;《"桐工作"辨析——真真假假的日中特务战》,《历史研究》2005年第2期。《蒋介石亲自掌控的对日秘密谈判》,"1930年代的中国"国际学术研讨会论文集》(下卷),2005年8月;《蒋介石对孔祥熙谋和活动的阻遏》;《历史研究》2006年第5期。
25	杨天石:《蒋介石亲自掌控的对日秘密谈判》,《找寻真实的蒋介石》,山西人民出版社2008年版,第285–287页。
26	杨天石:《我的学术自传》,《关东学刊》2018年第2期。
27	秦孝仪编:《先总统蒋公思想言论总集》第14卷,台北:中国国民党中央委员会党史委员会1984年版,第656页。
28	邓野:《蒋介石的战略布局(1939–1941)》,社会科学文献出版社2019年版,第2页。
29	杨天石:《找寻真实的蒋介石:蒋介石日记解读》(Ⅱ),华文出版社2010年版,第131页。
30	《王子壮日记》,第6册,台北:"中研院"近代史研究所,2001年,第382页。

31	杨天石:《找寻真实的蒋介石:蒋介石日记解读》(Ⅱ),华文出版社 2010 年版,第 140 页。
32	陈诚:《报告委员长蒋欧局混沌谨就将来发展及应取之立场陈献愚见》,1939 年 5 月。何智霖编:《陈诚先生书信集——与蒋中正先生往来函电》(上),台北:"国史馆",2007 年,第 392 页。
33	杨天石:《珍珠港事变前夜的中美交涉》,《近代史研究》2015 年第 2 期。
34	杨天石:《抗战时期中国与美、苏、英三大国的关系》,《探索与争鸣》2015 年第 4 期。
35	杨天石:《蒋介石与史迪威事件》,《找寻真实的蒋介石》,山西人民出版社 2008 年版,第 401-404 页。
36	杨天石:《中韩爱国志士的早期联系》,《史学月刊》,2007 年第 3 期。
37	杨天石:《蒋介石与韩国独立运动》,《抗日战争研究》2000 年第 4 期。
38	杨天石:《蒋介石和尼赫鲁》,《中国文化》2009 年第 2 期。
39	中共中央党史研究室著、胡绳主编:《中国共产党的七十年》,中共党史出版社 1991 年版,第 143 页。
40	杨天石、王学庄:《同盟会的分裂与光复会的重建》,《近代史研究》1979 年第 1 期。
41	《蒋介石日记》1931 年回忆录。
42	杨天石:《"倒孙风潮"与蒋介石暗杀陶成章事件》,《近代史研究》2017 年第 2 期。
43	杨天石、【日】狭间直树:《何天炯与孙中山——宫崎滔天家藏书札研究》,《历史研究》1987 年第 5 期;杨天石:《跋钟鼎与孙中山断绝关系书——关于孙黄关系的新发现》,《近代史研究》1994 年第 1 期。
44	杨天石:《北伐时期左派力量同蒋介石斗争的几个回合》,《中共党史研究》1990 年第 1 期。
45	杨天石:《"约法"之争与蒋介石软禁胡汉民事件》,《中国社会科学》2000 年第 1 期。
46	杨天石:《胡汉民的军事倒蒋密谋及胡蒋和解——海外访史录》,《抗日战争研究》1991 年第 1 期。

47　杨天石：《胡汉民的军事倒蒋密谋及胡蒋和解——海外访史录》，《抗日战争研究》1991年第1期。

48　杨天石：《1935年国民党内部的倒汪迎胡暗潮——读台湾所藏胡汉民旅欧期间往来电报》，《近代史研究》1997年第4期；《一项南北联合倒蒋计划的夭折——阎锡山档案一瞥》，《百年潮》1997年第6期；《30年代初期国民党内的反蒋抗日潮流——读台湾所藏胡汉民资料之一》，《历史研究》1998年第1期。

49　杨天石：《胡汉民的军事倒蒋密谋及胡蒋和解——海外访史录》，《抗日战争研究》1991年第1期。

50　李又宁：《海外访史录》（序），社会科学文献出版社1998年版。

51　杨天石：《蒋孔关系探微——读孔祥熙致蒋介石书》，《民国档案》1992年第4期；《追寻历史的印迹：杨天石解读海外秘档》，重庆出版社2016年版，第164–176、414–423页。

52　杨天石：《杨天石近代史文存：抗战与战后中国》，中国人民大学出版社2007年版，第605–-627页。

53　黄道炫：《1980年代以来的大陆蒋介石研究》，《中国图书评论》2008年第1期。

54　崔乐：《杨天石："竭泽而渔"的秘档探究者》，《北京日报》2018年5月15日。

55　杨雨青口述、于洋整理：《记我的父亲杨天石》，《纵横》2008年第8期。

56　杨天石：《我的学术自传》，《关东学刊》2018年第2期。

57　崔乐：《杨天石："竭泽而渔"的秘档探究者》，《北京日报》2018年5月15日。

58　金冲及：《杨天石近代史文存·晚清史事》（序），中国人民大学出版社2007年版。

59　杨天石：《"中山舰事件"之谜》，《历史研究》1988年第2期。

60　杨奎松：《蒋介石从"三二〇"到"四一二"的心路历程》，《史学月刊》2002年6期。

61　杨天石：《"中山舰事件"之谜》，《历史研究》1988年第2期；《中山舰事件之后》，《历史研究》1992年第5期。

62	张宪文:《民国史研究:从"险学"到"显学"》,《南京大学校报》2020年5月20日。	
63	杨天石:《最重要的是面向史实、忠于史实——在台北召开的"两岸中国近代史研究的回顾与展望"讨论会上的报告》,《关东学刊》2018年第2期。	
64	黄道炫:《中山舰事件研究——突破与难点》,https://www.krzzjn.com/show-2002-86381.html。	
65	杨天石:《我的学术自传》,《关东学刊》2018年第2期。	
66	严如平:《近现代史极为重要的第一手资料》,《中国图书商报》2008年7月15日。	
67	陈斐:《"且拨雾霭观丘壑,漫卷风涛入史篇"——杨天石研究员访谈录》,《文艺研究》2018年第10期。	
68	杨天石:《蒋氏秘档与蒋介石真相》,社会科学文献出版社2002年版。	
69	崔乐:《杨天石:"竭泽而渔"的秘档探究者》,《北京日报》2018年5月15日。	
70	杨天石:《最重要的是面向史实、忠于史实——在台北召开的"两岸中国近代史研究的回顾与展望"讨论会上的报告》,《关东学刊》2018年第2期。	
71	《杨天石谈〈找寻真实的蒋介石:还原13个历史真相〉》,《光明日报》2014年8月8日。	
72	陈斐:《且拨雾霭观丘壑,漫卷风涛入史篇——杨天石研究员访谈录》,《文艺研究》2018年第10期。	
73	《终审委员点评年度致敬提名作品》,《南方周末》2009年1月22日。	
74	陈永发:《〈找寻真实的蒋介石——蒋介石日记解读〉书评》,《文汇报》(香港),2008年6月23日。	
75	李卫民:《全力以赴,让研究成果逼近历史真相——杨天石研究员访谈录》,《晋阳学刊》2008年第6期。	
76	蒋永敬:《蒋氏秘档与蒋介石真相》(序),重庆出版社2015年版。	
77	杨天石:《杨天石近代史文存》(序),中国人民大学出版社2007年版。

78	杨天石:《杨天石文集》(自序),上海辞书出版社 2005 年版。
79	杨天石:《我的学术自传》,《关东学刊》2018 年第 2 期。
80	杨天石:《海外访史录》(自序),社会科学文献出版社 1998 年版。
81	杨天石:《杨天石文集》(自序),上海辞书出版社 2005 年版。
82	杨天石:《海外访史录》(自序),社会科学文献出版社 1998 年版。
83	李又宁:《海外访史录》(序),社会科学文献出版社 1998 年版。
84	陈寅恪:《陈垣敦煌劫余录序》,《金明馆丛稿二编》,生活·读书·新知三联书店 2015 年版,第 266 页。
85	杨天石:《海外访史录》(自序),社会科学文献出版社,1998 年。
86	金冲及:《寻求历史的谜底——近代中国的政治与人物》(序一),首都师范大学出版社 1993 年。
87	【日】山田辰雄:《蒋氏秘档与蒋介石真相》(序),重庆出版社 2015 年版。
88	杨天石:《揭开民国史的真相》(自序),台北:风云时代出版公司 2009 年版。

国家利益:苏俄对在华合作者的选择

杨雨青

Yang Yuqing

1966年生,中国人民大学教授。
杨天石先生女儿。

提要：20世纪20年代初，苏俄的对华政策具有双重性，一方面要推进中国革命，另一方面要与中国建交并维护苏俄在华利益。为此，苏俄在中国选择能协助其实现上述双重目标的合作者。苏俄最初选择掌握北京政府实权的吴佩孚为合作对象，后又极力促使吴佩孚与孙中山联合组成亲俄政府，最终转向实力和地位不断上升的孙中山，从而既在中国找到了革命伙伴，又在自己最关心的国家利益问题上找到了解决出路。

众所周知，20世纪20年代，苏俄及共产国际在中国寻求合作者有一个曲折的过程。先是倾向与吴佩孚合作，继而转向孙中山并最终选择了他和国民党。为什么如此？多年来史学家常常偏重从苏俄援助中国革命的角度观察问题；对于苏俄外交策略及其在华利益在这一过程中的作用，虽有所涉及，但尚未深入研究。

当时的苏俄对华政策有两方面。一方面，苏俄希望推进中国国民革命，进而推动东方革命，以便沉重打击帝国主义的后方，摧毁帝国主义的殖民体系，从而推动世界无产阶级革命。为此，苏俄需要在中国寻找盟友，组织能够在俄国共产党人支持下进行反帝斗争的力量。另一方面，苏俄仍然要同当时中国的合法政府—北京政府，甚至地方军阀保持外交和经济关系，从而保留沙俄在中国遗留的部分特权，维护苏俄国家利益。苏俄的这双重目的就构成了其对华政策的双重性。人们可以看到，苏俄在与中国各派政治力量发生关系时，始终围绕上述双重目的旋转。在许多时候，其国家利益被放到了第一位。[1]

一、苏俄外交策略及其在华利益

十月革命后，苏俄为了打破美、英、法、意、日等协约国的封锁，巩固新生政权，并确保其远东边界的安全，力图协调与改善同邻国的关系，争取他们的外交承认。自然，中国，这个最大的邻国成为苏俄外交的重点。

当时，中国北京政府由皖系军阀段祺瑞掌握，追随协约国，不承认苏俄政府，允许老沙俄外交人员继续在中国行使权利，仍然将庚子赔款交给沙俄使馆。同时，在日本诱逼下，北京政府于1918年5月与日本签订《中日陆军共同防敌军事协定》和《中日海军共同防敌军事协定》，共同反对苏俄。随后，大批日军开入中国东北，成为苏俄在远东的极大隐患。苏俄政权不希望中国继续同沙俄保持旧的外交关系，成为旧俄残余势力的据点；也不希望北京政府长期亲日拒俄，出现中日联合对付俄国的局面。因此，苏俄两次发表对华宣言，又接连派出使团与中国交涉，力求改变北京政府的对俄态度，希望它驱逐旧俄代表，与自己建立新的外交关系。

苏俄急于和北京政府谈判，不仅是想得到外交承认，以保证其远东边界的安全，还想获取一些重大利益，具体说来，主要是外蒙古问题、中东铁路问题等。苏俄政府在对华宣言中宣称要放弃沙俄侵华权益，与中国签订新的平等的条约，但是，一涉及具体问题，就违背宣言的原则，在外交谈判中采取强硬政策，力图继承沙俄的一部分在华特权。这些问题，涉及中国领土主权，损害中国的利益，因此，中俄谈判长时间不能达成协议。

外蒙问题是苏中交涉中最大的障碍。为了消灭流窜到中国外蒙古地区的沙俄白匪军,苏俄红军和远东共和国军队在未经中国政府允许的情况下,于1921年5月进入外蒙古地区。6月15日,苏俄外交人民委员契切林致电中华民国外交部,声称此乃"俄共和国为协助中国起见,去除匪徒"之举,"一俟大功告成,俄军即退出蒙境"[2]。但实际上,在苏俄的扶助下,蒙古正式成立人民革命政府,并声明不再承认中国的宗主权;11月5日,俄蒙又签订条约,承认外蒙独立,而且,根据协定,红军在蒙古的逗留时间无限期延长。

中国民众对苏俄政府的做法表示强烈的不满,纷纷要求俄军从蒙古撤出,北京政府也在中俄谈判中多次进行交涉。然而,苏俄一方面表示承认蒙古是中国领土的一部分,声称对蒙古绝无侵占之意,另一方面,却找出种种借口,拒不撤兵。

中东铁路问题是双方着重讨论的第二个问题。中东铁路是沙俄根据不平等条约在中国东北境内修筑的铁路线。苏俄第一次对华宣言曾宣布愿将该路无条件归还中国,但第二次对华宣言即有所退步,宣称要"为苏俄需要另行签订使用中东铁路办法的专门条约"。[3]中俄双方就中东铁路的路权问题进行了多次谈判,北京政府提出可以现金或债务将其收回,并商议运输章程,给俄国以优惠待遇,遭到俄方拒绝。

苏俄出于同中国改善关系的外交策略,和北京政府进行谈判,并急于签订新的条约;但是,苏俄还坚持继承沙俄侵华的部分特权,又使谈判无法顺利进行,阻碍中苏达成协议。这二者相互冲突,苏俄却力图鱼和熊掌兼得。

二、重吴而轻孙

为了实现上述对华外交的重要目标，保证自己的国家利益，苏俄在与北京政府交涉时，非常看重中国的实力派，谁有实权，能对北京政府施加影响，能促使俄中谈判朝对苏俄有利的方向进行，并有实力、有可能与苏俄联合反日，就希望与谁合作。苏俄最初重点联络吴佩孚而忽视孙中山，在相当大程度上取决于这些因素。

1920年7月以前，皖系当权，对苏俄持敌视态度，苏俄的种种外交努力均遭拒绝。1920年8月，直系吴佩孚联合奉系张作霖打败皖系，共同控制北京政府。吴为了尽可能从各国获取援助，壮大自己的力量，不仅同英美等国密切合作，而且也想同苏俄联系。在他的影响下，新的北京政府相继采取一系列同苏俄政府改善关系的措施。如立即接纳曾被北京政府拒绝入境的苏俄远东共和国优林代表团，撤销沙俄驻北京领事馆，通知沙俄使臣结束外交使命，撤销同日本签订的反对苏俄的联合军事协定，等等。[4]

亲日派下台，苏俄自然高兴。吴佩孚又做出种种友好举动，苏俄当然更加欢迎。在这种情况下，苏俄外交部、远东共和国、共产国际都对吴佩孚政权抱有希望，试图与之联盟。

8月26日，优林使团到北京后，积极接近吴佩孚。10月9日，苏俄、共产国际派往中国的第一个使者维经斯基到洛阳访问吴佩孚的幕僚白坚武，同他讨论了中国的政治形势，并介绍了苏俄的情况[5]。维经斯基主张联合吴佩孚以发动民主运动[6]。共产国际代表马林回忆说，当时共产国际"伊尔库茨克局全都是俄国人，它与在北京的非正式的俄国使团有联系。中国承认赤塔远东共和国政府的谈判正在进行。赤塔的俄国人坚信，为开展中国的民族主义运动而可以合作的人是吴佩孚，而不是孙中山，他们认为孙中山是不切实际的梦想家。他们同意支持吴佩孚。伊尔库茨克局只与赤塔政府合作，它的活动仅仅受俄国在华北的利益所支配"[7]。

吴佩孚受到青睐，还在于苏俄看中了他的实力和地位。苏俄在分析了中国政治舞台上活动的现实力量后，认为吴佩孚最有前途掌握中国军政大权、控制中国局势，因而是最好的合作对象。这可以说是苏俄选择他的第二个原因。

1920年，当苏俄向中国伸出外交触角之时，正是吴佩孚刚打败皖系、控制北京政府之后。显而易见，吴佩孚一派是其时强有力的政治力量，如与之合作，对苏俄对付日本、展开与北京政府的外交极为有利，因此苏俄将目光集中于他。1922年，吴佩孚的势力不断增长，更成为苏俄注意的焦点。3月15日，俄罗斯联邦驻远东全权代表、苏俄驻北京外交使团顾问维连斯基－西比里亚科夫从北京给列宁寄去了报告中国形势的密信。维连斯基分析了中国现有的执政党派以及它们各自占有的地区，提供了每一派现有武装力量及其所统治的地区人口数据，最后得出结论："只要浏览一下附上的中国示意图，就可以发现，直隶派占有最有利的战略地位，它几乎统治了人口稠密、具有巨大经济意义的整个华中和长江流域。与各竞争派别相比较而言，直隶派是最强大的，而且吴佩孚元帅作为军事领导人所取得的成就，为他进一步扩大影响和加强实力，创造了非常有利的局面。"[8] 7月3日，维连斯基给契切林和托洛茨基发去密电，再次指出："中国政治中的主要人物是吴佩孚将军,他掌握着军队、财政、交通以及内政部,南方多数省份现在投靠了吴佩孚。"

苏俄除了认为吴佩孚有实力控制北京政府以外,还认为吴有可能与自己联合反日,这是苏俄注重联合吴佩孚的第三个原因。

1920年8月,吴佩孚打败亲日派皖系,受到苏俄欢迎。1922年4月底,吴又发起对亲日派张作霖的战争,再次与苏俄反日的利益取得一致,更为苏俄所看重。6月,直奉战争结束,张作霖败退关外,盘踞东北。张作霖与日本勾结,在东北给苏俄造成很大威胁,沙俄白卫军又在东北北部流窜,因此苏俄反对张作霖;而吴佩孚由于未能彻底摧毁张作霖的力量,也继续反张。这一共同的斗争目标成为二者相互接近的原因之一。6月27日,维连斯基受吴佩孚的邀请访问吴的大本营,会谈后吴佩孚委托他转交给俄国武装力量领导人托洛茨基一封信,信中谈到俄中在远东任务的一致性问题,即是指的这点。维连斯基认为"这是中国和苏俄之间签订军事政治协议的出发点。"这表明,苏俄想联合吴佩孚共同对付日本,以消除日本在远东对苏俄的威胁。

由于以上原因,苏俄、共产国际把掌握北京政府实权的吴佩孚当成是"资产阶级民主主义者",认为他是"中国资产阶级自由主义的领袖"[9],积极地谋求与之合作;而与真正的资产阶级民主派孙中山虽早有接触,这时却不愿公开联络,惟恐影响与北京政府的谈判。

还在1918年,孙中山致电苏俄政府,祝贺苏维埃国家的成立。列宁委托契切林于同年8月1日复函孙中山表示感谢,但是孙中山没有收到此信。其后,苏俄、共产国际陆续派人与孙中山接触。1920年秋，维经斯基和孙中山在上海会谈，孙表示希望能将"中国南方的斗争与远方俄国的斗争结合起来"[10]。

原俄国将军波达波夫在上海也同孙中山进行过多次谈话。他在1920年12月12日给契切林的报告中详细介绍了孙的情况。报告说："在中国各地他都有追随者，在革命人士中他有一些忠实的朋友"，还说："他本人在中国人民中享有很高声望，在报刊上常常被称为国民党领袖"。1921年4月21日，共产国际执委会远东部书记索科洛夫-斯特拉霍夫也作了关于广州政府的报告，提到广州政府试图同苏俄签订协议、建立关系，但是"他们广州人不知道为什么优林至今蔑视广州。"报告最后的结论是："广州政府可能被我们用作进行东方民族革命的工具"，因此应该"同广州政府尽快建立联系"，目的是"在广州政府中物色一些能够在中国发动全民起义来反对日美资本对整个远东的奴役的人物。"

但是，苏俄外交人民委员部收到这些报告后，并没有立即采纳报告人的建议，因为此时苏俄正致力于同北京政府谈判，对与广州政府联系有很大顾虑。1921年10月31日，契切林致电在赤塔的俄共（布）中央政治局成员、远东共和国外交部长扬松，咨询能否向广州派遣代表团，"广州政府单独同许多政府有交往，我们可否同它来往，这不会造成无法同北京建立联系？北京是民族统一的象征，首先我们应该同北京来往。如果我们打算同时与广州来往，同北京的联系会不会中断？"

同年11月6日，契切林给列宁去信，并附有孙中山的信[11]。契切林表示：从扬松的回电中可以看出，"我们在北京设立代表机构后就可以同广州政府进行往来。在此之前，我们认为不便给孙逸仙写信。去年我们给他写信时[12]情况不同，因为当时同北京的谈判尚未开始。"第二天，列宁回了一张便条，说明自己不认识孙中山，互相之间也从未通过信，指示要对孙中山尽量热情些，要常写信，并要派人去广州，但要尽量秘密进行。

12月7日，契切林遵照列宁指示的原则，电令苏俄驻华特命全权代表、使团团长派克斯："同广州政府的接触，应基于对中国民主民族解放运动的同情，要谨慎从事，以不致影响我们对北京的政策。"他还希望派克斯尽量不让北京知道自己给孙中山的信，并说"同他秘密进行书信往来会是很有好处的，但一旦为人所知，我担心会不会妨碍我们在北京的工作。"

可见，苏俄基于第一方面的政策，即要推动中国民主民族革命运动，知道应与孙中山接触，共产国际一些人也主张与之合作。然而，由于与北京政府的谈判更关系到苏俄的利益，苏俄担心同广州政府的往来会影响与北京政府的谈判，只好把对中国革命的支持放在第二位，首先与北京方面来往，与孙中山只进行谨慎和秘密的接触，与他合作是谈不上的。

三、同时联络吴、孙，争取二者合作

苏俄为了迅速与北京政府建立外交关系，积极接近掌握实权的人物，对用处不大甚至会妨碍谈判的人则敬而远之。但是，仅依靠吴佩孚一派的力量，并未产生多大效果。由于外蒙和中东铁路等症结，优林和派克斯使团与北京政府的谈判都未取得进展。为了打开俄中谈判的僵局，1922年7月，苏俄任命更得力的人物越飞为驻华全权代表，组成新的外交使团。并且，苏俄的策略有所变化，不再死盯着北京政府一方或某一个政治派别，而是尽可能地与各方力量联系，以求得他们在外蒙和中东铁路问题上对苏俄观点的认可或支持。在这种情况下，越飞虽继续以吴佩孚为主要联络对象，但也加强了与孙中山的联系。

8月19日，越飞致函吴佩孚，提出了一些"具有特别重要的意义"的问题，首先就是"建立我们两国之间本来就应有的友好关系"。越飞摆出一系列理由，力图说明俄中恢复建立正常的外交关系对中国是多么的有益。他说："第一，中俄之间有着一系列悬而未决的问题，解决这些问题恰恰对于中国比对于俄罗斯联邦更为有利。第二，现在正是时机，错过这个时机，中国就有可能处于不利的地位。"

越飞所指的悬而未决的问题，主要是外蒙和中东铁路等，他知道中国很重视这些问题，便以此来说服中国人主动谈判。越飞所指的时机，是俄最好先同中国谈判，再同日本谈判。当时，越飞还肩负着与日本谈判以使日本从俄国撤军的使命。他知道中国人担心俄日谈判对中国不利，就拿它来压迫中国，声称如果俄国先同日本谈判，他很可能会因为不了解中国的需要和利益，而做出有损于中国的错事，以此来催促中国尽快与俄国谈判。

在这封信里，越飞还极力为俄国向蒙古派驻军队并一直驻扎在那里辩解，说是因为俄国军队从蒙古一撤出，白卫匪帮就会很容易进驻那里，向远东共和国后方发动新的攻势；还说如果俄国军队撤出，就意味着张作霖立即去占领蒙古，这既不符合俄国的利益，也不符合中国的利益。当时，吴佩孚想调用自己的军队进入蒙古。越飞称，这是不恰当的，他强调，蒙古问题只能通过签订条约的途径来解决。他劝吴佩孚"最好是一方面向中国公众说明对我们进行攻击是错误的和不公正的，另一方面还是尽快同俄罗斯联邦签订条约。"

总之，整封信都是在向吴佩孚说明，尽快签订中俄条约是很重要的。为了更好地讨论这些问题，越飞还派自己的军事顾问、俄国总参谋部学院院长格克尔拜访吴佩孚。此后，越飞又多次派格克尔见吴，还派使团的海军武官贝利、汉语专家伊万诺夫教授以及苏俄驻北京通讯社负责人霍多罗夫拜见吴佩孚，显示出对与吴交往的重视。

一个月后，越飞再次致函吴佩孚，重申在蒙古问题上的立场，坚持说，立即从蒙古撤走俄国军队只对张作霖和帝国主义有利，而立即停止抗议运动则符合中国人民的利益。11月18日，越飞又给吴佩孚去信，再次提道："谈判中的最严肃问题仍然是蒙古问题""如果中国代表想在会谈中彻底解决中蒙问题，那么没有外蒙代表的参加，我们是绝不能同意的。"关于中东铁路问题，他表示："我们完全放弃沙皇政府的那种罪恶的掠夺性政策，然而，我们却不能放弃我们在这条铁路上的利益。具体地说，就是我们要求掌握铁路的理事会。"越飞请求吴佩孚"在谈判期间要给予我强有力的支持"。

当时，中国外交部长顾维钧坚持要俄军立即撤出蒙古，因此，越飞向吴佩孚抱怨说："同顾先生我们是无论如何也谈不来的"，暗示吴撤换顾维钧。越飞说，"您曾经向我指出，如果不能说服顾维钧，那就要起用另一个更适合的部长去代替他。我很清楚，说服他不仅已经不可能，而且恰恰是在这一时刻他更加积极地实行敌视我们的政策。"

在继续极力争取吴佩孚的同时，越飞也多次秘密与孙中山通信，并派格克尔同孙见面，力图说服孙进行积极的政治活动，干预北京事务。在第一次致函吴佩孚三天之后，越飞致函孙中山，以相似的语言和理由谈了俄中谈判问题以及蒙古问题。他表白说："我们无论从政治上还是经济上都不打算向蒙古渗透"，但是又坚持"我们若在目前的混乱时刻撤出军队，日本帝国主义就会乘虚而入，所以我们现在离开蒙古对中国不利。"他还说："所有问题都是紧密联系彼此交织着的，不能提出其中一个来单独讨论。"他向孙提出："如果您同意我的看法，或许您可在尽快开始俄中谈判方面行使自己的影响。"9月15日，他在信中很策略地对孙中山谈到中东铁路问题："鉴于某些条件，俄国在中东铁路及其所谓的隔离地带拥有特殊的利益，我不怀疑，在即将举行的俄中谈判过程中，这些利益将会得到中国的理解并给以满足。"

从这些信件可以看出，越飞求助于吴佩孚和孙中山，是希望说服这两位有影响力的人物赞成苏俄的意见，通过他们消除中国社会的反俄舆论，并对北京政府与苏俄的谈判施加影响。

对于越飞提出的蒙古问题，吴佩孚的答复是，同意该问题应在同俄国的谈判中加以解决，此外，他准备组建一个精锐师，指望在1923年春能占领蒙古。他还让格克尔参观了正为此目的做准备的一个久经沙场的师团，其意思是"一旦中国能够接收蒙古，俄国军队就立即撤走。"孙中山的答复是："我完全相信贵国政府的诚意。我接受莫斯科无意使这一地区脱离中华民国政治制度的保证。我同意,在北京出现改组后的能同贵国政府进行谈判的政府之前,苏联军队应留在那里。贵国军队立即撤走,只会迎合某些列强的帝国主义利益。"

对于中东铁路问题,孙中山在给越飞的回信中没有明确作答,吴佩孚则认为越飞的意见与自己没有什么特别的不同。吴佩孚提出,当中国有能力接收中东铁路的时候,俄国应将它无条件地归还给中国,而中国方面也应该保障俄国的有关利益,以表达对俄国的友谊。对于苏方提出的两个具体问题,即更换中东铁路理事会、由苏俄政府派员取代旧俄人员以及派护路警察和护路队,吴佩孚认为是临时性措施,并不违背基本原则,建议越飞向外交部部长顾维钧提出并一起讨论。

看起来,越飞对吴佩孚和孙中山的工作取得了一定成效,二人在中东铁路问题上没有什么异议,都同意谈判解决蒙古问题,苏俄可以暂不撤军。另外,越飞希望吴佩孚能对北京政府施加影响的目的也部分达到了,顾维钧作出了先开始谈判而后再讨论撤军的让步,北京政府外交部照会越飞:"如中俄会议能速开,即俟会议时再行确定撤退办法,则本国政府亦可姑不坚持异议。"[13]为此,越飞对吴佩孚说:"借此机会感谢您在顾维钧要求把我们的军队撤离蒙古时给予我的帮助,大概是在您的影响下,顾维钧在其照会中收回了这一要求。"

需要说明的是,虽然此时越飞既同吴佩孚正面接触,又向孙中山暗送秋波,但因为谈判的对手是北京政府,而吴掌握着北京政府大权,因此越飞工作的重点仍是吴佩孚,他认为目前还不能与孙中山合作。在11月7日和8日给契切林的电报中,越飞称:

"从政治角度来看，目前孙逸仙与中国官方立场相距如此遥远""在官方场合他只是一个个人，我们与他公开签订协议还为时尚早"，那样，"中国政府完全可以宣布与我们断绝外交关系""我就什么也做不成"，而"当孙逸仙在中国政府中占据适当位置时，那就另当别论了"。关于这一点，越飞对孙中山的助手张继也作了解释："我们一直很清楚，只有孙逸仙是我们在中国的唯一朋友""但是作为官方人士，我必须与中国的中央政府打交道。""为了对它施加影响，我必须利用那些出于某种缘故对我们友好的力量。至今孙逸仙仍然实行抵制政策，不干预中国政府的事务，也不对它施加影响，那我就不得不诉诸吴佩孚。因此我才接触吴佩孚。"

苏俄同时联络吴佩孚和孙中山的另一个目的是，利用前者的军事力量和后者的政治威望，在北京另外建立一个亲苏的民族主义政府，以取代现政府。苏俄认为这样既可以促进中国的民族解放运动，又可使俄中谈判顺利进行。

越飞来华前后，中国国内各方力量促成孙、吴和解的工作已开始进行，苏俄代表派克斯也曾试图说服吴佩孚转向国民党，同孙中山和解。越飞到任后，即分别做吴、孙的工作。而当他发现，尽管吴佩孚和孙中山在某些问题上帮助了他，俄中谈判仍然十分艰难，特别是苏俄利用吴佩孚干预中国政局的企图没有完全实现后，更加极力促成吴、孙合作。

苏俄曾经试图让吴佩孚运用手中的权力更换政府某些成员甚至整个内阁，这种努力初时取得一些成效，后来失败了。1922年8月4日，派克斯在给加拉罕的电报中说，"吴佩孚履行了排除颜

惠庆的许诺。后者已不担任任何职务。"颜自1922年

6月至8月担任北京政府首脑,主持中俄谈判,苏俄对他不满意,因而通过吴佩孚逼他下台。此后,吴佩孚对越飞声明,苏俄"不值得与现时的中国政府打交道,它不中用,将在7至10天内被他们驱散"。然而,事情没有吴佩孚想象的那样简单,吴没能按向越飞作出的保证更换整个内阁,只是在干预总理人选。结果是,吴佩孚通电请王宠惠组阁[14]。

越飞认为吴佩孚这样做的原因在于他还不能组建自己的政府,因而宁愿支持软弱的现政府。在这种情况下,越飞不再希望"中国现政府在受外国人左右的情况下能够将同俄国的谈判进行到底并取得理想的结果。"越飞对那种只变动内阁某些人员的做法不满,还是想成立新政府。随着中国各派军事政治集团实力的变化,以及对他们之间相互争斗情况的进一步了解,越飞认为吴、孙合作是最理想的。

此时,中国最有势力和最有影响的重要人物分别是:吴佩孚,控制着华中地区;张作霖,控制着以东北为基地的北方地区;孙中山,是一位受人尊敬的老革命家,具有不可忽视的影响力,是各种政治力量瞩目和争取的对象。在这三人中间,吴佩孚和孙中山都对苏俄表示友好,孙中山是中国的思想领袖,吴佩孚是军事领袖,苏俄当然希望他们能联合一致与苏俄结成巩固的同盟,再通过孙与张作霖的关系,取得张作霖对这个联合政府的承认和支持。这样中国就能够统一在一个对苏俄有利的政府之下,苏俄的一切事情就好办了。

为此,越飞写信并派格克尔去见吴佩孚,向吴提出建议:

"我个人觉得，只有您与孙逸仙先生一起建立的政府，才是唯一能够使中国摆脱严峻局面和建立统一而独立的中国的政府"，他还保证："这个政府完全可以指望得到俄国的全面支持。"

越飞也给孙中山去信，信中说："根据我对中国形势所作的分析，我还觉得，您同吴佩孚联合并一起建立中国中央政府，对中国来说，这是最好的联合。"他建议："为了确保张作霖承认和支持这个政府，应该恢复他的一切称号、官职和官衔。"他认为，"张作霖会同意这样的条件，这样一来，这个政府实际上就统一了全中国。"他还声明："俄国愿意全力促进中国的民族统一和摆脱世界帝国主义的羁绊，它一定会给予这样的中国政府以力所能及的支持和援助。"9月18日，越飞写信给一直在做联合孙中山工作的共产国际驻华代表马林，告诉他说："从我给孙的第二封信中您会看到，对我来说现在最重要的是让孙和吴一起组建政府并与张作霖和解，至少要让张作霖承认和支持孙逸仙－吴佩孚政府。请您支持我的这一政策并向孙作出解释：这样的政府不仅可以指望得到俄国的支持，而且还可以指望得到整个共产国际的支持。我认为，成立这样的政府是当今中国政治的最重要方面。"

9月26日，格克尔与孙中山在上海孙的寓所进行会谈，格克尔表示："俄国原则上准备帮助中国的统一事业，毫无疑问，俄国认为孙逸仙是能够实现这种统一的人。"但是，"正如越飞同志已经指出的，最好与吴佩孚联合并尽一切可能防止爆发新的内战，因为内战会导致外国列强的进一步干涉，也可能导致对北京的占领。"

由于中国国内许多方面和苏俄都极力向吴佩孚和孙中山推荐

对方，二者进行了接触，试图弄清双方合作的可能性。吴佩孚的朋友、内务总长孙丹林曾准备去上海跟孙中山会谈；孙中山也曾授权马林和北京政府总理王宠惠代表他同吴佩孚进行谈判，还派出徐谦、张继到洛阳向吴佩孚"陈说意见"[15]。但是，由于双方的根本利益不同，吴、孙都发现与对方合作是困难的。孙中山在1922年11月2日给越飞的信中指出，吴佩孚对自己的态度实际上很强硬，与他打交道确实很困难。孙中山表示很想与吴合作，但是，"吴佩孚想让我抛弃张作霖作为对与他合作的一种酬谢。这样的行动方针我是不能接受的，更何况张作霖准备同意进行有所有领导人参加的全国性协调活动。"同时，孙中山还怀疑吴佩孚和陈炯明有联系，因而不信任吴佩孚。

孙中山怀疑吴佩孚没有合作的诚意，反之，吴佩孚鉴于孙中山和张作霖过分亲近，并与安福系分子有来往，对孙也持同样的怀疑态度，因而拒绝委派孙丹林去会谈。为此，越飞在11月18日又给吴佩孚去信，极力想打消吴的疑虑，力劝吴与孙中山联合。他谈到目前北京的局势，指出"中国的中央政府有点儿想摆脱您的影响。我个人认为，这样的处境更加严峻地表明您有必要与孙逸仙联合。"越飞坦言，"由于我还是相信，不论同现政府，还是同任何一个更反动的政府，我们都绝不可能达成一致意见，而一旦关系破裂，局面将会急剧恶化，所以我仍然认为，您与孙逸仙和解并建立你们的联合政府是最重要的。"越飞申明，"我再重复一遍，我准备竭尽全力促成此事。您非常明白，我们将会给予您巨大的帮助并对中国正在发展的事件施加重大影响。我请您注意这样一点，为了中国人民的利益我是决不拒绝给予这种帮助的，但同时我也期待着您的协助。"

然而，越飞的努力未获成功，吴佩孚与孙中山的关系无法协调，使吴孙成立联合政府不可能实现。苏俄只得放弃这一计划，另谋他途。

四、弃吴而取孙

与苏俄的愿望相反，联合吴佩孚这个实力派人物，利用他对中俄谈判施加影响，推翻现政府，与孙中山合作建立一个亲俄的新政府，这一切都未能成功。加之在蒙古问题上，吴佩孚对苏俄越来越表示不满，双方之间的意见分歧越来越大，吴佩孚的利用价值越来越小，苏俄遂决定弃吴不用。相反，从1922年底起，一直愿与苏俄建立联系的孙中山开始受到重视，苏俄代表越来越倾向于孙中山。

作出这一决定是由许多原因造成的，其中包括外交谈判对手的转变，中国政局的变化以及随之而来的实力集团的变更。

1922年12月，由于中俄在外蒙和中东铁路问题上立场截然相反，越飞与中国外交部的谈判陷于停顿，苏俄在北京政府身上付出了长达两年时间的努力而未能达到目的。这使越飞继续留在北京徒劳无益，不得不将目光转向南方。一方面是为了另辟蹊径，谋求与南方的广州政府建立关系，争取得到从北京政府那里未能获得的东西；另一方面也是为了对北京政府施加压力，使北京政府因害怕苏俄与广州政府签约而主动要求重开谈判，并对苏俄作出重大让步。与北京政府的谈判中断了，吴佩孚自然用不上了；而要与广州政府达成协议，则必然要与孙中山联系。

恰在这时，北京政权发生变动，直系保定派（曹锟）与洛阳派（吴佩孚）争斗，吴佩孚支持的王宠惠内阁倒台，代之以曹锟做后台的张绍曾内阁。吴佩孚的势力受到削弱，反之，孙中山的政治影响却在扩大。9月，孙中山接受马林和中国共产党人的建议，开始进行改组国民党的工作。10月，孙中山命人在福建组织讨贼军，准备讨伐陈炯明，重建广州革命基地。中国政治形势的这些变化，以及随之而来的实力集团的变更，也促成了苏俄合作对象的转变。

12月12日，越飞向莫斯科报告，国民党是中国无比重要的力量，可借以推动民族民主革命。在北京的一切谈判均欠妥当，同吴佩孚、张作霖的私人联系也都不是最要紧的事情[16]。如果吴、孙能谅解当然更好，否则，在任何情形之下，苏俄必须对中国革命力量加以支持。

1923年1月4日，俄共（布）中央政治局会议作出重要决议，赞同越飞的旨在"全力支持国民党"的政策，"并建议外交人民委员部和我们共产国际的代表加强这方面的工作"。

1923年1月13日和26日，越飞给俄共（布）、苏俄政府和共产国际领导人发去了两封至关重要的信。在这两封密信里，越飞分析了中国总的政治形势，并对比了吴佩孚与孙中山，最后得出了应倾向于与孙中山合作的重要结论。

首先，越飞分析了1922年底曹锟争当中华民国总统以后的局势，指出："目前吴佩孚处于孤立状态。他在中国中心省的地位已被曹锟及其同伙取代。同时，吴佩孚先前的政府已不再存在。"(第193页)但是,新上来的曹锟并不被越飞所看好,越飞认为"曹锟及其同伙在中国社会上没有扎实的根基,因此总的说来他几乎不能依靠任何人";曹锟的所谓政府,实际上都是一些平庸之辈,"整个内阁将是中国历史上第三个有名无实的议会内阁。"越飞还认为,曹锟与张作霖的谈判,"无论如何不会给曹锟带来任何荣誉,也不会使他取得巨大的成功"。

接着,越飞专门分析了吴佩孚的情况,在前一封信中他指出:"吴佩孚目前实际上只有一个河南省,如果他不扩大自己的势力范围,他就没有任何前途。"虽然"吴佩孚过去或许也没有大块地盘,但他能利用自己对中央政府的影响,实际上从铁路上得到中国中央政府的几乎全部收入。"而现在,政府不掌握在他手里,这些收入就落空了,这也是促使吴佩孚要去夺取更多地盘的一个原因。越飞进而分析说,吴佩孚要夺取地盘,但是他不可能向北方进军,因为他不可能同曹锟彻底决裂,对曹锟发起公开的军事进攻;这样一来,他除了向南方挺进以外别无出路,这就必然会同孙中山发生冲突。在后一封信中,越飞提到吴佩孚也改变了对俄国的方针。1923年1月1日,曹锟、王怀庆发表通电,谴责苏俄的蒙古政府,号召"合内外上下一致力争,务期早定蒙疆,固我藩篱"[17]。1月4日,吴佩孚发表通电响应,表示赞同曹、王的主张[18]。因此越飞说:"在蒙古问题的整个喧闹中,最重要的是,吴佩孚也在俄国所有敌人的大合唱中提高了自己的嗓门,并发出一份令人极难理解的通电,其内在含义只能解释为,吴佩孚试图证明,他在蒙古问题上绝不讨好俄国。"总之,越飞认为,"吴佩孚的客观状况迫使他不仅反对孙,而且也反对我们。"

然后，越飞又分析了孙中山："与上述事变发生的同时，孙逸仙的声望大大提高了。"他不仅在福建省站住了脚，而且不久前已向广州进军。"这样看来，孙逸仙不是今天就是明天，迟早会恢复在南方的全部影响。"越飞还考虑到目前张作霖正与孙中山联手，因此认为，孙很可能在近期内实际上成为除吴佩孚控制的一小块区域之外的中国的统治者。

通过对比，结论是不难得出的。在前一封信中越飞写道："不管怎样，业已改变的局势和吴佩孚的实际状况使他对俄国的态度有所恶化。我本人将利用自己的一切影响，使吴佩孚和我们的关系不致破裂，但是我认为，如果我们不得不在吴佩孚与孙中山之间作出抉择的话，那么无疑我们要选择后者。"在后一封信中越飞重申："孙逸仙在整个南方取得的决定性胜利，吴佩孚和孙逸仙之间关系的尖锐化立即向我们提出了一个我早已提出的问题：一旦吴佩孚和孙逸仙之间发生公开冲突，我们应该选择谁。如果你们记得的话，我对这个问题早就坚定不移地回答：如果我们不得不作出选择的话，我们决不能支持吴佩孚去反对孙逸仙。"

除此以外，越飞还提出了一个问题："谁是中国真正的政府，我们应该跟谁打交道？"越飞说，"当时所谓的华南政府在思想上更接近我们，但是在那个时期，我们没有可能同南方政府，即同孙逸仙进行直接的接触。"但是现在情况不同了，越飞问："我们是否应该仍像过去那样客气地对待毫无用处的受帝国主义奴役的中国中央政府"，还是"转而采取真正革命的政策，承认孙逸仙的革命政府是中国的合法政府，并只同它打交道"。越飞的话等于承认了苏俄在合作对象问题上的政策主要不是出于革命的考虑，虽然明知孙中山与自己的思想更为接近，最初苏俄却没有直接接触，怕影响与北京政府的谈判；如今北京政府没有用了，而按照越飞对中国事态发展方向的预见，孙中山的政府有取得成功的希望，这时才考虑与孙打交道。

当然，越飞也注意到，"国民党以及孙逸仙本人，在我们的思想影响下，近几个月来在很大程度上改变了自己的本质；国民党确实正在成为中国群众性的政党。"他还说，孙中山经他多次劝说明白了，光靠军事手段不可能实现中国的变革，必须采取更积极的政策。"至少，目前孙逸仙甚至向中国现政府派来了自己的代表，并从昨天起在这里开始谈判，由此证明，他希望通过政治的、外交的途径影响中国的政策，而不是单纯地使用军事手段。"

总之，莫斯科终于认识到，同吴佩孚合作是无益的，而孙中山在解决苏俄对华关系两方面问题的过程中将起到重要作用，他才是俄罗斯联邦唯一的盟友。从这时起，俄共（布）中央政治局和苏俄外交人民委员部决定积极支持孙中山和国民党。

1923年1月16日，陈炯明被打败，广州克复，孙中山准备回粤。同一天，越飞一行五人去上海，与南方革命力量接洽。1月18日、19日、22日，越飞与孙中山进行了几次会谈。1月26日，《孙文越飞联合宣言》发表，表明苏联与孙中山建立了公开的联盟。看起来，苏联人终于找到了合适的盟友。在孙中山这里，苏俄对华政策的两个方面不再互相矛盾，而是有机地融为一体了。苏俄找到了革命伙伴，也在自己最关心的利害问题上找到了突破口。苏联的代表想尽各种办法，在两年中未能从北京政府和吴佩孚那里争取到的东西,最终还是在孙中山这里获得了。《孙文越飞联合宣言》表示苏俄要与孙中山建立关系,也宣布孙中山在外蒙和中东铁路问题上同意苏俄的意见。

莫斯科仔细研究了越飞提出的积极支持孙中山的请求。革命军事委员会主席托洛茨基和总司令加米涅夫都亲自过问这一问题。1923年1月20日,托洛茨基写信给越飞说:"政治局同意您的总的提纲。政治局特别强调,不管中国出现任何政府组合,都必须继续在支持孙逸仙的民主组织和配合中国共产党人的工作方面进行系统的工作,并决定征询您的意见,为加强内部的系统的宣传工作可能需要多少款子。"2月6日,托洛茨基给加米涅夫寄去越飞的信,让加米涅夫"最好在地图上标出正在争斗的中国将军们的位置和实力,并考虑一下我们能向孙逸仙提供什么样的帮助",要求他提出初步意见。

3月8日,俄共(布)中央政治局召开会议,讨论了越飞的建议,认为最好在中国西部建立革命军队的基础,可以给孙中山约200万墨西哥元的资助,并经孙同意后向他派去政治和军事顾问小组。

此后,苏俄与孙中山的合作全面展开。

综上所述,苏俄在中国选择合作者时,相当多地考虑了本国的利益,并为此实行了重视和联合中国实力派的政策。关于这一点,俄共(布)有些人当年就看得很清楚,并提出了批评。1923年8月25日,曾任共产国际执委会东方部副部长的斯列帕克写信给维经斯基说:"大家都被套在孙逸仙的马车上,对其他的一切都不屑一顾。"他认为"应当彻底消除党是为外交人民委员部服务的观点。当霍多罗夫或者马林认为吴佩孚是个非常好的人,俄罗斯应当面向他等等时,他们就把党拉向这方面,并竭尽一切努力使党纳入这一轨道,大家也都做了努力。后来,当实际生活抛弃了对吴佩孚的这些幻想时,党又采取了另一条路线。人们开始把党拴在孙逸仙的马车上,要把孙从他'可爱的'拥护者所设置的冒险泥潭中拖出来。"他指出,"明天如果有人喜欢张作霖,并认为必须面向他,那么又是:伙计们,到那里去吧!"他大声疾呼:"必须结束这种状况。让党还是一个党,全面开展自己的工作吧,但愿任何贯彻越飞的观点或外交人民委员部其他代表的观点的马林们,不要使党陷入一会儿向这位将军点头、一会儿向另一位将军点头的变化不定的窘境。外交人民委员部需要这样,但不要把党牵连到这种事情里去。""应该结束这种僵局,不要做外交人民委员部的尾巴。"

遗憾的是,俄共(布)中央并没有接受这样的意见,仍然继续贯彻重视实力派的政策,随着中国政治形势的变化,谁最具实力,就想与谁合作。按照以前的论点,在1923年吴佩孚镇压京汉铁路工人罢工,其军阀本质和反对革命的本性暴露之后,苏俄、共产国际联合吴佩孚的政策就破产了[19]。然而,事实却不是这样。1925年,吴佩孚的势力上升,俄共(布)又提出了联吴的主张。10月,俄共(布)中央委员会委员伏龙芝报告,"中国的事态发展进程,越来越把吴佩孚和他所领导的直隶集团推到首要地位。吴佩孚正在成为核心政治领导人物,同时好像也在成为民族运动重新爆发的中心。人民军以及冯玉祥的作用和意义在渐渐消失。人民军、国民党、中国共产党等有必要同吴佩孚建立固定的关系，这是整个形势决定的。"由于张作霖继续采取亲日政策，其势力在日本人的帮助下不断巩固，在中国东北给苏俄造成很大威胁，加之张一直玩弄手腕，加剧日本与苏联之间的紧张关系，因此苏俄的方针是打击张作霖，为此需要联合吴佩孚。伏龙芝说，"中国国民革命运动的主要敌人依然是张作霖。现阶段国内战争的任务，应该是从军事上和政治上彻底打垮张作霖。吴佩孚的行动能造成有利的局面，必须加以利用。""综上所述，可以得出结论：有必要同吴佩孚联合。联合的结果应当是成立新的中国政府。在新政府的人员构成上，要有直隶人，北方国民党人（冯玉祥）和华南（广州政府）的代表。"10月29日，俄共（布）中央政治局会议听取了外交人民委员部提交的中国问题报告，决定基本上采纳伏龙芝的建议，并作为政治指示下达给加拉罕，建议后者尽快去北京。

由此可见，苏俄在援助和推动中国国民革命的过程中，自始至终是同时照顾到苏俄国家利益的。在选择合作者问题上，苏俄时刻根据中国军政力量结构的变化，确定能保证实现苏俄对华政策双重目标特别是苏俄利益的人物，以此为合作对象，从吴佩孚到孙中山和国民党，再到冯玉祥和国民军，以及后来到汪精卫、到蒋介石，重视实力派的政策是一脉相承的。

本文原发表于1999年第4期《历史研究》，之所以选此文恭列家父的纪念文集，皆因这是家父指导我修改论文，对我最严厉的一次，至今给我留下深刻印象，可作为家父指导我进行史学研究和论文写作的代表。

犹记得当年我完成初稿后，自我感觉还不错，没想到父亲阅后大为光火，对我一通猛批，批我逻辑混乱，表达不清，语言啰唆，句子冗长，等等……父亲语气极为严厉，我忍不住直掉眼泪，但父亲不为所动，严令我认真修改，不达到他的要求不准投稿发表。我越想越委屈，一来心中暗想他是北大中文系毕业的，文字语言功底自然高强，可我们只是学历史的，当然不能和他相比，对我要求是否过于严苛；二来不止一次看过他指导学生，从论文选题到框架提纲，从史料到参考书，无一不娓娓道来，悉心指导，一讲就是两三个小时，和颜悦色，耐心细致，从未见他声严厉色，怎么到指导我这个亲闺女时就这么凶呢？……越想越难过，就这样我一晚上没吃饭，一直哭，眼睛肿得像红桃，以至于当时才三岁左右的我的女儿都奇怪了，平时对她疼爱有加的姥爷怎么如此严厉地批评妈妈，妈妈这么大人了怎么还会这样被骂？这是她从未见过的。不过，哭归哭，过后我只好老老实实地按父亲指示一遍遍认真修改论文。父亲说，论文不仅是写出来的，也是改出来的，在一遍遍修改中，研究水平和写作水平就提高了。对此我深有体会，确实如此，后来我不仅以父亲的教导写作自己的著作和论文，也以此指导自己的学生，包括放声多读几遍论文的语句以发现问题等小妙招。很多人会羡慕我，说我身边就有一个名家名师，可以随时请教，但其实我和家父平时谈论学术并不多，一是因为他总在办公室忙碌，很少在家；二是我比较懒惰，又怕被他骂，尽量不开口。再有就是外人可能接触到的都是彬彬有礼不急不躁的杨老师，而作为女儿和家人的我们可能承受的火气就要多些。不过家父在关键时刻对我的指教和帮助还是很重要的,也得益于他拿"小鞭子"抽着我动一动,用功一点。这正如我们遇到过的严师,上学时我们总觉老师太严厉太严格,各种不满和抱怨,而当多年过去以后,我们回想起当年的严师,却无不感到幸运和感激!

注释

1. 关于苏俄第一方面的政策对选择的影响，可参见以下著作：黄修荣：《共产国际与中国革命关系史》，中共中央党校出版社 1989 年版；黄修荣：《共产国际和第一次国共合作的形成》，求实出版社 1983 年版；向青：《共产国际和中国革命关系的历史概述》，广东人民出版社 1983 年版；向青：《共产国际与中国革命关系论文集》，上海人民出版社 1985 年版；向青：《共产国际和中国革命关系史稿》，北京大学出版社 1988 年版；朱铃、张先智：《共产国际与中国革命关系史略》，西南交通大学出版社 1988 年版；孙武霞：《共产国际和中国革命关系史纲》，河南人民出版社 1988 年版；陈再凡：《共产国际与中国革命》，华中师范大学出版社 1987 年版；等等。
2. 薛衔天等编《中苏国家关系史资料汇编（1917—1924 年）》，中国社会科学出版社 1993 年版，第 436 页。
3. 《中苏国家关系史资料汇编（1917—1924 年）》，第 87 页。
4. 参见刘德喜《苏俄、共产国际联合吴佩孚政策的发生和发展》，《近代史研究》1986 年第 4 期，第 73 页。
5. 中国社会科学院近代史研究所现代史研究室编译《维经斯基在中国的有关资料》，中国社会科学出版社 1982 年版，第 466 页。
6. 包惠僧：《包惠僧回忆录》，人民出版社 1983 年版，第 18 页。
7. 王淇等选编《马林在中国的有关资料》（增订本），人民出版社 1984 年版，第 23 页。
8. 《共产国际、联共（布）与中国革命档案资料丛书·联共（布）、共产国际与中国国民革命运动（1920—1925）》第 1 卷，中共中央党史研究室第一研究部译，北京图书馆出版社 1997 年版，第 73–74 页。
9. 参见刘德喜《苏俄、共产国际联合吴佩孚政策的发生和发展》，第 74、76 页。
10. 维经斯基：《我与孙中山的两次会见》，《国外中国近代史研究》第 1 辑，第 204 页。

11 指1921年8月28日孙中山给契切林的复函。在信中，孙中山问候列宁，并表示愿与苏俄领导人进行私人接触，学习苏俄的经验。

12 指1920年10月31日契切林给孙中山的信。在信中，契切林向孙中山致意。半年之后，1921年6月14日，孙中山才收到契切林的信。8月28日，孙中山复函契切林。

13 《外交部致苏俄代表越飞节略》，1922年11月6日，《中苏国家关系史资料汇编（1917—1924）》，第456页。

14 《国内专电》，《申报》1922年8月22日。

15 参见邱捷《越飞与所谓"孙吴合作"》，《近代史研究》1998年第3期，第252-253页。

16 艾伦·惠廷：《苏俄对华政策，1917—1924》，1968年英文版，第201—202页，转引自刘德喜《苏俄·共产国际联合吴佩孚政策的发生和发展》，第84页。

17 《公电》，《申报》1923年1月4日。

18 《公电》，《申报》1923年1月6日。

19 参见刘德喜《苏俄、共产国际联合吴佩孚政策的发生和发展》，第85-86页。

天道酬勤,坚如磐石
——记我的父亲杨天石

杨雨青

1966年生,中国人民大学教授。
杨天石先生女儿。

Yang Yuqing

我的父亲杨天石是中国社会科学院荣誉学部委员、近代史研究所研究员、中央文史研究馆馆员。因为长期研究蒋介石而广为人知。一般人只看到他所取得的成就，以及他头上的这些光环，却不了解他所付出的艰辛劳动。作为他的女儿，我从小就一直目睹父亲的勤奋和努力。在我的眼中，他俨然就是为学术而生的人。

一、天道酬勤，两块"石头"之间擦出来的火花，来之不易

父亲不仅是研究民国史和蒋介石的专家，而且在中国文学、中国哲学等领域也造诣颇深，然而，父亲走上这条学术道路的过程却是偶然而又充满崎岖的。

父亲1955年就读于北京大学中文系，开始喜好写作新诗，继而涉猎美学，又转而研究中、晚唐诗人及近代诗。就学于中国头等学府的天之骄子，本该有广阔的事业和发展前途，父亲也希望像往年北大的毕业生们一样，进入科研机构或者大专院校，从事研究工作，但他事业的开端却很不如意。

大学期间，父亲曾经被扣上"白专"道路的帽子而遭到批判。1960年毕业时，父亲被分配到一所培养拖拉机手的短训班式的学校。这可谓是逆境了，但是父亲却在这样的条件下，开始了自己的研究。

父亲最大的特点就是用功。我小时候家里条件相当艰苦，一家三口住在仅9平方米的平房小屋里。那时候没有电扇，到了夏

天，父亲坐在桌前看书，仅穿背心也满身大汗，父亲一手摇着大蒲扇，另一手仍然不断地摘抄资料。

"文革"十年，据母亲讲，父亲周围的学者几乎全都放弃了学术研究，因为在那个特殊的年代，出了成果也无处发表。但是父亲仍然坚持研究。那时父亲已调到北京师范大学第一附属中学，每天上班教书，下了班便钻进房间，读书写作，从不间断。窄小的家里堆满了一个个卡片盒，其中装的都是父亲做的卡片。

"文革"一结束，父亲的著作便以雨后春笋般惊人的速度发表出来，惹来一片惊羡和好奇的目光。可是我却深切知道，那是父亲十余年厚积薄发的成果。

"文革"结束后，父亲很想找个地方专心进行学术研究。当时社科院的文学所、历史所，还有近代史所都有意调用父亲。父亲一向认为文史哲不分家，他的想法很简单："哪个所先要我，我就去哪里。"恰巧近代史所先为父亲办好了调动手续，于是父亲就与近代史结下了不解之缘，这个缘分一结就是几十年。研究中国近代史不能回避的一个重要人物就是蒋介石，最后，这两块"石头"终于碰面，并擦出了让学术界瞩目的火花。

二、"7月15日开放的话，我7月14日准到！"

说起近年来研究蒋介石的情况，就不得不提2006年起蒋介石日记陆续开放一事。

蒋介石日记的开放主要是由两个人促成的，即美国斯坦福大学胡佛研究所的研究人员马若孟（Ramon Myers）和郭岱君。他们同蒋经国的儿媳蒋方智怡进行了长达两年的商谈，劝说她将蒋氏日记暂存到胡佛研究所，经整理后对外开放。这个过程中，我父亲也曾起过一点小小的作用。2005年11月，父亲与我到中国台湾地区参加纪念抗战60周年学术研讨会，通过潘邦正（蒋家代表，秦孝仪的学生）认识蒋方智怡和宋曹利璇（宋美龄幼弟宋子安的儿媳），并一起吃饭。父亲在席间几乎顾不上吃，一直在劝说蒋方智怡开放蒋氏日记。父亲说，从学术研究角度讲，日记的开放越早越好，可以让全世界了解到一个真实的蒋介石。也是机缘巧合，恰逢马、郭二君赴台，打算劝说秦孝仪同意开放日记。父亲和我与他们二人熟识，谈话的主题仍然是如何促成日记早日开放。

2006年3月31日，第一批日记终于开放，胡佛研究所举行开幕式。父亲以学者身份获得邀请，因为父亲见过大陆和台湾等地几乎所有蒋介石日记的手抄本，更因为父亲是公认的研究蒋介石的专家。

日记原件开放后，父亲便每天去胡佛档案馆摘抄。档案馆规定，任何人不得以任何形式复制日记。父亲每天几乎都是第一个到档案馆，中午吃饭，最多休息半小时，其余时间都在用笔抄录资料，抄到手指磨出血泡，再磨出老茧。两个多月后，父亲从美国归来，所有人都看出他明显瘦了。母亲心疼地问他："在档案馆你中午吃什么？""泡面啊。"他轻描淡写地说。

在此之前，父亲去过六七次台湾，每次都会去"国史馆"等处查阅档案，那儿的工作人员提起杨先生，都佩服父亲的勤奋和功力。长期的研究和积累，使父亲练就了一双火眼金睛，他说：

"我看一眼就能知道什么样的资料有用。"这点我深有体会。我也曾经在胡佛档案馆和台北"国史馆"查阅过档案，但由于经验不足，不少史料抄回来后不是发现已经刊印，就是发现毫无用处。而且我看档案的速度极为缓慢，同样一箱史料，如果全部看完我得用一周时间，但父亲只需几个小时。

2007年4月2日，胡佛研究所宣布开放蒋介石的第二批日记，父亲再次赴美，一待又是两个多月。后来父亲仍然孩童般雀跃，不断询问胡佛研究所何时开放第三批日记。听到对方说可能在7月15日，他立刻不假思索地大声答道："好！你若7月15日开放，那我7月14日准到！"胡佛开放最后一批蒋介石日记时，父亲表示，仍将第一时间赴美阅读。他曾经说过，一定要亲自看完蒋的全部日记，他果然做到了。他虽然已经年近九十，一般人到了这个年纪，又已功成名就，早就退休了，即使做研究也不会再这样辛苦，但是父亲所考虑的依然是史料、研究、学术，一点都没有考虑过自己的年龄和身体。

三、"读书"人生

父亲的书太多了。他的居住条件现在虽然稍微好了些，但也不过70平方米左右。有人去家里采访，发现到处都是书柜，从地板到天花板之间都堆满了书。殊不知这仅仅是父亲藏书中的一小部分，真正惊人的是他办公室中的书。他的办公室就像个小型图书馆，书架之间仅够一个人穿过。来客穿过层层书架，才会看到父亲伏案工作的身影。

"一个纸片都不要乱扔,万一有用呢?"

父亲爱书。那么多的书,父亲一本也舍不得卖。有些已经用不到的书,我们都劝说他处理掉一些。尤其是现在已经有了期刊网,期刊几乎没有必要保存,但父亲却怎么也舍不得。无论什么书,都好好地保存着。父亲常常叮嘱我们:"一个纸片都不要乱扔,如果要扔一定要让我过目!不然万一有用呢?"就是这样,父亲的东西,我跟母亲从来不敢乱动,即使一张小小的纸片。

"读书即是休息,没有书读的日子无聊至极!"

父亲爱读书。无论白天和晚上,只要在北京,父亲基本上都在办公室看书、写文章。偶尔晚上有父亲爱看的电视剧,即使看到八九点钟,父亲也会向母亲打个招呼:"我去单位看书了啊。"研究所10点半就关门了,哪怕还有一个小时,父亲都会去办公室读书。

父亲什么书都爱看,没有一刻能够离得开书。有一年,我们一家三口回姥姥家过年,别人都在寒暄、聊天,或者吃零食、看电视,再就是逛街消遣。父亲回来皱着眉头抱怨:"没有书看的日子无聊至极!再有这样的活动不要叫上我了",并连声说道:"太浪费时间了,太浪费时间了!"

父亲现已88岁高龄,仍然保持每天长时间阅读的习惯,直到深夜才睡,睡前也在读书。我们把读书当作一项任务、一项工作,但父亲却完全以之为乐趣,视读书为生命。我们劝他休息,不要那么辛苦,他却说:"我看书就已经是在休息了。"

某种程度上，父亲把家当作旅馆：中午和晚上回家睡觉，一天在家吃三顿饭，其余大多数时间，包括周末和节假日在内，都在办公室中度过。周末如果有人打电话到家里找父亲，我们都会告知对方，在办公室。对方通常都会十分惊讶：啊！老人家连周末都不休息？平日办公时间去找父亲的人络绎不绝，周末好不容易清静下来，父亲可以不受打扰，当然要钻入书堆中怡然自得。

除了阅读，父亲几乎没有其他娱乐，近年来父亲日渐年迈，并患有糖尿病，家人担心他的身体，劝他多活动，他才在晚饭后散散步算是运动。但在读书上，父亲的精力始终保持着超乎常人的旺盛。

四、实事求是，坚如磐石

父亲做研究，坚守恩格斯在《反杜林论》序言中提出来的唯物主义思想路线："原则不是研究的出发点，而是它的最终结果。""不是自然界和人类去适应原则，而是原则只有在符合自然界和历史的情况下才是正确的。"父亲认为，历史研究要还原历史的真实。历史学首先是科学，不是工具，写历史要敢于说真话。

"还原蒋介石的本相，将提高中国近代史著作的科学性，促进两岸和平关系的发展。"有人说过，在特定时期里、特定环境下，一个研究民国史的学者有着特殊的烦恼。

2002年，父亲所著的《蒋氏秘档与蒋介石真相》一书出版。第二年，一场始料未及的风波向他袭来。有人化名上书中央，声称蒋介石是"千古罪人""民族败类",认为父亲对蒋的评价"将造成历史的根本颠倒,带来极端严重的混乱"。这场声势浩大的批判在个别网站上足足持续了两个半月之久,有关机构已经准备罢免父亲的《百年潮》杂志的主编职务了。

父亲不为压力所屈。在父亲看来,民国史研究要前进,必须突破"内战思维"的影响。提起蒋介石,大家想到的是头上贴着膏药的蒋光头,但很多人并不了解,蒋介石当年是跟着孙中山闹革命的,更不了解毛泽东在1938年中共六届六中全会上曾说过,蒋是"民族领袖""最高统帅",还说国民党前后有两个伟大领袖,第一个是孙中山,第二个是蒋介石。父亲说,有些老同志当年是喊着"打倒蒋介石,解放全中国"的口号,从那个时代走过来的。所以,现在说蒋有功也有过,既有大功,也有大过,他们接受不了。其实,还原蒋介石的历史本相,将提高中国近代史著作的科学性,促进两岸和平关系的发展。

鉴于事态之大,社科院的领导把父亲的书通读了一遍,认为"这是一本扎实的学术著作",并把这一看法向中央有关领导同志做了汇报。对此,中央有关领导同志给予肯定,特地让社会科学院指派专人和父亲谈话,宽慰父亲,支持父亲继续研究。

父亲在家里是个寡言的人,很少讲自己的事,家里的事也从来不管。母亲十分辛苦,曾经颇有微词。母亲说过:"几乎没有一个学者像你父亲那样。"

父亲研究学问大半生,从来不图名利,在学术研究无望的年代里如此,在国人普遍贫穷的岁月里如此,在出国、下海、经商、赚钱成为热潮后仍然如此。改革开放后,父亲不为赚钱所动,并且放弃了定居美国的机会,在中国坚守着他所钟爱的学术。如今父亲日渐年迈,按照常理,也该清闲一下,颐养天年了,但是父亲仍然同几十年前一样勤奋忙碌。很多人不解:图什么呢?父亲曾对我说过:"赚钱有什么意思?学术研究才有意义!"我知道,这就是他一生的追求,也是直到今天他仍然"拼命"做学问的最大动力。

除了认真、勤奋、实事求是,父亲给我印象最深的还有"严格"二字。从小到大,父亲都要求我用功学习,认真读书。偶尔我考试成绩不好,父亲一定会严厉批评,要求我认真总结教训,并给予不许看电视等"惩罚"。我当年高考的时候是北京市宣武区(现为西城区)文科状元,报考全国任何一所高校,任何一个文科专业都轻而易举,但父亲却坚持要求我学历史。我有相当长一段时间不理解,甚至想中途改行,父亲十分生气,坚决阻止。父亲不但自己热爱历史研究,还让自己的独生女儿也承继这一事业,在我学习和研究历史的这些年里,父亲一直坚持要我独立思考,独立选题,独立搜集史料,独立分析,独立写作,不可有依赖思想。对于我的论文,父亲的要求近乎"苛刻",从观点到文字,必须反复认真修改,不过他这一关,绝不容许投稿发表。现在,我在父亲的引领下走上了史学研究的道路,他对其他学者颇感欣慰地戏称:"我的书将来一本都不会浪费了。"

我想,如果一个人的名字可以概括出他的主要人生,那么父亲的人生也许恰如其名,天道酬勤,天生为学术而活,磐石一样,坚定不移。

(于洋 整理)

伍 序言集锦

PART 5
XUYAN JIJIN

以文会友：天石与我

蒋永敬 [中国台湾]

1922年—2018年，著名历史学家。

Jiang Yongjing

一

我对杨天石先生（以下称天石）的神往，是读到他发表于1988年第2期《历史研究》上的《"中山舰事件"之谜》一文。以后凡是天石发表的文章，只要能见到，我都仔细地阅读。1991年9月，我到北京初次与天石见面，我们一见如故。交往久了，我们总是有谈不完的话题。说也奇怪，近年由于听力衰退，与别人谈话，总觉听力不行；但和天石谈话，则仍正常。我问过天石，为何如此？天石说：大概是因为他的听力也较差，说话声音较大之故吧。同样情形，别人和我谈话，虽然大声，我还是听不大清楚。我想，应是我与天石"心灵相通"的缘故。

自从认识天石以后，他每有新的著作问世，必定尽快送我一份。重要者有如《蒋氏秘档与蒋介石真相》《从帝制走向共和——辛亥前后史事发微》《民国掌故》（收入与多位学者发表的文章）等。总计有120多篇天石的作品，我大部分都读过。此外还有天石主编的《中华民国史》第二编第五卷《北伐战争与北洋军阀的覆灭》，我曾为此书作过"评介"。这次《杨天石近代史文存》五卷即将出版，将天石历年来的著作，有系统地整理、收存起来，给读者提供了极大的便利。天石的著作，每篇都是精心之作，有新资料、新见解，富有启发性。这套"文存"的出版，对于近代史学，也是一大贡献。天石由北京来电话，并传来"文存"的目录，嘱我为之作序，兴奋之余，愧不敢当，但也不愿放弃这一大好机会，来表白我对天石才华的钦佩。故愿借此机会来谈谈天石与我在史料、史学研究方面的一些琐事，题为《以文会友——天石与我》，以代序焉。

二

首先来谈谈天石《中山舰事件之谜》一文对于我的启示。我曾在台北《传记文学》介绍过天石这篇文章。在我的回忆录《浮生忆往》中也有详细的记述。大要如下：近代史中两大疑案不易解决，一为1926年3月20日之"中山舰事件"，一为1936年12月12日之"西安事变"。此两事件均为蒋介石亲身经历之事，过去多年具有高度的政治敏锐性。当事人蒋介石对此两事件之经过，曾有多次之陈述；与此两事件相关之人士亦有各种不同之记述，还有多种其他相关文献，互有出入与矛盾，故欲了解此两事件之原因、真相，至为困难。研究者多，难有满意之结果，久为"历史之谜"。幸此两"谜"为北京中国社科院近代史研究所"二杨"解开之。"二杨"者，即杨天石与杨奎松也。

杨天石首次利用中山舰事件档案数据，解开中山舰事件之"谜"。我为补正过去研究此事件之不足，乃撰《"中山舰事件"原因的考察》一文，刊于1989年10月之《历史月刊》第21期，介绍杨天石之发现，并就此事件之背景、原因作一考察，此时尚不识杨天石其人也。留美学者李又宁教授已访问北京多次，谈及杨天石的研究。我问天石何许人也？又宁曰：与汝当年相似，乃"一表人才"也。

我对中山舰事件之研究，曾于1984年4月参加在台北举办之"中华民国初期历史"学术研讨会，发表《3月20日事件之研究》一文，所用资料，以台北国民党党史会收藏者为主。就当时情况而言，应须参考之数据皆已尽可能地利用之。评论人刘凤翰曰："蒋教授在这篇论文中，对事件的背景、事件的发生与处理，都达到求真的目的。所用的方法与数据被史学家所接受，其结论将被史学家所肯定。"此事件之关键问题，为李之龙是否承汪精卫之命，对蒋介石进行谋害？据蒋之多次陈述，似是如此，而汪及共方则否认。研究者苦无直接证据可资断定何方所述者合乎事实，于是成为"悬案"。一般论著对此事件资料之相信，各有不同尺度。"右"者相信蒋方之资料，"左"者相信汪及共方之数据，而对对方数据常质疑之。我之论文，两说并陈，而以第三方面之资料佐证之。凤翰评之曰："蒋永敬教授这篇论文，写得严谨、公正，而有学术上永久价值。"但在天石《"中山舰事件"之谜》一文未出现前，凤翰之言，尚难否定也。我在《"中山舰事件"原因的考察》一文中介绍天石对"解谜"之贡献曰：

  中山舰的调动，是否为汪、共劫蒋之阴谋？尽管各方有不同的陈述，而其关键所在，李之龙（中山舰舰长，中共党员）有无矫令调舰行为，应该考察当时中山舰调动的真实情况。为期了解这种情况，对于当时调动中山舰有关人员的陈述，须加以考察和对证。调动中山舰有关人员除李之龙本人于1927年在汉口发表《汪主席被迫离职之原因、经过与影响》一文中有"派舰经过"外，其他有关人员如黄埔军校管理科交通股股员黎时雍、王学臣，交通股长兼驻省办事处主任欧阳钟，军校办公厅秘书季方，副官黄珍吾等，因与调舰事有关，均在事件发生的当时留有笔录。这些档的日期，都是在1926年3月24日到31日之间。从这些档来看，李之龙并无矫令调舰行为。杨天石的《中山舰事件之谜》，首次利用了这些文件，解开了此一事件多年之谜。

其后天石又发表《"中山舰事件"之后》一文，对于汪精卫为何突然隐匿，继而悄然出走，蒋介石为何一路顺风，掌握了国民党和军队的最高权力，以及事件后苏联顾问的意见和中共中央的作用等问题，诚如作者所云："史学界都还不完全清楚。"为求真相，天石运用诸多可信资料，作出精辟的解答。

天石这两篇中山舰事件研究，愿以刘凤翰对我《3月20日事件之研究》之评语"写得严谨、公正，而有学术上永久价值"，让之天石。

三

我对天石的才华，十分欣赏；但不迷信其"权威"，总想找个机会，与之挑战，以尽"以文会友"之道。

1996年，天石主编的《中华民国史》第二编第五卷《北伐战争与北洋军阀的覆灭》，六十万言的巨著出版了。这是一部水平很高的著作，到目前为止，在同类的著作中，难有出其右者。我曾以挑战的心情，作一"评介"，提出五点意见：一点表示肯定与欣赏，两点讨论，两点挑战。讨论不谈，先谈肯定与欣赏，再谈挑战。肯定与欣赏是认为本书有"新的资料和新的内容"，节录如下：

> 本卷重大特色之一，是采用了大量的档案数据。这些资料不仅包括国民党和国民政府方面的，还包括中共方面的；不仅包括中文的，还包括英、俄、日文的。更重要的，还有一些当事人的"个人"资料，如《蒋介石个人全宗》《蒋介石收各方电稿抄本》《蒋介石日记类抄》《冯玉祥个人全宗》《吴稚晖个人全宗》《张静江个人全宗》等。大多是由本书首次引用，其价值之高，可以想见。要使著作有创新的内容，就必须充分利用新的数据。人云亦云，陈词滥调，徒使读者乏味。而本书在新数据方面的利用，确居优势。（举例略）

挑战的两点，一是"抓漏"，一是"找碴"。"抓漏"方面，抓出编者的马虎，把几种不同的资料，糅合在一起。"评介"的标题《引用资料不可马虎》。节录如下：

> 鲍罗廷与蒋介石之间关系的变化，实即标志着苏联、中共和国民党之间关系的变化。此一关键性的问题，从本书相关的记述中，可以清晰地看出来。例如为了迁都武汉之争，鲍、蒋之间发生了一次正面的冲突。本书对此记述（略），颇为生动。数据源，据注是根据蒋介石《在庆祝国民政府建都南京欢宴席上的讲演词》，载于1927年5月4日的上海《民国日报》。但就我手头现有的资料来查证，这段记述，并

非完全出自蒋的《讲演词》。(举例略)把这几种不同来源的资料凑合在一起,未注据蒋的《讲演词》,这就显得有些马马虎虎了。同时,对于鲍、蒋两人的争执,以及是非曲直问题,著者显然认为蒋有不对之处,说"事实证明,蒋介石在武汉的允诺是虚假的。

蒋介石在武汉对鲍有无"允诺",是须加以查证的。按鲍在1月15日(1927年)武汉临时联席会议发言中,对蒋所提意见,表示"赞同",并认为"亦无不可"。这段发言记录,该书略而不采,今补充之(略)。"找碴"的一点,"评介"的标题是《过度曲护有碍历史真相》。该书对武汉分共时宋庆龄坚持"三大政策"颇加肯定。我知此一肯定,似非出自天石之笔。此书既为其主编,乃有意向之"找碴"。其文如下:

> 孙中山有无制定"三大政策"是一个争论已久的问题。经过近年中外学者的研究,认为孙中山生前,并未提出此一特定的政策,更无此一名词的确立,而是在他去世一年多以后,始由中共人员提出来的。如果把"赝品"视为"真货"而肯定之,便使学术性大为减色了。

后来天石有两篇论文,似在回应我的挑战,一篇是《北伐时期左派力量与蒋介石的矛盾斗争》,其中有"迁都之争"一项。另一篇是《关于孙中山"三大政策"概念的形成及提出》。尤其后一篇响应我的"找碴"甚为明显,如该文结语所云:

"三大政策"这一概念形成于1925年10月至1926年末国民党的内部斗争中。它是中共和国民党左派对孙中山晚年所行政策的一个比较精确的概括。应该承认，所概括的三方面确实都来自孙中山，不是赝品。

天石此文，把"三大政策"的概念形成，提前到1925年10月，似乎早了些。此时应是酝酿，而非形成。形成的时期，应是1926年3月12日，孙中山逝世一周年之日。天石根据这天国民党上海特别市党部青年部出版《总理周年纪念特刊》所载施存统（当时是共产党员）以"复亮"为名发表《中山先生的三大革命政策》一文。即如天石所云："空前明确地提出了'三大革命政策'的概念。"过去对此概念形成和"三大政策"名词的出现，只追踪到1926年10月，天石此文把它提前7个月，这是一大发现。

这一问题，由于中外和两岸学者多年来的探讨，大致已有定论。这一概念和名词是在孙中山去世以后，由共派方面的人士概括而来，也是符合历史事实的。因为历史上很多概念和名词，都是后来概括而成的。例如"辛亥革命""联俄容共"等名词，都是如此。所以天石说它"不是赝品"，也是有根据的。

四

我对天石之文的另一次挑战，是2005年10月在台北举行之"抗战胜利与台湾光复60周年"学术研讨会。天石发表的论文为

《论"恢复卢沟桥事变前原状"与蒋介石"抗战到底"之"底"》，大会安排由我评论之。天石此文认为蒋介石对这个"底"曾有四次改变、四个层面，即四个"底"。我则认为只有两个"底"，即卢沟桥事变"底"与珍珠港事变"底"。前者为不彻底之"底"，后者为彻底之"底"。原稿节略如下：

天石此文所表现之特色，一为精彩选题，可谓"小题大做"，用一个"底"字来贯串整个抗战过程中重大问题。次为精彩选材，此文多以第一手原始数据完成之，特别是1939年1月26日蒋介石在国民党五届五中全会演讲《外交趋势与抗战前途》，成为天石研究"底"的根据。蒋介石此一演讲，十分坦率，在当时有高度之机密性。存于国民党党史馆，迄未公开。天石以此档所解释的"抗战到底"之"底"来量蒋介石以后对"底"解释的变化。天石根据五中全会以后的档，认为蒋对"底"作了"新解释"，改正前"底"（五中全会的）"错误"。改正有两点，一是将"底"追溯到九一八事变（收复东北），一是将"底"扩大为中日战争与世界战争联系起来。

此两点是否为改正前"底"之"错误"？这要看在前"底"之前的蒋介石档有无和"新解释"相同之处。据我的了解，这种"新解释"在五中全会前或五中全会中的演讲里已经有了。例如蒋介石1938年9月18日《告东北同胞书》中有云："此次牺牲，发动抗战，即为恢复东北失地。"关于中日问题须与世界问题联系起来，蒋的五中全会演讲即有详细说明，他说："中日问题，无法单独解决；要解决中日问题，一定要解决远东问题；远东问题即是太平洋问题，必须在解决太平洋问题中获得一个结果。"

太平洋问题如何解决？一是和平，一是战争。在1941年12月8日太平洋战争爆发前，是倾向和平解决；此后则为战争解决。天石文中引用一件极为机密而极重要的文件，为1940年8月在蒋介石指导下起草的《处理敌我关系之基本纲要》，有两大底线，一为战争底线，一为和平底线。战争底线名曰"最大之成功"，和平底线名曰"最小限度之成功"。这是天石一大发现。从这一档，可以看出蒋介石抗战到底之"底"，在太平洋战争之前，是求"最小限度之成功"（和），之后是求"最大之成功"（战）。结果"最小"的未能成功，而"最大"的反而成功了。正如胡适在抗战期中有句名言"和比战难"。依此档，我认为"抗战到底"之"底"只有两"底"，一为卢沟桥事变"底"，不彻底之"底"，一为珍珠港事变"底"，乃彻底之"底"也。

评过天石此文以后，想到1986年10月在台北的"蒋中正先生与现代中国"学术研讨会中，我曾发表过一篇论文《蒋中正先生领导抗日战争的基本方针——抗战到底》，两相对照，异同互见。19年后，有幸评论天石此文，亦乐事也。

五

天石精于资料的搜集，他所探讨的问题，颇多我曾经思考而未能解答的。例如他对胡汉民的研究，我在20世纪50年代末期，就曾接触过这个问题，也有一些著作发表过。在读到天石的《蒋胡"约法"之争与蒋介石软禁胡汉民事件》和《胡汉民的军事倒蒋密谋及胡蒋和解——读美国哈佛燕京学社所藏胡汉民档案》后，使我深感过去研究的不足。对于他的发现，也引起我去思考存疑未决的问题。例如天石的《邵力子出使共产国际与国共两党争夺领导权》一文，就使我想起在孙中山改组国民党后，因解决国共纠纷而由国民党中央于1924年8月通过的《国民党与世界革命运动之联络问题》决议案。这个决议案，在国民党档案中，列为"极机密"。在国民党中央政治委员会和国民党中央执行委员会从讨论到通过时，鲍罗廷和中共瞿秋白都曾与会。此案全文早已收入李云汉《从容共到清党》一书中，迄未引起学者的注意。胡汉民1930年在南京向新亚细亚学会演讲《民族国际与第三国际》提到他1925年到1926年间在莫斯科"提议国民党加入第三国际的经过和原因"，显然与前项决议案有关。2004年，我在广州"孙中山与世界"国际学术研讨会中发表《孙中山与鲍罗廷》一文，曾提到这一决议案问题。再阅天石的《邵力子出使共产国际与国共两党争夺领导权》一文，可以看出从孙中山、胡汉民到蒋介石，对中俄、国共关系的改善，都曾有过强烈的需求。共派人士提出的"三大政策"，亦为需求国共合作关系的维护。然而终致决裂者，此亦值得深思之问题也。

　　天石的年龄和我相比，差了一大截。但其出道很早。1958年从事南社的研究，观其搜集和运用资料的方法，就已十分内行。"文化大革命"期间，不忘潜修，一旦开放，便脱颖而出。加入

《中华民国史》编写行列,以其文学的底子、哲学的素养,加上科学的方法、求真的精神,以锲而不舍的毅力,追求难得的史料,思考问题,故其发表的文章,引起同道的重视和欣赏,非偶然也。

天石参与民国史的工作,涉猎的范围,从辛亥革命、北伐战争,到抗日战争、国民党派系斗争等,特别对蒋介石的研究,都下过很深的工夫,有很多的发现和创见。由于彼此的行道不谋而合,所以我对天石的发现和创见,体会较深,受益更多。因此,能与天石"以文会友"是我生平最大的乐趣。《杨天石近代史文存》的出版,不仅可以展现他50年来努力的成就;更重要的意义,能为继起研究者,提供宝贵的经验,这是我的期待与祝贺。

注:《杨天石近代史文存》,中国人民大学出版社2007年版。

《寻求历史的谜底》序

金冲及

Jin Chongji

1930年—2024年，著名的中国近代史和中共党史研究专家。中共中央文献研究室原常务副主任，中国史学会原会长。

一

人们在读史时，大抵都会遇到一些使人感到困惑而又无法回避的"谜"。这些"谜"的产生，有种种原因：或者是由于史籍对某些关键问题语焉不详，令人难以索解；或者是由于某些记载失实，又复以讹传讹，转使真相渐泯；或者是由于数说并存，各执一是，令人不知所从；还有的是由于情况复杂，各种因素交相作用，扑朔迷离，一时不易作出确切的判断；至于有关当事人出于某种需要，有意无意地掩盖事实真相，甚至歪曲和伪造历史，自然更增加了混乱。

这些"谜"往往激起读史者的极大兴趣，使其力图拨开重重迷雾，找出历史的谜底所在。这不仅由于人们总是渴望解开头脑中存在的种种悬念，而且因为只有先弄清历史的真相，才谈得上进一步探索各个历史事实之间的内在联系，给予科学的解释，并引出足资借鉴的经验教训。否则，从那些模糊不清以至失实的记载出发，得出的结论只会将人引入歧途，离真知越来越远。那样的历史研究，便毫无价值可言。但是，要真正解开历史的谜底又谈何容易。如果事实俱在，一眼便能看清它的底蕴，也就不称其为谜了。何况有些历史上的关键事件往往相谋于密室，当世已鲜为人知，事后又屡经涂饰，后代人要找出确据，通过严密的论证，使真相大白于天下，自然更非易事。它不仅要求治史者具有渊博的知识，广泛涉猎浩如烟海的史籍，搜罗以往没有被人注意的重要史料，而且需要具有清晰而缜密的头脑和犀利的识见。没有这样的条件，纵然有重要史料放在那里，也可能因不认识它的价值而交臂失之。

杨天石同志收在这本集子中的文章（包括他同其他学者合作所写的文章），我过去大多读过。在他这次结集的时候，我又系统地重读了一遍，仍觉获益良多。

作者选择的研究课题，大多是在中国近代史上产生过重要影响，因而被史学研究者们谈论过多次的问题。但他不采取人云亦云的态度，而是旁搜博采，严格地从比较可信的原始数据出发，经过细心的考辨，努力弄清历史的真相。他利用了大量当时的报刊、档案、笔记、信札、日记、未刊稿等珍贵数据，特别是注意挖掘人们以往很少利用的重要数据，对这些数据的真伪、时间、有关人物和史实等进行认真的考订，细心地同其他数据比较参证，钩深索隐，为一些原来若明若昧的疑难问题找到了答案。

作者在分析问题时，很少用那种为先入之见所左右、好就绝对的好、坏就绝对的坏的武断夸张之词，而是尊重客观历史现象自身的复杂性，留心考察事物的各个侧面，立论力求切实公允。对一些同实际不符的习见说法，作者不仅指出它的错误在哪里，而且常进一步指出这些说法是怎样造成的，从而使读者感到入情入理，疑团顿释。这里，可以举两个例子：在戊戌百日维新中，康有为等是否曾谋围颐和园、监禁以至捕杀西太后，是一件大事。当年清廷上谕和袁世凯《戊戌日记》等都言之凿凿，康有为本人却多次否认其事，学者亦多不予置信。杨天石同志不仅依据多种当事者所写的笔记进行论证，并且从日本外务省档案所藏毕永年日记内找到了密谋属实的确证。此后，他又引用我国台湾地区出版的《万木草堂遗稿外编》中梁启超致康有为的密札残件，说明康、梁等后来竭力掩盖事实真相的缘由。这一来，这桩聚讼累年的公案可以说是水落石出了。

1926年3月20日的中山舰事件，在大革命时期国共关系的演变中，更是一件大事。这件事发生时，许多人因缺乏精神准备，感到它像晴天霹雳一样地突如其来。事件的经过又扑朔迷离，存在许多疑团。以往，人们常认为这是蒋介石事前有计划地制造的。杨天石同志根据当时大量有关人士的函件、报告、日记和其他档案资料，经过细心剖析后指出：这次事件的直接引发，是由于蒋介石听信伍朝枢、欧阳格等的谎言，认为中山舰的调动是为了要把他强行送往莫斯科，这里有着偶然的因素；但就当时国民党内左右派之间的激烈斗争和蒋介石已准备排汪反共的基本趋向看来，在偶然事件背后，又有着必然性在起支配作用。看来，这种说法是可信的。

当然，书中值得重视的论文还很多，作者的长处也绝不止于所举的数端。但一部有价值的学术著作总有它自己的鲜明个性和特色。我以为，前面说到的那些也许是这部论文集最具特色的地方。作者选择《寻求历史的谜底》作为这本论文集的书名，用意大概也在这里。当这本论文集行将出版的时候，杨天石同志要我在书前写几句话。我高兴地写下了这些，权充自己的读后感，也是向广大读者的介绍。

二

在最近三十年来中国近代史众多研究工作者中，杨天石同志取得的成绩是相当突出的。

为什么他能取得这样的成绩？我想有几个原因。

第一，他极其重视发掘近代史中以往很少为研究工作者所了解的珍贵史料，特别是重要历史人物的源文件，并将其作为研究工作的出发点，因此他常能讲出新话来。本来，史学工作者必然论从史出，这几乎已成为绝大多数人的共识。我国著名史学家陈垣教授，曾提倡对史料要做到"竭泽而渔"。可是，从事近现代历史研究的学者常有一种苦恼。和古代史不同，近现代史料浩如烟海，研究工作者根本谈不上"竭泽而渔"，倒是常要"望洋兴叹"。在这种情况下，能识别并发掘出前人没有利用过的珍贵史料又谈何容易。杨天石同志有两个重要条件。一是勤奋。他不仅经常深入国内一些重要档案馆和图书馆，细心搜罗；还不知疲倦地奔走美国、日本等许多国家以及我国台湾地区，披沙拣金。他有一本论文集的书名就叫《海外访史录》。此中甘苦，凡多少做过一点儿这类工作的人，大概都能领会到。二是有敏锐的识别力。这需要有扎实的功力和犀利的眼光，能够分清什么是沙和什么是金。否则，再重要的史料放在那里，也可能因不认识它的价值而交臂失之。杨天石同志恰恰具有这两个条件。

第二，他具有史学大师陈寅恪教授提倡的那种"问题意识"。他另一本论文集的书名叫《寻求历史的谜底》，就可以说明这一点。研究工作，从它的本来意义来说，无非是要解开包括自己在内原来弄不清楚的谜团，寻求符合实际的答案。如果只是把一些历史事实叙述得清清楚楚，却没有回答什么人们原来感到困惑的问题，这种著作或论文也有它的用处，但很难说是有较高价值的研究成果。杨天石同志善于从人们习以为常的旧说中发现疑点，提出问题，经过严密的论证，得出新的结论。他的论文《中山舰事件之谜》，运用可靠的源文件，对一个人们普遍关心而又不明其所以的问题，起了释疑解惑的作用。我曾听胡乔木同志称赞过这篇文章。

第三，他的文章思路清晰，明白晓畅，读起来没有沉闷的感觉，容易引人入胜。写文章，是要给读者看的，落笔时应该处处替读者着想，而不是作者在那里自说自话。如果文字晦涩，思路不清，让人看得十分吃力，甚至看不下去，再好的内容也难发挥作用。杨天石同志这个优点也是值得称道的。这三点，也许同样是这部《杨天石近代史文存》的特色。这部文存中的文章，绝大部分有关国民党和中华民国的历史。

这在某种程度上可说是一项开拓性的工作。在中国近代历史上，国民党曾经统治中国大陆绝大部分地区二十多年。它的种种活动和作为，在中国土地上留下了自己的烙印，有些还产生长远的影响。中国共产党曾同它两度合作，一次是大革命，一次是抗日战争；又有两次破裂，一次导致十年内战，一次结束了国民党政府在中国大陆的统治。作为历史对象，作为了解中国近代国情的需要，我们对国民党以及它对中国大陆统治的研究，实在太不够了。不对它进行深入的研究，中国人在20世纪是怎样走过来的，在不少方面就不容易说得清楚。就是从中国共产党历史的研究来说，如果不研究这个既是对手，又是两度合作伙伴的国民党，许多事情的认识也难以深入。

从事这样一项开拓性的又相当敏感的研究工作，谁都很难一下就做到什么都说得准确无误或能取得所有人的同意，引起一些争议是自然的。我也不是在所有问题上和杨天石同志的看法都相同。记得有一次在美国，我对他《论第一次国共合作的破裂》那篇文章也提出过商榷性的意见。这些，在学术研究工作中是正常的。

杨天石同志对国民党和中华民国史研究的贡献是值得重视的。正是他的潜心研究，把人们对许多问题的认识向前推进了一步。尽管人们对某些问题仍然存在争议或有不同意见，但这也有助于人们对这些问题作进一步的深入思考。这对推进国民党和中华民国史这门比较年轻的学科的研究，都是有益的。

注：《寻求历史的谜底》，首都师范大学出版社1993年版。

拨开迷雾，解开疑问：民国史及蒋介石研究的突破

张玉法 [中国台湾]

Zhang Yufa

1935年生，著名历史学家。
台北"中研院"院士。

1990年代初，台海两岸在政治上走改革开放的路已十多年，并分别在不同的改革开放道路上累积了丰富的成果，两岸的学术交流开始热络。那些年，我勤跑大陆各地，走访各大学历史系及研究近代史的机构，先后接触到不少杰出学者，有机会读他们的新著，听他们对历史研究的新见解，获益良多。一次与政治大学蒋永敬先生聊天，我说："大陆民国史研究实力雄厚，广州、上海、南京、武汉、北京都是重镇。"蒋先生说："你读过杨天石的作品吗？"我说："读过，大多写民国人物，很有功力！"

台海两岸的学者研究民国史和民国人物者很多，但研究民国各色人物卓有成绩者较少。台湾地区的沈云龙先生和吴相湘先生对民国各色人物下过工夫，但研究的路数与杨天石先生不同。沈先生为黎元洪、徐世昌、黄郛、尹仲容写过传记，吴先生为宋教仁、孙中山、晏阳初、陈果夫写过传记，皆为专书；两位先生也都为民国各色人物写过短篇传记或掌故，用到的资料不少，平铺直叙者多。杨先生很少搜集一般性的资料为一个人物作全传，他常对前人不注意的问题或疑难的问题寻找第一手数据，将问题解决。金冲及先生在为杨先生的另一书作序时说："杨先生喜欢解答'人们感到迷惑的问题'"，个人深有同感。

研究历史人物像研究历史事件一样，离不开史料；新史料的开放以及在新史料中发现问题，往往使某些历史改观、使某些历史人物改观。杨天石先生研究历史人物，喜欢用新史料就某一点突破，他只要知道那里有不易看到的珍贵数据，必然尽量设法去看。以对蒋介石的研究为例，早年杨先生克服许多困难，在中国第二历史档案馆阅读蒋介石日记的断简残篇，虽然所费不赀，但仍锲而不舍。蒋家后代将蒋介石日记移交美国斯坦福大学胡佛研究所，并对外开放，杨先生如获至宝，先后几度赴美阅读数据，并已写就若干篇论文，包括《不抵抗主义是谁提出来的》《蒋介石建议国共两党合并》《汪精卫出逃与蒋介石的应对》《蒋介石正告丘吉尔：藏事乃中国内政》《共产国际的解散与蒋介石进攻延安计划的撤销》《蒋介石查处孔祥熙等人的美金公债舞弊案》以及《论国民党的社会改良主义》等。这些论文，有的已经发表，均一并收入本论文集。

杨天石先生早年研究哲学、文学，并有治史经验，自1978年进入中国社会科学院近代史研究所民国史研究室，从事专业研究工作以来，已三十多年。在这三十多年中，杨先生专门研究民国史和民国人物，从他的历史著作看来，他的哲学和文学素养对他的历史研究和写作有一定的影响，譬如论证严密，长于辨析；譬如叙事常有悬疑性，然后以动人而细腻的文笔，为读者解惑。杨先生的历史研究成果出版者有两方面：一是民国史的通论性著作，包括与多位学者共同完成的《中华民国史》第一编和第二编第六卷，史事大多涉及民国史的北洋时期；一是民国人物的研究，散见结集论文所出版的各书，包括《杨天石文集》《寻求历史的谜底——近代中国的政治与人物》《杨天石近代史文存》《找寻真实的蒋介石——蒋介石日记解读》等，其中以《杨天石近代史文存》所收集的论文最多。

《杨天石近代史文存》收论文264篇，约195万字，内容以研究历史人物者为多。第一册的论文有关"晚清史事"。第二册的论文有关"国民党人与前期中华民国"第三册的论文有关"蒋介石与南京国民政府"。第四册的论文有关"抗战与战后中国"。第五册的论文有关"哲人与文士"。该套巨著内容丰富，但系在大陆出版，用简体字印刷，海外读者不易读得。台北风云时代出版公司陈晓林先生有鉴于此，决定应合台湾地区和海外读者的需要，在台北出版繁体本，请作者在原著的基础上加以精选，并将新近发表和撰成的论文一并收罗进去。这是一套新书，杨天石先生重新选择、增补、整理，题名《揭开民国史的真相》七卷，共收论文165篇。其中部分为名人掌故，部分写政治内幕，部分为史事辨析。透过这些论文，读者对民国史的诸多关键问题必能有进一步的了解，从而对民国史有更深一层的认识。

《揭开民国史的真相》虽然分为七卷，各卷中直接与蒋介石有关的论文多达四五十篇，约占全书的三分之一。杨天石先生以研究蒋介石享誉史学界，不是偶然的。蒋介石是民国史上的一个中心人物，有一段时间，全中国大部分人民曾经追随他、崇拜他，因此产生了一些神话性、赞美性的史料与史学；但也有一段时间，蒋介石是全中国大部分人唾骂、打倒的对象，因此产生了一些污蔑性、妖魔化的史料与史学。令人兴奋的是，最近二十年来，大陆学界对蒋介石的研究，已逐渐摆脱政治宣传和个人好恶，以实事求是的态度，重新评价蒋介石。这是一条学术的路、学术不为政治服务的路。另一方面，蒋介石自大陆撤退来台以后，有一段时间，大部分台湾人民歌颂他的领导，肯定他对台湾的生存和发展所做出的贡献；但最近这些年，有一部分台湾人民想另建新国，攻击蒋介石和他所领导的国民党垄断政权，对他丑化污蔑无所不用其极，犹如早年大陆运动时代。数年前，南京大学民国史研究中心主任张宪文先生来台湾讲学，曾说："蒋介石的地位在大陆有上升的趋势，在台湾有下降的趋势。"所以如此，中国大陆的蒋介石研究已从政治走向学术，而台湾却又从学术回到政治。直到最近一二年，台湾史学界始有一些学者，趁着蒋介石档案和日记开放的时机，决定从学术上重新推动蒋介石研究。台北"中研院"近代史研究所和政治大学历史系，都有这类的研究计划；只是计划刚开始，成果尚不明显。

在台湾的蒋介石研究长期陷于接近真空之际，风云时代出版社将杨天石先生对蒋介石的研究成果，伴同对民国史研究的其他成果一并介绍到台湾来；对杨天石先生来说，多一个与台湾学术界对话的机会，对台湾的学者和读者来说，毋宁是久旱逢甘霖。

从《揭开民国史的真相》中可以看出，无论对民国史的研究，还是对民国人物的研究，杨天石先生都有许多突破。譬如对中山舰事件的研究、对蒋介石抗战决心的研究、对蒋毛关系的研究等，皆为史学界所乐道。杨先生所以能在研究中有所突破，主要得力于他的功力与学养。所谓功力，就是肯在史料上下工夫；走访国内外，凡能找到的、看到的、前人所未用的第一手史料，他必然不辞劳苦，前往阅读；尽量从第一手数据中寻找问题、解决问题，绝不人云亦云。所谓学养，就是本着哲学、文学、史学的训练，坚守学术独立的本位，坦然面对历史证据，重建被政治污染已久的历史，不管当政者喜不喜欢，不管社会大众接不接受。除了功力和学养以外，杨先生能在1980到2000年代一展长才，尚得力于天时、地利、人和。人和是他在国内外史学界丰富的人脉，地利是中国社会科学院近代史研究所的研究环境，天时则是1970年代末期以来中国大陆的改革开放政策。自大陆实行改革开放政策以来，大陆的学术研究空间日广，杨先生乃得与许多研究民国史的同好，乘风破浪，尽情挥洒，获得非凡的成就。

我与杨天石先生同治民国史，但我对民国人物的研究不多。为他这部以民国人物为主的大著写序，颇觉惶恐。在此仅对他三十年来的研究工作和研究成果稍做介绍，作为该书在台北出版的背景说明，希望对读者有导读的作用。自沈云龙和吴相湘二位先生先后辞世，台湾史学界对民国各色人物从事研究而卓有成绩者不多。杨天石先生这套新书，相信可以在相当长的一段时间内，填补台湾地区民国史学的部分空白。

注：《揭开民国史的真相》，台湾风云时代出版股份有限公司2009年版。

《寻求历史的谜底》序

狭间直树 [日]

1937年生,日本著名历史学家。
日本京都大学教授。

杨天石先生的大作即将出版，希望我写篇序言，我因自感不堪此任，曾打算推辞，但是，往日与先生相互切磋，受益很多，为了感谢先生的厚谊，并进一步发展多年来的交流关系，明知可能"出丑"，仍愿勉为其难执笔。

我与杨天石先生初次见面是在1979年4月。当时，我作为吉川幸次郎先生率领的"参观杜甫遗迹访华团"的一员，途经北京。一天，刘大年先生（自刘先生1963年访日以来，我就有幸与先生相识）偕同两个年轻人来到我的房间，介绍说这两位是近代史研究所的研究人员杨天石、王学庄，是编撰《中华民国史》第一编"中华民国的创立"的主要成员，他们需要日本的各种有关资料，希望两国年轻的学者今后密切协作。这个建议正是我向往已久的，自然欣然赞同，忙答道："今后也请多加指导。"这就是我们日后友谊与交流的起点。

第二次见面是在1981年秋。当时，武汉正在召开"纪念辛亥革命七十周年国际学术讨论会"。这是我第一次参加大型的中国近代史国际学术会议。在这次会上，杨天石先生与王学庄先生联名发表了《汤化龙密电辨讹》一文。该文指出：武昌起义时，立宪派代表人物汤化龙出任湖北军政府总参议，有关他与清朝官僚联名密电，要求清军南下镇压革命的说法是一种讹传。这篇文章以实事求是为原则，纵横驱使第一手资料，论据确凿，鞭辟入里，一读便使人心悦诚服。从纠正了范文澜以来的错误的处女作《关于宣南诗社》，到新作《胡适和国民党的一段纠纷》，先生的作品始终贯彻着这种实事求是的学风。我想，这一点首先就会得到读者的赞许。与实事求是的学风密切相关，杨天石先生从历史主义的观点出发，敢于冲破某些历史研究的成说，例如"立宪派汤化龙是两面派"这一观点，多年来众口一词，几乎已成铁案，杨先生却提出论证，得出了与之相反的结论。《康有为谋围颐和园捕杀西太后确证》一文，利用仔细查阅日本外务省档案所发掘的新资料，出色地揭开了当事人后来一直否认的事实真相，学术界多年来的疑云为之一扫而光。先生的文章以"学有根柢"的渊博知识为基础，尽可能地广收博采有关资料，分析与立论敏锐而明快，人们即使原来持有某些不同见解，一读之后也会有一种"炎暑饮冰"的爽快感。这绝不只是我个人的感受吧！

将杨天石先生优异成果中的一部分集成《寻求历史的谜底》一书出版，实在是一件可喜可贺之事。先生的不少文章发表后即受到普遍的注意，《"中山舰事件"之谜》已被译成日文和英文。相信本书的面世必将受到学界的欢迎。

与杨天石先生初次见面以后，又多次在学术会议上相会。1984年4月至7月，我受日本学术振兴会派遣，到近代史研究所从事研究工作，得到杨先生的多方面关照。1985年5月至7月，杨先生受京都大学人文科学研究所的邀请来日时，又得以亲接謦欬。杨先生在我们的"国民革命研究班"上所作的报告——《四一二政变前后武汉政府的对策》也收进了本书。在有关历史问题的研究结晶变成铅字前，就得以身临其境地"体会"优秀研究人员智慧的运思与构想过程，我衷心感谢这次幸运的机会。

杨天石先生是在中华人民共和国成立以后接受了中、高等教育而后进入史学研究领域的。他在20世纪60年代就写了若干论文，"文化大革命"后得以专职从事著述活动，是中华人民共和国成立后中国史学界的第二代学者。80年代以来的开放政策的成果之一，使大陆的史学界迎来了思想解放的新的发展时期。我相信，杨天石先生作为中华人民共和国成立后第二代史学家中最前列的研究者之一，一定会完成向下一代传授优良学风的重任。

（张萍译，邹念之校）

注：《寻找历史的谜底》，首都师范大学出版社2009年版。

《杨天石近代史文存》序

山田辰雄 [日]

1938年生，日本的政治学者、历史学者。日本庆应义塾大学名誉教授。

Shantian Chenxiong

我尊敬的老朋友杨天石先生的著作集即将出版,有幸为该书作序,我感到无上光荣。

当代中国涌现出了许多的历史学者。在我的同龄人当中,杨天石先生属于最为优秀的中国近代史特别是中华民国史方面的学者。他在这套文存中收录的论文,我大都拜读过。只要浏览一下它的目录,就会让人折服于杨先生研究领域之广泛。在这套文存中,他研究了中国国民党的政治和领导人,论述了自清末时期、辛亥革命以至国民革命与抗日战争时期的政治与思想史的问题。

作为历史学家,杨天石先生的优点在于,他具有发现重要问题,在中国乃至广阔的海外发掘最新的数据,并在有限的时间里完成独创性论文的能力。这种能力并非一日可就,它的背后是敏锐的历史感和日积月累的知识与教养。

作为学者和他的朋友,我自己也从杨天石先生那里学到了很多东西。仅在思想史领域,他就不仅关注政治家,而且论述到许多知识分子。他近年来发表的一系列关于蒋介石的研究,也引起了我的注意。在中华民国史上,对于蒋介石的客观研究,迄今还没有充分地展开,其中有资料上的制约,并含有微妙的政治评价的问题。而杨天石先生对于蒋介石的研究,则始终本着实事求是的原则,既阐明了诸多新的事实,同时又发表了独创性的见解。

我是日本人,要克服语言的障碍、理解中国学者的研究成果,并非易事,但所幸可以理解杨天石先生的大作。我近来通过翻译他关于蒋介石的论文,来克服语言上的障碍,努力理解他的研究。我在许多国际会议和日常会话场合,与杨天石先生有过交流。他的汉语发音，婉转而清晰，不但表明他头脑清楚，也让我克服了作为外国人的语言障碍。

最后，我祝贺《杨天石近代史文存》的出版，并期待着他为中华民国史的国际性学术研究，作出更大的贡献。

（臧运祜 译）

注：《杨天石近代史文存》，中国人民大学出版社2007年版。

《海外访史录》序

李又宁 [美]

Li Youning

美国纽约圣若望大学亚洲研究所终身职正教授暨所长、华侨协会总会纽约分会会长。

杨天石先生的新著《海外访史录》，是一本好书，也可以说，是一本奇书。好在什么地方呢？奇在什么地方呢？

史学本是古老的学问。在世界史学中，中国史学又像是一个资深的老前辈，国人常常引以为自豪。自豪之故，只相信老店，对后起的分店、支店，不免有点怀疑。"在海外研究中国，骗洋人！"类此的话，不想听到，而又常常听到。

杨先生写此书，旨不在驳斥这种论说，但是，这本书，使此说不攻自破。杨先生治学，非常勤奋，而且务实。所以，他到海外，一心一意地要找史料，既无心游山玩水，也无意观览名胜，而成天在图书馆、档案馆里用功，寻寻觅觅，并不凄凄戚戚，而是高高兴兴，因为他常常发现历史的秘密。既是秘密，当然前所未知，人所不知，而且，又散落在海外，怎能不令人兴奋呢？

杨先生是佼佼者。他不但博闻强记，而且目光敏锐，有淘沙拣金的本领。别人没注意的，他注意了；别人看不出所以然的，他看出了。他能宏观，也能微观。经他的整理和解释，许多史事和人物，都跳出纸面了。啊！原来这么回事。这是拜读杨先生近作时屡起的感想。

一本书的造成，也如一件事的造成，有多种的因素。前此，没有类同《海外访史录》的书，为什么呢？杨先生看见的史料，早就保存或散落在海外；到过海外的学者，也不知其数。可以想见，有杨先生的才学和勤奋，才会写出这样的一本书。当然，也可以从另外一种角度推论：有海外的图书和档案管理制度，才有《海外访史录》。诚如杨先生在序里所说："海外许多国家或地区都把历史档案视为全民的共同财富，实行人人平等的利用原则，开放程度很高，利用也极为方便。"如果不是这样，杨先生如何能在较短的时间内，收集那么多的资料呢！

杨先生的这本书，有力地说明，到海外搜集中国近代史料，会有收获，而且在某些专题的研究上，是必要的。杨先生在自序里说："近代中国和古代中国的不同点之一，就是中国真正成了世界的中国，和世界的联系空前地增加了、复杂化了。可以说，近代中国社会发生的各种变化无不与世界声息相关，互为因果。因此，要研究中国近代史，就必须认真收集、研究海外的各种有关中国的史料，包括中国人散落、存放于海外的档案。前些年，史学界曾经讨论过中国近代史的研究从何处突破，我以为，认真收集、研究海内外的各种有关史料应是造成突破的条件之一。"这是有识者的高见。我们希望，海内外的史料，不但认真地去收集，而且要尽早公之于世，朝向史学研究世界化的方向迈进。史学研究的世界化，在21世纪，必将加速加广地进行。

搜集史料，是一种本领；分析史料，是另一种本领。有的学者擅于前者，有的擅于后者。杨先生兼而有之，所以他笔下快速，叙述有条，分析精辟。他的著述很多，《海外访史录》是他治史历程中的新收获，真正做到见人所未见，言人所未言。它使读者惊讶而又欢喜，感触而又兴奋。它是中国近代史研究过程中的一个突破，标志着一种新的研究方向，由它引导出来的发展，是未可限量的。

注：《海外访史录》，社会科学文献出版社1998年版。

《杨天石文集》序

刘梦溪

Liu Mengxi

1941年生,中央文史研究馆馆员,中国艺术研究院终身研究员、中国文化研究所所长、《中国文化》杂志创办人兼主编。

杨天石先生的文集即将付梓，共十八卷，八百万言，蔚为壮观。承天石兄雅意，嘱序于余，想平日交谊亲厚，亦大体能明其所学之故也。

天石长我五岁，他大学毕业的翌年我刚入学。并不同校，他在北大，我在人大，念的都是中文系；读书时，他是"白旗"，我是"白专"。他的文章也真多，时不时地就能看到他的新作。70年代中期以后，经过外放劳动和干校整治，我已回到北京，参加《红楼梦》新版本的校订。天石兄研究王艮和泰州学派的著作即问世于此时，前此还有《近代诗选》出版，南社研究似亦肇始于此际。他的学术名声开始萦回于学术之林。当时，天石兄正在北京师范大学附属中学教语文，爱才重学的史学家侯外庐拔赏贤才，准备将他调至当时的中国科学院历史研究所思想史研究室，不知什么原因，没有结果。后来李新调他到了中国社会科学院近代史研究所，专门从事民国史研究，时在1978年。这以后便开始了我与天石兄的学术交往。

近代史研究所图书馆的资料颇丰，我常去查阅资料，遇有疑难每次都能得到天石兄的帮助，间歇时亦常到他的办公室小坐。他整天埋在办公室，晚上十一二点才回家休息。他的用功是惊人的，是我所见到的京城学界最用功的人。直到今天，他精勤用功的习惯仍未尝有变。近代史研究所在东厂胡同，在明代那可是让人望而生畏的去处。文集中的《东畅楼随笔》卷即由此谐音得名。

天石兄的学术研究是建立在翔实材料基础上的，天南地北地搜罗材料是他为学的第一要务。经常听他说起到台湾地区的近代史研究所，到美国部分大图书馆查阅资料的奇特经历。他的办法是动手抄，坐下来就是一整天。几周甚至几个月，天天如此，周而复始。《蒋介石日记》就是他在斯坦福大学胡佛档案馆如此这般地一字一句抄录下来的。文集中解读《蒋介石日记》的五大卷书，字字都是汗水垒成，可谓得来匪易。现在他成为海内外研究蒋介石的权威作者了，殊不知背后所付出的辛劳又岂是常人所能为者。

天石为学不专主一家，所涉域区甚为开阔。晚清民国以来的史事固是他一向的研究重点，但选题视角独特。《蒋介石日记》的解读，可以说是他的独得之秘。南社和南社史研究，则是独辟蹊径，侧攻清末民初史事的丰硕成果。他喜欢当时在现场的人写的日记，《钱玄同日记》的整理即为一例。当我奉到天石兄送的疑古玄同的《钱玄同日记》时，分明感到了珍惜和感激。论者或谓，民国史主要研究一个蒋介石，未免局限。实际他的研究远不止此。文集第七卷是孙中山研究，第四卷是辛亥革命研究，第五卷探讨民国时期的风云变幻。如果说天石是民国史研究的大家，其谁曰不然。

天石的研究兴趣亦包括思想史，特别是思想和人物研究，这有文集第二卷朱熹和王阳明研究为证，也有第六卷的思潮与人物专集可证。他在我主编的《中国文化》杂志上共发表文章十一篇，最早是1991年的第四期，同时刊发两篇，一是《跋胡适、陈寅恪墨迹》，二是《胡适与国民党的一段纠纷》。第二次是2006年，题目为《王克敏、宋子文与司徒雷登的和平斡旋－近世名人未刊函电过眼录》。第三次是2008年春季号，《论国民党的社会改良主义》，我们安排在最重要的"文史新篇"专栏刊载。第四次是《蒋介石与尼赫鲁》，发表于 2009 年秋季号。第五次是《辛亥革命何以胜利迅速代价很小》，刊于 2011 年秋季号，是为纪念辛亥革命一百周年的特稿。第六次也是两篇同时刊载，一为《孙中山的"知难行易"学说与蒋介石在台湾的"革命实践运动"》，二是《台湾时期蒋介石与美国政府的矛盾》。第七次是 2018 秋季号，题目为《雷震、胡适与〈自由中国〉半月刊》。此外还有两次专为我们撰写的"学人寄语"。不必细详，仅从题目即可知晓他的这些篇章是一些何等重要的论著。

天石先生绝不是以堆砌史料为能事的史学家，他的史中有思想，有精神，有现实关切。清儒所说的学问构成的三要素，在天石那里，义理、考据、辞章是融合在一起的，从不曾将考据和义理划然而二分。刊于 1991 年《中国文化》的《跋胡适、陈寅恪墨迹》一文，其实大有来历。文中涉及陈夫人唐筼未与陈寅恪先生结缡时悬挂祖父唐景崧的诗幅一事。唐公是甲午战败时的台湾巡抚，为反对割让台湾欲暂时让台湾"独立"来缓解危机，当然不可能成为现实。所以后来他写了两首诗发为感慨，一为："苍昊沉沉忽霁颜，春光依旧媚湖山。补天万手忙如许，莲荡楼台镇日闲。"二为："盈箱缥素偶然开，任手涂鸦负麝煤。一管书生无用笔，旧曾投去又收回。"1931 年九一八事变前夕，陈寅恪先生请胡适为唐公遗墨题句，胡适题的是："南天民主国，回首一伤神。黑虎今何在，黄龙亦已陈。几枝无用笔，半打有心人。毕竟天难补，滔滔四十春。"陈寅恪先生回复胡适不禁感叹道："以四十春悠久岁月，至今日仅赢得一不抵抗主义，诵尊作既竟，不知涕泗之何从也。"

唐景崧所写两首绝句当时就写成诗幅，由其孙女唐筼珍藏。陈寅恪因观赏诗幅而结识唐筼，二人由此相识、相恋，结为终身夫妇。当 1966 年端午节的时候，寅恪先生为纪念和唐筼的婚姻，对诗幅重新作了装裱，并题绝句四首，其中第二首为："当时诗幅偶然悬，因结同心悟夙缘。果剩一枝无用笔，饱濡铅泪记桑田。"这首诗恰好和唐景崧的诗前后印证。唐公遗诗"无用笔"，寅老诗句又称"果剩一枝无用笔"。天石兄讲述胡适应寅老之请，为唐公诗幅题句一事，岂闲笔哉，岂闲笔哉！其他如《胡适与国民党的一段纠纷》以及《雷震、胡适与〈自由中国〉半月刊》，虽是考史，那目光始终未尝离开真实的现实。克罗齐说，一切历史都是当代史，诚然也。

天石文集中那些大部头著作，我们显然难以逐篇赏读，但他发表在《中国文化》上的文字，我是篇篇细读过的。虽只十余篇，作为抽样，其笔法、义理、思旨、辞章的特点，我大体可以了然。历史书写是讲究笔法的，此一方面天石在行文中自有心得。他出身文科，诗文写作是家常营生。他置身于晚清民国以还的史事研究，史笔中亦难免会有诗心流露。但他不是文史会流的考史方法，也不是以诗文证史，而是诗作另行，成为他书写性情的单独途径。文集所收《半新半旧斋诗选》等，即为他诗作的选编。由于每有诗集出版天石都会送我，因此知道他的诗多为抒怀写实，交游、经历、情感心迹，历历在焉。他为学的考据、义理、辞章可谓同行并存。

天石还主持过历史和思想的刊物，就是影响很大的《百年潮》

杂志。我考证陈寅恪的祖父陈宝箴为慈禧密旨赐死的长文，曾蒙他谬赏择要刊载于此刊。记得他的《百年潮》还发生过不少故事，天石兄自己已有记述，我就不在这里赘言了。2011年，我成为中央文史研究馆馆员，在那里我们有了更多的晤谈机会。特别当每年两次的馆员休假之时，我们可以畅叙一切。我与天石的交谊似乎越来越"情好日密"，内子陈祖芬也很喜欢天石，我们常常一起交谈。我们看重他是一个心地单纯的纯学者，这比学问本身还重要。我曾说我们中国文化研究所进人的条件是"学问第一，人品第一"。或问，两个第一何者在前？答曰：学问好的人品在前，人品好的学问在前。我们的天石兄可谓两者能得其兼者也。

  何敢称序，不过借此忆往事思来者而已。祝贺天石，谢谢天石。

注：《杨天石文集》，海南出版社2023年版。

超越封建传统的"成王败寇"史观

陈永发 [中国台湾]

1944年生，台北"中研院"院士。

2022年2月24日，我从医院出来，回到办公室看计算机，才看到天石先生的来信。我陪右肱骨粉碎性骨折的内人住了四天病房，断绝了与外界联络的所有管道。天石先生说最近曾写信给我，一直等无下文，所以23日再度来信，要我为他的新书写序；过去不见回复，若系现实困难，则请明白相告。我遍寻计算机，不见前信。再看后信，恐怕耽搁了他的大事，又觉得邀请本是莫大荣幸，所以还不知道是什么新书，更不曾细想承诺后果以前，便立即覆信答应。天石先生这才再告诉我，他八十六岁高龄了，正在编辑个人文集，其中第六种的《蒋介石及其日记解读》5卷，共有170万字，预定一个多月后付梓。我终于知道所谓新书是部大型论文集，内容是关于蒋中正及其日记。我主要研究蒋中正对手毛泽东的历史，对蒋中正历史虽多少知道一点，却不能说熟悉与专精。十几年前，不揣浅陋，曾为天石先生的《找寻真实蒋介石——蒋介石日记解读》写过一篇不成熟的书评，早已不敢回忆，亏他如此高龄，仍清楚记得这件往事。联想到这篇序文是有时间限制的，慢笔成性如我，颇想敬谢不敏。又想到，既已答应，怎可临时打退堂鼓，也就不敢了。

1945年8月9日，苏俄继美国两颗原子弹后宣布派大军进攻东北。接着连续两天，毛泽东以延安总部总司令朱德的名义下达七道命令，要原第十八集团军和前新四军（国军番号），立即向日本占领区，尤其是苏联即将全面占领的东北进军，沿途接受日军投降，并宣布阻扰此一行动的任何武装，必定予以攻击。在此电文中毛泽东指斥蒋中正是"法西斯头子独夫民贼"。其实，不要追溯到抗战以前，早在1940年元月毛泽东发表《新民主主义论》

时，就以不点名方式批判蒋中正为大地主和大资产阶级的代表；随时步武汪精卫，走上汉奸之路。毛泽东又说，正因为共产党对其不断批评，投降才未成为事实。蒋中正躲在四川峨嵋山上，消极渡日；好不容易等到美、苏把日本打到无条件投降，才抢在坚决抗日的中共前面，下山摘桃，抢夺胜利果实。接着不久，国共内战爆发，毛泽东更倾其全力指斥蒋中正为民贼独夫、人民公敌，号召人民推翻反动的腐败政权，解放全中国。

1980年代，天石先生奉命参加《中华民国史》的撰写，认为历史是客观存在。一切历史研究都必须服从这种客观存在，以真实地再现为目的。为了达到这一目的，历史学家必须尽一切可能广泛收集各类资料、文献和证据，辨析考核，实事求是，力求记录已经逝去的客观历史。他写的《"中山舰事件"之谜》，当时主导意识形态的胡乔木审阅，认为可信可读，大为赞许。天石先生决心以同样的路子和方法写作。他到处访求有关文献，更乘中国大陆改革开放之机，到中国香港、中国台湾地区及日本和美国等地搜求史料。幸运的是，蒋中正当时实存的53年的详细日记此时已经寄存于斯坦福大学胡佛档案馆。天石先生认为其内容丰富，虽有其主观偏见，但广阅相关文献，仔细考据分析，大有助于认识和研究蒋介石其人。此后天石先生不断以短篇论文方式发表成果，随而汇为五本论文集，亦即一本《蒋氏秘档与与蒋介石真相》，以及四辑《找寻真实蒋介石——蒋介石日记解读》。

这些著作，因为史料扎实，不离事言理，文字清楚畅达，以及充满中国大陆不易看到和听见的史实，深受读者欢迎。

天石先生呈现的真实蒋中正，与中国大陆所描写的蒋中正多有距离，个别坚持旧观念的学界人物,,硬指他是"历史虚无主义"，要求严惩。所幸，中共主管党史和历史研究的高层，并不认同这种攻讦；否则他早成为中国大陆彼可鸣鼓而攻之的反动分子了。尽管如此，内心所受痛苦委屈，不难想象，然而他依旧故我，坚持以实事求是为原则，也就是我们通常所说的实证主义方法进行中华民国史的研究。

天石先生的研究，在长期认为蒋介石"盖世英明、一生功勋"的台湾，也因为去魅或去神话化，起了一些矫正作用。蒋介石不再是天纵英明的革命家和圣贤领袖了。他年轻时，贪慕女色，动辄使气，自以为是，染有浓厚洋场风和江湖气。他个性浮躁、易怒、多疑、骄傲、倔拗、孤僻、自恋，有很多弱点。成为国民党领袖后，更坚持一党专政，专制独裁；争取苏联合作与外援的同时，其政府官员贪污成风，以残酷手段压制共产党人与其它不同政治理念者。其实，在杨天石写作蒋中正的1990年代，因为因为蒋经国的民主化政策，开放党禁和言论，以及国民党分裂和反对党执政，出现各种各样反体制出版品，蒋中正的形象已由万民拥戴的领袖变成专擅自为的独裁者，以致越来越多的人再听到蒋中正看到小溪游鱼力争上游立大志的故事，立即嗤之以鼻，也越来越多人辱骂他是1946年二二八事件的元凶、1950和1960年代白色恐怖的祸首，而凡是曾经遭到蒋中正软禁，下狱和流放的军事将领和政治领袖，譬如张学良、孙立人、吴国桢、雷震，都顿时成为反抗暴政的英雄，甚至连被大多数百姓肯定的土地改革，也被指责为抢夺本省地主土地。天石先生对这些批评和指责，凡是有文献左证者，据实直书；若有错误、歪曲、丑化和夸大不实者，也予以澄清。不论承认还是否认，天石先生在寻找真实的蒋中正过程中，总是力图恰当地再现其个人性格中的民族主义一面，之所以既拉拢和依赖美国，却抗拒其无视中国主权的霸凌和干涉，反对美国在中国大陆使用原子弹，坚持中国对钓鱼台岛的主权，原因均在此。天石先生本人是民族主义者，肯定孙中山三民主义思想的革命进步意义，肯定蒋中正以和平方式贯彻三民主义规定的土地改革，认为它促进了台湾经济起飞。

通观这部关于蒋中正及其日记的新书，我觉得，天石先生耗费心力极大，编辑旧文，增写新文，重新按照时间先后编排，内容偏于政治、外交、军事和思想等几方面，不足的是疏于社会和经济方面。

新论文集总字数高达170万字，短时间难以卒读。我建议有兴趣的读者，阅读天石先生的自序后，不妨先读《蒋介石是个什么样的人》《蒋介石与中国抗战》《论第一次国共合作的分裂》三篇，再根据个人喜爱，选择阅读其它各篇。至于爱读比较轻松课题的读者，则可直接阅读第五卷关于蒋中正婚姻和家庭的几篇。因为天石先生针对民间流传极广的几个不实传说，提出了可信的澄清和更正。

对中国何去何从，蒋中正与毛泽东两人都有历史使命感，也都深知贯彻历史使命必须先以实力取得革命领导权，因此都致力于政治、军事或政治各方面组织力量的扩展和蓄积。至于在过去的时代有无不需要战争就能解决双方争执的方法恐怕相当困难。天石先生是一个爱国主义者，也是一个认同中国必须革命的历史学者，集中心力发掘一个在行动和思想中的真实蒋中正，发现蒋中正和毛泽东、国民党和共产党，虽有巨大的阶级差别，但都是中国民族主义者，都有为谋求中国迎头赶上西方先进国家而奋斗的愿望。两党两度合作，一度采取党内合作方式，一度采取党外合作方式，遗憾其均不能长期维持，也都是在彼此屠杀和全国性武装争斗争中争夺主导权。这五卷《蒋介石及其日记解读》，虽不能为中共一度拟议的两党未来合作提供理想方案，却以丰富的历史事实，剖析说明了前此两次合作难以长期坚持的主要原因。天石先生渴望国家和平统一，尽可能避免血腥内战和民族自残，对这一段以毛泽东与蒋中正为主导历史人物的民国历史，我们应该好好研究。他以耄耋之年，孜孜矻矻，呕心沥血，完成这部庞大的论文集，每一个中国人都应该心存感激。我更是深深佩服，谨祝贺其顺利付梓问世。是为序。

注：《找寻真实的蒋介石：蒋介石及其日记解读》，三联书店（香港）2022年版。

《找寻真实的蒋介石》序

吕芳上［中国台湾］

Lü Fangshang

1944年生，台北"中研院"近代史研究所原所长。台中东海大学教授。

一

近一百多年来,中国处在剧烈变动的时代。许多事件的发生和曲折发展的过程,直接间接,似乎都不能不注意领导人物、群众活动、文化变迁、国际因素等的相激相荡,这些才构成中国现今的局面。至少在半个世纪之前,以近代史作为史学学术研究的一支,还颇见争议。近代历史虽有数据宏富之利,但更有问题复杂、事多隐晦、人多在世的困扰,尤难摆脱现实政治的纠缠。所幸50年后的今天,尤其自20世纪80年代以后,全球冷战架构解体,政治与学术空气益见宽松,近代史研究已渐成气候。以蒋介石研究为例,海峡两岸对蒋一向的"神""鬼"之辨,到如今视为有成有败、有功有过的"凡人",蒋介石走入历史,社会因此更见成熟。

二

1930年6月,陈寅恪为陈垣《敦煌劫余录》作序,说了这样一段话:

> 一时代之学术,必有其新材料与新问题。取用此材料,以研求问题;则为此时代学术之新潮流。治学之士,得预于此潮流者,谓之预流(借用佛教初泉之名)。其未得预者,谓之未入流。此古今学术史之通义,非彼闭门造车之徒,所能同喻者也。

发掘新资料、引进新理论、提出新问题、得出新结果,这是近代史学研究的基本精神。20世纪80年代以来,即以近代中国政治史的研究而言,在抛弃旧有思维框架、运用科际整合方法,具备国际视野、重视团队合作的条件下,运用新资料,提出新问题,已逐步呈现出了许多新的研究成果和前所未有的视野。举例言之,中国台湾地区在20世纪80年代解严之前,近代政治史本存有若干"禁区",例如国民党内部派系问题、台湾史、中国共产党史、"汉奸"等的历史,都少有史家涉足;也有若干在国民革命史观下难予突破的研究困境,例如伟人事迹、群众运动等。到了20世纪80年代,世局发生重大变动,近代史研究也跟着发生意义深远的变革。以国民党党史为例,在数据方面,国民党数据的空前开放,蒋介石档案的全盘解密,蒋介石日记的陆续公开,对民国史研究议题的开发、历史问题的解决均具正面意义;在历史解释方面,旧有思维框架的摘除、以多元取代一元的论述,历史再为政治服务已完全可能。摆脱僵化史观、远离伟人教条,去除条条框框,"党史""国史"可以区分,"党同伐异"的话语系统逐渐淡去,把握宏观、研究微观,还原"史学是找资料证明的学问",带给近代史学者更多发挥的空间。这也正是海峡两岸历史学者欢迎的气氛,想来也应是杨天石教授新著出版的重要时代背景。

三

蒋介石是中国近代史上的重要人物之一,如何依据原始资料还原其本来面目，一直是史家的兴趣也是任务。早在2002年杨天石教授即有感于民国史事不免加油添醋，民国人物难免涂脂抹粉，致事件云遮雾绕，人物面目走形，因此勤快走访四海，广搜史料，然后以专题发掘蒋介石自民初以迄20世纪40年代史事，"目的是想寻找真实的蒋介石，以便进一步准确地阐述中国近、现代的历史"。本此精神，2006年3月，当斯坦福大学胡佛研究所首次开放蒋介石日记时，杨教授是学者中进入档案馆内阅读日记拔得头筹者，上穷碧落下黄泉，他的勤快、执着与用功，直叫人敬佩。

大体历史人物的研究，在握有最重要资料之后，得寻求基本史实的确凿、深切认识时代环境、掌握各阶段思想的发展，集中关键又发人深省的议题上进行发挥，不回避、不窜改、不苛求、不溢美，又能恰得其分，是为上乘之作。杨教授的诸篇论文根据《蒋介石日记》的手稿本，复又以各种文献、史料比证、勘核，可谓充分占有并正确运用史料的优势；从蒋介石自认对孙中山、陈其美忠心耿耿的刺陶（成章）案，经营上海号子（证券交易所）的失败，1923年蒋自认"吾前程发轫有望"的苏联之行说起，到蒋胡汤山事件，对日秘密谈判，史迪威事件中的蒋、史、宋（子文）角色与冲突，重庆谈判中蒋对毛泽东态度一百八十度转变的内心世界，乃至于蒋的私生活，每一议题都从疑点出发，回到论证严密的答案中。这本书的文章十分重要，是谈人人一直想知道又得不到正确答案的历史议题，这种问题意识的掌握，不只是史才、史识的兼备而已。

四

2007年夏，个人有幸，与杨教授同时在胡佛研究所检阅蒋介石的日记。杨教授的文字斐然一如其便给口才，思路清晰，见识广博，予人印象深刻。杨教授早期治文学，然后有哲学训练的机缘，终乃投入历史的研究，其根柢之深厚，卓然成家，自有渊源。

蒋介石日记的丰富内容，一如杨教授所言，是治民国史不能不看的重要史料，是史学家可以长时期、多方面挖掘引伸的宝藏。我们乐于看到杨教授寻找真实的蒋介石著作的出现，民国史学界一定会热切期待他有关蒋其他作品的出版，因为只有多方面的研究成果出现，一个重要又备受争议的历史人物蒋介石，才能真正走下神龛，走出政治的牢笼，真实的面貌才会呈现。

注：《找寻真实的蒋介石：蒋介石日记解读》山西人民出版社2008年版。

《孙中山新探》序

王杰

1951年生,广东省社会科学院孙中山研究所原所长。

Wang Jie

荷雨时节，信从天降，杨公函嘱为其大著《孙中山新探》写序。惊惶之余，复信连连求饶。公以本人"长期担任孙中山研究所所长，是为拙书写序的非常合适的人选"相劝，经"协商"，则以公奖掖晚辈，扶持后生为慰，权以撰述怀忆或感获一类的文字应允下来。

杨公著作等身，乃知名的孙中山研究专家。我们于1978年在近代史研究所相识，迄今四十余年。是时，我出道未几，公正值年富力强。因参加国家"六五"规划重点项目《孙中山全集》（中华书局版）的编辑，本人所在的广东省社会科学院与近代史研究所、中山大学是合作单位，由此，得享王府井大街东厂胡同一号之"近水楼台"，借书、食宿，有幸与公同一栋楼。

往事如烟，追忆依然。于孙中山研究领域，杨公有志竟成，其成就之秘诀，可简括为六个字，曰：勤奋、求真、创见——这是我粗略的体会，亦为本人受益终身之信条。

勤奋乃成功之基石。近代史所的藏书，胜似宝藏，浩如烟海。杨公的勤奋有目共睹、有口皆碑。我客居近代史所，断续不下一年半，印象最深刻的，不管是图书馆，还是办公室（可将旧报借回），都可看到杨公翻阅书报与写作的身影。记忆犹新者，他对报纸中的广告页，翻得特别快，盖因习惯成自然了。一旦发现心仪的史料，便埋头抄录于卡片中（那时无电脑）。每每从他的门口走过，半开的房间总是看到他读作的神韵，这对我这位初出茅庐的求知者来说，委实是"言传"不如"身教"了。十多年前，我到北京参加研讨，有意重温旧梦，某星期日，深夜十一时，几位同仁往所里走，电梯已关，碰见杨公抱着一大沓书在爬楼梯，七十多岁的学者，以所为家，于夜色苍茫中负书上行，其勤其奋之形象，深印于我的脑海。聪明出于勤奋，治学呵护冷板，难能可贵啊！杨公几十年如一日，专心学问，其砥砺之精神，令人感佩有加。

史料有如史学之磐石，亦赖勤奋之功经营。史学即史料学，欠缺史料，史学就会变成空泛的说教；言中有物，论从史出，才是治史之要义。前贤早有言曰南京大学教授韩儒林先生撰过家喻户晓之一联："板凳要坐十年冷；文章不写半句空"。杨公堪称典范，所撰著述，既以史料为基底，又以新见史料见长。以《孙中山新探》为例，撇开书刊不论，仅引用的报纸（不含《民报》《新民丛报》等）就有：《大共和日报》《独立周报》《神州日报》《申报》《民声日报》《民志日报》《大汉报》《大公报》《民立报》《民权报》《天铎报》（上海）《民主报》（北京）、《国民公报》《中华民报》《燕京时报》《衡报》《天义报》《苏报》《少年中国晨报》《新世纪》《越铎日报》《中兴报》《中国旬报》《香港华字日报》《南洋总汇新报》《星洲晨报》《广州民国日报》《高知新闻》（日本）、《日新报》（加拿大）等三十种，还有《朱希祖日记》（稿本）、陶冶公《无政府主义思想对同盟会的影响》（未刊稿）、章太炎《亚洲和亲会约章》（未刊稿，陶冶公原藏）等；翻阅"档案、函札所见孙中山"一章，不乏台北中国国民党党史馆档案、台北"国史馆"档案、日本外务省档案、宫崎滔天家藏书札、日本山口县文书馆档案等资料，均为史料中之干货！其"上穷碧落下黄泉"之功力，可见一斑。尤需多书一笔的是，书末附录《孙文罪状》《伪〈民报〉检举状》《布告同志书》等三份文件，均系同盟会发生"倒孙风潮"的文献，或发表于当年的海外报纸，或深藏于海外的档案馆，除《伪〈民报〉检举状》外，今天已很难见到。杨公视史料为生命，却把罕见史料和盘托出供学界共享，嘉惠士林，精神可佩！

史学有独立的品格，史家有独特的人格，杨公的"格"定位于求真。举凡《孙中山新探》文字，无时无刻不在展示杨公求真的样态。关于孙中山对资本主义的认识，杨公认为，孙中山并不将资本主义视为垂死的、没落、腐朽、应该打倒、消灭的生产方式，也并不将它视为与社会主义格格不能相容的敌对力量，而是仍然视为推进人类社会发展和文明进步的"经济能力"，主张调和两者，使之"互相为用"，共同促进人类的文明发展。所谓"互相为用"，那意思是说：社会主义可以利用资本主义，资本主义也可以利用社会主义，相互借鉴、相互吸取，人类社会因而得以前进、发展。这是一种充满辩证思想的远见卓识。可惜，孙中山并未展开充分论述，但是，人类历史的发展经已证明并将进一步证实这一认识的伟大意义。杨公对孙中山关于资本主义的把握，闪烁着辩证唯物主义的光点。

求真，乃是对实事求是精神的弘扬。关于孙中山对马克思主义的评价，杨公指出，孙中山曾对马克思主义做过批评。马克思、恩格斯对资本主义进行过多方面的、严厉无情的批判。孙中山也曾严厉批判资本主义剥削，批判资本家的缺乏道德，他将马克思所分析的榨取工人剩余价值的手段归纳为三种：一是减少工人的工资，二是延长工人做工的时间，三是抬高出品的价格。但是，孙中山根据20世纪20年代的社会现实，对马克思的有关看法提出了不同意见。他以美国福特汽车工厂为例说：马克思所说的是资本家要延长工人做工的时间，福特车厂所实行的是缩短工人做工的时间；马克思所说的是资本家要减少工人的工钱，福特车厂所实行的是增加工人的工钱；马克思所说的是资本家要抬高出品的价格，福特车厂所实行的是减低出品的价格。像这些相反的道理，从前马克思都不明白，所以孙中山认为以前马克思主义的主张大错特错。马克思研究社会问题，所知道的都是以往的事实。至于后来的事实，马克思一点都没有料到。这其实都是孙中山研究中的前沿问题和最敏感的话题了。

良史，须凭史识，必有"求义"。杨公将"历史学家要对历史负责"作为治学的座右铭，道出了良史的心声。《孙中山新探》关于《孙中山与民国初年的轮船招商局借款——兼论革命党人的财政困难与辛亥革命失败的原因》一文，一改前人和时人将辛亥革命的失败简单地归为"资产阶级的软弱性"的成说，以事实为基础，围绕孙中山的困难问题展开阐述，把孙中山的财政困难讲得很清楚，从而抛弃政治概念的套路，到目前为止，仍未见对该文提出的质疑。又，关于同盟会的内部矛盾与两次"倒孙风潮"的论述，杨文强调既与日本社会党人内部软硬两派的分裂有关，也有同盟会自身的原因等等。举凡，扬葩吐艳，各极其致，学界遂蒙绝大之受益。

学问的灵魂在于闪光，学术的生命重于创见。业师章开沅先生说："史魂即史德，用现代话语来表达，就是这个学科固有的独立品格。而与此相对应的，就是以史学为志业者必须保持独立的学者人格。"应该指出，《孙中山新探》主人毕生以"究天人之际，通古今之变"之箴言作为研究学术的最高理想，努力践行"独立的学术人格"，卓然成家，提出了不少创见，如近代中国新型知识分子与"共和知识分子"的形成；辛亥革命的领导力量是"共和知识分子"等。尤其特别指出的是，他强调孙中山指斥近世"民权制度"，"往往为资产阶级专有"，"适成为压迫平民之工具"，冀望建立"为一般平民所共有"，"非少数人所得而私"的国家政权，因此提出，与其说他是"资产阶级革命家"，不如更准确地说他是"平民知识分子革命家"，或"平民革命家"。从百家争鸣的视角说，这是杨公与其他学者的不同见解，堪称一大创见。

  多年以来，学人一直把孙中山定位在资产阶级革命家。这无疑牵涉到孙中山阶级定性的问题。杨公倡说孙中山是"平民知识分子革命家"，并在《孙中山研究口述史》中列举了七大依据：一、于家庭经济状况言，孙中山出身贫苦，其兄孙眉虽一度为海外农场主，但因支持革命而毁家纾难，迅速破产且困居于香港的茅草棚，故而，将孙中山划归资产阶级群体中缺乏充分的理由。二、从孙中山的支持群体（阶级基础）言，并未有多少资产阶级在支持他：辛亥革命前，资产阶级多支持立宪派；革命后又多投靠袁世凯。"二次革命"时明确支持孙中山的资产阶级寥寥可数；广东作为近代民主革命策源地，又是孙中山故里，但是，广东的资产阶级都是站在孙中山的对立面，拥护孙氏的着实少见。三、从孙中山思想维度看，把孙中山定性为资产阶级革命家好像更没有道理。在近代革命家中，孙中山最早揭露资本主义社会内部贫富两极分化的事实，痛骂资本主义，揭示资本主义社会的矛盾。辛亥革命后，孙中山痛骂资本家没有道德良心、唯利是图的言论还有很多，而且是最早宣称中国不能走西方资本主义老路的人。四、就中国国家制度选择言，孙中山肯定施行民主共和制度，严正指出"英美立宪，富人享之，贫者无与焉"，从政治、经济、社会制度上全面批判和否定了西方资本主义，明确提出不能对西方亦步亦趋，要在批判西方资本主义的基础上创建中国民主制度，这是孙中山创造"五权分立"思想及实行五院并立制度的根本原因。五、对待社会主义态度言，孙中山于1903年就表达过对社会主义的向往，将"民生主义"直接和"社会主义"对等翻译就是直接体现；孙中山晚年更是直接推动了国共合作，确立了"联俄、联共、扶助农工"三大政策。孙中山是中国最早表示对社会主义的向往和追求的一位革命家。因此，把这样一个人说成是资产阶级，拿不出道理来。六、就中华民国颁布纲领政策看，均未鼓励发展资本主义。翻查南京临时政府的命令、条令，并没有多少是鼓励资本主义发展。而相比于晚清政府的新政，则是大力扶持资本家，并根据资本家的投资封官封爵，鼓励发展资本主义。相反，南京临时政府所颁布的政策法律顶多是些空洞的发展实业，绝对没有达到晚清新政的那种高度和力度。所以，相比较之下，把孙中山说成是资产阶级革命家也是不对的。七、就革命派与改良派论战而言，康梁以"保商"为根本追求，主张发展资本主义抵抗外资，认为保护资本家是第一要务。康梁派特别是梁启超，是要求在中国发展资本主义的典型代表，是资产阶级的代言人和利益代表者。而革命党则并不如此，革命党主张社会革命，主张发展国家资本，发展国营企业，这与资产阶级价值追求和利益保障明显有所差距。

创见可以喻为史学的玉石，乃学人智慧的迸发、创新的结晶。杨公此文，初以《孙中山不是资产阶级革命家》为题，发表于香港《明报月刊》2001年第6期，后易题为《孙中山应是"平民革命家"》摘要转载于2001年9月17日《北京日报》。值此多言一笔者，十年之后，嘤其鸣矣，求其友声。本人步杨公后尘，于2011年在广东人民出版社版出版《平民孙中山》，后记写道："孙中山出身平民，一生为了平民，他的三民主义、中华民国、国民革命，都与民字相连，并为之鞠躬尽瘁……他生活于民间，思想营养吸吮于民间，其事业的追随者来自民间，他是从民间中走出来的伟人。"可谓"无巧不成事"，2015年本人赴台湾采访《孙中山研究口述史》，将拙书赠张玉法先生指谬，先生问是什么书，答曰《平民孙中山》，先生笑道："平民孙中山，我要！如是……（省略）"，令我顿时听出了弦外之音！

毋庸讳言，关于孙中山革命性质的理论思考，有如孙中山名言"革命尚未成功，同志仍须努力"。曾经主张"资产阶级"说的章开沅先生在1911年出版的《辛亥革命辞典》序言说：诸如"资产阶级"或"国民革命"或"绅士运动"说，"都促使我们对长期以来似乎已经成为定论的'资产阶级革命'说重新加以考察与探究……比如，当时在中国大地上到底有没有一支明确的社会力量称得上是资产阶级？相应的问题是如何判断资产阶级的形成，形成的条件与标准是什么？仅仅从历史现象作就事论事的简单答复是无济于事的，还需从理论上，特别是理论与史事相结合的基础上，作更为客观、深入、细致的探索，才有可能获致若干比较确切和令人信服的答案。"

祈愿"平民"说当有后续，孙中山研究没有穷期。

谨祝《孙中山新探》问世，一花引来百花开！

注：《孙中山新探》，三联书店（香港）2022年版。

《晚清史要》序

黄克武［中国台湾］

1957年生，台北"中研院"近代史研究所前所长。

Huang Kewu

杨天石先生来信告知，他有关晚清研究的论文集将出版，希望我撰一序言，"以纪念你我多年之友谊"。我不敢推辞，只得应命。

杨先生是我十分敬佩的前辈学者，以民国政治史研究闻名于世。他也是我的老师张朋园先生、汪荣祖先生和墨子刻先生的好友。杨先生最令人敬佩的是他博闻强识、才思敏捷、口才辨给，听他在席间纵论民国掌故乃是人间一大快事。

20世纪90年代中后期，我多次受邀于张海鹏与耿云志教授，陪同张朋园先生与墨子刻先生去位于北京王府井的中国社会科学院近代史研究所访问。每次去访，杨先生与夫人均热情招待。我也多次去他在书海中的研究室畅谈。他告诉我有关《百年潮》与"乌有之乡"等等的各种学术动态。后来我在任台北"中研院"近代史研究所所长期间（2009—2015），与吕芳上教授、黄自进教授共同推动蒋介石日记的出版与蒋介石研究，杨先生在这方面用力甚勤，他以"突破内战思维"的研究角度，对蒋氏功过有十分中肯的评论。我们也多次邀请杨先生来台交流讲学。有关杨先生与台湾学者之间深厚的友谊，请参考他所写的《最重要的是面对史实、忠于史实：回顾我的民国史研究以及和台湾同行的交流》。我也有幸在中国香港地区、法国与美国等地与杨先生见面，或是开会，或是论学。其中印象最深刻的是1995年12月巴斯蒂教授在法国中部罗亚尔河畔的加尔希召开"欧洲思想与二十世纪初年中国精英文化研讨会"，我们共同应邀出席。我就严复翻译的《群己权界论》发表文章，杨先生撰写有关苏曼殊、陈独秀翻译的雨果的《悲惨世界》的相关文章。两者分别代表清末民初英国的自由主义改良思潮与法国社会主义革命思想进入中国的重要文本。会后还去巴黎卢浮宫博物馆等地游览。蒋介石日记开放之后，杨先生多次去我的母校斯坦福大学胡佛研究所看日记。我也去过几次。墨子刻先生当时仍担任胡佛研究所的高级研究员，曾邀请大家一起餐叙。我被杨先生七十高龄还认真抄写档案的精神所感动。杨先生的大量著作都是奠基于这种非常扎实的史料功夫。英国学者柏林在分析托尔斯泰时曾分辨出两种类型的学术性格：一种是刺猬型，他们喜欢把所有的事情都贯穿在一个明确的系统之内，一切细节都必须通过单一的系统才有意义；另外一种是狐狸型，他们从事多方面的追逐而不必有一个一贯的中心系统，狐狸型的作者对各种经验采取一种严肃的就事论事的认真态度，而不企图把零散的史实纳入一个无所不包的统一论点。用这种分析概念来看，杨先生应该属于"狐狸型"学者，与我的老师墨子刻教授的风格截然不同。

我常想这可能与杨先生所处的大环境有关，在他所写作文章的时期，要作一个刺猬型的学者，可能必须得呼应主流的立场，而少有批评讨论的空间。相反地，作为狐狸型的学者，则可以用游击战的方式对主流想法提出反省。

杨先生的做法是从史料开始。他在国内外，致力于访求各种未刊的档案、日记、函电、笔谈等一手数据，"在此基础上考辨探微，钩沉索引，揭示鲜为人知的历史奥秘"，一方面揭露虚假，一方面彰显事实，反映出历史的复杂面貌。这是使历史学能不断地推陈出新的重要方法，杨先生在这个方面无疑是数一数二的高手。

本书搜集了杨先生有关晚清历史的重要论著，分为鸦片战争前后、戊戌变法前后与辛亥革命前后等三个部分。这些文章或为报章上的精简论述，或为学术刊物上的扎实大作，共同展现出杨先生除了在大家所熟知的民国史研究之外，对于晚清史事与人物也下过很深的工夫，展现出高度的狐狸式的技巧。各篇著作都从一个关键问题着手，再引证新史料层层解析，引人入胜。我相信读者一定和我一样，阅读时会感到津津有味而手不释卷。谨以此序恭祝先生健康长寿。

注：《晚清史要》，三联书店（香港）2022年版。

皓首穷经著文章

陈红民

1958年生,浙江大学求是特聘教授、蒋介石与近现代中国研究中心主任、博士生导师。

Chen Hongmin

忽接中国社会科学院近代史研究所杨天石研究员邮件，其大作5卷本《找寻真实的蒋介石：蒋介石及其日记解读》将由香港三联书店出版，嘱我作序，言辞恳切。阅之，惶恐不安。印象中，都是前辈为后辈作序，评点学术，奖掖后进。杨老师是近代史学界高山仰止的前辈，曾为拙著作序。我才疏学浅，岂敢造次，为人耻笑，故迅即回复说明，请他另寻年高德劭学者。不意杨老师再来邮件，坚嘱不改，称学问之道"不当论资历、辈分、年龄"。杨老师是浙江大学蒋介石与近代中国研究中心客座研究员，多年来对我鼎力支持。我若再推脱，恐不近人情，恭敬不如从命。古代也有前辈虚怀若谷让后辈作序的雅事，称为"嘱序"。我遂斗胆承应下来，一则为杨老师大作付梓志贺，二则作为先读为快的学习心得。

各种公私场合，我均尊称杨天石研究员为"杨老师"，为行文严谨，下面只直呼其名。

一

杨天石研究员现为中央文史研究馆资深馆员、中国社会科学院荣誉学部委员。前者由国家总理聘任，入选者为有德、有才、有名望之士；后者是中国社会科学院内的最高学术称号，为终身荣誉，地位相当于中国科学院院士。这两个称号，是国家对他学术地位与贡献的充分肯定。

杨天石毕业于北京大学中文系，成名于中华民国史研究，涉足的研究领域与课题较广，但成就最大的，还是他的蒋介石研究。

蒋介石是中国近代史上叱咤风云的重要人物，对他的学术研究水平是近代史研究的标杆之一。改革开放以来，对于蒋介石的学术研究有长足的进步，其中有杨天石做出的突出贡献。说他是海内外蒋介石研究领域中用功最勤、成果最多、影响最大的学者，在史学界恐怕不会有多少学者提出异议。他涉足蒋研时间早，起点高，早年研究蒋介石与中山舰事件关系的论文，不仅为学界所称颂，中央负责意识形态的主要领导同志也充分肯定、赞赏。

以我的观察，杨天石治史有两个鲜明特点：一是对史料，尤其是珍稀史料十分重视。他在海外访学，绝大部分时间泡在档案馆与图书馆里；二是进入一个研究领域，就会穷追到底，锲而不舍。他在蒋介石研究方面取得卓越的成就，与这两个治学特点密不可分。唯其重视史料，所以能从史料出发，发现新的研究课题，或对前人的研究有所匡正与补充。唯其锲而不舍，在一个课题上长期耕耘，所以才能系统地推展研究，并进而推动该课题的深入发展。1980年代，他在学界最早利用中国第二历史档案馆的蒋介石档案进行研究；1990年末，台湾开放蒋介石档案，他是较早去台湾的大陆学者；进入新世纪，美国斯坦福大学胡佛研究所开放《蒋介石日记》，他与张海鹏研究员受到邀请，是第一批读者。他从事蒋介石的相关研究，已有近40年的时间。我在研究生教学时，时常以杨天石的学术之路作为成功个案，加以推广，要求学生认真学习。

杨天石的蒋研成果在学术圈以外也很受重视，他的"粉丝"很多。我曾经数次主持过他的讲座，有的是大学里，有的是在书店，每次听众都是人潮如涌，反响热烈。2008年，我在斯坦福大学校园内偶遇一对国内退休后去美国探亲的工程师夫妇,那位先生得知我是专程来看蒋介石日记时,马上说,杨天石的蒋介石研究做得最好,他的许多文章我都读过,你认识他吗？杨天石的影响之大可见一斑。他的著作,多次在媒体的各种"好书"评选名列前茅。

二

杨天石将几十年来研究蒋介石学术成果,经过选编、补充而成《找寻真实的蒋介石:蒋介石及其日记解读》,洋洋5卷,可以视为是他蒋研成果之集大成。

5卷的内容,基本上是按照中国近代史的基本脉络与蒋介石个人地位的变化来划分。第一卷《早年经历、北伐战争与"清党"反共》,收录23篇文章、第二卷《内外政策与抗日战争》收录22篇文章、第三卷《抗战外交》收录20篇文章、第四卷《内战再起与统治崩溃》收录15篇文章、第五卷《台湾年代及其婚姻、家庭》收录文章24篇。共计104篇文章,另加上"附录"17篇。内容涵盖了蒋介石的一生。如果量化分析一下,涉及八年全面抗战时期的文章最多,除第三卷外,第二、第四卷中也各有些时段上属于抗战时期的。或许,可以理解为抗日战争在中国近代历史上很重要,对蒋介石个人也很重要。

杨天石的蒋介石研究,基本上是围绕着专题进行——根据史料选定一个专题展开,也就是大家常说的"问题意识"很强,优点是能把一个问题讲深讲透。他运用专题研究方式解读蒋介石日记，或填补学术"空白"，或对一些重要历史问题提出新见解，或补充历史细节，探幽发微。这种研究与写作方法非常成功，已然形成了一种独特的"杨氏风格"。本书收录的100余篇论文，大致上就是100个专题。用如此多的专题对一个历史人物进行研究，应该是够深入、细致与全面了。

这些专题，有的是史学界较少涉及的，有开拓与"揭秘"的性质。如钓鱼岛的归属是中日两国长期争端的问题，台湾地区主要领导人蒋介石的态度如何，有着重要的指标意义。学者们囿于史料，过去鲜有论及。书中《蒋介石与钓鱼岛的主权争议》一文，对蒋介石在1970年代初美国将钓鱼岛交给日本前后态度进行了详细梳理，蒋强调钓鱼岛归属事关中国领土主权，"寸土片石，亦必据理全力维护。"

有些专题学术界已有研究，杨天石根据新史料，或从新的角度进行阐释，或者补充细节，深化对问题的认识。关于1945年举行的重庆谈判，学术界的研究成果已很多，书中的《蒋何以邀毛？毛何以应邀？》《如何对待毛泽东：扣留、"审治"，还是"授勋""送礼"》二文。杨天石从抗战胜利后的国际局势着手，分析美国、苏联对华政策的转变，使我们清楚地看到，重庆谈判的促成及结局并非单纯是国共两党角力的结果，而有更深的国际背景。

杨天石的著作，思路开阔，史料翔实，文笔洗练，深受读者好评。这5卷本的出版，一定能得到学界与读者的认可，洛阳纸贵，也能有力地推动蒋介石学术研究扎实前进。

三

历史学是一门强调实证性的科学,史料是学术研究的基础。新史料的发掘,不仅可以考订与补充既有的学术成果,更可以发现新的研究课题与领域。蒋介石研究所以取得突破,与"蒋介石档案"与《蒋介石日记》开放密切相关。杨天石是最早运用这两种史料进行研究的大陆学者,给人的印象如此深刻,以至有人不加辨析地说他只运用蒋介石的档案与日记来研究蒋介石,难免会被"带偏",影响立论的客观性。这其实是绝大的误解。杨天石对蒋介石日记的史料价值与局限性有着清醒认识,他曾多次说过:"迷信日记,专凭日记立论不行,只有傻瓜、笨蛋才这么做,必须广泛收罗各种相关文献加以考订、参证、补充,才有可能读懂日记,进而读懂蒋介石其人及其时代。"在实际研究中,他也是这么做的。

在此,以《蒋何以邀毛?毛何以应邀?》一文为例,对其所引用文献资料进行"量化分析"。全文资料注释超过100个,分别来自《大公报》《中央日报》《解放日报》《新华日报》《中共中央文件选集》《战后中国》《延安日记》《斯大林与中国》《重庆谈判资料》《重庆谈判纪实》《总统蒋公大事年表初编》毛泽东选集》《毛泽东文集》《毛泽东年谱》《毛泽东军事文集》《朱德选集》《刘少奇年谱》《周恩来年谱》《周恩来军事文选》《季米特洛夫日记》《铁托传》,以及台北国民党党史馆档案、《美国对外关系文件集》《中美关系资料汇编》、俄罗斯总统档案馆档案、俄罗斯对外政策档案馆档案,胡乔木、师哲、叶飞、唐纵及张治中等人的回忆录，约30种，相当丰富。其中引用蒋介石日记仅8处，不到十分之一。此例，足以印证杨天石的研究是广征博引，绝非仅凭日记等少数几种史料。

四

唐代刘知几《史通》提出，史家必须兼具史才、史学与史识。蒋介石学术研究取得了前所未有进步，得益于国家的改革开放与思想解放，使学术界有足够的雅量与自信客观评价以前的革命对象与"人民公敌"。当然，也离不开杨天石代表的一代具有才、学、识的前辈学者们筚路蓝缕、卓越见识与进取精神。

毋庸讳言，蒋介石是位重要而复杂的历史人物，与现实有着剪不断理还乱的联系。每个现代中国人，都有自己对蒋介石的独特看法。作为一位"蒋研"同道，我对蒋研环境的艰难有过一段感慨："史学研究的过程艰辛而枯燥，而对涉猎蒋介石相关研究的学者来说，艰辛与枯燥之外，还多了些难与人道的压力与无奈。甘苦自知，点滴在心！"

身处这样的环境，杨天石的蒋介石研究提出新观点，振聋发聩，得到许多学者的肯定与认可，也有人从学术的角度提出批评，与其商榷。有不同见解是正常现象，新的学术观点正是在不断争鸣与辩论中，逐渐被接受的。但是，蒋介石研究的这几十年中，杨天石遭遇到不少非学术因素的干扰，有的站在"政治正确"的立场对他无端指责，有人身攻击，甚至有写黑函"告状"。好在，杨天石坚守科学精神，持正不阿，不畏艰难，得道多助，终成一家之言。

学术史一再证明，史学长廊里留下的是那些认真阅读史料，实事求是进行研究，勤于思考的学者著作，而那些无视史料与史实，想当然地站在"道德制高点"上，无端指手画脚的文字，最终只能沦为学术进步的背景。

杨天石几十年研究蒋介石的成果以5卷本的汇集出版，大功告成。他用100余个精深的专题研究，展现了不同时期，不同侧面的蒋介石。我先睹为快，深受启发。读罢全书，掩卷而思，不免产生意犹未尽的"非分之想"——期待杨天石能够不辞辛苦，在现有专题研究的基础上，整合海内外学界的最新成果，写成一部前后贯通，涵盖蒋介石一生思想演变与事功的传记性巨作，写出他多年来找寻到的那个真实、完整的蒋介石。相信，这也是其他史学工作者与读者的企盼。

衷心祝贺杨老师大作出版，祝愿他学术生命常绿！

注：《找寻真实的蒋介石：蒋介石及其日记解读》，三联书店（香港）2022年版。

1990-2024

照片集

01 1990年，杨天石先生与周一良、李又宁在纽约
02 1990年，杨天石先生在纽约访问物理学家吴健雄女士

03 1991年9月，杨天石先生与蒋永敬夫妇在沈阳
04 1993年11月，杨天石先生与韩国学者闵斗基等

01 1995年，杨天石先生与李又宁在纽约
02 1998年10月，杨天石先生与巴斯蒂（法）等在柏林

03 1999年4月，杨天石先生与金冲及、吕芳上在湖州
04 1995年，杨天石先生与唐德刚在纽约

01 2001年，杨天石先生在打捞出水的中山舰上
02 2001年，杨天石先生与井上清、狭间直树（日）等在京都

03 2007年，杨天石先生与袁行霈、侯德昌二教授访问澳大利亚
04 杨天石先生与戴安娜教授在加拿大

01 2009年9月，杨天石先生与傅高义（美）教授在重庆
02 2019年，杨天石先生与陈来、陈平原、田青先生在云南

03 2019年，杨天石先生同学聚会
（李汉秋、陈铁民、张少康）
04 2021年，杨天石先生与方德万教授在北京

01 2023年，杨天石先生与郑会欣教授在香港
02 2023年，杨天石先生与陈方正先生在香港

03 2024年，杨天石先生与老同学陈丹晨在北京
04 2024年，杨天石先生与夏春涛、聂永梅在北京

01 2024年，杨天石先生生日时与马勇教授在北京
02 文史馆馆员到广西采风
（资中筠、杨天石、程毅中、方立天等）

03 杨天石先生与韩钢教授在北京
04 杨天石先生与陈谦平、雷颐、邵雍在深圳

01 杨天石夫妇与郭岱君教授在美国
02 2011年8月聚会
（梁治平、沈昌文、杨天石、刘梦溪、汤一介、乐黛云、陈祖芬、董秀玉、李泽厚）

03 杨天石先生与章开沅夫妇、陈红民、马敏在湖州
04 2024年，杨天石先生与大学同学钱文辉在苏州

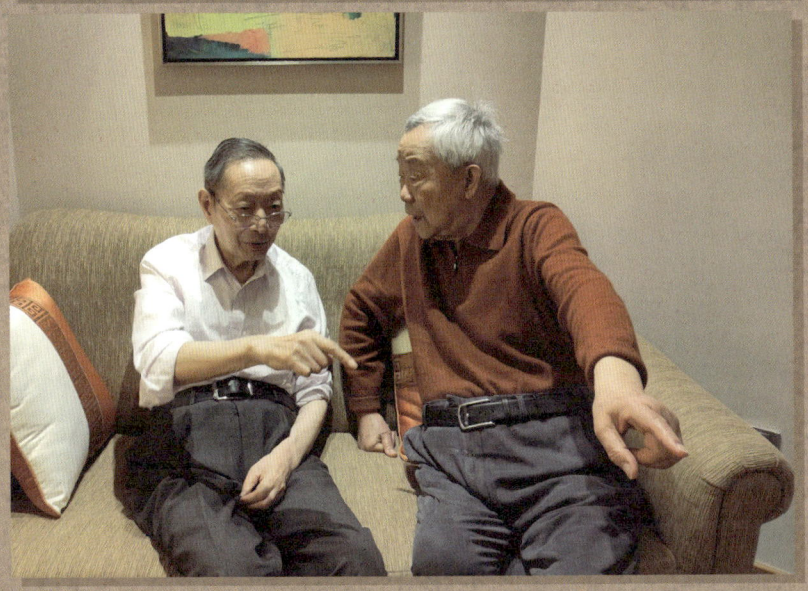

01 2006年,杨天石先生与博士、博士后们（王奇生、臧运祜、罗敏、刘贵福、张北根）

02 2023年，杨天石先生与黄克武、郑会欣在香港
03 2019年，杨天石先生与出版家彭明哲在苏州

01 杨天石先生与侯德昌先生在北京

古院秦淮小拱橋，門巷陌柳蕭蕭編，一代興亡史看盡金陵識舊朝

楊天石詩 金陵訪舊

房南昌書

01 杨天石先生在澳大利亚公园

02 杨天石先生88岁生日
与爱猫杨大壮在家中

- **1936年,一岁**
  2月15日（正月二十三日）出生于江苏省兴化县戴家窑（今兴化市戴窑镇）。

- **1945年,九岁**
  入私塾,从王厚甫先生学,读《大学》《中庸》《论语》《孟子》。

- **1947年,十一岁**
  春,入东台县（今东台市）天霞镇中心国民小学五年级读书。

- **1948年,十二岁**
  夏,自东台县（今东台市）天霞镇中心国民小学毕业。以第三名的成绩考入东台县（市）中学。
  入学未久,改入泰县荣汉中学学习。

- **1949年,十三岁**
  春,入无锡市青年中学学习。
  青年中学停办,秋,入新成立的无锡市惠山中学学习。
  12月17日,经鲁少康介绍,加入新民主主义青年团。

- **1950年,十四岁**
  惠山中学停办,考入无锡市中学,未读。入吴桥夜中学学习。
  秋,参加无锡县（今无锡市一部分）秋征工作。

- **1951年,十五岁**
  入无锡市圣德中学学习。任共青团圣德中学支部书记。

- **1952年,十六岁**
  9月,考入无锡市第一中学,七门功课,总分608.5分,为全市六个超过600分的考生之一。

- **1953年,十七岁**
  9月,因学业成绩在90分以上,操行成绩列入甲等,体育成绩列入乙等,获得学校嘉奖。
  任共青团无锡一中团委委员兼总支书记。

- **1954年,十八岁**
  因病休学三月。病愈再入学。
  课余与符丐君、牟凌云、朱纪文、周思源等共五人,组织鲁迅文学小组。

- **1955年,十九岁**
  高中毕业。到苏州参加高考。9月,考入北京大学中文系。

- **1956年,二十岁**
  9月,参加编写《中国文学史》（2卷本）,由人民文学出版社出版。

- **1957年,二十一岁**
  9月,参加修改《中国文学史》（4卷本）,由人民文学出版社出版。

- **1960年,二十四岁**
  9月,自北大毕业。
  10月,被分配至南苑北京八一农业机械学校任语文教师。

1936-1960　　　　　系年录

- **1961年，二十五岁**
  学校奉命停办，要求另行分配，一度分配至某技工学校，不赴。

- **1962年，二十六岁**
  2月，调至北京师范大学第一附属中学任语文教师。

- **1963年，二十七岁**
  8月，参加选注的《近代诗选》由人民文学出版社出版。

- **1971年，三十五岁**
  4月17日，《王阳明》交稿。

- **1972年，三十六岁**
  11月，《王阳明》由中华书局出版，初版印行30.2万册。

- **1973年，三十七岁**
  7月24日，《泰州学派》基本完稿，耗时近10个月。

- **1974年，三十八岁**
  3月26日，《朱舜水集》点校完成，耗时2个多月。
  8月26日，《中国近代反孔与尊孔斗争》完成交稿，约10万字。
  9月7日，收近代史所来函，征求对《南社》（初稿）的意见。
  10月18日，复近代史所函，谈南社资料意见。
  10月31日，到近代史所，谈对南社资料意见。
  11月4日，王晶垚邀我参加协作。
  11月5日，王晶垚向所交《南社》（初稿）稿。

- **1975年，三十九岁**
  4月24日，得中华书局对"尊孔、反孔"一稿意见，建议改为《近代思想史》。

- **1976年，四十岁**

- **1977年，四十一岁**

- **1978年，四十二岁**
  4月，以来人交换办法，调入近代史研究所。

- **1979年，四十三岁**
  定级为助理研究员。
  6月，《拒俄运动（1901—1905）》由中国社会科学出版社出版，署杨天石、王学庄合编。
  8月，《黄遵宪》一书，由上海人民出版社出版。

- **1980年，四十四岁**
  10月，《泰州学派》在中华书局出版，首印3900册。

- **1981年，四十五岁**
  8月，在上海复旦大学参加"清末民初中国社会"学术讨论会。

- **1982年，四十六岁**
  3月，《朱熹及其哲学》由中华书局出版，首印23000册。

1961-1994

- **1983年，四十七岁**
  1月，近代史研究所授予1982年先进工作者称号。同年，晋升副研究员。

- **1984年，四十八岁**
  5月5日，到南京参加民国史讨论会，在中国第二历史档案馆始见《蒋介石日记类抄》。会后到杭州、上海等地收集资料。
  11月，到广州参加孙中山讨论会。

- **1985年，四十九岁**
  5月14日—7月10日，赴日本京都大学访问，凡七十日。
  1986年，五十岁
  11月—12月，到广州参加孙中山讨论会，顺游肇庆，归途到南京中国第二历史档案馆收集资料。

- **1987年，五十一岁**
  《中华民国史》第一编、第二编，获第二届中国图书奖荣誉奖。

- **1988年，五十二岁**
  发表《"中山舰事件"之谜》，晋升研究员。

- **1989年，五十三岁**
  在中央文献研究室（今中央党史和文献研究院）参加胡乔木召集的座谈会。由郑惠引荐，与胡谈话。胡称："你的路子是对的，要坚持这样走下去。"
  5月5日，参加"纪念五四运动七十周年"学术讨论会。

- **1990年，五十四岁**
  赴美国访问哥伦比亚大学、哈佛大学、斯坦福大学，共6个半月。归途访问日本东京及京都。

- **1991年，五十五岁**
  9月17日，赴沈阳参加"九一八事变六十周年"国际讨论会。
  11月2日至3日，赴日本横滨参加"第二届汉字文化圈"国际论坛，任主讲人，讲题为《儒学在近代中国》。会后访问明治学院大学。
  12月，中国文化学会在北京召开"近代东西方文化关系"国际讨论会。

- **1992年，五十六岁**
  11月12日，在广州接受孙中山学术著作一等奖，论文二等奖。

- **1993年，五十七岁**
  应聘为南京大学中华民国史研究中心客座教授。
  1月，在北京参加"第二届百年中日关系史"国际研讨会。
  11月，应闵斗基教授之邀，赴韩国汉城大学讲学。
  12月8日，《"中山舰事件"之谜》一文获中国社会科学院优秀科研成果奖，同年，获国务院特殊津贴。
  12月，在海口主持召开"现代中国的文化走向"国际讨论会。

- **1994年，五十八岁**
  应聘为博士生导师。

系年录

1月23日，在杭州参加与台湾地区合办的"孙逸仙思想与儒家人文精神"讨论会。
10月4日至7日，在北京参加"黄兴学术研讨会"。
10月，赴广州参加"兴中会成立百年"讨论会及中山大学永芳堂落成典礼，再作肇庆之游。

- **1995年，五十九岁**

赴美国纽约和中国台北参加"抗日战争胜利五十周年国际学术研讨会"。台北会后，作环岛行。

应巴斯蒂教授之邀，赴法国参加"西方文化与中国"讨论会。

《寻求历史的谜底》获高校出版社优秀学术著作奖。

- **1996年，六十岁**

《中华民国史》第二编第五卷由中华书局出版。

赴台访问。参加"北伐史料"讨论会。在"中研院"近代史研究所、政治大学、中国文化大学、台湾大学、台北"国史馆"等处作报告。

8月，赴湖南大学参加"儒家教育理念与人类文明国际研讨会"。

11月，在翠亨村参加孙中山130周年诞辰国际学术讨论会"孙中山与中国近代化"，宣读论文《孙中山与民国初年的轮船招商局借款》。

- **1997年，六十一岁**

1月，任《百年潮》主编。

5月，在首钢参加"振兴中华、毋忘国耻爱国主义学术研讨会"。

8月20日，在中国人民大学参加海峡两岸谭嗣同思想学术研讨会。

9月10—18日，参加中国社会科学院专家考察团，赴哈尔滨、大庆、牡丹江、齐齐哈尔等地考察。

11月10日，被聘为国务院学位委员会1997年博士和硕士点通讯评议专家组成员。

12月11日，赴英国参加剑桥大学主办的"中国历史上的军事思想与实践国际讨论会"。

- **1998年，六十二岁**

5月13—16日，参加香港中文大学"纪念戊戌维新一百周年国际学术研讨会"。

8月14日，参加北京市社科联与北京市历史学会主办的"纪念戊戌维新运动100周年"学术讨论会。

8月，参加北京大学"戊戌维新一百周年"学术讨论会。

8月10日，获中国社会科学院院重点项目《中国国民党党史》经费拨款通知，拨款1.5万元。

9月8日被聘任为中央文史研究馆馆员。

10月，赴柏林参加"二十年代的中国"国际会议。同月，《横生斜长集》由天津百花文艺出版社出版。

11月20日至24日，在京西宾馆参加"刘少奇生平和思想"研讨会。

- **1999年，六十三岁**

1月《横生斜长集》在天津百花文艺出版社第二次印刷。两次共印6000册。

3月29日，在北京湖广会馆参加"孙中

1995-2002

山与近代中国"讨论会。

3月30—31日，在涿县（涿州市）参加"中国共产党党史"讨论会。

4月1日，在鲁迅博物馆主持"五四运动八十周年"座谈会。

4月4日至7日，在湖州参加"陈英士生平与事业"讨论会。

4月24至25日，在台北"中研院"近代史研究所参加政大等举办的"五四"讨论会。

4月26日至29日，在台北"国史馆"阅览。

4月29日晚，在台北政治大学与张玉法教授对谈五四运动。

4月30日，在台北国民党党史会阅览。

5月1日至3日，在北大参加"五四"讨论会。

11月29日—30日，在北京大观园参加宣南文化座谈会。

12月11日至12日，在东京参加第四届东亚历史教育研讨会。

12月13日至17日，访问日本庆应大学，作《从蒋介石日记看他的早年思想》的学术报告。

12月18—19日，23—24日，访问京都大学人文研究所。

12月20—22日，访问日本名古屋爱知大学，作《胜负难知——当代中国正在进行的一场思想论争》的学术报告。

12月29日，获华夏英才基金奖励。

1999年12月30日—2000年1月2日，在京郊小汤山参加"1949年的中国"国际讨论会，作《李宗仁在美国最初几年的政治活动》的学术报告。

● **2000年，六十四岁**

5月18日，应邀参加在日本东京举行的"第45届国际东方学者"会议，会后，应邀访问庆应大学、京都大学人文科学研究所及长崎西博尔德大学。

6月2日返国。

6月19日至22日，应邀赴辽宁大学讲学。本年，先后在北师大、北大、中国人民大学等处讲学。

9月6日至10日，在北京参加"近代中国与世界"国际讨论会，作《蒋介石与韩国独立运动》的报告。

9月22日—24日，参加南京第四届"中华民国史国际学术讨论会"。提交论文《蒋介石与上海交易所》。会后回锡，访问母校无锡一中。

12月，赴温州采风。

● **2001年，六十五岁**

2月，赴美国斯坦福大学参加"中日战争国际讨论会"预备会议。3月5日回京。

7月15日，赴日本京都大学人文科学研究所任外国人研究员。老伴及外孙女明明偕行。

10月，赴武汉参加"辛亥革命九十周年国际讨论会"。

12月9日，赴中国台北。15日，参加"20年代中国"讨论会。17日，回京。

● **2002年，六十六岁**

1月16日，自日本回国。归国前，女儿雨青自美国到日本相聚。

2月，《蒋氏秘档与蒋介石真相》出版。

3月22日，受聘为中国社会科学院学术

系年录

委员会委员，出席院学术委员会会议。
3月24日，赴香港参加喜马拉雅文库学术顾问会议，受聘为顾问。30日，返京。
3月29日，施宣圆《蒋介石秘档集中披露》在《文汇读书周报》发表。
4月，《朱熹》一书收入丁守和主编的《中国思想家宝库》，在香港中华书局出版。
5月，赴湘西、宜昌及神农架采风。
赴内蒙古大学参加博士生答辩。
6月，出席美国哈佛大学"中日战争国际讨论会"。会后赴纽约哥伦比亚大学访问，阅读张学良档案。归国赴武夷山休假。
10月1日—11月30日，应台北中正文教基金会邀请赴中国台湾地区访问、研究，时台北市长选举。其间，先后在台北"中研院"近代史研究所、政治大学、中央大学、台中中兴大学、花莲师范学院等处做学术演讲。
12月22至29日，随本院学术委员会赴海口、三亚访问。

● **2003年，六十七岁**
2月，在北京参加清史体例、体裁讨论会及文献整理座谈会。
2月28日，应邀为中国现代文学馆作《戊戌变法与近代中国》的学术报告。
同年，先后为中央国家机关团工委、北京师范大学、中国人民大学、外国驻华使馆人员做学术报告。
3月24日，在北京参加清史编纂文献整理工作座谈会。
5月9日—16日，随本院学术委员会赴山西、河南考察，先后到大同、五台山、太原、平遥、三门峡、安阳等地。

7月29日—30日，参加国家博物馆"中国近代史陈列"学术研讨会。
8月，赴东北。
9月13—14日，赴北大参加"第四届日本侵华史学术研讨会"及"抗日战争史实调查研究与中日关系学术研讨会"。
10月12—16日，赴天津南开大学参加"梁启超与近代中国社会文化"国际讨论会。
10月6—11月4日，随本院学术委员会赴云南昆明、丽江、香格里拉等地访问。随中央文史馆至西双版纳访问，一宿而返。
11月，赴韩国全南大学演讲。

● **2004年，六十八岁**
1月5日，赴美国夏威夷参加中日战争国际讨论会。
接受国家博物馆、黄埔同学会咨询。
3月—5月，访问中国台湾地区，时遇台湾地区领导人选举。
6月，随中央文史馆赴德、荷兰、比利时、法国、卢森堡访问。
10月11日，随本院学术委员会赴黄山、杭州、绍兴访问，后自绍兴至贵州。

● **2005年，六十九岁**
3月，赴梅州参加"纪念黄遵宪逝世100周年"学术研讨会。
5月，赴香港鉴定谭延闿信件。
6月，四川采风。
8月20日，为中国现代文学馆作《蒋介石与中国抗战》的报告。
10月，回锡，参加同学会。
10—12月，赴中国台湾地区访问，时台湾地区领导人选举。

2003-2012

- **2006年，七十岁**

  3月23日，赴美国胡佛研究所访问，读蒋介石日记。5月28日回国。

  7月28日—8月1日，在溪口参加"第五次中华民国国际讨论会"。

  8月3日，接受"中国社会科学院荣誉学部委员"证书。

  8月8日，赴浙江溪口。

  10月，赴韩国。

  11月，赴加拿大。

  11月，赴日本。

- **2007年，七十一岁**

  6月，随中央文史馆赴澳大利亚及新西兰访问。

  赴美。

  赴中国台湾地区。

- **2008年，七十二岁**

  4月，赴山东。

  5月，赴浙东永嘉。

  9月，赴江西婺源，江西九江、庐山等地考察。

- **2009年，七十三岁**

  4月末，赴嵩山参加"禅学讨论会"。

  6月，赴苏州。

- **2010年，七十四岁**

  赴湖北。

  6月，《找寻真实的蒋介石》(2) 出版。

- **2011年，七十五岁**

  2月，回无锡。

  5月，赴富春江旅行。

  8月19日，自北京飞东京。8月20日—22日，自东京至河口湖富士樱庄，参加"九一八至七七事变"讨论会，发表论文《绥远抗战与蒋介石对日政策的转变》。

  8月26日，参观日本外交史料馆。

  8月27日，至冲绳，参加日中年轻历史研究者讲习班，下午，为日中青年历史学者学习班作基调演讲：《建设中国近代史新的科学解释体系》。

  8月31日，参观冲绳和平纪念公园等处。

  9月1日，自冲绳返东京

  9月2日，离开东京，飞香港。3日，在香港法住文化书院演讲：《辛亥革命中的知识分子》。

  9月4日，接受中国新闻社记者访问。下午，自香港返回北京。

  9月14日，为国家图书馆作题为"部级领导干部历史文化讲座"的报告：《孙中山的民生主义及其当代价值》。

  10月，被国家图书馆聘为"文津讲坛"特聘教授。

- **2012年，七十六岁**

  1月5日，为翁同龢纪念馆题诗。

  赴苏州周庄。

  赴四川采风。

  7月，赴元大都参观。

  8月19日，应日本基金会之邀，赴厦门为日中青年历史学者学习班作基调演讲。赴金门，自金门赴台。9月17日返京。

  8月，院人事局通知，办理退休手续，正式退休。

系年录

- **2013年，七十七岁**
  赴江阴。
  10月1日—11月30日，赴台湾地区访问。

- **2014年，七十八岁**
  6月，《找寻真实的蒋介石》(3) 由九州出版社出版。
  12月，赴中国台湾地区为中欧工商管理学院讲课，在台两周。

- **2015年，七十九岁**
  4月16日—5月1日，应台北"中研院"近代研究史所之邀，访问两周。在该所及"《事略稿本》读书会"作《中国抗日战争与美、苏、英三大国关系》的报告。
  10月16日，无锡一中1955届毕业60年庆，回无锡参加。

- **2016年，八十岁**
  4月14日—15日，在台北参加"国史馆"举办的30年来两岸"近代史学术交流的回顾与展望"讨论会。报告题：《最重要的是面向事实》。
  8月21—23日，在南京中山陵参加"中华民国史"第六次讨论会。

- **2017年，八十一岁**
  5月，赴港参加中国文化研究所讨论会，作主题演讲：《蒋介石台湾时期的改革》。应黄自进研究员之邀，赴近代史研究所访问两周。
  7月，《找寻真实的蒋介石》(4)（香港版）在香港三联书店出版。
  10月，再次赴香港，参加开源基金会委员会会议。

- **2018年，八十二岁**
  1月，《大思想家朱熹》在香港开源书局出版。
  4月，赴香港参加浸会大学、树仁大学《中国与世界——竞逐新世界：第一次世界大战一百周年纪念》国际研讨会，提交论文《孙中山与第一次世界大战》。
  8月，《找寻真实的蒋介石》(4) 由东方出版社出版。
  与秦青同赴开封，在河南大学演讲。后赴郑州，在松社做图书分享报告。
  12月，与闫妮到上海开《找寻真实的蒋介石》(4) 新书发布会。

- **2019年，八十三岁**
  1月，《朱熹——孔子之后第一儒》由东方出版社出版。
  4月底，回无锡参加修改"无锡军政分府资料"，自无锡返苏州。参加爱新觉罗家族绘画展览。到常熟图书馆报告。返苏，在慢书房与读者见面，至上海返京。
  11月，赴苏州参加南社成立100周年纪念会。会后去江阴，并至常熟参观"戴逸学术馆"。再去苏州。为苏州民革成员讲孙中山。
  在北京联合大学作报告。

- **2020年，八十四岁**
  1月18日，爱妻病故于北京309医院，享年79岁。
  9月，赴湖南师范大学报告。与闫妮同赴张家界游览。雨青、诗云自北京来共游。
  12月，与雨青同赴腾冲，参加孙立人讨论会。

2013-2024

2021年，八十五岁

4月19日，与雨青赴长沙为岳麓书院讲学。26日，赴岳阳。27日回长沙。5月4日回京。

10月，《帝制的终结》内地版及香港版先后再版。

11月，为中央电视台《江南水乡》讲南社文化。

2022年，八十六岁

7月，《找寻真实的蒋介石》（5卷本）及《晚清史要》等共十卷"杨天石近代史研究六种"在香港出版。

2023年，八十七岁

3月10日—13日，赴深圳越众影像馆参加专家会议。

4月16日—22日，赴香港主持"陈克文中国近代史"讲座。19日，参加香港三联书店读者见面会。作《蒋介石的功过是非》的学术报告。

9月，与李遇春共同主编的《近代旧体诗文集萃编》，全200册，由国家图书馆出版社出版。

10月28日，与雨青、闫妮赴武汉大学参加首发式，发表主旨讲话。

11月26日，与雨青、闫妮赴兴化。28日上午，参加《杨天石文集》第一卷、第二卷首发式。下午，与奇生、马勇、识博、李璐、罗敏、雨青、闫妮等共返戴家窑。29日，返京。

12月16日，与雨青、闫妮应邀赴长沙，参加"湖湘文化与中国文化道统"学术研讨会，发表演讲《研究湖湘文化的重要性和必要性》。

2024年，八十八岁

9月18日，为《锡金军政分府档案》撰写专家推荐书，推荐该档案申报《中国档案文献遗产名录》。

9月，商务印书馆《戊戌六君子遗集》出版。2018年9月，曾为该书作序，现已收入该书。

10月，与闫妮合编之《1911：危亡警告与救亡呼吁》在重庆出版社出版。

11月12日—15日，与闫妮、雨青同赴苏州参加南社成115周年立纪念会，发表讲话:《继承南社精神，光大苏州文化传统》。15日下午，回无锡。16日，与同学聚会。17日参观惠山及无锡市一中。18日，参观鼋头渚、蠡园，返京。

系年录